秀《ほつ》真《ま》伝《つたゑ》にみる神代の真実

古事記・日本書紀ではわからない歴史と思想

「秀真伝」研究家
加固義也
Kako Yoshiya

たま出版

秀《ほつ》真《ま》伝《つたゑ》にみる神代の真実

古事記・日本書紀ではわからない歴史と思想

「秀真伝」研究家
加固義也
Kako Yoshiya

たま出版

目次■秀真伝にみる神代の真実　古事記・日本書紀ではわからない歴史と思想

序章　ヲシテ文献『秀真伝』を真書とみる論拠

第1章 天地開闢と超自然神三体

第2章　神代の奉斎神と言霊思想

第3章　神代の国のなりそめ

第4章　天照神とその姉弟たち

第5章　磯清之男尊と子孫の命運

第6章　若歌と政り事

第7章 死生観と神人合一の道

第8章　三種の神器とヒューマニズム

第9章　「天つ日嗣」とは何か

終　章　天照思想はなぜ隠没したか

序章　ヲシテ文献『秀真伝』を真書とみる論拠

1　漢字伝来以前に固有文字はなかったか

ヲシテ文献とは

序章のタイトルにある「ヲシテ文献」とは、「ヲシテ」と呼ばれる文字で書かれた上古代の文献の意で、『秀真伝《ほつまつたゑ》』と『三笠文《みかさふみ》』、『フトマニ』などのことである。「ヲシテ」はそれ自体が「文字」のことなのであるが、勅書や教え文、文書などの意味でも使われる。『古事記』や『日本書紀』（以下、両書を〔記紀〕、前者を〔記〕、後者を〔紀〕と略記することもある）が散文体で記されているのに対し、全体が五七調の長歌体で記されている点にも特異性がある。

『秀真伝』は前編を素戔嗚尊《すさのお》（【注】参照）の子孫、神武天皇の剣臣《つるぎとみ》・櫛甕玉命《くしみかたま》が神武即位八年に編纂、後編はその末裔で大神神社の初代神臣《かんおみ》・大田田根子命が編纂し、景行天皇五十六年に奉献されたもので、序文を含め四十一編全編の写本が残っている。『三笠文』は前編を豊受《とようけ》神の孫・天児屋根命《あまのこやね》が、後編はその末裔で伊勢神宮の初代神臣・大鹿島命が編纂し、『秀真伝』とともに景行天皇に奉献されたが、散逸して序文を含め十編しか残っていない。本稿では『秀真伝』の小笠原長弘本を底本とした。

【注】人名や地名、用語は当面〔紀〕の表記に倣うが、当て字が多く適正を欠く例も少なくない。そこで適正化を図れる語は第3章「神代の国のなりそめ」以降から理由を添えて直していきたい。「伊勢」のように慣用語になっている語、意味がとりにくい語はそのまま用いる場合もある。

『フトマニ』は『基占伝《もとうらつたゑ》』とも呼ばれるが、天照大神が諸臣らに詠ませた百二十八首の和歌を厳選し添削して占いに用いたもので、これに五十一文字のヲシテで五段円状に描いた作図「四十九因本席図」が付属し、関連文書として『フトマニ』の和歌を漢訳し、和訳を添えた「基兆伝太占神爾紀訳註《もとうらつたえかんをしてのふみやくちゆう》」がある。「ヲシテ文献」とはこれらの総称である。

『秀真伝』を繙読してみると、『古事記』や『日本書紀』との比較において、歴史書としてのリアリティがあり、その高い思想性には驚かされる。私は一読して真書と判断した。しかしながら偽書説も根強く、まだ史学、国語学、言語学等で認められるには至っていない。それも故なきことではない。有力な偽書説は、これらの学界の学者から出ており、それなりの論拠を持っている。それが高い壁となって『秀真伝』に対する認識と関心を阻んでいるのである。

そこで、冒頭から小難しくなってしまうが、まずその偽書説の論拠を崩しておきたい。学者たちのほぼすべてが、実は『秀真伝』や関連文書を精査したことがなく、客観的な吟味・検証をしないで批判し、偽書のレッテルを貼っているのである。

『古語拾遺』『隋書』倭国伝における古代文字の否定

さて平安時代後期、大同二年（八〇七年）に著された斎部《いんべ》広成撰の『古語拾遺』（岩波文庫）は、次のような文言で始まることで名高い。

「蓋し聞けらく、『上古の世に、未だ文字有らざるときに、貴賤老少、口口に相伝へ、前言往行、存して忘れず』ときけり」

飛鳥、奈良時代を上代というのに対して、それ以前の古墳時代、弥生時代、縄文時代は上古（代）と呼ばれるが、この時代に「文字はなかった」という斎部広成のこの文言が、偽書説の最大の論拠になっている。平安中期の三善清行、後期の大江匡房、江戸時代以降では貝原益軒、太宰春台、賀茂真淵、本居宣長、伴信友なども同じ見解に立っている。

一方、これらの古代文字否定説に反論するかたちで、仮名の古代起源説が鎌倉中期に起こった。その筆頭は卜部《うらべ》兼方で、彼はその著『釈日本紀』において、「イザナギ・イザナミは太占（フトマニ）

のときに文字（和字）を用いたはずだ」と唱え、忌部《いんべ》正道は『日本書紀神代口訣』において「聖徳太子のころまでは象形の和字と漢字を併用していた」と主張、吉田兼倶は『日本書紀神代抄』の中で「いろはや片仮名は弘法大師と吉備真備《きびのまきび》の後世の作だが、五十音は神代からあった」と主張した。江戸時代には橘家神道の跡部良顕をはじめ、『神国神字弁論』を著した真言宗の僧諦忍、『神名書』の阿波国大宮神主藤原充長、儒学者新井白石などがいる。

要するに斎部広成の前記記述も「一つの説」でしかない。「蓋し聞けらく」と述べているとおり人づてに聞いただけで、その真偽を検証してみたわけではない。後述するように、〔記紀〕すら精査していないのであるが、『隋書《ずいしょ》』倭国伝《わこくでん》にも次のような記述がある。

「（倭国は）文字無く、唯《ただ》木を刻み縄を結ぶのみ。仏法《ぶっぽう》を敬《けい》し、百済《ひゃくさい》より仏経を求め得て、始めて文字有り」

この文の少し前に「開皇《かいこう》二十年」とあるから、推古天皇八年（六〇〇年）頃に関する記述である。この頃の日本に固有の文字はなく、百済から仏教経典が入ってきて初めて文字を使うようになったというわけであるが、『日本書紀』（以下、『日本書紀』の引用には岩波書店の日本古典文学大系『日本書紀』を用いる）には欽明天皇十三年（五五二年）の条に、

「冬十月に、百済の聖明王、更の名は聖王。西部姫氏達率怒唎斯致契等を遣して、釈迦仏の金銅像一体、経論若干巻を献る」

とある。また、『上宮聖徳法王帝説』や『元興寺伽藍縁起』の記述から、現在では宣化天皇三年（五三八年）には仏典が伝来していたことがわかっている。漢籍（漢字）の伝来はもっと早く、それより約三百年前にさかのぼる。確かなところでは、応神紀十五年（二八四年）の条に、

「十五年の秋八月（中略）、百済の王、阿直伎《あちき》を遣して、（中略）阿直伎、亦能く経典を読めり。即ち太子菟道稚郎子《うぢのわきいらつこ》、師としたまふ」

「十六年の春二月、王仁《わに》来り。即ち太子菟道稚郎子《うぢのわきいらつこ》、師としたまふ。諸の典籍を王仁に習ひたまふ」

とあって、『隋書』倭国伝の記述は〝不確かな伝聞〟にもとづいていることが明らかである。

「木を刻み縄を結ぶ」というのは、古代中国においてまだ甲骨文字《こうこつもじ》や金文《きんぶん》が発明される前、木に刻みを入れたり、縄につくった結び目の数や形（結縄《けつじょう》）で意思を伝えたことをさす。同じことを日本

でもやっていたというわけであるが、そういう記録は〔記紀〕その他の古文書にはない。阿辻哲次・京都大学大学院教授も『漢字文化の源流』（丸善株式会社）において、

「無文字社会における結縄の存在は中国の歴史書における常套的表現であり、この記述だけで古代日本にも結縄があったと判断するのは早計である」

と述べている。この場合は〝不確かな伝聞〟というよりも〝勝手な憶測〟にすぎないというべきで、文字に関する記述に信憑性はない。したがって『古語拾遺』にせよ『隋書』倭国伝にしても、日本固有の文字の存在を完全否定するに足る説得力を欠いているといわざるを得ない。

書紀に載る「おして」の実体

ところで、『日本書紀』の崇峻天皇即位前年、および天武天皇即位元年の条には、

「朝廷、符《おして》を下したまひて偁《のたま》はく（中略）河内國司、符旨《おしてのふみのむね》に依りて」

「是に磐手、吉備國に到りて、符《おしてのふみ》を授《たま》ふ日に（中略）時に栗隈王、符《おしてのふみ》を承けて」

とあって、両者とも「符」の字に「**おして**」、「**おして（の）ふみ**」と傍訓している。校注者大野晋氏の「解説・訓読」によると、これらの傍訓は万葉仮名の傍訓が付された多くの古史料を手本としたようである。〔紀〕が『帝紀』や『旧辞』をはじめ、諸氏の伝承記録などを参考にして編纂された事実からすれば、それらの古史料に「おして」、「おして（の）ふみ」という表記が存在したと解される。そしてそれは、この崇峻、天武の両天皇の時代に、「おして（の）ふみ」が通用していたことを物語っている。

では、ここにいう「**おして**」とは、何を意味するのか。『名義抄』には「印・爾《オシテ》」とある。「おし」を「押し」の意と解したのであろう。『日本書紀』の大野頭注も、

「符は、上官より下に向って出すときの書式。律令用語の借用。昔、手形を押したことが、この訓によっても知られる」

と解説している。印鑑と手形の違いはあるが、「おし」を「押し」と解した点は『名義抄』と同じである。だが、「手形」を押したという記録があるなら、少なくともその古文献を挙げるべきだろう。しかし原史料の書名すら挙証していないのは、その事実がないからにほかならない。

そうだとすると、「手形」とは即断できないわけで、いかにも「手形」を押したかのような解説

はすべきではなかった。「上古に文字はなかった」という前提に安易に立つから、このような根拠のない解釈になってしまうのである。ここにいう「おして」には、別の意味があると考えるべきである。

「おして」と「ヲシテ」は同意

結論を先にいえば、ここでいう「おして」は、「ヲシテ」のことと見て差し支えないと私は考える。冒頭で述べたように、「ヲシテ」とは文字のことである。文字は、自分の思いを人に教え伝えるものであることから、「教え手」と言った。いまでも字がうまいことを「手がいい」、「手がうまい」と言うが、字そのものを「手」と言い、この「教え手」を約《つづ》めて「教手《をして》」といったのである。『秀真伝』や『三笠文』を見ると、「をして」と「おして」の両表記がある。「をして」と記したものは二十八例と圧倒的に多いが、「おして」の表記も四例ある。また、「教え」という言葉にも、「をしえ」または「をしゑ」と記したものが十八例ある一方、「おしえ」または「おしゑ」の表記も五例ある。

「おして」や「おしえ」と記した例は少ないが、これは誤記ではない。あとで詳述するが、ヲシテ文献上では上古において、「を」と「お」の字音に違いはなかったのである。「おして」と記したからといって間違いということではないのは、前記の事例からも明らかなのである。

以上のことからすれば、崇峻前紀や天武元年紀に見える「符」の傍訓「おして」は、「ヲシテ」のことと解して何ら差し支えない。つまり「ヲシテ」は奈良時代まで通用し、現に崇峻朝、天武朝において、朝廷がヲシテで書いた文を下していたことを物語っている。ヲシテは『秀真伝』や『三笠文』などのヲシテ文献のみに認められる特殊な用語ではなかったわけなのである。先に斎部広成について、「〔記紀〕すら精査したとはいいがたい」といったのはこのことである。

漢字と異なる「古き字」とは

もう一つ見逃せないことがある。欽明紀二年三月の条に、次のような挿入文があって、

「帝王本紀《すめらみことのふみ》に、多《さは》に**古き字**《みな》ども有りて、撰集《えらびさだ》むる人、屢《しばしば》遷《うつ》り易《か》はることを経たり。後人《のちのひと》習ひ讀むとき、意《こころ》を以て刊《けづ》り改む。傳へ寫すこと既に多《さは》にして、遂に舛雑《たがひまよふこと》を致す。前後次《さきのちついで》を失ひて、兄弟参差《あにおととかたたがひ》なり。今則ち古今《いにしへいま》を考へ覈《あなぐ》りて、其の眞正《まこと》に帰《かへ》す。一往《ひとたび》識り難きをば、且《しばら》く一つに依りて選びて、其の異《け》なることを註詳《しる》す。他《あたし》も皆此《これ》に効《なずら》へ」

と、「**古き字**」の文字が見える。それも『帝王本紀』にたくさんある」というのだが、大野晋氏はこの文の頭注に、以下のように記している。

「顔師古註の漢書叙例の『漢書旧文、多有二古字一。解説之後、屢経二遷易一後人習讀、以レ意刊改。伝写既多、弥更浅俗。今則曲覈二本一、帰二其真正一、一往難レ識者、皆従而釈之』および『文字繁多。遂致二枡雑一。前後失レ次、上下乖レ方、昭穆参差』による」

頭注に収め切れない事柄は巻末に補注を添えることになっているが、この点に関する補注はない。すると大野晋氏は、欽明紀のこの挿入文にある「**古き字**」について、顔師古《がんしこ》の註に言う「漢書旧文、多有古字」とまったく同じと見なしたことになる。両者を比較すると、たしかに記述はそっくりである。

だが、顔師古（五八一～六四五年）は中国初唐の学者であるが、彼の言う「古字」とは、異字体の中で特に古い起源をもつ漢字のことで、広い意味での「篆書《てんしょ》」系統の書体をさす。「篆書」という書体は秦朝（前七七八～前二〇六年）で制定された書体で、短期間ながら公文書に用いられたが、その後隷書体《れいしょたい》が公用化され、戦国時代（前四〇三～前二二一年）から日常の筆記体として一般にも用いられた。その隷書体の文字を「今文」というのに対して、それ以前の篆書体は「古文」と呼ばれた。この「古文」と「古字」とは同義で、顔師古がいう「古字」はこの篆書体のことと考えてよい。

大野氏は『帝王本紀』に言う「古き字」も、これと同じと見なしたのだろうか。何も説明していないが、甲骨文字や金字はもちろん、篆書等で記された漢籍が上代に伝来した事実はない。日本における初見は、弥生時代の古墳から出土した銅貨「貨泉《かせん》」に記された篆書体である。だが、篆書体で書かれた文書が発見された事実は寡聞にして知らない。

そもそも、『帝王本紀』に「多《さは》に**古き字**《みな》ども有りて」というとき、「新しき字」の中に「古き字」がたくさん交じっていたということにほかならない。しかし書体の研究書ならともかく、古代史を録するという目的で書かれた『帝王本紀』に、「古字（篆書）」を交えて記録したとは考えにくい。有力氏族に伝わる伝承記録（家伝書）を収集し引用した場合でも、それが中国伝来の篆書体を用いて書かれていたはずはあるまい。あったというなら証明すべきだが、大野氏が労を尽くして証明した事実はない。

大野氏は、やはり「上古に文字はなかった」との思い込みを前提として、「ない以上は漢書旧文の古字だ」と安易に考え、それ以上は深く考えようとはしなかったものと思われる。証明なくして同じというのは学者らしくもない。〈根拠なき専断〉の謗りは免れないだろう。

さてそうすると、漢字が「新しき字」なら、「古き字」は漢字とは異なる文字を意味していることになろう。つまり、『帝王本紀』には漢字とは異なる字がたくさん交じっていたということになる。換言すれば、それはもはや漢字に置き換えにくかった「ヲシテ」のことと考えるほかない。

たしかに『秀真伝』の第十八紋「自凝呂《おのころ》と呪ふの紋」などに記された天地開闢の様相描写を見ると（原文は五七・十二字で改行されているが、ここでは書き下し文に直した。また、ヲシテ原文を現代語に訳し、ヲシテ表記の主要部のみ傍訓をつけた。以下同じ）、

「天御祖神《あめみをや》　《あ》手を結びて　吹く空《うつほ》　極《きわ》なく巡り　《う》《ゐ》と《う》《ぬ》　《あ》《う》《ぬ》結びて　天《あま》造り　《う》《ぬ》
天治《あまし》りて　《う》《は》結び　《う》《び》お地球《くにたま》　《か》手結び」

といったように、どんな漢字を当てたらよいか困惑し、ヲシテ表記をそのまま遺したほうがよいと思われる記述がたくさんある。『帝王本紀』も同様であったと推察される。

ともあれ、『日本書紀』の前掲引用文は、ヲシテの存在を示している。そしてヲシテとは「教え手」、約《つづ》めて「教手《をして》」という漢字以前の古代文字のことだったのである。本項では、この点を強調しておきたい。

2　ヲシテ文献でこそわかる「花押」の原意

いまだ未解明の「花押」の由来

前項に関連することであるが、偽書説の論拠の一つに「花押《かおう》」（書き判＝サイン）の問題がある。『秀真伝』の序文末尾には、編者大田田根子（【注】参照）・季聡《すゑとし》の花押（写本によって欠落あり）と、これに讃辞を寄せた『三笠文』の編者大鹿島・国撫《くになづ》の花押があり、『三笠文』の序文末尾にも編者・国撫の花押と、これに讃辞を寄せた季聡の花押が付されているのである。

【注】「花押」の説明に関連するので、「大田田根子」の名前についてはここで私見を述べる。〔紀〕は「大田田根子」の字を当てるが、当時は「大」姓はあっても「大田」姓はない。『秀真伝』ではすべて「(おお) たたねこ」と表記されており、桜井市三輪字若宮に「大直禰子《たたねこ》神社」がある。祭神は「大直禰子命」などであるが「禰」は身近な父の御霊社《みたまや》のことで、人名にはふさわしくない。鳥居礼著『増補完訳・秀真伝』は「大直根子命」とした。特に異を唱える理由はなく、これにならう。

この「花押」の存在も、「花押の歴史的経緯から言って、室町時代以降の偽作」と、偽書説の大きな論拠になっている。私自身もこの花押を一見して、「まさか……！」と、当初は信じがたい思いがした。日本での花押の初見は、平安時代中期の仁和寺の別当大法印の天暦四年（九五〇年）の自署と推定されている。それ以前には発見されていないのである。

だが、「花押」発生の歴史はまだよく解明されていない。別当大法印の自署にしてからが、なぜ花押と呼称されるようになったか、いまだにわかっていないのである。『大言海』には、

「くヮアフ　花押・華押　花字《クワジ》ノ押字《アフジ》ノ義ニテ書判ノコト。花字トハ、己レガ名ヲ草書ニ崩シテ、変化セサセテ、花ノ如ク書クナリ、花書《クワショ》トモ云ヒ、草名《サウナ》トモ云フ、ソレヲ文書ニ記スヲ、押字ト言ヒ、其文書ヲ押書《アフショ》ト言フ」

とあるが、この説明は花押研究家の間ですら意味不明だといわれている。ここにいう「押書」は契約書のことで、意味がまったく違うのである。また「押字」は、中国では明代に書き判を印章に作って使用し、その印章を「押字」または「押」と呼んだのであって、書き判たる花押とは全然異なる。中国における花押に類似した書き判の起源は南北朝時代（四三九〜五八九年）とされるが、

その書き判を中国で「花押」と呼称した事実はない。
すると、「花押」が中国伝来のものでないことは明らかで、当然日本に古くから存在したと解すほかないのであるが、なぜ書き判を「花押」と呼称するようになったかは、まだわかっていないのである。「花押」が書き判＝サインのことである以上、「押印」の意味でないことは疑いないが、では「花押」の「押」の字は何を意味するのか、花押研究家の間でも見当もつかないまま現在に至っている。

「はなをし」は「花教手」のこと

さて、実は『秀真伝』や『三笠文』の存在によって初めて、「花押」の由来や原意が判明するのであって、ヲシテ文献における「花押」の存在は、ヲシテ文献が偽書である論拠になるどころか、むしろ真書である最有力な証拠といってよいのである。

『三笠文』の序文に付された編者大鹿島命・国撫《くになづ》の序文末尾と、『秀真伝』の編者大直根子命・季《すゑ》聡《とし》の讃文末尾は次頁図画のとおりで、大鹿島命の花押の中央には「《くになづ》」と、大直根子命の花押には「《すゑとし》」と、実名《まことな》がヲシテの崩し字で書かれている。文末には「捧ぐはなをし」、「添えるはなをし」とあって、そのあとに花押が添えられている事実からすると、『秀真伝』を真書とみる立場でいえば、景行天皇の時代まで「花押《かおう》」は「はなをし」と呼称されていたことになる。

三笠臣《みかさとみ》
大鹿島《をおかしま》
捧《ささ》ぐはなをし

伊勢《いせ》の神臣《かんをみ》
二百四十七歳《ふもよそなとし》

大三輪《をおみわ》の
二百三十四《ふもみそよ》
添《そ》えるはなをし

直根子《たゝねこ》が歳《とし》
謹《つつし》み述《の》べて

思うに、この「はなをし」という言葉は欽明天皇の飛鳥時代以降まで伝えられてきたが（先に引用した欽明紀二年三月の条の文を参照）、その後、原意がわからないまま「はなをし」に「花押」という漢字が当てられるようになり、やがて「はなをし」の訓みがすっかり忘れられたあとで、「花押」は「かおう」と漢語訓みされるようになった、とみてよいだろう。

では、「はなをし」とはどんな意味なのかと言えば、「はな」は上掲の花押を見ると、名前の下辺に四角形と円形の飾りが配されている。この装飾が「花」の実体とみてよい。そして「をし」は教手《をして》、「花」と合わせて「花教手《はなをして》」ということになる。「教え手」が「教手《をして》」と約《つづ》まり、ここではさらに「をし」と約まって「花教手《はなをし》」になっているのである。

前記のように、ヲシテ文献は五七調の長歌体で記されているのであるが、音数律を五七調に調えるには言葉を約める必要に迫られることがよくある。たとえば『秀真伝』には、男女や夫婦のことを意味する「いもをせ」が「いもせ」に、さらに「いせ」（伊勢の由来）と約まった例（第十三紋）もある。

そうすると、ヲシテ文献によって初めて「花押」の由来や原意がわかるわけで、「花押があるから偽書」という説は見事に覆ってしまう。あえて繰り返すが、先に詳述したとおり「花押」の「押」の字には証拠上、印章や手形を押すといった意味合いはまったくない。「はなをし」に「花押」の漢字が当てられ、原意が忘れられてしまったあとで「かおう」と漢語訓みされるようになったのである。

3　ヲシテ字体と上代仮名遣い

ヲシテ文献に対するその他の批判

ヲシテ文献に対する批判の中には、①上代仮名遣いでは甲乙二種の音の区別があり、それが消えるのは十世紀半ばと考えられるが、神代文字が存在したとすれば、甲乙二種の音を表す文字がなければならないところ、ヲシテ文献にはそれがない、②神代文字の数の基礎は「いろは歌」と「五十音図」に求められるが、「いろは歌」は九世紀初めに作られ、「五十音図」の最古の例は十一世紀初めであり、年代が合わない、③字形を提示しての神代文字は、すべて江戸時代以降のことで、それも母字表としてのみ提示され、言葉を表記した痕跡がない、といったものがある。

「上古に文字はなかった」という従来の定説に基づいて考えると、これらもヲシテ文献批判として当然発生する議論であろう。惜しむらくは過去の偽書説を鵜呑みにした議論であって、これまで幾多の定説が覆ってきた歴史的事実を忘れて、眼前に現れた新しい事態（ヲシテ文献の登場）に対して、学者として堅持すべき冷静かつ客観的に立ち向かうスタンスを持たないように見える。

考古学の世界は、新しい遺構や土器などの遺物が発見されるたびに、従来の定説が次々と覆される世界である。たとえば縄文時代といえば狩猟生活をしていた程度で、見るべき生活文化はなかったと思われていたが、いまやかなり高度な文化が発達していたことが明らかになりつつある。それゆえこの道で高名な佐原真国立歴史民俗博物館館長も、『古代史漂流』(『古代史を語る』朝日新聞社編)の中で、

「考古学は今日の解釈が明日の発見で崩れるかも知れず、私は明日をも知れぬ漂泊の身なのである」

と述懐している。考古学ほどではないにせよ、史学や国語学、言語学なども例外ではなく、定説との戦いの中で発展してきたといっても過言ではない。考古学と比べて古文書の新発見が少ないだけで、通説、定説といってもあとで覆った例はいくらもある。上代仮名遣いのいわゆる八母音説にしてからが、いまや松本克己金沢大学教授らの五母音説が有力視されている。

定説といえども、あくまで「一つの説」なのだ。「絶対はあり得ない」、「定説とは覆るものなり」というくらいに考えたほうが無難である。たとえ自説に大確信があっても、自説に対する謙虚さと他説に対する寛容さ、冷静さが必要なのだ。それが学問・研究に従事する者の肝要と心得るべきで

あろうと思う。何事もまっさらの心で見ようとする佐原氏の謙虚さに学んでほしい。

「あいうえお」と「空・風・火・水・埴」

さて、前出の批判について検討する前に、「ヲシテ」の作字、字形について述べておく。ほかの神代文字と比べると、合理的に作られた実にシンプルな作りで、かつ、思いのほか哲学的である。

まず驚かされるのは、いわゆる天地開闢の様相描写の中に「空《うつほ》・風《かぜ》・火《ほと》・水《みず》・埴《はに》」と「あいうえお」の成句が登場する次のような文があり、それがヲシテという文字の成り立ちに不可欠な関わりを持っていることである。

「天御祖神《あめみをや》　天地人《あめつちひと》も　分かざるに　初《うい》の一息《ひといき》　動くとき　東昇りて　西下り　空《うつほ》に巡り
天地《あわ》《うび》の　巡れる中の　御柱《みはしら》に　裂けて陰陽《めを》なる　陽《を》は清く　軽《かろ》く巡りて　天《あま》となり　陰《め》は
中に凝《こ》り　地《くに》となる　水埴《みづはに》分かれ　陽《を》の空《うつほ》　風生む風も　火《ほ》お生みて　陽《を》は三つとなり　陰《め》は
二つ　男《をせ》の胸元　日と丸《まろ》め　女《ゐも》の源《みなもと》　月と凝《こ》り　空風火《うつほかぜほ》と　水埴《みづはに》の　五《ゐ》つ交わりて　人とな
る　天御中主《あめなかぬし》の　神はこれ」（第十四紋）

「天御祖神《あめみをや》（中略）地《わ》と天《あ》に分けて　あいうえお　空風火《うつほかぜほ》と　水埴《みづはに》の　交わり成れる
天御中主神《みなかぬし》」（第十八紋）

類似の文は他紋にもいくつかあるが、書紀にみる天地開闢は『淮南子《えなんじ》』、『三五暦記』、『芸文類聚』などによる潤色と考えられており、『秀真伝』にみるこの天地開闢の様相描写や、「天地人」の成句も同様に見られるに違いない。また、「あいうえお」は前記批判のとおり中世の初出で、「空・風・火・水・埴」は六師外道によって形成された古代インドの原子論「地水火風」や、大日経の「地水火風空識」に酷似している。してみれば、このヲシテ文献は漢籍や仏教流入後の偽作と決定してしまいそうであるが、その真偽論は後段に譲り、ここではヲシテの作字・字形について述べる。

詳しいことは次章で述べるが、『秀真伝』や『三笠文』では、天御祖神《あめのみをやかみ》が天地開闢、宇宙創生の始原神である。ここでは、天御中主神《あめのみなかぬしのかみ》は人神に擬せられているが、天地開闢のあとで生まれた地球神、生命神というべき神である。また、国常立神《くにとこたちのかみ》も人神に擬せられているけれど、その地球に生まれた人類の祖神、智恵の神に位置づけられる超自然神である。

前掲文にいう「あいうえお」は、その天御祖神、天御中主神の言霊《ことだま》の五要素であり、意志の象徴といってよい。その天御祖神の意志「初《うい》の一息《ひといき》」によって天地が開闢し、「空・風・火・水・埴」の五要素に分かれたというわけで、ヲシテ（文字）の基本形はこの二つの五要素の組み合わせで作られている。

五つの母音記号は五母音の根拠

いわゆる「いろは歌」に類似する記述は『秀真伝』の初紋にあり、五紋に関連文が見える。

「言葉お直す　あわ歌お　常に教ゑて

あかはなま　いきひにみうく
ふぬむえけ　へねめおこほの
もとろそよ　をてれせゑつる
すゆんちり　しゐたらさやわ

あわの歌　葛垣琴《かだがき》打ちて　弾き歌ふ　自ずと声も　明らかに」（初《はつ》「東西の名と穂虫去る紋」）

「二神の　大壺《おきつぼ》に居て　国生めど　民の言葉の　悉《ふつ》曇り　これ直さんと　考ゑて　五音七道《ゐねななみち》の

あわ歌お　上二十四声《かみふそよこゑ》　伊弉諾《いさなぎ》尊と　下二十四声《しもふそよこゑ》　伊弉冉《いさなみ》尊と　歌ひ連ねて　教《をし》ゆれば　歌

に音声《ねこゑ》の　道開け　民の言葉の　調《ととの》ゑば」（第五「若歌の枕詞の紋」）

この歌は「あ」で始まり「わ」で終わるので「あわ歌」というのであるが、「あ」には「天」の意味もあり、母音記号も「空《うつほ》」を形象する「○」に作られ、「わ」には「地《わ》（埴）」の意味もあって、母音記号は「埴（地）」の形象「□」に作られている。その意味では、「あわ歌」には「天《あ》地《わ》歌」の意がこめられているといってよい。「天」には「◎」、「地」には「◎」の渦巻き形の特殊表意文字があるが、ここは四十八文字の「あわ歌」について記したところなので、特殊文字を使用しなかっただけである。第二十三「御衣定め剣名の紋」にも、

「あわ歌の　あは天《あめ》と父　わは母ぞ」

とある。文脈から推し量って、「母ぞ」は「地《わ》と母ぞ」の「地《わ》」が省略されている。

かくしてヲシテという文字は、万物を構成する五要素「空○・風∩・火△・水∽・埴□」を母音の母型として、次頁「ヲシテ四十八音図」（40頁）のように作字されている。このことは、上古代においては八母音ではなく五母音だった根拠と考えてよい事実である。

しかして、先の五七調の「天地《あわ》歌」を五音節ずつ区切って横に並べると、上段の二十五音は「あいうえお」の順に並び、下段の二十三音の母音は左から「おえういあ」と逆に並んでいることがわかる。換言すれば、この「天地《あわ》歌」を歌うときは、男神は図表に数字で示した順序で、上段の二十四音（前出「天地歌」の一、二行）を「あいうえお」の母音順に歌い、女神は上段最後の「も」と下段の二十三音（「天地歌」の後三、四行）を「おえういあ」と母音を逆に歌ったことになる。これは、

「ヲシテ四十八音図」

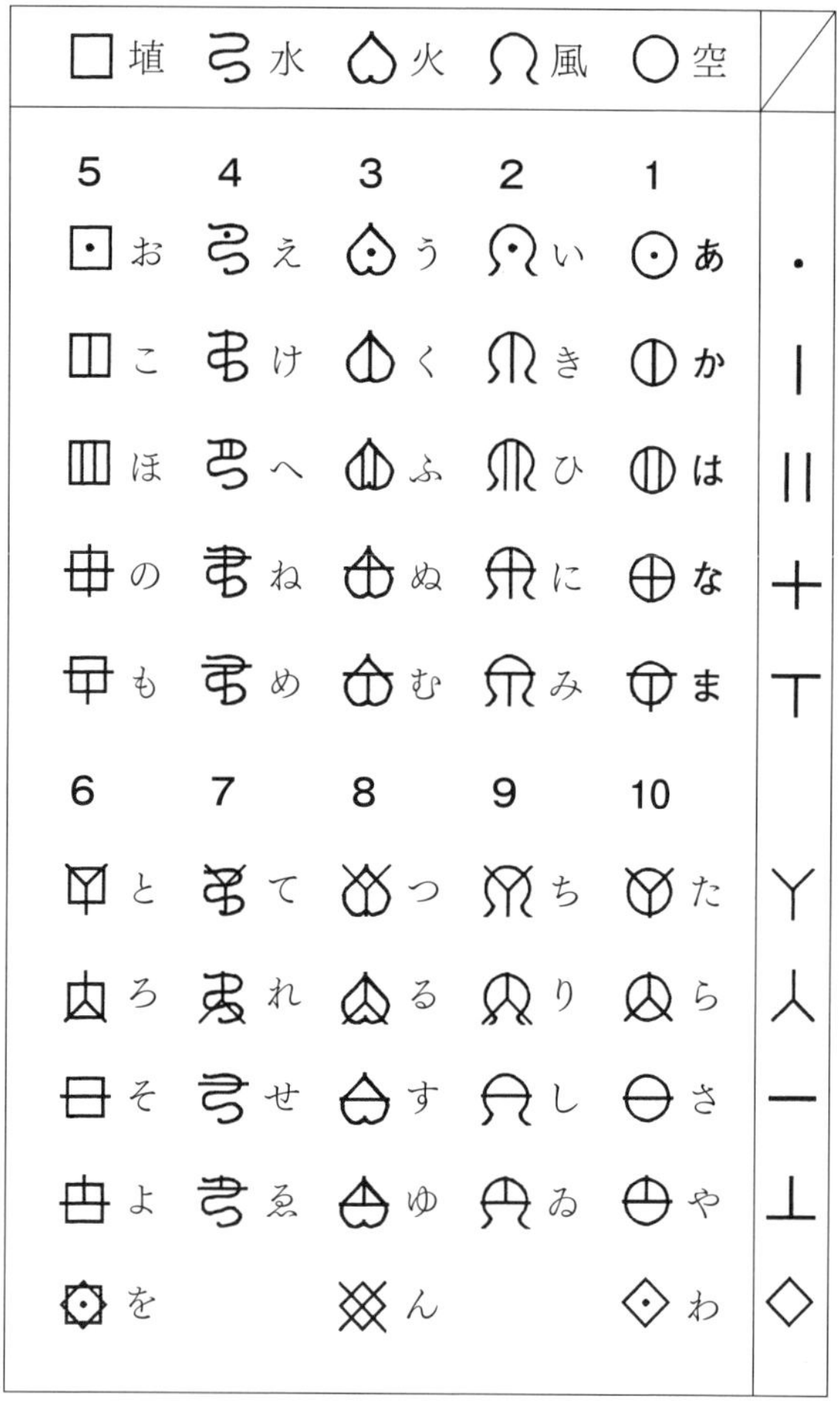

	埴	水	火	風	空	
	5 お	4 え	3 う	2 い	1 あ	・
	こ	け	く	き	か	丨
	ほ	へ	ふ	ひ	は	二
	の	ね	ぬ	に	な	十
	も	め	む	み	ま	丅
	6 と	7 て	8 つ	9 ち	10 た	Ｙ
	ろ	れ	る	り	ら	人
	そ	せ	す	し	さ	一
	よ	ゑ	ゆ	ゐ	や	丄
	を		ん		わ	◇

「男《を》は父に得て　埴《は》お抱け　女《め》は母に得て　天《あ》と居寝よ」（第七紋）

との教えが、この「天地歌《あわ》」の配列にも反映されているといえる。

また、この四十八音から同一母型記号を拾い上げたのが最上段の枠内に示した母音記号で、残りを拾って右枠内に示したのが子音記号である。ただし、「⊙《あ》・∩《い》・△《う》・ʃ《え》・⊡《お》」の中黒「・」は、母音記号と区別するために付けられたもので、子音記号ではない。

この「四十八音図」をよくよく観察すると、「天地歌《あわ》」は一時の思いつきで作られたのではなく、まずこの母音記号と子音記号の組み合わせによる《作図》が先に作られ、子音記号の配列などに試行錯誤を重ねた末に「四十八音図」が完成し、そののちに「天地歌《あわ》」ができたのではないかと思われる。文献としての「四十八音図」は発見されていないが、もとはあったのではないかと思えてならない。

できた字体はシンプルであるが、作字法としては実に合理的、かつ、論理的である。神や人の言霊を突き詰めて「あいうえお」の五要素と看破し、万物を構成する「空○・風∩・火△・水ʃ・埴□」の五要素と組み合わせて作字に取り込んだあたりは、他の神代文字とは異なり、深く長い哲学的な思索の跡が窺える。シンプルでありながらも、おいそれとは思い浮かばないアイデアである。

この点は率直に評価されてよいところであろう。偽書を作るために作字したにしては、あまりにも〝出来過ぎ〟というほかないのである。

『秀真伝』に「あいうえお」の五音節を見つけたとき、私はわが目を疑った。もっと後代の成句と思っていたからである。しかし、古代人がこの「あいうえお」の五母音に気づいた方法は、案外手近にあったかもしれない。たとえば「かー、きー、くー、けー、こー」というように、語尾を長く引いて発声すると、必ず五母音の核だけが残る。直音《ちょくおん》であれ拗音《ようおん》であれ、すべてそうなる。ならないのは唯一、撥音《はつおん》の「ん」だけである。この事実も、上古は五母音だった根拠の一つに挙げてよいだろう。

またヲシテ文献では、濁音「ばびぶべぼ」はあっても、半濁音の「ぱぴぷぺぽ」はない。拗音は清音と濁音の単音節・長音節ともになく、撥音「ん」はあっても促音《そくおん》「っ（小文字表記）」はない。『秀真伝』や『三笠文』の全文を精査してみたが、半濁音や拗音、促音は一音節も発見できなかった。

詳細は後述するが、『秀真伝』や『三笠文』によれば、伊弉諾《いざなぎ》尊・伊弉冉《いざなみ》尊の時代、すでに中国の思想・文化が流入し、取り入れられていたのは明らかであるが、さまざまな思想・文化は受容しても、拗音の多い呉音・漢音は頑ななまでに受け入れていない。

撰修に際して『帝紀』や『旧辞』その他、諸氏の伝承記録を参考にした〔記紀〕も、その傍訓には、漢語に見られる直音の半濁音や拗音、促音は認められない。この事実は、『帝紀』や『旧辞』等がヲシテを用いていたかはともかく、ヲシテ文献に近い音節で記されていたことを物語っていると推される。上代になると言葉はだいぶ変化してきているのだが、傍訓でみるかぎり、まだ呉音・

漢音を受容した形跡は認められない。

「い・え・お」と「ゐ・ゑ・を」は同音異字

もう一つ、前掲「ヲシテ四十八音図」で重要なことは、八母音説の根拠にもなっている「ゐ・ゑ・を」の音節である。

ヲシテは前記のように、「あいうえお」と「空・風・火・水・埴」という二つの五要素の組み合わせで成り立っている。母音記号が五つしかないこと自体が、五母音の証《あかし》といえるが、前掲「ヲシテ四十八音図」をよく見てほしい。この「ゐ・ゑ」の二字にあたるヲシテ「〓・〓」は、音節の違いから作られたのではなく、母音記号「〓」「〓」と子音記号「〓」を組み合わせると、要《い》らなくてもできてしまうのだ。「〓《い》」は「〓《ゐ》」と、「〓《え》」は「〓《ゑ》」と《同音異字》なのである。この事実は前掲「四十八音図」のような、母音記号と子音記号の組み合わせによる《作図》が存在したことを物語っている。

この「四十八音図」のうち、「〓《わ》」「〓《ん》」「〓《を》」のヲシテだけは、母音・子音の記号を離れて作られているが、「〓《を》」と「〓《お》」も《同音異字》である。以下、「〓《い》」と「〓《ゐ》」、「〓《え》」と「〓《ゑ》」、「〓《お》」と「〓《を》」が《同音異字》である根拠となる記述事例を、『秀真伝』から拾い上げてみよう。カッコ内の数字は紋番である。

○「い」と「ゐ」が同音異字の例

慈名(諱)――いみな(2・4・31)⇕ゐみな(4)
言え、言い――いえ(7・9・10)⇕ゐゐ(7)
呪い――まじない(8)⇕まじなゐ(1)
家――いゑ(1・13)⇕ゐゑ(7)
何処――いづこ(16)⇕ゐづこ(28)

妹――いも(13)⇕ゐも(13)
率い――ひきい(10)⇕ひきゐ(10)
三月――やよい(2・6)⇕やよゐ(2・14)
居――い(4)⇕ゐ(3・9)

○「え」と「ゑ」が同音異字の例

秀真伝――つたえ(1・17)⇕つたゑ(1)
声――こえ(18)⇕こゑ(1・4・14)
仕え――つかえ(9・16・34・38)⇕つかゑ(6・9・13)
答え――こたえ(4・7・16・34)⇕こたゑ(4・8・13)
教え――をしえ(8・13・15・23・24)⇕をしゑ(3・4・5・13・14ほか)
　　　おしえ(16・19)⇕おしゑ(1・14・17)

故――ゆえ(7・8・16・17)⇕ゆゑ(4)
永らえ――ながらえ(1・15)⇕ながらゑ(23)

○「お」と「を」が同音異字の例

教え——おしえ(16・19)⇕をしえ(8・13・15・23・24)
　　　おしゑ(1・14・17)⇕をしゑ(3・4・5・13・14)
公——おゝやけ(17)⇕をゝやけ(17)　清緒鹿——さおしか(27)⇕さをしか(28)
※ 前出の初紋、五紋にみられるように、格助詞「を」記はすべて「お」と表記されている。

実際はもっと多くの例をあげることができるが、煩雑になるので省略する。いずれにしても、以上の事例で明らかなとおり、「〓《い》」と「〓《ゐ》」、「〓《え》」と「〓《ゑ》」、「〓《お》」と「〓《を》」は《同音異字》なのである。だからこそこのようにたくさん事例があるのであって、これを編者の書き間違いに帰すことはできない。

「〓《を》」のヲシテは君や君の居所、または君の勅書を指すときに用いられることが多いが、格助詞「を」をすべて「お」と表記しているのは、きわめて重要な事実である。平安時代以降の仮名遣いでは、格助詞「を」を「お」と表記した例は認められないので、ヲシテ文献を平安時代以降に置くことはできない。したがって上古代に位置づけるほかないわけで、それは『秀真伝』がそれ以前に成立していたことを物語っている。また、それはそのまま従来の偽書説の否定につながる。もし偽作なら、学者たちに受け入れられるはずもない、こんな大それた冒険などするはずがないのである。

以上の諸点から考えると、上代仮名遣いの八母音説、甲乙二種の音の区別論は、いまいちど再検討する必要があろう。平安時代は五母音表記だったことに、国学界・言語学界で異論は認められないが、上代には八母音、甲乙二種の音の区別があったという議論は、万葉仮名では後世の一音に多数の漢字が使われている点に着目したものだ。

しかし同音の漢字はたくさんあり、漢字の違いをもって音節の違いと結論づけるのはいかがなものか。上代、上古代の人々の音声を直に聞かずして、そのことだけで当時の真実の音の区別が特定可能だと思うのは、少々学問としての客観性、論理性に欠ける議論ではないだろうか。説得力があるとはとても思えない。あくまで「一つの説」の域を出ないことを、しっかり認識すべきであろう。

「いろは歌」「五十音図」と「ヲシテ四十八音図」の成立年代と論拠

次にヲシテ文献偽書説の一つ、②「神代文字の数の基礎は『いろは歌』と『五十音図』に求められるが、『いろは歌』は九世紀初めに作られ、『五十音図』も最古の例は十一世紀初めであり、年代が合わない」という批判について検討してみよう。

要するに、ヲシテ文献は「いろは歌」や「五十音図」を基礎にしているから、その後の十一世紀以降の成立で、神代に位置づけることはできないというわけであるが、この批判の難点は、四十七文字の「いろは歌」や「五十音図」の成立についてすら、ろくに調べないで論じていることにある。

「いろは歌」、「五十音図」の作者や成立年代については、さまざまな議論があり、まだ確定しているわけではない。それに「五十音図」には、奈良時代の儒学者・吉備真備《きびのまきび》（六九五～七七五）の作という有力な説がある。吉田兼倶が『日本書紀神代抄』において、

「いろはや片仮名は弘法大師と吉備真備の後世の作だが、五十音は神代からあった」

と主張したことは前にも触れたが、山田孝雄博士（故人）はその著『五十音図』の中に、五十音図を吉備真備の作とする説もあげた。その根拠は耕雲散人明魏（俗名・花山院長親）の著『倭仮名反切《やまとかなはんせつ》義解《ぎげ》』（『群書類従』巻第四百九十五。原漢文）に、

「天平勝宝年中に到って右丞相吉備真備公、我邦に通用する所の仮名四十五字を取りて、偏傍点画を省きて片仮名を作る。抑々四十字音の響及び阿伊宇江乎《あいうえお》の五字、これ乃ち天地自然の和語なり。是の故に竪に五字を列ね、横に十字を列ね、同音五字を加入して五十字と為す。且つ又、横の十字は唇舌牙歯喉に随ひ、宮商角羽宮変徴の七声を用ふるか。蓋し世俗之を伝へて吉備大臣倭片仮名反切《やまとかたかなはんせつ》と云ふ」

とあることによる。宮田俊彦茨城大学名誉教授（故人）も『吉備真備』（吉川弘文館）において、この文言に触れたのち、こう述べている。

「そうすると、吉備大臣倭片仮名反切《やまとかたかなはんせつ》ということも軽々しく否認することができなくなる。（中略）その世伝の真意が儒学からこの反音（反切）法が出た、ということならば、真備は古来わが邦の儒学の太宗と考えられる慣例になっているから、吉備大臣のごとき大儒の伝えたものということであるならば、この伝は真相に近いというべきであろう」

要するに、「五十音図」の吉備真備作説の肯定である。

先に「ヲシテ四十八音図」のうち「〓《ゐ》・〓《ゑ》」は、母音記号「〓」「〓」と子音記号「⊥」を組み合わせると「要《い》らなくてもできてしまう」といったが、「五十音図」を作ったのが吉備真備で、彼が『秀真伝』を知っていれば、「五十音図」にも「ゐ・ゑ」がある理由が理解できる。『秀真伝』によって「〓《ゐ》・〓《ゑ》」の文字の存在を知っていたればこそ、「ゐ・ゑ」の文字を加えたくなったろうと思うからである。

また、ヲシテ文献の一つに『フトマニ』＝『基占伝《もとうらつたゑ》』の漢訳『基兆伝神爾紀訳註《もとうらつたゑかんをしてのふみやくちゆう》』の写本が現存するが、この漢訳は吉備真備の作と伝えられている。たしかに、儒学の太宗と称された吉備真備であってこそといえる内容（第2章参照）で、私もこの説に賛成したい。訳者として挙げ得る人物はほかにいないし、「これも偽作だ」といっても、その偽作者名は特定の術がない。

真備が出た下道氏は吉備豪族の一族で、真備ものちに吉備氏に改姓するのであるが、祖先は孝霊天皇の皇子稚武彦と伝えられる。景行天皇の御代、日本武尊《やまとたけ》が東国の蝦夷《えみし》征伐に向かったとき、その子孫・吉備武彦が大鹿島命らと随行したことが〔紀〕に出てくるが、『秀真伝』の第三十九紋、第四十紋などにも詳しく記されている。大直根子命が『秀真伝』を、大鹿島命が『三笠文』を景行天皇に奉献したのはそのあとのことで、事前に日本武尊にも相談している（『三笠文』の序。大直根子命の讃文）。

してみれば、日本武尊に近い吉備武彦が『秀真伝』等の写本を入手し、それがのちに大学者になった真備に伝わったとしても何ら不思議ではないわけで、「五十音図」は真備の作とする説にも説得力が出てくる。つまり、真備が『基占伝』の漢訳『基兆伝神爾紀訳註』を著したのみならず、『秀真伝』に記されている「天地歌《あわ》」、または当時存在していたと思われる「ヲシテ四十八音図」を基礎にして作った可能性は以前にも増して高くなるわけである。そしてこの前提に立つと、「五十音図」は八世紀には存在したことになり、批判者の十一世紀説とは大幅に異なってくる。

なお、伝教大師最澄（七六六〜八二二年）が『秀真伝』を所持し、延暦寺にあったことが、天台宗西福寺の釈頓慧著『神代神字弁』、園城寺の敬光著『和字考』などによって知れる。そして真備が著した『道璿和上伝纂《どうせんわじょうでんさん》』が、最澄が弘仁十年（八一九年）に撰述した『内証仏法相承血脈譜《ないしょうぶっぽうそうじょうけちみゃくふ》』の中に加えられていることから、真備と天台宗延暦寺との浅からぬ関係が窺われるのである。この点からすると、延暦寺の『秀真伝』は、吉備真備の死後、彼の家から伝わった可能性が濃厚になってくる。そのとき、「ヲシテ四十八音図」や真備の「五十音図」も一緒に伝わった可能性もあながち否定できないだろう。

また、「いろは歌」は弘法大師空海（七七四〜八三五年）の作とする説も有力なのであるが、高野山にも神字（『秀真伝』）が存在したことが、真言宗の僧・諦忍の著『神国神字弁論』などで知られる。延暦寺から伝わったものであろう。最澄と空海がかなり親交があったことはよく知られている。最澄は空海から密教を学ぼうとしたが、「あんたのような頭でっかちには無理」と断られ、やむなく弟子僧を何人も送って学ばせ、自宗に取り入れた（台密）経緯がある。

このとき最澄は、空海を懐柔するため、またはお礼の一つとして、ヲシテ文献や真備の「五十音図」の写本を献上し、それを見た空海が「いろは歌」を作ったとも十分考えられる。そう考えてこそ、仏教僧たる空海が仏教とは無縁ともいえる『秀真伝』を所持し、「いろは歌」を作った理由がより理解できるし、空海作という説の信用性も増そうというものである。

そうすると、成立年代は①「ヲシテ四十八音図」→②「五十音図」→③「いろは歌」の順になる。そのほうが説得力があろう。前記のように、「天地歌《あわ》」や「ヲシテ四十八音図」などによって、「い・

え」と「ゐ・ゑ」の両方の存在を知っていてこそ「ゐ・ゑ」を加えたくなったろうと思うのである。「ヲシテ四十八音図」の場合は、母音記号と子音記号の組み合わせでできる同音異字である論拠が明白なのに対して、「五十音図」や「いろは歌」の場合は、「い・え」と「ゐ・ゑ」が同音なのか異音なのか、異音ならなぜ、どう違うのかについて語るべき何の傍証もない。なにしろ「いろは歌」は、五母音だったことが国語学界で確定している平安時代の作なのだから、「い・え」と「ゐ・ゑ」が異音異字なら、根拠なく加えるはずがない。そうであるならば、前記の「神代文字の数の基礎は『いろは歌』と『五十音図』に求められる」という批判は根本からひっくり返ってしまう。上古代から一貫して五母音だったことになるわけである。

次に③「字形を提示しての神代文字は、すべて江戸時代以降のことで、それも有力なものは字母表としてのみ提示され、言葉を表記した痕跡はない」という批判について考えてみよう。

これは、ヲシテ文献『秀真伝』が発見される前に、文字だけが提示されて真偽論が展開されていたことを指しているが、「あとから発見されたから論外だ」というのはあまりにも愚論というほかない。むしろ「文字があるとしたら、文書もあってしかるべきだ。それなら信じられるかもしれない。どれどれ、『秀真伝』の中身はどうなんだ」と考えるべきであろう。

ところがこの批判者は、「あとから出てきた文献は信じられない」と、頭から決めつけてかかる。こうした批判の仕方に共通しているのは、ある古文献が発見された年代、またはある目新しい言葉が記されている文献の成立年代によって、その古文献なり言葉の成立をその年代に固定しがちなことにある。

だが、その年代にその古文献、言葉があったということは、その年代に初めて成立したことを意味するとは限らない。その年代の成立かもしれないが、もっと前の成立かもしれないのである。その前ということにしてからが、十年前か百年前か千年前かは、別の視点から検証してみる必要がある。それが学問・研究の常識であり、イロハである。したがって『秀真伝』が発見されたなら、「いや、文字が発見された時代の成立だ」と考える前に、文献の内容を検証してみるのが当たり前であろう。そうする意志を持たないこのような批判は、批判のための批判にほかならず、これ以上相手にする価値はない。

4　真偽論のまとめ

真書と論定すべき十の決め手

ここまでの論考において、私はヲシテ文献が真書である論拠を六点あげた。その要点をいまいちど整理すると、次のとおりである。

論拠①　崇峻天皇即位前紀、および天武天皇即位元年紀に、「おして」、「おして（の）ふみ」と記されているが、この「おして」は「ヲシテ」のことであって、崇峻朝、天武朝の頃も「ヲシテ」が通用していた。

論拠②　欽明紀二年三月の条に記された「帝王本紀に、多に古き字有りて」の「古き字」とは、顔師古の註にいう「漢書旧文、多有古字」、すなわち甲骨文字や金字、篆書等のことではあり得ない。したがって、漢字が「新しき字」なら、「古き字」は漢字とは異なる文字のことであって、『帝王本紀』には漢字とは異なるわが国独自の「古き文字」、つまり「ヲシテ」と呼ばれる文字がたくさん交じっていたことを物語っていると解すべきである。

論拠③　『秀真伝』や『三笠文』の序文に大直根子命・秀聡《すゑとし》と大鹿島命・国撫《くになづ》の「花押《かおう》」が添えられており、これが偽書説の有力な根拠になっているが、実は『秀真伝』や『三笠文』の存在によって初めて、「花押」の意味がわかるようになる。同序文の末尾には「はなをし」とあるが、これは「花教手《はなをして》」のことで、約《つづ》まって「花教《はなをし》」という。いつしかこの「はなをし」の原意がわからないまま「花押」という漢字が当てられるようになり、やがて「はなをし」の訓みがすっかり忘れられたあとで、「花押」は「かおう」と漢語訓みされるようになったとみてよい。したがって、『秀真伝』等の「花押」の存在は、偽書の論拠になるどころか、真書の最有力な証拠になるといってよいのである。

論拠④　四十八音のヲシテ（文字）は、天御祖神《あめみをや》の言霊の五要素「あいうえお」と、万物を構成する「空《うつほ》・風《かぜ》・火《ほ》・水《みず》・埴《はに》」の五要素を組み合わせて作字されており、母音記号は「空《うつほ》・風《かぜ》・火《ほ》・水《みず》・埴《はに》」を象《かたど》った「○Ω△ʃ□」の五字しかない。このことは上古は五母音だった証拠である。字体はシンプルではあるが、作字法としては実に合理的、論理的、哲学的である。偽書を作るために作字したにしては、あまりにも出来過ぎで、偽書説は受け入れがたい。

論拠⑤　『秀真伝』等では、格助詞「を」をすべて「お」と表記している。平安時代以降の仮名遣いでは、格助詞「を」を「お」と表記した例は認められず、偽作ならこんな冒険はしない。したがってヲシテ文献を平安時代以降に置くことはできず、上古代に位置づけるほかなく、それはそのまま偽書説の否定になる。

論拠⑥　「ヲシテ四十八音図」では、「《い》」と「《ゐ》」、「《え》」と「《ゑ》」は、母音記号と子音記号の組み合わせる作字法により、要らなくてもできてしまうのであり、一音に両方の字が使用されている事例も少なくない。この事実から考えて、同音異字であることが明らかである。だが、「いろは歌」や「五十音図」の場合は、同音か異音かを明確にする裏付けが一切なく、後者は前者を参考に作られたと考えるべきである。したがって、ヲシテ文献が江戸時代以降の偽作とする説は成り立たない。八世紀（奈良時代）以前の作である。

以上は、ヲシテという文字に関連した論拠であるが、ヲシテ文献が真書である論拠はほかにもある。以下、四点に分けて記す。

論拠⑦　前に記したように、ヲシテ文献には『秀真伝』と『三笠文』、『フトマニ』の三書があるが、『秀真伝』と『三笠文』は編者同士が他方の序文に讃辞を寄せ合い、写本を作り遺した上で景行天皇に奉献された。三笠臣の大鹿島命・国撫《くになづ》が『秀真伝』に寄せた讃文によれば、当時はこの両書を遺した三輪家（のちの大三輪氏）と三笠家（のちの中臣氏）のほかに、有力な氏族が七家あったが、その「記《しる》し文《ふみ》」（伝承記録・家伝書）の内容はまちまちに異なっていた。それに対して、両書の内容が瓜を二つに割ったように一致している、と記している。もちろん、完全に一致しているわけはないが、両書を読み比べてみると、重要な事績や思想などの表記は内容的に合致しており、

「相互保証」、「相互保全」の方法がとられている。

この事実は、日本はおろか世界に比類のないことである。残念ながら『三笠文』は半分も発見されていないが、『秀真伝』は全編の写本が現存しているのも、このような「相互保証」「相互保全」の方法が功奏した結果にほかならない。

それだけではない。『フトマニ』は大直根子命の序「フトマニを述ぶ」と、百二十八首の和歌を編んだ先行文献「フトマニ」、天地を開闢した天御祖神《あめみをや》の言霊を円形状に図形化した「四十九因本席図」、「フトマニ」の和歌を漢訳し、意訳を添えた「基兆伝太占神爾紀訳註《もとうらつたゑかんをしてのふみやくちゆう》」から成り、『秀真伝』や『三笠文』とも密接不可分な関連性をもっている。

この事実の重さは計り知れない。もし何者かが偽書を作る気になったとしても、このような比類ない方法を思いつき、これだけの膨大な関連文書を作ったとはとても考えにくい。偽書説を唱える人たちの大方は、これらの関連文書を読んでみたことがない。だから安易に偽書説を唱えて平気でいられたのである。

論拠⑧　もう一つ重要なことは、その深い思想である。詳細は第1章以下を読んでいただくほかないが、中国の思想を受容しながらも、既存の土着思想と融合させながら敷衍《ふえん》している。敷衍は思想があってこそできることであるが、その敷衍ができているのである。

「神道家の偽作」説を唱える学者もいるが、神道家には不可能である。なぜなら、神道家はいまでも「神道に思想はない」といって憚《はばか》らない。彼らの典拠である〔記紀〕に思想的な用語がまったくないわけではないけれど、思想といえるほどのことではないため、彼らは昔からそう思ってきた。そういう神道家に『秀真伝』等に記されたような深い思想は説けないし、敷衍などできる道理がない。それは上代・中世以降の国学者で、神代文字ないし『秀真伝』を認める学者でも同じである。

論拠⑨　『秀真伝』研究家の中には、『秀真伝』は〔記紀〕の原書だと断定している者もいるが、両者には大きな違いがある。決定的な違いといってもよい。詳細は第1章以降で論述することになるが、違いの大要は下記のとおり。

（イ）　天地が開闢してのち初めて生まれた神について、〔記〕は天御中主神とし、〔紀〕は国常立神としているが、両書には天地を開闢した神の名は記されていない。『秀真伝』はその天地を開闢した神を天御祖神《あめのみをやかみ》としている。開闢神の記載のあるなしは、とてつもなく大きい。

（ロ）　〔記紀〕では、これらの神々のあとに登場する伊弉諾尊《いざなぎ》・伊弉冉尊《いざなみ》、天照神《あまてるかみ》など、いわゆる神代の神々が実在の人物ではなく、天界高天原から降《くだ》ってきた神として記されている。これに対して『秀真伝』では、みなこの地上に生まれた実在の人物である。

（ハ）　〔記紀〕では、伊弉諾尊《いざなぎ》・伊弉冉尊《いざなみ》の二神は天界・天の浮橋に立って沼矛《ぬぼこ》を下して掻き回し、矛の先から滴り落ちた塩が積み重なって島ができたとか、二神はその島に天降りして交わり、子（国）を生んだ、それが大日本豊秋津島、淡路州、伊予二名州、筑紫州、隠岐州、佐渡州などだとする。いわゆる「国生み神話」である。だが『秀真伝』では、先代の面足尊《おもたる》から授かった斉矛《とほこ》（第2章で詳述）の教えをもとに、全国各地を巡り歩いて国造りをしたというリアルな話になっている。

（ニ）〔記紀〕では、単に名も知れぬ「天つ神」から二神に、あたかも父から子へと万世一系の天つ日継を承け継いだように記されているが、『秀真伝』はそうではない。「天つ神」とは面足尊のことで、同尊は世嗣ぎ子がいなかったため、血統のまったく異なる二神に天つ日継を授けた。つまり、万世一系ではなかったことになっているのである。系図の違いもはっきりしている。

（ホ）〔記紀〕では伊勢の豊受外宮に祭られている豊受大神の出自・事績がまったくわからないが、『秀真伝』では伊弉冉《いざなみ》尊の実父で、天照神に思想を伝授した思想家として記され、系図も崩御地、伊勢に祭られた経緯も明確である。

（ヘ）〔記紀〕における天照神は女神で、弟の素戔嗚《すさのお》尊と誓約《うけい》をして子どもを生んだことになっている。あたかも近親相姦のごとくであるが、『秀真伝』では男神で、十三人の妃がいたと記されている。また〔記紀〕では、天照神は素戔嗚尊の姉とされるが、『秀真伝』における姉は、最初に生まれた昼子姫のことである。

ほかにもいろいろな違いがあるが、これらの違いはとてつもなく大きい。『秀真伝』が〔記紀〕の原書である道理などまったくない。

しかして、上記の『秀真伝』の記述の違いは、中世から近世における神道家や国学者などに偽作できるはずもない事柄ばかりである。天照神と弟素戔嗚尊の近親相姦のごとき記述さえ不審に思わず、天照神は女神と信じていた彼らに、いまさら男神だったと主張できるだろうか。「神道に思想はない」と思い込んでいた彼らに、『秀真伝』にみるような深い思想を説けるだろうか。天皇家の「万世一系」を信じて疑わず、これを疑問視する学説を批判してきた彼らに、「万世一系」を否定できるだろうか。もっとも、『秀真伝』は万世一系を否定しようとしたわけではない。古記録どおり、事実あったとおりに記述しただけなのだが。

論拠⑩　これでもまだ『秀真伝』等が偽作だというのであれば、その偽作者は左記のような条件を満たす人物でなくてはならない。

一．古代文字・ヲシテを肯定する考えに立つ人物で、その氏名を特定できること。

二．日本でも有数の著名な思想家で、かつ漢詩にも造詣が深く、一定レベルの漢詩を作れること。

三．日本の上古代にも思想はあったはずであり、なければならず、あらしめなければならないと信念していた明白な根拠があること。

四．その裏付けとして、『秀真伝』に近い思想書を先行して別に著した事実があり、その思想書を公開提示して証明できること。

五．『秀真伝』では、面足尊《おもたる》や二神は近江に、天照神は伊勢に統治拠点を置いていたが、神武以降は大和に朝廷を置いており、九州に置いた事実はない（詳細は第8章を参照）。したがって、大和朝廷説に立ち、九州王朝説を否定する考え方に立つ人物であること。

六.『秀真伝』などでは格助詞「を」をすべて「お」と表記するなど、平安時代以降にはない表記をしている点では、奈良時代以前の人物でなければならない。

このどれが欠けても偽作者たり得ない。さて、この六条件を満たす人物を、氏名を特定してあげることができるだろうか。否である。そのような人物はいない。

真書の論拠はまだたくさんあるが、立証には長いスペースを要するので、次章以降を読んでいただくほかない。冷静な判断力を持つ方なら、読み進むにつれて真書と信じる気になり、そのリアリティと思想の深さに感銘するだろう。

第1章　天地開闢と超自然神三体

1　〔記紀〕と『淮南子』、『秀真伝』にみる天地開闢

〔記紀〕に出てこない天地開闢神

「神代」という語は、『日本書紀』の冒頭の小見出しに初めて登場する。この世を天界の神々が支配していたとされ、まるで《おとぎ話》のような記述から推し量って、歴史時代ではないという認識のもとに生み出された、いわゆる神話時代の別称で、歴史時代、有史時代の対義語である。

ひるがえって『秀真伝《ほつまつたゑ》』では、〔記紀〕にみる《おとぎ話》のような記述もあるが、まぎれもない歴史時代として記されている。したがって、この時代を「神代」と呼称するのは正しくないのだが、本稿からこの時代の歴史的リアリティと、中国の文化・思想を受容しながらも古来の土着思想と融合し、独自の展開をした思想の高さを明らかにしていきたい。

さて、〔記紀〕では冒頭から天地開闢《てんちかいびゃく》の話がはじまる。漢籍にならって編年体で編まれている。『秀真伝』や『三笠文』は必ずしもそうではないが、前者はおおむね編年体で編まれており、〔記紀〕と『秀真伝』の違いを検証するため私もこれにならう。

〔記紀〕における天地開闢の様相描写は、『秀真伝』や『三笠文』のそれとは似て非なるものである。

まず『古事記』（以下、岩波書店『古典文学大系』本を用いる）では、その冒頭に、

「天地《あめつち》初めて發《ひら》けし時、高天《たかま》の原に成れる神の名は、天之御中主神《あめのみなかぬしのかみ》」

とあり、天地が開闢したのちに初めて生まれたのが天御中主神で、生まれたところは「高天の原」とされているが、天地を開闢した始原神については明らかにされていない。他方、『日本書紀』の冒頭には下記のように記されている。

「古に天地《あめつち》未だ剖《わか》れず、陰陽《めを》分れざりしとき、渾沌《まろか》れたること鶏子の如くして、溟涬《ほのか》にして牙《きざし》を含めり。其れ清陽《すみあきらか》なるものは、薄靡《たなび》きて天と為り、重濁《おもくにご》れるものは、淹滞《つつ》ゐて地と為るに及びて、精妙《くはしくたへ》なるが合へるは摶《むらが》り易く、重濁れるが凝りたるは竭《かたま》り難し。故、天先づ成りて地後に定る。然して後に、神聖《かみ》、其の中に生《あ》れます。故曰《かれ》はく、開闢《あめつちひら》くる初に、州壌《くにつち》の浮れ漂へること、譬へば游魚の水上に浮けるが猶し。時に、天地の中に一物生れり。状《かたち》葦牙のごとし。便ち神と化為《な》る。国常立尊《くにとこたちのみこと》と号す」

先の『古事記』とは異なり、天地開闢時の様相が詳しく記されているが、初めて生まれた神は国常立尊である。この神が生まれた時期は「天先ず成りて地後定る。然して後」で、生まれた場所は「天地の中」であって、天（高天原）なのか地（地球）なのか判然としない。「尊《みこと》」の字を用いたのは擬人化のせいだろうが、やはり天地を開闢した始原神の名はなく、引用された六書にも見えない。

冒頭の記述のうち、傍線「　」を引いた部分は前漢代（前二〇六～後八年）初期の『淮南子《えなんじ》』「俶真訓」に、傍線「　」の部分は三国時代（二二〇～二八〇年）の『三五暦紀《さんごれっき》』に、傍線「　」の部分は『淮南子』「天文訓」にある記述と瓜二つで、漢籍による潤色であるのは疑いない。

ただ、中国の神話はいずれも断片的でまとまりがないことは、多くの中国神話研究者の認めるところである。だから〔紀〕も二書の記述から拾い集めているわけである。しかし『三五暦紀』をあげるなら、次のような記述を見逃す手はない。

「未だ天地あらざりしとき、渾沌《こんとん》として雛子《ひなこ》の如し。盤古《ばんこ》其の中に生ず。一万八千歳にして天地開闢す。清陽は天を為し、濁陰は地を為す。盤古其の中に在り。一日九変すること天より神なり。地より聖なり。天は日に一丈高く、地は日に一丈厚く、盤古は日に一丈長くなる。此の如くして一万八千歳。天は極めて高きを数え、地は極めて深きを数う」

この「清陽は天を為し、濁陰は地を為す」というくだりも〔紀〕の記述と似ているが、天地未分の雛子のような中に生まれた「盤古」は、竜頭蛇身の伝説もあり、一万八千歳の眠りから覚めて手斧で天地を開闢し、さらに一万八千歳を経て亡くなる（『中国の神話伝説』袁珂著・青土社）。始原神とはとてもいえない。また、「天は日に一丈高く、地は日に一丈厚く」という記述になると、極めて狭小で限定的な宇宙観である。これでは〔紀〕がこの記述を使えなかったのも無理はない。

『秀真伝』の始原神は天御祖神

これに対して、『秀真伝』と『三笠文』の天地開闢の様相は、次のように描写されている。『秀真伝』の場合は八つの紋に記されており、それぞれ多少異なるが、ここでは第十四「世嗣ぎ祈る祝詞《のとこと》の紋《の》」と『三笠文』の「高天原《たかま》成る紋」を紹介する。

「天御祖神《あめみをや》　天地人《あめつちひと》も　分かざるに　初《うい》の一息《ひといき》　動くとき　東昇りて　西下り　空《うつほ》に巡り　アワウビの　巡れる中の　御柱《みはしら》に　裂けて陰陽《めを》なる　陽《を》は清く　軽《かろ》く巡りて　天《あま》となり　陰《め》は中に凝《こ》り　地《くに》となる」（第十四紋）

「天地《あめつち》いまだ　成らざるに　天御祖神《あめのみをや》の　なす息は　極なく動く　天元神《あもとかみ》　水に油の　浮かむ様　巡る空《うつほ》の　その中に　天地《あめつち》届く　御柱《みはしら》お　巡り分かるる　アワウビの　アワは清くて

宗陽神《むねをかみ》　ウビは濁りて　源陰神《みなめかみ》　陽《を》は軽清《かろきよ》く　天《あめ》となり　陰《め》は重り凝る　地の球《くにたま》」（「高天原《たかま》成る紋」）

両文とも、天地を開闢した始原神は「天御祖神」になっている。『秀真伝』と『三笠文』にのみ初めて出てくる神名である。前掲漢籍の記述と類似していると言えば言えるが、天地未分の混沌の中に存在する陰陽は、万物の元素、天文学でいうガスと塵を思わせる。そのガスと塵は、天御祖神の「初の一息《ういのひといき》」によって天空を巡る巨大な渦巻きの「御柱」を形成し、その渦巻きによってガスと塵を陰陽・清濁に分離し、ガス＝陽・清は天となり、塵＝陰・濁は「地球《くにたま》」になったというわけである。現代人が読んでもそれなりのリアリティがあり、ガモフのいう「ビックバン」を彷彿とさせる。このあたりは、『淮南子』や『三五暦紀』等の記述とは似るべくもない。

中国の神話では「盤古」が天地開闢の神と解されているが、『三五暦紀』における「盤古」は、鶏卵の中身のような混沌とした状態から出現したとある。また『述異記』では、「盤古」は天地が形成されたあとで亡くなり、その死体から万物が生まれたことになっている。これらの記述からすれば、「盤古」は真正の始原神とはとてもいえない。

中国に伝えられた（？）日本の統治思想

歴史学者の津田左右吉氏は、漢籍に日本との交流が記されているのは第十五代応神天皇以後だとして、それ以前をフィクションと断定した。井上光貞氏も、確実に実在が確かめられるのは応神天皇が最初だとする。ともに〔記紀〕と漢籍の記述の一致による判断である。両氏に限ったことではないが、これが史学界の定説となって、神代はおろか第十四代仲哀《ちゆうあい》天皇以前はことごとく歴史時代から除外されてしまった。異論もあるにはあるけれど、史学界を動かすまでには至っていない。

歴史には創作がつきものであるが、その意味でも〔記紀〕と漢籍の記述の一致は重い。しかしながら、漢籍にあって日本の史料になく、日本の史料にあって漢籍にない記録もあり、これを押し並べて否定してしまうのはいかがなものだろう。たとえば漢籍の中には、応神朝以前にも日本（倭《わ》国《こく》）と中国の交流を記した次のような記録もある。

⑴「建武中元二年、倭《わ》の奴国《なこく》が貢を奉げて朝賀す。光武（帝）は賜うに印綬をもってす」

『後漢書』倭伝。建武中元二年は垂仁天皇八六年（西暦五七年）。

⑵「安帝の永初元年。倭国王の帥升《すいしよう》らが生口《せいこう》百六十人を献じ、願いて見えんことを請う」

『後漢書』倭伝。永初元年は景行天皇三十七年（西暦一〇七年）。

⑶「倭国が乱れ、暦年相攻伐する」

『梁書』倭伝。『北史』倭国伝。後漢の霊帝劉宏の光和年中の記述で、成務天皇西暦一七八

～一八三年。

(4)「周の時、天下太平、越裳白雉《えつしょうはくち》を献じ、倭人鬯艸《ちょうそう》を貢す」
後漢の王充《おうじゅう》編著『論衡《ろんこう》』(巻八、儒増篇)。「周」は紀元前一〇四六～前二五六年。越裳《えつしょう》はベトナム南部にあった国。鬯艸《ちょうそう》は霊芝。不老草ともいう。

(5)「成王の時、越常《えつしょう》(裳の誤り)雉を献じ、倭人暢《ちょう》(艸)を貢す」
同『論衡』(巻一九、恢国篇)。「成王」の治世は紀元前一〇二一?～一〇〇二年?。

これらの記述は日本の〔記紀〕にはないが、それだけの理由で無視することには違和感を覚える。古い時代のことであるから、一方の史書にあって他方にないことは十分あり得るし、他国との交流を何の根拠もなく加入するとは考えにくいのである。記述が細部まで史実かは疑わしくとも、国交があったことは認めてよいと私は思う。

いま『秀真伝』にみえる具体的な交流事実を挙げると、第十五「御食《みけ》万《よろづ》成り初《そ》めの紋」と第二十四「蚕得国《こゑくに》原見山の紋」には、もっと古い時代の次のような記述がある。

ウケステ女《め》　北《ね》の国に来て　玉杵に　良く仕ふれば　身に応え　聞切《ここり》姫の義妹《いも》と　結ばせて
弥真《やま》斉の道奥《みちのく》　授けます　喜び帰る　ウケステ女　崑崙君《ころひんきみ》と　因《ちな》み合ひ　玄圃《くろその》積もる　御子生
みて　西の母神　また来たり　『崑崙山麓《ころやまもと》は　愚かにて　肉味《しゝあぢ》嗜《たし》み　早枯れし　(中略)　支那《しな》

君出《きみいで》て　千代見草　尋ぬ』と嘆く　わが耳も　穢《けが》るゝ垢お　禊《みそぎ》せし　永らふ道お　喜べば　枯れお嘆きて　道授く」（第十五紋）

「義妹《いと》ウケステ女　赤県《あかがた》に　玄園積《くろそのつみ》と　生む御子お　崑崙《ころびつ》国の　君となす　玄園生める　君の母　（中略）　今ここに来て　真見《まみ》ゑなす」（第二十四紋）

前者は天照神《あまてるかみ》が御子・熊野楠日《くまのくすひ》尊に語った話、後者は聞切姫《きくきりひめ》が天孫・瓊々杵《ににきね》尊に語った話である。聞切姫は伊弉諾《いざなぎ》尊の姉か妹のどちらかで、鳥居礼編著『増補完訳・秀真伝』（八幡書店）は妹としている。確証はないが、鳥居氏にならう。

聞切姫は白山《しらやま》姫とも呼ばれる。父・沫蕩《あわなぎ》尊が白山《はくさん》山麓で越国を治めていたとき生まれたためであろう。豊受神の継子・八十杵《やそきね》命と結婚したが、まだ一歳に満たない天照神がしゃべった言葉を聞き切ったことから「聞切《きくきり》姫」と讃え名され、それを「ここり」と約《つづ》めて呼ぶこともある。

「ねの国」の「ね」は、〔書紀〕では「根」の字が当てられているが、『秀真伝』では「北」のことをいう。初《はつ》「東西《きつ》の名と穂虫去る紋」には、なぜ東をヒガシ、西をニシ、南をミナミ、北をキタと呼称するのかについて述べたあとに、

中《を》は君処《きみこ》　国治むれば　東西中南北《きつをさね》　四方《よも》と中《なか》なり

とある。「君は国の中央にいて国を治めるので、その四方と中で東西中南北《きつをさね》というのである」という意で、北はその「ね」にあたる。『秀真伝』によると、日本海に面した本州の北側、山陰地方から北陸地方の一帯はなべて「北《ね》の国」といい、この中に出雲国《いずものくに》（細矛国）や越国《こしくに》などが含まれている。ちなみに景行天皇の「纒向日代《まきむきひしろ》の宮」の「纒向」は、「真東向《まきむ》き」が原意である。

また、「玉杵」とは豊受神《とようけがみ》の「慈名《いみな》」（諱）である。「いみな」は今後もしばしば出てくるので、ここで解説しておく。従来、「いみな」には「諱」の字が当てられてきたが、この字は死後に贈る称号である。「現存の貴人の実名」といった解説もあるが、これは「いみな」の原意を知らないまま「諱」の字を当ててしまった過去の事例に対する〝後付けの説明〟というべきものであろう。『秀真伝』によると「慈名」とするのが正しい。当時、名前には「幼名《おさなな》」、「実名《まことな》」、「讃《たた》え名」などがあったが、第四「日の神の瑞御名の紋」の文末には、「いみな」に関する次のような記述がある。

「いみなとは、しむに通れば　真《まこと》なるかな」

これは「慈《いつく》しむ」の「しむ」は、血族・血縁・親族・肉親などを意味する「しむ」に相通じるという意で、ここから「わが子を慈しむ心と、子孫の八十続きの繁栄を願う心をこめた名前」という意味で「慈名《いみな》」といわれていたのである。「慈しむ」に通ずるという意味では「いむな」とすべきで、この訓《よ》みの例は第六紋に見える。「いみな」は「慈しみ」に通わせた言い方で、『秀真伝』ではこちらが常用されている。語呂がよいからだろう。豊受神のほうは讃え名である。

さて、玉杵・豊受神の本拠地は東北地方東側の日高見の国であるが、二神の時代に「北の国《ね》」の宮津の宮（現在の宮津市）において細矛国《さほこ》を治めていたことがある（第六紋）。そのころ中国から「ウケステ女」が来て豊受によく仕えたので、豊受神は聞切姫《きくきりひめ》の義妹として厚遇し、「弥真斉《やまと》の道奥《みちのく》」（古くから存在した国の秩序を斉《ととの》える教えのこと。詳細は後述）を授けたということである。原文では「やま」とあるが、音数律を五七調に調えるため「やまと」を「やま」と約《つづ》めてある。「また来たり」とあるから、ウケステ女は日本の国が気に入り、交流を深めていたようである。

この「ウケステ女」＝「西の母神」に対応する神に、中国の伝説の神「西王母」がいるが、諸説入り交じっている。『山海経』西山経などに出てくる「西王母」は、豹の尾と虎の牙をもち、髪の毛を伸ばし放題にして遠吠えする疫病と刑罰を司る怪神とされている。この怪神が棲み家とする「崑崙山《こんろん》」にしても、山麓から頂上まで一万一千里もあるという空想上の山である。中国のどの辺にあったか特定はできず、中国最古の字書『爾雅《じが》』には、「高い山ならみな崑崙を名乗れる」と書いてある。

しかし他方、『荘子』では西王母を「真人」（道を体得した人）としており、『穆天子伝《ぼく》』では怪人でも不老長寿の女神でもなく、中国に実在した一女王として描かれている。それが事実なら、「ウケステ女」＝「西の母神」を「西王母」に比定してもおかしくない。天照神も神話性に満ちた女神になってしまっており、神話的記述の存在をもって「西王母」を一概に否定するのは慎重でなければなるまい。

なお、先の(4)に引いた王充《おうじゅう》編著『論衡《ろんこう》』に、「周の時、天下太平、越裳白雉《えつしょうはくち》を献じ、倭人鬯艸《ちょうそう》を貢す」とあり、(5)にも同様の記述があったが、日本の史学界ではほとんど相手にされていない。周の治世は紀元前一〇四六〜前二五六年頃のことで、日本だと縄文晩期にあたり、「あり得ない」というわけである。

もう一つの理由として、この記述中に登場する「鬯艸《ちょうそう》」は霊芝のことで、日本には存在しない。だから、鬯艸を貢いだ「倭人」は日本人ではなく、中国東南部にあった国のことだという説もある。しかし『山海経』箋疏《せんそ》には、この「鬯艸」は「不老草」だとあり、『淮南子』覧冥訓や張衡の『霊憲』にも西王母が「不死の薬」を持っていたことが記されている。よって「鬯艸」と「不老草」は同じ意味に解されるが、先に引いた第十五紋に、

「西の母神　また来たり　『崑崙山麓《ころやまもと》は　愚かにて　肉味嗜《しゝあぢたし》み　早枯れし（中略）支那君《しなきみ》出て
千代見草　尋ぬ』と嘆く　わが耳も　穢《けが》るゝ垢お　禊《みそぎ》せし　永らふ道お　喜べば　枯れお嘆きて
道授く」

とあった。当時の中国人は肉食をして早死（早枯れ）する者が多く、「西の母神」は支那君が「不老長寿の薬草（千代見草）はないだろうか」と嘆くので、長寿の薬草を求めて日本にきたという。そこで天照神は「（不老長寿の）道」を授けた。当然「千代見草」も授けただろう。同じ第十五紋の少し前に、

「われ常の御食《みけ》　千代見草　世の苦菜《にがな》より　百苦《もゝにが》し　苦菜の御食に　永らえて」

と天照神の言葉が記されており、「千代見草」が長寿の薬草だったことがより明らかである。その「千代見草」を天照神が西王母に授けたとすると、『論衡』にいう「鬯艸」（霊芝）が日本にないことをもって、「倭人」は日本人ではないとはいえなくなる。『論衡』では「千代見草」のことを「鬯艸」と書いたのかもしれないわけである。しかも神武元年は西暦六六〇年にあたり、天照神は長命で神武天皇が生まれる少し前まで生存しており（第二十八紋）、この年代は「周」の治世紀元前一〇四六～前二五六年の後半に相当する。そして「西王母」もまた周の時代の人物であるから、「ウケステ女」＝「西の母神」は「西王母」とみても、さほどおかしくはなさそうである。

彼女が来日したとき、豊受神は「弥真斎《やまと》の道奥《みちのく》（奥義）」を授け、天照神は「永らえの道」を授けた。そうだとすると、誤解を恐れずにいえば、このとき『秀真伝』や『三笠文』に記された天地

開闢などの話も彼女に伝えられ、それがやがて漢籍に載ったと考えることもできなくはない。

意外に早かった大陸文化の受容

しかし、そうと決めつけるつもりはない。先の第十五紋では、豊受神や天照神が一方的に「弥真斉《やまと》の道奥《みちのく》」や「永らえの道」をウケステ女に授けたように書いてあるが、ウケステ女も西王母や崑崙山の伝説を語っている以上、中国の古代思想を語った可能性は多分にある。それに『秀真伝』によれば、二神や天照神の時代、すでに大陸の文化・思想がかなり受容されている。

たとえば、「五臓六腑《ゐくらむわた》」（初紋・第十七紋）の医学用語であるが、中国では黄帝の時代（前二五一〇〜二四四八年）に兪跗《ゆふ》、雷公《らいこう》、岐伯《きはく》という有名な医師がいた。兪跗《ゆふ》は外科手術が巧みで、五臓六腑《ごぞうろっぷ》のありようをよく知ってメスを使った外科医である。商（殷《いん》）の時代（前一六〇〇〜一〇四六年）には「剖腹」の刑が行なわれていたと伝えられる。

これに対してわが国では、この当時において人体解剖をしたという記録はない。それに『秀真伝』では、「五腑六臓《ゐわたむくら》」と逆に記している紋（十七）もある。また五臓の心臓を「ナカゴ」、肝臓を「キモ」、肺臓を「フクシ」、腎臓を「ムラト」、脾臓を「ヨコシ」と和語化して呼び、その働きにも触れている（第十七紋）が、その説明は正しいとはいえず、「六腑」の語はあってもその意味内容については何も記されていない。このような事実は、五臓六腑の医学用語が中国伝来であったことを裏書きしているといえる。わが国では当時、腹を割いて内臓の様子を見たことがないから、間違った記述になったり、五臓六腑の働きを正しく説けなかったりするのだと理解すべきであろう。

また、『秀真伝』や『三笠文』では、一年を十二ヶ月として十一月から数え始めること（笠「嘗事《なめこと》の紋」）、各月の名称の意味を胎児の成長段階で説明していること（第十六「孕み慎む帯の紋」）などは、次頁図表のとおりで、下段の下線を引いた説明部分が中国の十二支にもとづく考え方と酷似している。各月の説明がずれていたり、意味が違っていたり、不明な月があったりするのは、渡来人の中国語が十分理解できなかったり、忘れてしまったためと思われる。日本の創作なら、このようなずれや不明は中国側におこる。

十二支のほうが成立年代が早く、商（殷）の時代までさかのぼる。『秀真伝』の記述は中国からの移入とみてよい。季節の状態などで説明した十二月、二月、十月は『三笠文』の「嘗事の紋」、「年内になす事の紋」によって埋めてみたのだが、これが日本本来の月名の由来であろう。

また、『秀真伝』や『三笠文』には、すでに二神の時代に一年を三百六十五日の十二カ月、ひと月を三十一日としたり（初「東西の名と穂虫去る紋」）、厄払い（第三「一姫三男生む殿の紋」）や閏月（第六「日の神十二妃の紋」）などが採用されていた記述もあるが、上記の事実からすれば、これらも中国伝来とみてよいだろう。十干と十二支の組み合わせによる六十進法の干支暦（太陰太陽暦）が取り入れられ、「天鈴暦《あすずこよみ》」として本格的に公用化されるのは神武天皇の時代にはいってか

中国　十二辰と胎児の成長段階			日本『秀真伝』等の説明	
11月	子《ね》	受精卵が誕生する	霜月《しもつき》	霜柱が立つ
12月	丑《うし》	受精卵が着床し、子宮にしがみつく	精走《しはす》	精液《しじなみ》が走る
1月	寅《とら》	受精卵が分化するがまだ慎ましい状態	睦月《むつき》	家族が集い睦む
2月	卯《う》	胎児が羊水を飲み排尿する	衣更着《きさらぎ》	胎児の皺が更に着る
3月	辰《たつ》	胎児が動き始める	八夜勇《やよい》	胎児が八夜勇む
4月	巳《み》	臍《へそ》の緒を通し母から栄養と酸素をもらう	潤月《うつき》	胎児の身が潤《うる》う
5月	午《うま》	胎児が子宮を蹴るようになる	清月《さつき》	清々《さっさ》岩田帯を締める
6月	未《ひつじ》	手足が枝のように伸び始める	水無月《みなづき》	胎児の水（羊水）が乾く
7月	申《さる》	胎児の身長が伸びる	踏月《ふみつき》	胎児が胎内で足踏みを開始
8月	酉《とり》	皮下脂肪が付き、胎児の身体が成熟	歯月《はづき》	十二本の歯ができる
9月	戌《いぬ》	鼻や耳の穴が開通する	なが月	（不明）
10月	亥《い》	胎児の人としての形が定まる	神無月《かみなつき》	陽の神が尽きる

らである（第二十八「君臣遺し法の紋」）が、二神時代にはすでに受容されていたのである。

前記のように王充《おうじゆう》の『論衡《ろんこう》』には、周の成王（紀元前一〇二五〜一〇〇五年）のときに「倭人《わじん》がきた」とある。わが国は縄文晩期のころにあたるが、すでにこのころ中国の古代暦法（太陰太陽暦）やその他の思想文化がはいってきていたとしても少しも不自然ではない。

豊受神や二神、天照神の時代ではないだろう。『秀真伝』の初「東西の名と穂虫去る紋」には、和歌を三十一文字に詠む理由について、「天の運行は一年三六五日だが、それを十二カ月で割るとひと月は三十一日になるので、和歌もそれに合わせて三十一音(字)に通わすのだ」(要旨)とある。この説明からすると、六十進法の暦法が和歌の作法に完全に取り入れられているのであるが、和歌というものの原型が生まれ、その歌法が確立するには数百年、あるいはそれ以上の歳月がかかる。であるならば、六十進法の暦法が伝来し受容されたのも、二神時代から数百年以前にさかのぼるかもしれない。

もっとも、和歌が三十一音に詠まれることと、伝来したひと月三十一日の暦法がたまたま一致したことから、後付けで前記のような意味づけをした可能性も一概に否定できない。どちらにしても、二神時代にはさまざまな中国の古代思想・文化が受容されていたとみてまず間違いないだろう。したがって、『秀真伝』等の天地開闢譚に、中国の陰陽思想が混入したとの見方も不可能ではないが、ここでは『秀真伝』等における天地開闢の様相描写は、『淮南子』などのそれとは似るべくもなくリアリティと論理性、思想的な深みがあることを強調しておく。

2　始原神・天御祖神の実像

『三笠文』に説かれた宇宙観

先に見た『三五暦紀』の天地開闢神話の中に、「天は日に一丈高く、地は日に一丈厚く（中略）天は極めて高きを数え、地は極めて深きを数う」という記述があった。これに比べると、『三笠文』の「高天成る紋」に記された宇宙観は、はるかに優れたものである。

「日の径《わた》り　百五十《もゝゐそ》トメチ　月の程《ほど》　七十《なそ》トメチ内《うち》　日の巡り　中節の外《と》の　赤き道　八万《やよろ》トメチの　地《つち》お去る　月の白道　四万《よも》チ内《うち》　地球径《くにたまわた》り　百十四《もそよ》チの　巡り三百六十《みもむそ》　五《ゐ》トメヂの　地《つち》より近き　日は遠く　月は半ばに　近きゆえ　並べ見るなり　諸星《もろほし》は　天《あめ》に懸《か》かりて　斑《まだら》なす」

「天《あめ》は胞衣《ゑな》　日月人《ひつきひと》みな　天《あめ》の胞衣《ゑな》　外は高天《たかま》の腹（原）径《わた》り　百万《もゝよろ》トメヂ　星までは　十五万八千《そゐやち》トメヂ　この外は　名も常永《とこしなえ》（中略）天御祖神《あめのみをや》の　大御丈《をゝんたけ》　八百万《やもよろ》トメチ」

「径《わた》り」は直径、「巡り」は円周のことと解される。「トメチ（ヂ）」は難解語であるが、この八行あとに次のような説明がある。

「トメチとは　女《め》の三十六《みそむ》踏む　畝《せ》は十息《といき》　百息《もゝいき》は町　三十六里《みそむさと》　里三十八《さとみそや》なり」

距離計算の基本に「女」が用いられるのは、「天」が陽《を》＝男に擬せられているのに対し、「地」は陰《め》＝女になぞらえる考え方に基づき、大地を歩いて測るので女の歩幅が使われたと考えられる。そして「イキ」は、この文の少し前に、

「天御祖神《あめのみおや》の　（中略）　息の数　（中略）　人の息」

とあって、この「イキ」は「息」以外ではあり得ず、息＝呼吸のことと解してよいと思う。そうすると、距離測定は当然歩行によると推察されるが、メソポタミア文明でも歩いて二時間の距離を「一ベール」（一里。一〇・六九二キロ）としていたことが知られている。〔紀〕の孝徳天皇二年の条にも、

「凡《およ》そ田は長さ三十歩《みそあし》、広さ十二歩《とをあまりふたあし》を段《きだ》とせよ」

とあり、田の大きさを歩測で決めたことがわかる。江戸後期の測量家・伊能忠敬も、距離測定を歩測で行なったことは周知のとおりである。

しかして「一息」の単位であるが、「一息」を「一呼吸」として実際に歩いてみると、一呼吸の間に二歩（左右の足分）歩ける。そこで体が小さかった当時の女性の「一歩」を約五十センチ（大幅で測定した伊能忠敬は一歩を六十五センチとした）、「一呼吸＝二歩」を一メートルとすると、「畝《せ》は十息《といき》」は十メートル、一町＝百息＝百メートルで、「百息《もゝいき》は町」との文と合致する。

次に問題なのは、次下《つぎしも》の「三十六里《さと》　里三十八なり」の意味合いである。『秀真伝』や『三笠文』では、五七調に調えるため省略が多いのであるが、「三十六里」が文字通りの意味だとすると、次下の「里三十八」の文と矛盾するし、上句の「百息は町」との整合性もない。そこで私は、「三十六里」とは「三十六町を一里」とする意で、「里三十八なり」は「一トメチは三十八里である」という意味と考える。そうすると「トメチ」とは、

「三十八里（さ**と**）を女（**め**）の足で歩く道（み**ち**）」

で、「と・め・ち」という意味になる。したがって一里＝三十六町は三・六キロで、今日の数値三・九キロとほぼ一致し、一トメチ＝三十八里は約百三十七キロになる。いまこの計算で、先の「高天

	『三笠文』	km換算	現在の測定値
地球の直径	一一四トメチ	**約一万五六〇〇km**	**約一万三〇〇〇km**
地球の円周	三六五トメチ	**約五万km**	**約四万km**
月の直径	七〇トメチ弱	約九五九〇km	約三五〇〇km
太陽の直径	一五〇トメチ	約二五〇〇〇km	約一四〇万km
太陽と地球の距離	八万トメチ	約一一〇〇万km	約一億五〇〇〇万km
地球と月の距離	四万トメチ弱	約五四八万km	約三八万km
星座までの距離	一五万八〇〇〇トメチ	約二一六五万km	
高天原までの距離	一〇〇万トメチ	約一億三七〇〇km	
高天原の外	常永《とこしなえ》		
天御祖神の身長	八〇〇万トメチ	約一〇億九六〇〇万km	

成る紋」に記された太陽や月までの距離や直径などを計算すると、右掲図表のようになる。

こうして比較してみると、今日の測定値と合っていないし、合うはずもないと思うが、地球の直径と円周が現在の測定値に近い数値であるだけでもすごいことであり、太陽が地球より大きいと見た観察眼には敬服する。

しかも、この地球を「くにたま」と表記している。地球が球形であることを、すでに二神時代にはわかっていたのだ。西欧で初めて地球球体説を唱えたのは古代ギリシャのピタゴラス（前六世紀）であるが、それが中国に伝わったのは元《げん》代（一二七一～一三六八年）で、それまで中国では大地は平板な形をしていると考えていたから、中国経由の伝来ではない。わが国の場合、地球が球形であることや、太陽は地球より大きいこと、地動説などの西欧科学がはいってきたのは明治以降のことである。

無窮の広がり、無限の命をもつ天御祖神

もっと驚くのは、星座（天の川銀河）までの距離は太陽までの距離の約二倍あると考えていたこと、高天原（宇宙空間）は星座の約六倍の距離と広さがあって、この高天原の外は「常永《とこしなえ》」としていることである。「常永《とこしなえ》」とは「常《とこ》しき永らえ」の意で、つまり宇宙を空間的に無窮、時間的に無限と見ていたわけで、高天原という概念は宇宙空間のごく一部分にすぎない。

一方、天御祖神の身長は「八百万トメチ」で、地球から天の川銀河までの距離の五十倍になっている。地球から高天原までの距離の八倍である。つまり天御祖神は、この銀河系宇宙の五十倍、高天原の八倍の宇宙空間を司る始原神と考えていたことになる。

ただこれは、「八百万トメチ」を文字通りに受け止めた場合のことで、実際はもっと広い宇宙を想定していたと思われる。というのは、たとえば第二十三「御衣定め剣名の紋」には、

「八《や》は八《やつ》ならず　百千万《もゝちよろ》」

という天照神の教えが記されている。八は文字通りの八ではなく、百千万を意味するということであるが、この百千万も「すべて」「たくさん」の意と考えてよい。「八百万《やおよろず》の神」という場合も、文字通り神が八百万いると考えている神道家や国学者はいないだろう。

したがって、この「八百万トメチ」というのも、「全宇宙」をさしていると考えてよい。言い換えれば、天御祖神を「無窮の広がり」と「無限の命」をもつ存在とみていたといえる。これを『三五暦紀』の「天は日に一丈高く、地は日に一丈厚く」という宇宙観と比べてみれば、『秀真伝』や『三笠文』に記されたわが古代びとの卓越さが理解できよう。その意味では同じ天地開闢神話といっても、わが国と中国のそれはまったく似て非なるものである。

前にも述べたように、天地を陰・陽の二様に見る考え方そのものは、よく観察すれば誰にでも思いつける平凡な観察である。仮に中国の陰陽思想の移入だとしても、わが国古来の土着思想、アイデンティティを維持しながら、独自の新しい思想展開をしていることを認識すべきであろう。

神性内在の思想

ところで、「八百万トメチ」とは天御祖神の「大御丈《をゝんたけ》」であり、それが「常永《とこしなえ》」の全宇宙をさすならば、始原神・天御祖神はこの無辺・無窮の宇宙空間とは別に存在するのではなく、この宇宙空間そのものが天御祖神なのだと理解しなければならない。地球も太陽も月も無数の星までが、いや、われわれ人間やすべての動植物にいたるまで、この世のすべてが天御祖神の「身体」であり「命」の一部だということになる。

ちなみに、前出の第十四「世嗣ぎ祈る祝詞の紋」には、次のようにも記されている。

「時に天照る　大御神《ををんかみ》　世嗣ぎの紋お　織らんとす『万《よろ》の齢《よわひ》の　命《みこと》・彦《ひこ》　やゝ千代保つ　民もみな　国常立神《くにとこたち》の子末なり　そのもと悉《ふつ》く　天御祖神《あめみをや》』」

われわれ人間は、すべて天御祖神の分霊《わけみたま》であり、子末だということである。換言すれば、われわれはこの世に生まれたとき、天御祖神の「神性」を譲り受けたという「神性内在」の思想を表している。だが、それを人間に限定して理解するのは正しくない。第十八「自凝呂《おのころ》と呪ふの紋」には、

「万物《よろもの》お　生みしは昔　天地《あめつち》の　泡初泥《あほうび》いまだ　天御祖神《あめみをや》」

とある。「万物《よろもの》」の語からは、天御祖神はこの世の有情と非情にわたる「宇宙万物の生命体」を生んだ意が読み取れる。草木や岩石までもである。したがって、この世のすべてに「神性内在」を認めているわけで、これは大乗仏教にいう「非情草木《ひじょうそうもく》・悉有仏性《しつうぶっしょう》」と同じ思想といえる。

「空風火水壇」と「地水火風空」

大乗仏教との相似性をいえば、大日経に「地水火風空識」という概念があるように、『秀真伝』などにも「空風火水壇」という同種の概念がある。ともに万物を構成する要素、生命環境として不可欠の要素を五つに集約していったものだ。前者が地上から天空を仰望する言い方、いわば「人間の視座」に立った表現とすれば、後者は天空から地上を俯瞰する「神の視座」に立った表現といえるだろう。

わが古代びとたちは「宇宙空間」のことを「うつほ（ぼ）」といった。「う」は大きいこと、「つぼ」は壺の意である。人間をはじめ、この世の森羅万象すべてが天御祖神の大きな懐＝大壺《うつぼ》に抱かれ、生滅流転の営みを繰り返していると見ていたのである。

人間もこの「空風火水壇」の五元素からできていると見ていたのは慧眼というべきで、気管は「空」にあたり、吐く息は「風」である。体温は「火」で、肉体は「壇（地）」、胎内に含まれる水分は

「水」に相当する。これは「人間も小宇宙」だといっているのと同じである。

この「空風火水埴」と似た考え方は古代ギリシャにもあって、地上世界を「土・水・空気・火」の四大に分けた。キリスト教も同じで、スコラ哲学は十二世紀にこれをそのまま取り入れた。彼らは十一世紀になるまで、アリストテレスの名前を知った程度で、ギリシャ哲学はほとんど知らなかったのだ。

仏教もヴェーダやウパニシャッドなど、古代インド哲学の影響を受けて五大思想をもつにいたるが、それがインドから直接わが国には伝わったという確証はない。大乗仏教は中国から（朝鮮半島経由で）伝来したのであるが、中国仏教は後漢の明帝時代（西暦紀元前後）にインドからもたらされたとされるものの伝説の域を出ない。仏教が中国で開花したのは三国時代（四世紀）のころで、日本に伝来したのは六世紀の欽明天皇の時代である。

前記のように、『秀真伝』などでは二神時代以前に、中国の文化・思想が伝来していたことがわかるのであるが、仏教についてはそれらしい記述はまったく見えない。地獄、餓鬼、畜生といった基礎的な仏教用語の片鱗すら見当たらない。とすれば、「空風火水埴」が「地水火風空」と似ている点だけをとらえ、『秀真伝』の成立を仏教伝来後に位置づけることはできまい。

「あいうえお」は天御祖神の魂

次の二文になると、同じことが仏教や中国の古代思想とはまったく違った思想として展開される。

「地《わ》と天《あ》に分けて　あいうえお　空風火《うつほかぜほ》と　水埴《みづはに》の　交わり成れる　天御中主神《みなかぬし》　八面《やおも》に生める　人は星　星は種なす　天御祖神《みをやかみ》」（第十八紋）

「人生まるとき　元つ神　その妙守《たえもり》が　種下し　物と魂《たましい》　結《ゆ》ひ和《やわ》す」（第十四紋）

「元つ神」とは天御祖神のことであるが、前者にいう「あいうえお」と「空風火水埴」の融合は、後者にいう「物と魂　結《ゆ》ひ和《やわ》す」と対応している。つまり、「結《ゆ》ひ和《やわ》す」ところの「物」は天御祖神の肉体＝「空風火水埴」の五元素で、「魂」は天御祖神の精神＝「あいうえお」の五元素の謂《いい》と解される。換言すれば、人間はみな天御祖神の精神と肉体を分け与えられて生まれた「分霊《わけみたま》」だということである。

ところで、なぜ始原神・天御祖神は忘れられてしまったのだろうか。思うに、一つには天照神《あまてるかみ》との混同にあったろう。第十二「早開津姫天児の紋」に、天照神のことを「天御祖神《あめみおや》」と呼んでいるくだりがあるが、いまでも全国に「天祖神社」があり、この「天祖」は天照神のこととされている。こうしたことを考えると、時代が下るにつれて、天御祖神は天照神のなかに溶解し、始原神・天御祖神は忘れられてしまったのではないかと思われる。

二つには、国を治めるためには国民の信頼を君主に集める政治的必要性があった。そしてまた天照神こそは、国の礎をつくった「現人神」と信じられていた。そこで、天照神に対する篤い信仰心をひろく教え伝えた結果として、やがて天照神はわが国の根本の神のように敬われ、「天御祖神」そのものに変容していったのではないだろうか。

3　天御中主神は地球生命の祖神

国常立神より先に誕生し、擬人化された神

〔記紀〕では、天御中主神と国常立神は、天地が分離したあとで生まれた神とされているわけであるが、この二神がどのような性質の神であるかについての記述はまったくない。『秀真伝』や『三笠文』では、どのように記されているのだろうか。

まず、どちらが先に生まれたかを特定すれば、第十八「自凝呂と呪ふの紋」の前掲文をもういちど引き、併せて『三笠文』の「埴祭りの紋」の文を掲げる。

「あいうえお　空風火《うつほかぜほ》と　水埴《みづはに》の　交わり成れる　天御中主神《みなかぬし》　八面《やおも》に生める　人は星　星は種なす　天御祖神《みをやかみ》　人に生まれて　蠢《うぐめ》くに　常世《とこよ》の道お　教《をし》ゆ神　国常立神《くにとこたち》も　乗り巡り」
（「自凝呂と呪ふの紋」）
「国常立《くにとこたち》の　神となる　これより先は　天地《あめつち》の　成りて生《あ》れます　天御中主神《みなかぬし》」（「埴祭りの紋」）

前出文の場合、「人に生まれて」は「天御祖神《みをやかみ》」のことではない。天御祖神は「星は種なす」を受けて、いったんここで区切れ、「天御中主神といっても、もとを質せば天御祖神なのだ」という意味になる。次の「人に生まれて」は、ふたたび天御中主神のことが記されている。しかし、この二つの文によって先後関係は明らかで、天御中主神が先に生まれ、そのあと国常立神が生まれたわけである。

それでは、先に生まれた天御中主神はどのような神なのか。第十四「世嗣ぎ祈《の》る祝詞《のとこと》の紋」の関連文を再引する。

「空風火《うつほかぜほ》と　水埴《みづはに》の　五つ交わりて　人となる　天御中主《あめなかぬし》の　神はこれ　八方万国《やもよろくに》に　万子生《よろこ》み　みな配り置く　人の初　天《あめ》に還《かえ》りて　天御祖神《あめみをや》」

この文からは、次の六つのことがわかる。その一つは、「八方万国《やもよろくに》に　万子生《よろこ》み」の文から、天御中主神の在所は天空ではなく、この地球だということである。〔記〕におけるこの神の在所が「高天の原」になっている点と大きく異なっている。

二つには、「天《あめ》に還《かえ》りて　天御祖神《あめみをや》」とは、いわば天御中主神は天御祖神の分身としてこの地球に降《くだ》った神という位置づけである。

三つには、この天御中主神という神名の「中」は、「天の真ん中」の意にほかならない。したがってこの神は「地球そのもの」であり、地球を自らの身体とする「地球神」である。「八方《やも》万国《よろくに》に万子《よろこ》生み」とあるので、「地球生命の祖神」と位置づけるのがより真意に適っているといえよう。

換言すれば、天御祖神の地球上における働きを天御中主神に託して説いているわけである。

四つには、天御中主神はこの地球上の八方に「万子」を生み、それが「人の初」とされていることである。この「人」は、天地に対比される「生物の代表」といってよい。「万子」という場合、人間に限定した表現ではあり得ず、あらゆる生物を含む謂と解される。

五つには、天御中主神は「人」とされていることである。『三笠文』の「高天成る紋」の場合は、

「この五《ゐつ》つ　交わり成れる　神人《かんひと》は　天初地顕《あうわ》わる　天御中主神《みなかぬし》　地球八方《くにたまやも》に　万子《よろこ》生み」

と、さらに一歩進めて説いている。「人神《ひとがみ》」というのは、人間でありながら死後に修行を積んで神（神霊）になった場合をさすのに対して、「神人《かんひと》」は逆に神（超自然神）が人間の姿で現れることをいう。当時は、超自然神も人間に生まれ変わると考えていたようで、似て非なる概念である。

だが、地球誕生と同時に人間が生まれる道理はない。これは未熟な民衆にわかりやすく説くため

の「擬人化」にほかならない。天御中主神はあくまでも超自然神であって、けっして「人神」でも「神人」でもない。文字通り「人体をもった神」と受け止めてしまうと、この神の本質を見失う。

六つには、「天の真ん中に生まれた」という認識に基づく天御中主神の命名は、いうまでもなく地球が宇宙の真ん中にあるという認識を前提にしているわけで、いわゆる「天動説」に立っている。これはメソポタミアやエジプトなどの古代文明もみな同じで、ガリレオが「地動説」を唱えるまで誰も知らなかった。

ちなみに天照神の名は、この世を太陽のように遍《あまね》く照らし恵む意であり、太陽をありがたいものとして崇める心は、むろん当時もあった。そこから天照神を「太陽神」とする太陽信仰説が生まれた。だが、『秀真伝』や『三笠文』では、太陽を直接的な信仰の対象にした事実はみられない。いや、〔記紀〕にすらその明文はない。太陽よりも大切に考えていたのは、実にこの地球だったのである。

たしかに太陽の光と温熱がなければ人間は生まれることすらできない。だがそれ以前に、地球が存在しなければ何事もはじまらないことも、まぎれもない事実だ。その認識の上に立って、天御中主神という神は生み出されたといえるだろう。そしてそれはまた、「天動説」に基づくものだったのである。

『旧約聖書』の創世記も「天動説」に立っている。それがゆえに、「地動説」を唱えたガリレオをキリスト教会が迫害したことは有名である。しかし、一九九〇年代になってローマ法王ヨハネ・パウロ二世は、「ガリレオを迫害したのは間違いだった。ガリレオは無知の犠牲になった」とようやく教会の誤りを公式に認めた。この歴史的事実は、聖典ないし宗教教義、教会の絶対化がいかに文化文明の発展を阻害するかを端的に物語っているが、実は「天動説」と「地動説」はどちらか一方が正しく、他方が間違っているというものではない。両説は並び立つものである。

どんな優れた天文学者、宇宙科学者でも、東の空に昇った太陽を見て、「ああ、地球が太陽の周りを公転している」などと実感するはずはないわけで、みんな太陽が地球の周囲を回っているようにしか見えず、感じられない。それでもわれわれの生活に何の支障もない。むしろ作家などは、「『太陽が昇った』とは書くな、『地球が太陽の周りを公転している』と書け」といわれたら怒り出すだろう。

前者を「科学的宇宙観」とすれば、後者は「視覚的・実感的宇宙観」というべきものである。だからこの両説は並立してまったく問題ないのであって、このことをもって『聖書』や『秀真伝』の非科学性をうんぬんするのは間違いであろう。間違っていたのは、『聖書』の記述を絶対化して、科学者たちを迫害したことである。その結果として、かえって『聖書』の価値、教会の権威をさげてしまったといえないだろうか。

このことは、『秀真伝』を研究する者も心すべきことである。『秀真伝』を絶対化し、その記述の一つひとつまで神聖化する思い入れは、かえって真実から遠ざかってしまう。

天御中主神は真正の言霊神ではない

最後にもう一点、付言しておきたい。それは、天御中主神は「あいうえお」の五母音と「空風火水埴」の五元素が結合して生まれたとされていることから、「言霊神《ことだまかみ》」と思われがちなことである。そう見ても間違いではない。が、詳しくは第2章で述べるが、前出第十八紋に「天に還りて　天御祖神」とあるとおり、「言霊神」として明確に位置づけられているのは天御祖神である。

では、なぜ天御中主神に関する記述に「あいうえお」の五母音が出てくるのか。それは、所詮人間は地球から離れた宇宙空間の音を聞くことはできないので、地球上に限定して認識していることに由来していると思われる。そう考えて耳をすましてみると、この地球上はさまざまな音に満ちている。雨はザーザー、雷はゴロゴロ、風はヒューヒュー、梢はザワザワ、小鳥はピイチク、滝はドードー、小川はサラサラと、あらゆるものが固有の音を出している。そしてこれらの音は、語尾を長く引いて発声すると、みな「あいうえお」の五音に集約される。

つまりこの地球は、人間と同じく「五音」を発しているわけなのだ。そこでこの地球を司る天御中主神に「あいうえお」の言霊を託し、「神人《かんひと》」として擬人化したのではないかと思われる。

しかし、地球や天御中主神を生んだのは、ほかならぬ天御祖神である。天地を開闢した「初《うい》の一《ひと》息《いき》」とは、別言すれば天御祖神の「意志」であり、その「意志」と「言語」は一体不可分のものであるから、「あいうえお」の五母音もまた天御祖神に源を発していると理解すべきであろう。

4　人類の祖神・国常立神

人間でも神人でもない超自然神

天地が開闢したのちに生まれた神として、〔紀〕が最初にあげるのは国常立神《くにとこたちのかみ》であるが、生まれ在所は「天地の中」になっていて、天なのか地なのか判然としない。特性に関する記述もない。

これに対して『秀真伝』における国常立神は、「地球神」というべき天御中主神の次に生まれており、明らかに地球上に生まれた神である。

この神は天御中主神にもまして、「人体をもった神」すなわち「神人」と認識される傾向が強い。しかし、地球誕生のあとで生まれたとされている以上、人間でも神人でもあるわけはなく、超自然神である。いかにも人間のように書いてあるのは、天御中主神と同様に「擬人化」のせいである。

たとえば第十八「自凝呂と呪ふの紋」には、この地球に降り立ったのちのことについて、

「国常立神《くにとこたち》の　八降《やくだ》り子　何国狭槌《なにくにさつち》　八方主《やもぬし》と　なりてトホカミ　ヱヒタメの　国に生む子は

三降りの　君臣民ぞ」

とある。「トホカミヱヒタメ」の実義については次章で詳述するが、ここで国常立神が「トホカミヱヒタメ」の八カ国に何国狭槌という八人の御子を生み、その御子は八カ国の主になったという趣旨は、地球の四方八方に、その地を治めるにふさわしい優れた人物を生んだ、というほどの意味である。

少し考えてみても、地球の誕生とともに「国家」ができたはずはなく、この「くに」は地球上のある地方、ある地域というほどの意味である。だから、八カ国の名前もトの国、ホの国、カの国……といった記述しかできず、八人の御子も「何国狭槌」という無名ともいえる呼び方しかできないのである。むろん上古代の人々に、地球誕生から人類誕生にいたる何十億年にもわたる長い経緯など知るよしもないが、要するに「トホカミヱヒタメ」は、八方の地域をさす代名詞に使われているにすぎず、歴史時代の裏付けとなる何の実態もないわけである。

「常世国」をつくった神

しかし、それはそれとして、国常立神に関する記述は天御中主神よりも多く、もっと親近感をもって崇められていたようである。それはなぜか。この神にはどんな位置づけがなされているのだろうか。

第二「天七代床御酒《あめななよとこみき》の紋」には、天照神の教えとして次のように書かれている。

「神その中に　生《あ》れまして　国常立神《くにとこたち》の　常世国《とこよくに》　八方八降《やもやくだ》りの　御子生みて　みなその地《くに》お　治めしむ　これ国君の　始めなり」

前出の第十八紋の文と似ているが、国常立神は八方に御子を生み降ろし、それぞれの国を治めさせて「常世の国」をつくった。これが「国君」の始まりだという。

国常立神の「国」については、〔記紀〕の多くの研究書に「日本国」をさすように書かれているが、こんにちの国家のことではなく「地球《くにたま》」のことである。したがって、「常世国」というときの「国」も、わが日本国に限定されたものではない。地球のあちこちに「常世国」をつくったというほどの意味である。

「天御中主神《みなかぬし》　八面《やおも》に生める　人は星　星は種なす　天御祖神《みをやかみ》　人に生まれて　蠢《うぐめ》くに　常世《とこよ》の道お　教《をし》ゆ神　国常立神《くにとこたち》も　乗り巡り　奇香地《くこわ》に八方《やも》お　何県《なにがた》と　生む地《くに》すべて　自凝呂《おのころ》ぞ」（第十八紋）

国常立神は天御中主神のあとに記され、それは誕生の先後を意味することは前述したが、これはまた役割の「業《わざ》分け」でもあって、国常立神は「常世の道を教えた神」と位置づけされている。「奇香地《くこわ》に八方《やも》お　何県《なにがた》と　生む地《くに》すべて　自凝呂《おのころ》ぞ」というときの「何県」は、誰も行って確かめたことがない想像上の地域をさすが、これは二神時代以前に大陸との交流があり、日本列島の外の世界を認識していたことを前提とした表現といえる。そしてそれは「自凝呂《おのころ》」である。「凝る」は「成る」と同義で、「自《おの》」は八方の国々が自然に形成されたという意味にとれる。国常立神が生んだとはいっても、実際は原始の人類が自然発生的にそれぞれの地域で集団を形成して生活をはじめた、というほどの意味に受け止めたほうが実意に適っているだろう。

人類に知恵を授け、文明を開いた神

天御中主神はこの地球上に人間をはじめとする無数の生命群を生んだ「地球の祖神」であった。それに対して国常立神は、その人類に智恵を授け、地球上の各地に「常世国」を生んだ「人類の祖神」と位置づけされる。たとえば、『秀真伝』の序「秀真伝お述ぶ」に、

「国常立《くにとこたち》神の　業御魂《わざみたま》」

というとき、この「業御魂」とはまさに智恵のことであり、智恵によって人類に文化文明をもたらしたことをさす言葉である。それがゆえに国常立神は「人類の祖神」として仰がれた。『三笠文』の「埴《はに》祭りの紋」には、そのことが次のように記されている。

「国常立《くにとこたち》の　神の代に　〓《む》の手眉目《たみめ》より　室屋なる　まづ埴《は》お均《なら》し　杉柱　棟お葛蔦《かつら》に　結ひ
合わせ　萱葺《かやふき》き住みて　木の実食《は》む　教ゑお民に　習はせて　国常立の　神となる　これより
先は　天地《あめつち》の　成りて生《あ》れます　天御中主《みなかぬし》神　二十世《ふそよ》に生める　民草の　穴に住まえば　人な
らず　国常立神の　室屋より　宮殿《みやとの》造る　バサラ民」

天御中主神が生んだ民草は、「バサラ民」と呼ばれた。髪の毛を伸ばし放題にバサラと伸ばし、体も洗わず不潔きわまりなく、まだ家（室屋）をつくることを知らずに洞穴などに住んでいた。人間としての生き方も知らず、互いに助け合うこともなく、気ままな暮らしをしていた。

要するに生活を向上させる知恵も意思もなく、ただ勝手気ままに生きている原始人のことだ。それがやがて佐々木道誉に代表される、国家や社会秩序の埒外《らちがい》にいて、自由奔放に生きていた人たちの意味に変化していくのであるが、そうしたバサラ民に国常立神が家の建て方から始めて「人の道」

を教えたということである。「教えた」というのは擬人化のせいで、「智恵や向上心を授けた」という意である。

「〓《む》の手眉目《たみめ》より　室屋なる」というときの「手」は教手《をして》＝文字のこと、「眉目」は字形のことである。つまり冒頭部分を意訳すれば、国常立神が「〓《む》」という字形から室屋をつくったということになるが、真意はやはり民草に家をつくる智恵を授けたという意味に解される。

原始の人類にとって、自然の洞穴は安直に得られる住みやすい空間であった。風雨をしのげるし、猛獣の危険から身を守ることもできる。だが、水や食べ物を求めて平野に進出するにしたがって洞穴から遠ざかり、洞穴に頼らないですむ方法を考え出す必要に迫られて、家の原型としての竪穴式住居が生まれたということであろう。

人類がその他の動物と区別される智恵をもつ生き物として、この世に初めて「人社会」をつくり、文化の度合いを少しずつ高めながら「共生」を開始した時代、それが国常立神の時代と位置づけることができる。国常立神はまさしく「人類の祖神」と考えられていた。「日本国の祖神」ととらえたのでは、この神を矮小化してしまう。

天地人に配する三神

ここまで天御祖神と天御中主神、国常立神の三神の役割をみてきたが、要するに天御祖神の力用《りきゆう》

を後者の二神に託して表現しているともいえる。先にあげた第十四「世嗣ぎ祈る祝詞《のとこと》の紋」に、

「天御祖神《あめみをや》　天地人《あめつちひと》も　分かざるに」

とあって、この世を構成する三大要素を「天・地・人」とみていたことがわかる。これは、「空風火水埴」という五元素とはまた別の角度からとらえた概念である。後者が生命環境としての万物の、事象的にみえながら思弁性のある構成要素の概念とすれば、前者はその上に立って、人間の視座から見た事象的な構成要素といえる。

「天地人」といえばすぐ古代中国の発想のように思いがちで、私はその可能性を否定するつもりはないが、この世の基本的な三要素として誰にでも思いつきそうなことでもある。しかしそうでありながら、実はこの三神の「業分け《わざ》」にもとづく、なかなか深い思慮によるものだった。ここまで述べてきたことを図表にすれば、次のようになる。

天	天御祖神	天地の開闢	宇宙の祖神
地	天御中主神	地球生命の誕生	地球の祖神
人	国常立神	文化文明の発祥	人類の祖神

ここまでくると、「古代中国の発想」の域をはるかに超えて、独自の思想展開がなされていることを認めざるを得ないだろう。ここを出発点として、「天地人」という語の出生の秘密を探るのも一興かもしれない。「ウケステ女」の逸話にみるように、中国大陸との交流は向こう側からの一方的なものではなかったかもしれないのである。

転生と分霊のちがい

ところで、擬人化された天御中主神や国常立神を、天御祖神の「転生《てんしょう》」とみる見方をする研究者がいる。この点について一言触れておきたい。

「転生」とは、ある人間が死後に別の人間に憑《つ》いて「生まれ変わる」ことを意味する概念である。だから、もし天御祖神が天御中主神や国常立神に「転生」したとすると、天御祖神は存在しなくなってしまう。しかしそうではない。「始原の大元霊」は、その命や神力を分け与えることはあっても、憑依も転生もしない。「転生」と「分霊」は、意味合いが本質的に異なる概念なのである。

たまに「私には国常立神が憑いている」という霊能者がいるが、面白い話がある。友清歓真《ともきよよしさね》といえば新興宗教「神道天行居」の創設者で、神道霊学の理論家であったが、あるとき神がかりした大本教の出口王仁三郎《おにさぶろう》に憑いた神霊を霊査《さにわ》すると、「小松林命」という聞いたこともない神名が告げられた。さすがに友清歓真も小首を傾げ、あとで国常立神と言い換えてごまかした。超自然の大元霊は憑依しないことを、彼は知らなかったのであるが、彼にかぎらず霊能者の大半がそうである。

始原の大元霊は「分霊」するだけで、「憑依」「転生」はしない。また、天御祖神のような始原の大元霊は、「分霊」といっても自分の命を切り刻んで分け与えるわけではない。先に〔記紀〕や『秀真伝』に、天御中主神や国常立神が「生まれた」と表現した箇所があったが、まさしく「産み落とす」わけで、分霊というより分身といったほうがわかりやすいかもしれない。

神の証《あかし》の三要素

神代の登場人物の実名《まことな》、幼名《おさなな》には事象的な名が多い。一例をあげれば、鵜萱葺不合尊《うかやふきあえずのみこと》は彦火々出見尊《ひこほゝでみのみこと》と豊玉姫の間に生まれた鴨仁《かもひと》・筑紫天皇の実名《まことな》であるが、この名は母の豊玉姫が、彦火々出見尊が産屋の屋根を葺き終わらないうちに生まれてしまった子という、文字通り出産にまつわる逸話をそのまま名前にしたものだ。きわめて事象的である。

だが、天御祖神や天御中主神、国常立神の名は、一見すると事象的に見えるが、よく見れば思弁的な思惟が生んだ超自然神であった。つまり「時間」と「空間」、そして「利益《りやく》力（御神威）」を内包した名前なのである。

天御祖神の「天」は空間的な無限性を、「祖」は過去から未来へつながる時間的な永続性とともに、御神威の永続性を内包している。ことに「祖」は、仏教でいう「主・師・親」の三徳のうちの

「親の徳」にあたり、同時に「利益力」を表していることは間違いない。

また、天御中主神の「中」は地球に限定しながらも、その地球上に遍く空間的な広がりを持ち、「主」は「祖」と同様に、未来へつながる時間的な永続性と利益力の永続性を表している。

国常立神の場合も、「国」は地球上に遍く空間的な広がりを、「常」は時間的な永続性を表している。また「立」は、「常世の国」を立てたという意味がこめられており、この一字にはまさにこの神の御神威が内包されているわけである。

ちなみに、天照神の名についても同じことがいえる。「天」は空間的な広がり、「照」は利益力を表している。が、「照」は永続性があってこその御神威であるから、「照」は同時に時間的永続性をも内包した概念である。

この「時間」と「空間」、「利益力」の三要素は、そのどれか一つが欠けても「神」たり得ない。「空間」がなければ、神はその身体と住処を失い、「時間」のない一瞬の間隙では、神に生命がないのと同じだ。そしてまた「利益力」がなければ、神は神としての存在価値を失う。この三要素は、実に神の神たる不可欠の証《あかし》なのである。

普遍性と世界性をもつ天御祖神

およそ世界の宗教を見渡してみても、このように「神の神たる証」として、御神威の時間的な永遠性と空間的な無限性の三要素を内包した神名をもつ始原神には、そうお目にかかれない。そして実は、よく考えてみれば、狭義には天御祖神のみがこの三要素を真に具備《ぐび》している始原神だといえる。

天御中主神の場合、「中」の字は救済領域を「地球」とその環境世界に限定される。国常立神の救済主体もまた、われわれ「人類」にあるという点において、天御祖神のそれとは大いに差がある。われわれ人間を中心に考えれば、それでも特に問題はないように思われるが、外を取り巻く宇宙という環境なくして地球も存在し得ない。その意味において、「普遍性」が確保されているとはいえないだろう。

現代の宇宙科学からすれば、この地球にもやがて終焉《しゅうえん》の時がやってくる。それはとりも直さず、天御中主神や国常立神という神にも終焉の時がくることを意味する。その意味からいえば、始めもなく終わりもない永遠の存在は、ただ天御祖神だけということができる。天御祖神は「初《うい》の一息《ひといき》」によってこの天地宇宙をつくったとされるが、それはこの神がそれ以前から存在した「無始無終の神」であることを意味している。

この神が天御中主神や国常立神を生み下したとされ、天御中主神はこの地球上に人類を代表とする生物を生み落とし、国常立神は人類に生きる知恵と文化を授けたとされるけれども、この二神は神というものを身近に引き寄せて教えるための「比喩神」ということができる。

いつしか天御祖神が忘れ去られ、それに代わって国常立神が慕われ、篤い信仰心をかきたてたのも、この神がもっとも身近な「比喩神」だったせいではないかと思う。しかしながら、「そのもと悉《ふつ》く　天御祖神《あめみをや》」なのであって、天御祖神こそがこの宇宙の始原神だと、『秀真伝』や『三笠文』では説かれているのである。

宗教・信仰というものには「普遍性」と「世界性」が大切である。わが国はこの天御祖神という始原神をどこかに忘れてしまったとき、この「普遍性」と「世界性」を失った。その結果わが国の神道は、日本国の中だけでしか生き延びられない民族宗教に墜ちていったのである。

第2章　神代の奉斎神と言霊思想

1　「フトマニ」の深義

「偶像崇拝」是非論の帰趨

いずれの高等宗教であれ、立教開宗（開教）の当初においては「御神体」、「御本尊」というものは作られなかった。釈尊の仏像がつくられ、信仰されるようになったのは釈尊滅後のことだし、『旧約聖書』を同源とするユダヤ教やキリスト教、イスラム教などは、偶像崇拝はしないということになっている。『旧約聖書』で偶像崇拝を禁じられているからだ。

キリスト教ではカトリックや正教会など宗派によって十字架に磔《はりつけ》にされたキリスト像、いわゆる「十字架」を礼拝堂に掲げているが、これは「御神体」とは違うとされている。よそ目には偶像にしか見えず、これに向かって礼拝している姿に本音が透けて見えるように思われるが、在世に作られたものでないことは確かである。

仏教などにおいて、開教の当初に偶像がつくられなかった主たる理由は、開祖・教主が目の前に実在しており、その必要性がなかったことにあろう。高等宗教の場合は多少の概念の違いこそあれ、究極の信仰対象をこの宇宙を創生した根源の神に置いているが、弟子のほうは開祖を根源の神仏の「体現者」と受け止めた。開祖・教主自身がそう説いた場合もある。しかし開祖滅後になると、どうしても信仰の求心力が衰え、信仰心も弱まっていく。そこで弟子たちによって、信仰心を高めるために偶像がつくられた。それが釈迦仏像だったりするわけである。

偶像はあくまで偶像でしかない、ということはできる。この世の普遍的究極的実在＝宗教的真理を実在するごとく具現化（偶像化）することはできないからである。だから、道理をわきまえない人たちの信仰は、開祖が説いた真意から外れてしまい、ともすれば偶像そのものに信をおくことになりかねない。そこに宗教的真理の矮小化という「偶像崇拝」の陥穽がある。

しかし、それでは「偶像崇拝」を廃して、究極的実在ないし普遍的真理を「観念」によってとらえるあり方が最善かというと、必ずしもそうとはいいきれない。人間の思考や知恵は人それぞれであり、「観念」で思い描く真理も、人さまざまにならざるを得ない。百人が百人、千人が千人、「観念」の所産はみな違ってしまい、やはり宗教的真理を矮小化してしまいかねないだろう。

龍樹菩薩の『大智度論』には、

「言語道断《ごんごどうだん》・心行所滅《しんぎょうしょめつ》」

とある。宗派により僧侶や学者によって解釈は多様であるが、これは「普遍的究極的真理というものには言葉や文字で説き尽くす道はなく（言語道断）、心に思い描くこともできない（心行所滅）不可思議な境界である」という意味である。言い換えれば、「言語道断」は不可説論であり、「心行所滅」は不可知論といっても大過ないだろう。天台大師も『法華玄義』の中で、

「不識天月《ふしきてんげつ》・但観池月《たんかんちげつ》」

と説いた。これは狭義には法華経を天月に、それ以前の諸経を池月に譬え、後者は前者に劣るという教えである。しかし広義に捉えれば、究極的真理を「天月」に、教義・教説を「池月」に譬えて、「人間は究極的真理（天月）をありのままに悟ることはできない。悟ったといい、説いたといっても、それはただ池に映った月を見たに等しいことだ」という意味になる。

真理を究めようとして説いて説いて説きまくった龍樹菩薩や天台大師ですらこれである。まして や思想・哲学の素養のない一般の人たちにとっては、山猿が池に映った月を掴もうとするのと大差ないだろう。三枝充悳日本大学教授は『バウッダ——仏教』（小学館）において、

「（釈尊には）みずから真理を獲得し、完成したとの自覚は、強く、固く、その内部にあった」

と書いている。従来、「お釈迦さまは菩提樹の下で悟りを開いた」といわれてきたが、それは大乗の人師・論師の創作話であって、実際には深く心中に秘めていたというのである。その意味では、釈尊は可知論者に属するかもしれないが、可説論者では決してなかった。彼はやはり、この世の真理は言葉や文字で説けきれるものではないという立場に立ち、説法を形而上学の領域へは進めず、弟子たちにも戒めたのである。

仏と仰がれた釈尊ですら究極的真理を説けないとすると、われわれは何をもってその輪郭に触れることができるのだろうか。その困難さは容易に察知されるところである。

信仰対象としての御神体は、あったほうがよいといえなくはない。そのほうが信仰心が定まるだろう。要するに、信仰の間接的媒介としての御神体をとおして、さらにその奥の究極的真理に迫るという意味においては、御神体＝偶像の有無は信仰のあり方にさほど過誤をもたらしはしないだろう。もし起こり得る過誤を信仰者に帰すのは酷だとすれば、それは宗教者の説き方、教え方の浅深・巧拙によるといえないだろうか。

わが国では、仏教伝来の当初は仏像であったが、絵や文字によって神仏を描き、「御本尊」としたのは弘法大師空海が最初であった。「十界曼荼羅」を絵で描いたのは有名である。また梵字による神札のようなものを多数つくったが、これもまた「御本尊」の一種で、（八咫）鏡を御神体として祀っていた神道は、これを真似て神札をつくったといわれている。

それはともあれ、実は弘法大師以前に文字によって「御神体」を描いた実例があった。それが『フトマニ』に付属する「四十九因本席図」である。が、この「本席図」について詳述する前に、まず「フトマニ」の字義の問題から考えてみたい。

「フトマニ」の字義

「フトマニ」という語については、『秀真伝』の第三「一姫三男生む殿の紋」や、『日本書紀』に、次のように記されている。

「(二神は) ある状《かたち》 天《あめ》に告ぐれば フトマニお 味はえ曰《いわ》く」(『秀真伝』)

「(二神は) 故《かれ》、還復《かへ》りて天《あめ》に上り詣でて、具《つぶさ》に其の状《ありさま》を奏し給ふ。時に天神《あまつかみ》、太占《ふとまに》を以て卜合《うらな》ふ」(『紀』)

これは伊弉諾《いざなぎ》尊・伊弉冉《いざなみ》尊の二神が「水蛭子《ひるこ》」を流産し、その悲しみを天神、つまり伊弉冉尊の実父・豊受神に話したところ、豊受神は「フトマニ」をもって「言挙《ことあ》げ」のあり方を占ったという段である。『古事記』にも同じように書かれており、「フトマニ」の語は古くからあったのであるが、大野晋氏はこの「太占《ふとまに》」の補注において、次のように解説している。

「記の天岩屋の条に『天の香山の真男鹿の肩を内抜きに抜きて、天の香山の天の波波迦《ははか》を取りて、占合ひ麻迦なはしむ』とあり、魏志、倭人伝に『其の俗挙事行来に、云為する所有れば、輒ち骨を灼き卜し、以て吉凶を占い、先ず卜する所を告ぐ。其の辞は令亀の法の如く、火坼を視て兆を占う』とあるような、鹿の肩胛骨をあぶり、その裂目の具合で占いをしたものであろう。（中略）我が国では弥生式時代から行われていたことが考古学的に証明されている」

鹿の肩胛骨をあぶり、その裂け目の具合で占う方法を、俗に「鹿占《しかうら》」、「鹿骨占」というが、遺跡から出土した「鹿骨占」は、神武天皇による大和朝廷の成立から約二百五十年後とみられる古浦遺跡である。第二十四「蚕得国《こえくに》原見山の紋」によると、はるかそれ以前の天孫・瓊々杵《ににきね》尊の時代に「亀卜《かめうら》」が入ってきているが、〔記紀〕にこの「亀卜」の伝承記録はない。

ここでいう「フトマニ」は、「鹿骨占」や「亀卜」とはまったく異なる。大直根子《おおたたねこ》命の序「フトマニお述ぶ」には、そのことが次のように記されている。

「承けて天照《あまてる》　大御神《おおんかみ》　八百万神《やもよろかみ》に　詔《みことのり》　『（中略）このフトマニお　基占《もとうら》と万葉《よろは》の味お

日々並《かがな》えて　試み詠め』と　詠ましめて　神は教長《しれおさ》　添え削り　百二十八歌《ももふそやうた》　選《ゑ》り給ふ
基占伝《もとうらつたゑ》の　文《ふみ》ぞ尊し」

つまり「フトマニ」は、天照神が教長《しれおさ》となって、大勢の臣下に詠ませた歌を添削し、選りすぐって編纂した百二十八首の和歌のことで、この歌をもとに占いをしたので「基占伝《もとうらつたゑ》」ともいうわけである。「日々並《かがな》えて」は、ここでは日数をかけてじっくり考える意である。

なぜ「フトマニ」と呼称するかについては、同じ「フトマニお述ぶ」に、

「このフトマニの　四十九《よそこ》教手《をて》は　元々明けの　清香奇社《さこくしろ》　明けの天御祖《みをや》神に　因《よ》る形　そばにトホカミ　ヱヒタメの　八神は人の　魂《たま》の緒《を》お　含み降らせて　永らえお　結び和《やわ》せば　アイフヘモ　ヲスシの神は　東西中南北《きつをさね》　五臓六腑《ゐくらむわた》緒《を》　整《ととの》えり　三十二《みそふ》の神は　見目形　日夜《ひよ》のまにまに　守らせば　このフトマニお　基占《もとうら》と」

とある。つまり、「含（ふく）み降らせて」の「ふ」と、「整（ととの）えり」の「と」、「日夜のまにまに」の「まに」をとって「フトマニ」というわけである。漢字を当てれば「紀」にいう「太占」ではなく、「含整随」となろう。

単なる「占い」を意味する呼称ではない。天地を開闢した天御祖神の御神威を秘めた呼称で、それを図顕化したのが「四十九因本席図」だということである。以下、その深義について述べる。

本席図は天御祖神の御神体

次頁の「四十九因本席図」の画像は、百二十八首の和歌を編んだ「フトマニ」（基占伝）に付属する「四十九因本席図」である。下段の説明文を誰が書いたかを明かす明文はないが、「基占伝」を漢訳したのが吉備真備なら、これも真備であろうか。先の「フトマニお述ぶ」に基づいた説明であるが、意訳すれば次のとおりである。

「元元明けの天御祖神がまします天界・精奇城《さこくしろ》（清香奇社）のありさまを象《かたど》った四十九因の本席図は、天神玉杵尊・豊受神が五十一相の瓊爾《をして》をもって御図顕になられ、伊弉諾尊・伊弉冉尊の両神に授けたもうたものである。天照太神はこの爾《をして》に基づいて吉凶を兆《わか》とうとおぼしめされ、親《みずか》ら教長《しれおさ》となり、諸神（諸臣）に万葉の情を詠ましめて添削し、その中から百二十八首を選んで『基兆太占紀《もとうらふとまにのふみ》』となしたもうたのである」

「元元明け」とは、天御祖神による天地開闢をさしている。「元明け」と表記することもある。「四

「四十九因本席図」

元元明天精奇城
四拾九因本席圖
天神玉杵尊鏤之
爲五拾壹相瓊璽
以授之天兩神兮
天照太神基是璽
欽兆吉凶爲點長
使諸神詠万葉情
漆刪撰百廿八詠
爲基兆太占紀兮

十九因」は、この「本席図」の中心円内に書かれた「」の三文字を一括りにし、その周囲に配された四十八字と併せて数えたもので、「五十一相」のほうは中心円の「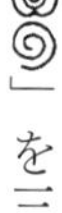」を三字に数えた謂である。

この「」は、上から「あ・う・わ」と読むが、一番上の「《あ》」は天を意味する特殊表意文字、一番下の「《わ》」は地（埴）を意味する特殊表意文字である。「《あ》」は左巻き、「《わ》」は右巻きの〈渦巻き〉になっているが、これは天御祖神の「初《うい》の一息《ひといき》」によってできた渦巻きを表し、巻き方を上下反転させることによって天と地を描き分けている。

また中央の「《う》」は、この一字によって天御祖神の「初《うい》の一息《ひといき》」を意味する特殊表意文字である。内側の小さな「」は表音文字「《あ》」の変形で、天御祖神を表している。また、外側の「」は表音文字「《う》」の変形で、上辺を開けて「初《うい》の一息《ひといき》」を動的に表現している。

つまり、この三字「《あうわ》」は、天御祖神の「初《うい》の一息《ひといき》」による天地開闢そのものを表しているわけで、大宇宙の壮大なダイナミズムを感じさせる表現である。周囲に配された「四十八文字」は、天御祖神の「言霊《ことだま》」であり「意志」である。換言すれば、この「本席図」はそれ自体が天地を開闢した天御祖神のお姿であり、御神威を示している。先に「四十九因」とあったが、この「因」の字は、天地を開闢し、人間をはじめとする万物を生んだ因由《いんゆ》が、実は天御祖神にあることを表しているのである。

天御祖神と言霊三神

ところで、第十四「世嗣ぎ祈《の》る祝詞《のとこと》の紋」と第十七「神鏡八咫《やた》の名の紋」に、天照神の次のような教えがある。

「元明けの　四十九《よそこ》の種の　中三位《なかみくら》　天御祖神《みをやかみ》告げ治《た》す　方隅《けたすみ》に　八君《やきみ》トホカミ　ヱヒタメぞ
次アイフヘモ　ヲスシ神　末は三十二《みそふ》の　手見目彦《たみめひこ》　元中末《もとなかすえ》の　三位《みくら》あり　十六万八千《そむよろやち》の
物添ひて　人生まるとき　元つ神　その妙守《たえもり》が　種下し　物《もの》と魂《たましゐ》　結《ゆ》ひ和《やわ》す」（第十四紋）

「元々明けの　天御祖神《みをやかみ》　そばにトホカミ　ヱヒタメの　八元《やもと》の神に　守らしむ　人の音声は
天並神《あなみがみ》　三十二《みそふ》の神の　見目形《みめかたち》　十六万八千《そむよろやち》の　物おして　人の魂《たましゐ》　喜ばす」（第十七紋）

「元明け」はここでは、四十九字で表現された御神体「本席図」のことである。「四十九の種」は「四十九因」の「因」と同義で、天御祖神の「言霊」であり、「魂の緒」のことを意味している。「中三位《なかみくら》」の「中」とは、この「本席図」の中を意味し、「三位」とは天御祖神の言霊がこの中に「三層」に分けて描かれていることをさしている。

もういちど「本席図」のみを次頁に掲げると、見た目には五層になっているが、外側の二層は縦枠線で一括りになっている。中心円内の「《あうわ》」は天御祖神ご自身なので除外すると、三層である。

一番内側から数えて一の位は「八君トホカミヱヒタメ」で、「元々神《もともとかみ》」とも「天元神《あもとかみ》」「八元神《やもとかみ》」ともいう。二の位は「アイフヘモヲスシ神」で、「天並神」と呼ばれる。二層とも、二字目からそれぞれ対極を一字分ずらした位置に配されている。残る二層が一括りして三の位で、「三十二《みそふ》の手見目彦《たみめひこ》」＝「三十二神《みそふかみ》」ということになる。それで「元中末の三位あり」といっているわけである。

そして、天御祖神を「神」の位とすると、「天元神」は「君」の位に譬えられていることが、「八君トホカミ……」との表記でわかる。「天並神」の位置づけは記されていないが、「三十二の神の手見目彦」とあるから「彦」(優れた男の意)の位である。この「彦」は「君・臣・民」の三位のうち「民」の位にあたる。とすると、「天並神」は「臣」の位に位置づけられる。

ちなみに、第二十三「御祖神船魂の紋」では、四十八音の言霊全体を「臣言霊」と呼び、天御祖神(君)の「臣」の位に位置づけている。これが「言霊」の語の初出であるが、「言霊」は天御祖神の「意志」を伝える伝達手段でもあるから臣下に見立てたのであろう。

天御祖神	一の位	元	トホカミヱヒタメの八音	天元神	君
	二の位	中	アイフヘモヲスシの八音	天並神	臣
	三の位	末	そのほかの三十二音	三十二神	民(彦)
「君」				「臣」	

だが、これら「天元神」や「天並神」、「三十二神」の言霊三神が天御祖神とは別に存在するわけではない。天御中主神や国常立神と同様に、天御祖神の御神威の側面を託した「業分け」、「比喩神」と理解すべきである。この点を記述どおりに受け止めてしまうと、かえって真意から遠ざかってしまう。

言霊三神に託された天御祖神の御神威

この御神体「四十九因本席図」に託された天御祖神の御神威は、先に引用した大直根子命の序「フトマニお述ぶ」や、第十七「神鏡八咫《かんかがみやた》の名の紋」にも記されている。くどくなるが再引する。

「このフトマニの　四十九教手《よそこを》は　元々明けの　清香奇社《さこくしろ》　明けの天御祖神《みをや》に　因《よ》る形　そばにトホカミ　ヱヒタメの　八神は人の　魂《たま》の緒《を》お　含み降らせて　永らえお　結び和《やわ》せば　アイフヘモ　ヲスシの神は　東西中南北《きつをさね》　五臓六腑《ゐくらむわた》緒《を》　整《ととの》えり　三十二《みそふ》の神は　見目形《みめかたち》　日夜《ひよ》のまにまに　守らせば」（序文）

「元々明けの　天御祖神《みをやかみ》　そばにトホカミ　ヱヒタメの　八元《やもと》の神に　守らしむ　人の音声《ねこえ》は天並神《あなみがみ》　三十二《みそふ》の神の　見目形　十六万八千《そむよろやち》の　物おして　人の魂《たましゐ》　喜ばす」（第十七紋）

これらの文も、天御祖神の御神威を「天元神」、「天並神」、「三十二神」の言霊三神に託し、「業分け」して説いているところだが、単にそれだけのことではない。その意味するところは驚くほど深い。

「天元神」の御神威は、生命の誕生（「人の　魂の緒お　含み降らせて」）と永生（「永らえ」）とにあり、いわばその御神威は「人間主体」におかれている。その究極が「永らえ」にあるという意味では、むしろ「生命主体」にあるといったほうが適切であろう。

天御祖神に帰命《きみょう》することによって生命が浄化され、われわれ人間の永遠のテーマである「永生」が実現されるということである。豊受神がこの「天元神」をもっとも内側に配した真意も、この神が生命次元にかかわるためと解される。

これに対して「天並神」には、次の二義がある。一つは「東西中南北《きつをさね》を整える」ことである。その御神威のおもむくところは、われわれ人間を取り巻く環境世界、「客体」＝「客観世界」の多様性に向けられている。生命の糧をもたらす環境と、時に脅威をもたらす環境の多様性である。その多様な環境世界に秩序を与え、人間との調和を図ることが「整える」である。

天元神 ——— 魂の緒を含み降らせ、物と魂を結び和し、長生きさせる		「フ」
天並神 ——— 東西中南北と五臓六腑、人の音声を整える		「ト」
三十二神 ——— 日夜のまにまに見目形を守る		「マニ」

二つには、「五臓六腑・緒」と「人の音声《ねこえ》」を整えることである。「天元神」と同じ「人間主体」に向かいながらも、同神の御神威の向かうところが「生命」次元にあるのに対して、「天並神」の それは「肉体（体内）」の浄化に向けられているわけである。

ちなみに、「五臓六腑を」の「を」であるが、『秀真伝』において格助詞「を」はすべて「お」と表記されているので、格助詞の「を」ではない。「天元神」が含み降らせた「魂《たま》の緒《を》」のことと解される。つまり、「天元神」と連携して「魂の緒」と「五臓六腑」を結び和《やわ》し、浄化するということだろう。

次の「三十二神」は、「見目（姿）形を守る」のであるから、その御神威は「肉体」外貌の浄化に向けられている。しかし、ただ単に人間の容貌を立派にするというだけではない。「東西中南北《きつをさね》を整える」という「天並神」の外側に配されている点を重視すれば、この「見目形」は人間世界をはじめ自然界を含む謂で、その環境世界を整え浄化することが、ひいては人間の見目を輝かせる意と解される。天御祖神にはそうした御神威があるということを、この言霊三神に託して説いているのである。

『秀真伝』にはこのように、「人間主体」と「客体（自然環境）」に向けられた天御祖神の御神威が区分けして説かれているのであるが、「四十九因本席図」にはそのことが図式的に示されている点にも注目してほしい。

もういちど１２２頁の「本席図」を見ていただきたい。「天元神」の八音は外側を向いて並び、「天並神」の八音と「三十二神」の三十二音は内側を向いて並んでいる。内側の生命次元に作用するものが外側に向き、外面・外界に作用するものが内側に向いているのである。豊受神はただ漠然とこのように並べたのではなく、そうすべき理由があったはずである。

私はこう思う。「天元神」によって浄化・荘厳された生命の輝きは、おのずから客観世界に向かって発露し、渓谷を流れる清流のように外界を潤して、内に籠もることがない。自分を磨く目的も、自分のみならず他者のためでもあり、世のためでもある。それゆえに「天元神」は外を向いているのである。

また、「天並神」「三十二神」によって浄化された客体は、ひるがえって人間主体、内面を尊厳ならしめる。たとえば美しい自然は人間の心を癒し、清純にしてくれるように。また優れた人物の前には、諸人が寄り集まって慕い仰ぎ、それはまたその人を輝かせるものだ。それがゆえに内側に向いていると解される。

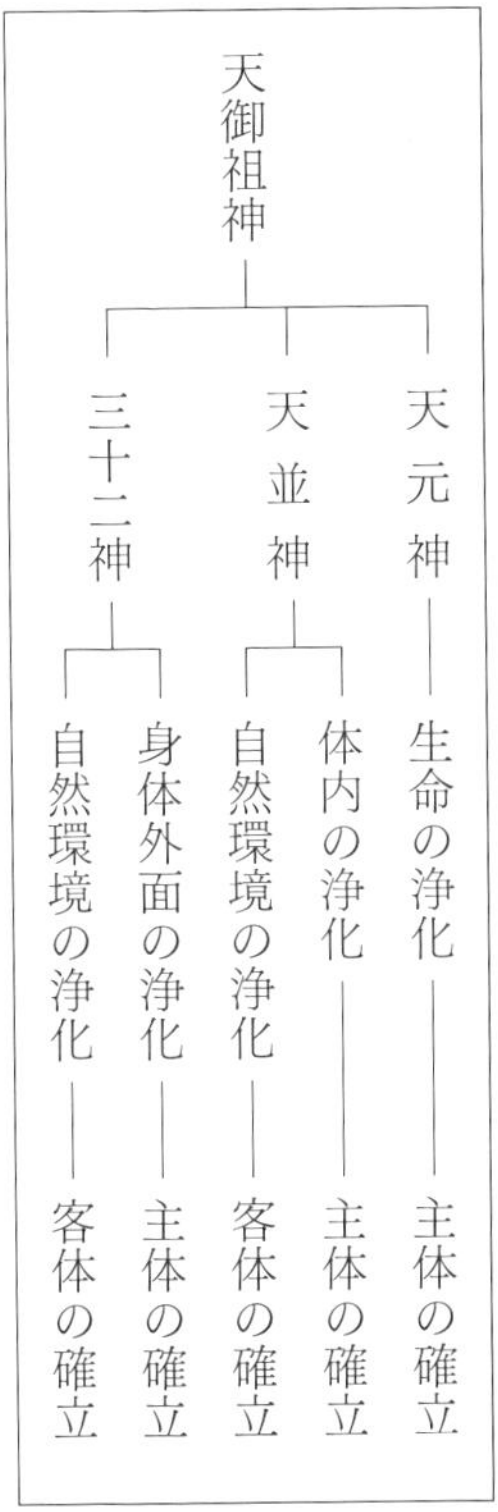

「自然と人間」、「生命と肉体」の相互作用性は、それが浄化されるにせよ汚されるにせよ、その変化は別々に起こるものではなく、互いに作用し合い影響し合って起こる。「本席図」では、その不可分の連関が「外向き」と「内向き」の描き分けによって示されているわけで、豊受神は天御祖神の御神威を見事に分析し総合し、図式化しているといってよい。

天界「清香奇社」と地上「清の処」

その天御祖神がお住まいになる天界・高天原の良処を「清香奇社《さこくしろ》」という。先の説明文では「精奇城」という字を当てているが、私は「清香奇社」とするのが正しいと考えている。『三笠文』の「高天原成る紋」に、以下のように記されているからである。

「四十九《よそこ》の神は　天《あ》に還り　元の高天《たかま》の　原にあり　奇《く》し魂《たま》くわし　さこくしろ　故《かれ》神祀る
名も高天《たかま》原　清《すが》の処は　これに比べん」

この文は、天界・高天原の良処を「さこくしろ」と呼称し、地上の高天原を「清《すが》の処」と呼称する所以を説いた文といってよいが、これによれば「さこくしろ」の「さ」は、「清（すが）の処は」の「清《すが》」のことで、「さ」の訓みもある。あとで出てくるが、嘘偽りのない清らかな心を「清心《さごころ》」

というのである。

「こ」は「奇し魂くわし」の「くわし」にあたる。これは「香《かぐわ》し」を約《つづ》めた「か」抜きの表現で、「かぐわし」が「こうばし」に転じるのに相まって「か」が「こ」と転じたと解すべきところである。古代びとにとって「香しい」ことは、政り事の重要な要素の表徴であった。宮の庭先に橘や桜の木を植えたり、宮の名を「香久宮」と名付けたりしたのも、それゆえである。

そして「く」は、もちろん「奇《く》し魂」の「奇《く》」である。また「しろ」は、お城というものができたのはもっと後代になってからであるし、神のお住まいとしては「社」がふさわしい。この「やしろ」を約めて「しろ」といったのだ。つまり、天御祖神がおられる天界・高天原の良処を「清香奇社《さこくしろ》」と尊称したということである。

先に述べたように、「四十九《よそこ》の神」とは天御祖神の「言霊」のことである。そして天御祖神が「天に還《あ》り　元の高天の　原にあり」というのは、この「本席図」に図顕された「言霊」を元のお姿としてとらえ直せば、天界・高天原におられる天御祖神ご自身のことであり、その「言霊」であり「意志」なのだという意味である。先に、「真の言霊神は天御中主神ではなく、天御祖神である」といったのは、この文による。前後の文脈上、このように解するほかない。

また、「故《かれ》神祀る　名も高天《たかま》原　清《すが》の処は　これに比べん」というときの「神」は、いうまでもなく天御祖神の御神体として図顕された「本席図」のことである。その御神体「本席図」を祀るところは、まことに「地上の高天原」というべきであって、天御祖神がおられる「天界・高天原」を「清香奇社《さこくしろ》」というならば、地上における「清香奇社」というべき「清《すが》の処」です、という意味である。

ここに、「高天原」の二義が明確にされたわけである。「高天原」といえばすぐ天界の高天原と思いがちであるが、「故《かれ》神祀る　名も高天原《たかま》」とあるから、「四十九因本席図」は御神体として祭壇に祀られていた。したがって一義には、「本席図」を祀る祭壇ないし御神殿を地上の高天原といい、二義には天君が政り事をする宮殿《みやどの》を「高天原」と呼称したのである。この点を読み違えると、「神話の世界」に逆戻りしてしまう。

天界・高天原――清香奇社――天御祖神の住む高天原の良処
地上・高天原――清の処――天御祖神の御神体「本席図」を奉斎

先の「フトマニ」の段に「天に告ぐれば」（『秀真伝』）、「天に上り詣でて」（〔紀〕）、「時に天神《あまつかみ》」（同上）とあったが、この「天」は地上の高天原のこと、「天神」は地上に実在した豊受神のことであるのは前述したとおりである。こののちは伊弉諾尊であったり、天照神であったりする。

よく「天《あめ》に議《はか》りて」というフレーズも登場するが、この「天」もみな天照神など時の統君《すべらぎ》、または統君のもとで行なわれる朝政《あさまつり》、もしくは統君がおられる宮や場所（たとえば近江や伊勢など）をさしている。この点も誤解しないよう注意すべきところである。

2　奉斎神「四十九因本席図」の推移

豊受神が図顕し奉斎

前掲「四十九因本席図」下段の説明文には、この「本席図」は玉杵尊・豊受神が図顕し、伊弉諾尊・伊弉冉尊に授けたと記されている。この点について、順を追って確認してみよう。

「慈名《いみな》玉杵　元明けお　写す高天原《たかまま》に　天御祖神《あめみをや》　元々神《もともと》・天並神《あなみ》　三十二神《みそふかみ》　祀れば民の
豊受神《とよけかみ》　東の君と　道承けて」

これは第四「日の神の瑞御名の紋」に記されている文で、玉杵尊が四十九因本席図を祀り、その祈りと政りによって日高見の民も豊かになったので、民は玉杵尊を「豊受神」とも「東の君」とも呼んで讃えたということである。「豊受」という讃え名の由来は、実にこの御神体「本席図」を祀って政り事を執ったことに大本を発していたわけである。ほんとうは「豊大食《とようけ》」であろうが、従前になろう。

豊受神が「図顕」したことを示す明文はないが、「祀った」という記述と前後の文脈から推して、豊受神が図顕し、天御祖神の御神体として祀ったことを意味すると理解してよいと思われる。それ以前には、図顕者に推せる人物はいない。

先君・面足尊の系統が政治面の血筋だとすれば、豊受神の係累は宗教的・思想的な面において優れていたようである。第二「天七代床御酒の紋」に、豊受神の先祖にあたる育国《はごくに》神に関する記述がある。

「常世神《とこよかみ》　木の実東に　植ゑて生む　育国《はごくに》の神　日高見や　高天原《たかま》に祀る　天御中主《みなかぬし》神　橘植
ゑて　生む御子の　高皇産霊《たかみむすび》お　諸《もろ》民讃ゆ　木の常立《とこたち》尊や」

「はごくに」の神名は〔記〕に見えないが、〔紀〕の第一書に「葉木国野尊」とある。しかし私は「育国《はごくに》」とした。当時、「育《はぐく》む」ことを「はごくむ」といった。天照神の世嗣御子・忍穂耳《おしほみみ》尊が箱根で亡くなるとき、その兄御子・奇玉火之明《くしたまほのあかり》尊と弟御子・瓊々杵《ににきね》尊を前にして、

「兄《ゑ》弟《と》しかと聞け　国民《くにたみ》お　我が物にせな　君はその　民の木実《きみ》なり　田は育根《はこね》」

と遺言したことが第二十四「蚕得国原見山の紋」にあって、この「はこね」はどう考えても「根を育む《はごく》」の意とみるほかない。江戸初期・寛永年間の大久保彦左衛門の家訓書『三河物語』には「妻子・眷属をはごくみ」とあり、江戸前期・寛文元年の僧・浅井了意の仮名草子『浮世物語』にも「人の親の子をはごくむ道」とある。

さてここに、国常立神が生んだ「育国の神」は、日高見の国に誕生し、その地上の高天原に「天御中主神」を祀った、と明記されている。

その御子・木の常立尊を初代の高皇産霊尊《たかみむすび》（後述）とし、豊受神は五代目にあたるとされるが、この間の三代に名前がないことから推して、「育国の神」や「木の常立尊」は記録に遺された名ではない。だが、はるか遠い昔に天御中主神を祀った人物がいたので、その人物にこの名を付けて讃えたのであろう。

その「育国の神」が、いわば父親とされる国常立神ではなく、天御中主神を祀ったとあるのは、実に興味深い。わが国には太古の昔から超自然神に対する神観念が存在していて、天御中主神にはより強く超自然神に近い神観念を抱いており、それに比べて国常立神はより人間界に近い存在として認識されていたのであろう。その親近感を持ってしかるべき国常立神をしりぞけ、天御中主神を祀ったということに、古代びとの神観念の深さ、鋭さを感じないではいられない。そこに、「根源的究極的実在」に迫ろうとする志向性が読み取れるように思う。

初代の高皇産霊尊から四代目までは、特筆すべき事績はほかにないようであるから、やはり「天御祖神」を「本席図」に図顕したのは五代目の豊受神と特定してよいと思われる。その豊受神が、育国神が祀った天御中主神をしりぞけ、天御祖神を始原神として「本席図」を図顕し、祀ったというのも驚くべきことである。これは、天御中主神が「地球」という限られた領域を司る神であるとの認識に立って、さらにその上にもっと根源的究極的実在を観念するところまで発展させ、天御祖神という始原神を創造したことを意味しているように思われる。

そうだとすれば、わが国の上古代の神観念に「普遍性」を与えたのは、実に豊受神だったといってよい。〔記紀〕にはほとんど見るべき記録がない豊受神が、伊勢神宮では重要な神として「外宮」に祀られているのも、実はこのような深い理由があってのことだったのである。

二神と天照君も「本席図」を奉斎

この天御祖神の御神体というべき「四十九因本席図」は、豊受神から二神へ、そして天照神へと受け継がれた。

まず、第二「天七代床御酒の紋」に、先君・面足尊から二神に「天つ日嗣」が継承されたことが、次のように記されている。

「六代《むよ》の嗣《つぎ》　面足《おもたる》の神　惶根《かしこね》と　八方《やも》お巡りて　民お治《た》す（中略）及べど百万穂《よもほ》　嗣子なく　道衰ひて　弁《わいた》めな　時に天《あめ》より　二神に　『壺は葦原　千五百秋《ちゐもあき》　汝《いまし》用いて　治《し》らせ』とて　斉《と》と矛《ほこ》賜ふ」

二神が面足尊から授かったのは「斉《と》」と「矛《ほこ》」の二つの神宝だったわけである。ところが、第二十三「御衣定め剣名の紋」は、この事実を前提として次のように記す。

「時に天照神《あまてる》　詔《みことのり》　『斉《と》の教え　永く治まる　宝なり　天《あめ》の日《ひ》嗣《つぎ》お　承《う》くる日の　三つの宝の　その一つ　天成る文の　道奥《みちのく》ぞこそ』」

天照神は二神から「天つ日嗣」を承けたとき、「三つの宝」を授かった。「斉《と》の教え」＝「天成る文」はその中の一つだということである。しかし前記のように、二神が面足尊から授かったのは、「斉と矛」の二つの神宝だった。そして、いわゆる「三種《みくさ》の神宝」のうち「八咫《やた》の鏡」は、天照神があとで造ったもの（『秀真伝』の序「秀真伝お述ぶ」、『三笠文』の序「国撫が述ぶ」）であるから、天照神が二神から授かった「三つの宝」のうち一つが欠けている。

それは何か。もういちど大直根子命の「フトマニお述ぶ」の文を引く。

「フトマニは　古天神《いにしあまかみ》　斉《と》と矛《ほこ》お　授け賜えば　二神も　国土万《くにつちよろ》の　道生みて（中略）治《し》らする国の　政り事　御子若仁《わかひと》に　授けます　承《う》けて天照《あまてる》　大御神《ををんかみ》　八百万神《やもよろかみ》に　詔《みことのり》　『このフトマニの　四十九《よそこ》教手《を》は』」

二神は先君・面足尊（古天神《いにしあまかみ》）から授かった「斉《と》と矛《ほこ》」の二つを天照神に授けたが、譲り承けた御子若仁《わかひと》尊＝天照神（若仁の慈名《いみな》については後述）は、それを前提として「このフトマニの四十九《よそこ》教手《を》は」と、「四十九因本席図」の話をはじめている。この間に「承《う》けて」とあることからすると、天照神はこの御神体「本席図」を二神から授かったものと解される。当然、二神は豊受神から授かったことになるわけである。また二神も天照神も、豊受神にならって「本席図」を天御祖神の御神体として奉斎していたとみてよいだろう。

歌占いと「本席図」の喪失

天照神はそれにとどまらず、のちに「本席図」をもとにして諸臣たちに歌を詠ませて添削し、百二十八首を厳選して「基占伝《もとうらつたゑ》」（フトマニ）を編纂し、吉兆を占わせるようになった。先に引用した大直根子命の「フトマニお述ぶ」に書いてあるとおりである。

なぜ「百二十八首」なのか、先の１２２頁に掲げた「本席図」をもういちど見ていただきたい。いちばん外側の二層の「三十二神」を縦枠線に沿って上下の二字を一組に数えると、十六組ができる。そして、「天並神」の一音ごとに、この十六組を組み合わせると百二十八首になるのである。

だから百二十八首の歌は、「天並神」の一音と「三十二神」の十六組のどれか一つを組み込んで詠まれている。たとえば、第十「鹿島立ち釣鯛の紋」に、

「フトマニの　シチリは屋漏《やも》り　激しくて」

とあるが、この「シチリ」は「天並神」の「《し》」と「三十二神」の「《ちり》」を組合わせている。そして「基占伝《もとうらつたゑ》」にはこの「シチリ」に対応する歌として、第百二十首目に次のような歌が載っている。

「シのチリの　誇《そし》りも嘘と　思ひ草　大物主《ものぬし》柄《がら》て　士《もの》や散るらん」

「柄《がら》て」の「柄」には道具の意がある。だから「使って」「用いて」の意と解されるが、ここでは「大

物主をもって」ということであろう。次の吉備真備の漢訳では「使」の字を用いている。

君聴讒故士将散　君讒を聴くが故に、士まさに散らんとす
尚使大物主鎮士　願わくば大物主をして、士を鎮めるべし
譬如龍胆草治肝　譬えば龍胆草が肝を治すがごとし
若病情散失物亡　もし病情散ずれば、失うものなし

「シチリ」の歌には凶の兆しが見えており、讒言《ざんげん》を用いれば有為の士《もののふ》を失う。しかし嘘のようであるから、讒言を受けた士を大物主に鎮めさせれば吉に転ずる、との意である。ここには意外性に富む重要な秘話が隠されているが、その詳細は「**第5章　磯清之男尊と子孫の命運**」に譲る。

ヲシテ文献はこのように、『秀真伝』や『三笠文』、「四十九因本席図」、「基占伝」（フトマニ）とその漢訳などが密接なつながりを持ち、しかも驚くほど深い思想が説かれている。以上はそのごく一端にすぎない。このようなことが偽作者の思いつきで可能だろうか。

「偽作というのはだいたい出来が悪い。偽作を本物のようにつくるのはものすごい名人にしかできない」（『日本人は思想したか』新潮社）

といったのは歴史家・哲学者の梅原猛氏であるが、至言である。本稿の中で「神代」の敷衍思想に出合った読者は、いちどはわが目を疑い、ついで敬服しながら「ものすごい名人」をあれこれと思い浮かべ、やがて深い感動のうちに、必ずや『秀真伝』を真実の書と認める気になるだろう。

しかしながら、この「本席図」はその後、御神体として祀られなくなってしまう。御神体「本席図」は占いの道具の一つぐらいにしか理解されなくなり、そのうち中国から「亀卜」や「鹿骨占」が入ってくると、これに取って代わられ、「鏡」が御神体になっていくのである。

上古代、上代においては、政治と宗教は密接な関係にあった。その本意は、天御祖神こそ天地を開闢するのみならず、人間をはじめとする万物を生んだ「御祖《みおや》」であるとの認識のもと、その「御祖」に帰一することによって、この世に秩序と平和を築こうとする強い志向性にあったといってよいと思う。

その政治と宗教の深い関係は、政治家の家に生まれた伊弉諾尊と、思想家・宗教家でかつ東北地方の有力統治者であった豊受神の娘・伊弉冉尊が結ばれ、天照神の誕生をみたことによって本格化し、いわゆる「祭政一致」の神権政治（神に代わって国を治めること）が従前にもまして確立する時代に入ったといえるだろう。

ちなみに、このころ中国では戦国時代・春秋時代であり、商（殷）王朝・西周王朝の時代までみ

郵 便 は が き

恐縮ですが
切手を貼っ
てお出しく
ださい

1 6 0 - 0 0 0 4

東京都新宿区
四谷4－28－20

(株) たま出版

ご愛読者カード係行

書　名			
お買上 書店名	都道府県　　市区郡　　書店		
ふりがな お名前		大正 昭和 平成　　年生　　歳	
ふりがな ご住所	□□□-□□□□	性別 男・女	
お電話 番　号	（ブックサービスの際、必要）	Eメール	

お買い求めの動機

1. 書店店頭で見て　2. 小社の目録を見て　3. 人にすすめられて
4. 新聞広告、雑誌記事、書評を見て（新聞、雑誌名　　　　　　　　　　）

上の質問に 1. と答えられた方の直接的な動機

1.タイトルにひかれた　2.著者　3.目次　4.カバーデザイン　5.帯　6.その他

ご講読新聞　　　　　　新聞	ご講読雑誌

たま出版の本をお買い求めいただきありがとうございます。
この愛読者カードは今後の小社出版の企画およびイベント等の資料として役立たせていただきます。

本書についてのご意見、ご感想をお聞かせ下さい。

① 内容について

② カバー、タイトル、編集について

今後、出版する上でとりあげてほしいテーマを挙げて下さい。

最近読んでおもしろかった本をお聞かせ下さい。

小社の目録や新刊情報はhttp://www.tamabook.comに出ていますが、コンピュータを使っていないので目録を　　希望する　　いらない

お客様の研究成果やお考えを出版してみたいというお気持ちはありますか。
ある　　ない　　内容・テーマ（　　　　）

「ある」場合、小社の担当者から出版のご案内が必要ですか。
希望する　　希望しない

ご協力ありがとうございました。

〈ブックサービスのご案内〉
小社書籍の直接販売を料金着払いの宅急便サービスにて承っております。ご購入希望がございましたら下の欄に書名と冊数をお書きの上ご返送下さい。

ご注文書名	冊数	ご注文書名	冊数
	冊		冊
	冊		冊

られた「祭政一致」の神権政治は終焉を迎えていた。そしてこの時代に、宗教の呪縛から解放されて、春の芽吹きのように諸子百家の思想が陸続と開花し、日本や韓国など東アジア諸国に多大な影響を与えた。

ひるがえってわが国の場合、天照神以降、思想の発展はみられなくなったばかりか、豊受神や天照神の思想すら失われて、国をあげて中国文化に雪崩れを打ち、ついには「祭政」の「祭」を担った神道家たちが「神道に思想はない」といって憚らない時代を迎えるのである。

3 「言霊」思想の淵源と敷衍

神霊の憑依形態と交信のメカニズム

前項まで「四十九因本席図」が天御祖神の《言霊《ことだま》》によって図顕され、御神体として祀られてきたことを解いてきた。始原神の天御祖神には意志があり、その意志は言語と不可分であって、言語の五大要素「あいうえお」と万物を構成する五大要素「空風火水埴」とを融合して、この世と万物を生んだ。「四十九因本席図」はその「元明け」の様相と御神威を図顕したものだったというのが、その要旨である。

これは別言すると、天御祖神が姿形のない「言葉」として現れたことを意味していた。そこに《言霊》の原義がある。なればこそ天御祖神は「文字」によって図形化されたわけなのである。このことの理解をたすけるため、ここで《言霊》について補足しておきたい。

神が「言葉」として現れるということは、通常、人間に憑依《ひょうい》した神霊が、被憑依者に「言葉」で語りかけることを意味する。その現象を「神がかり」というが、「神がかり」した人は、自分の声帯を使って語りかける神の声を聞くのである。初歩的なところからお話ししよう。

人間は死ぬと肉体と霊魂に分離し、霊魂はこの世における精神状態をあの世においても継続する。邪心なく清明な生き方をして、わが子や子孫の幸せを願いながらこの世を去った者は、「神上がり(成仏)」して「守護霊」になる。もっと大きな立場でこの世のために尽くそうという念が強く、真に神上がりした者は、「神霊」となってこの世とかかわる。一般の人には信じがたいことでも、こうした例はたくさんある。霊的世界のまぎれもない真実なのである。

また、この憑依には「表層憑依」と「深層憑依」という二つのタイプがある。前者はいわゆる「背後霊」のように、被憑依者のそばにきて常に離れないが、脳内に憑着することはない。だが、「深層憑依」のほうは、被憑依者の右脳に入り込んで憑着し、同床共生する。被憑依者が生まれる前、母親の胎内で憑依してしまう場合と、生まれてから子どもの頃や大人になって憑依する場合もある。次章で『秀真伝』の記述をあげて説明するが、天照神の場合は「深層憑依」の例といえる。

被憑依者には憑依霊の存在がはっきり認識できる。憑依霊は被憑依者の右脳に「同床共生」しているために、その人の声帯を使って話しかけることができるからである。被憑依者本人の声とは少し異なるし、本人が語りそうもないことをいうので、周囲の人にも聞き分けることができる場合も少なくない。声帯は使わないが、脳内から〝声なき声〟で語りかける場合もある。被憑依者はその声を、いわゆる「霊感」によって聞き分けることができる。

右脳に同床共生している結果として、憑依霊は被憑依者の頭のてっぺんから足の爪先まで、思いどおりに動かすことさえ可能で、神霊は自分の意志を指先に伝えて文字を書くことも思いのままになる。「お筆先」とか「自動書記」というのがそれである。

それだけではない。神霊は被憑依者の思念を、言葉で聞くことなく瞬時に察知することができる。被憑依者の記憶から過去にさかのぼり、無意識層に分け入って、その人が知らない深層心理まで知ることもできる。目に見えない透明体でありながら、目を持ち耳を持つ。神仏にお願いするとき、声に出していったほうがよいというのは、神霊が聴力を持つためである。

多くの場合、憑依した霊がさほど霊格が高くないため、ほかの霊と交信したり、霊能力を授けたり、霊界のことを教えたりすることはあっても、思想を語ることは滅多にない。生き方を少し教える程度である。ところが、霊格・神格が高い場合は、霊能力を授けるのみか、生き方や高度な思想を語り、被憑依者をして「神の振る舞い」をさせる。そこに「人神」「現人神」と呼ばれるゆえんがあるといってもいいだろう。

『秀真伝』と『聖書』にみる共通性

わが国は往古、「神の国」と呼ばれていた。山上憶良は「言霊のさきはふ国」といい、柿本人麻呂は「言霊のたすくる国」といった。

それは狭義には、この国の基礎を築いた天照神が、憑依した高級神霊の神託によってこの世に出現し、神の教えを語り、民衆を導かれたと信じられてきたことに由来するものであったろう。また広義には倭姫《やまとひめ》などのように、神霊との交信ができる霊能者（巫女）がたくさんいて、彼ら彼女らを通して神の教えを聞き、治世の助けとしてきたせいでもあったろう。

繰り返しになるが、身体を持たない神霊は、この世において何事かなそうとするとき、これと思う人物に憑依し、被憑依者の声帯を使い、または声なき声で話しかけてくる。言い換えれば、神は「言葉」として被憑依者の前に現れるのである。その「言葉」は「神の言葉」であるがゆえに、「言霊」といわれるようになったのだ。つまり「言霊」の原義は、「神霊の発する言葉」にあった。

『聖書』にもイエス・キリストなど大勢の「預言者」が登場する。「預言者」とは「神の啓示を受け、神の言葉を神に代わって語る人」とか、「神の霊によって預言をする能力を与えられた人」の意で、『新約聖書』の「ヨハネによる福音書」に、

「わたしがあなた方に話した言葉は霊であり、命です」

「初めに言葉があった。言葉は神とともにあった。言葉は神であった。万物は言葉によって成った。成ったもので、言葉によらずに成ったものは何一つなかった」

というフレーズは、キリスト者たちが好むと好まざるとにかかわらず、まさに神霊のことをいっている。ここにいう「言葉」を「言霊」に置き換えればわかりやすいだろう。イエスなどの「預言者」も、まさにわが国でいう「人神」なのである。

突然、神霊に憑かれた人の驚きは、その人でなければわからない。にわかに自分の中から声が発せられ、「私は神である」といわれるのだ。そして自分の知らないこと、すばらしい教えを語られるのであるから、電撃に打たれたように驚き、かつ驚喜し、神の命ずるままに振る舞うことになる。目に見えないだけに、被憑依者にとっては脳内で発せられる「言葉」が「実在の神」なのである。

言霊による天地創造

先に引いた「ヨハネによる福音書」の後者フレーズは、特に有名である。

被憑依者によってさまざまではあるが、高級神霊からこの宇宙の「始原神」を名乗られることがある。聖書に登場する預言者たちは「主」すなわち「ヤハウェ」と名付けた。憑《つ》いた神が「天地創造の神」だというのであるから、「初めに言葉があった。……万物は言葉によって成った。成ったもので、言葉によらずに成ったものは何一つなかった」と思うのも無理のない話なのである。

面白いといっては語弊があるが、『旧約聖書』と『秀真伝』に類似する天地創造のくだりがある。まず『旧約聖書』の「創世記」には、

「神は言われた。『光りあれ』。すると光があるようになった」

これが第一日目で、光と闇、昼と夜とが分けられた。二日目には「水の中に大空あれ。水と水を分けよ」、三日目には「地は草を芽生えさせよ」と神はいい、四日、五日と次々にさまざまなものを造りながら六日間で天地を創造する。まさに「神の言葉」によって天地が創造されるわけであるが、真意は「神の意志によって天地が創造された」というところにあると考えるべきであろう。

これと似た記述が『秀真伝』の第十八「自凝呂《おのころ》と呪ふの紋」にある。天照神の教えである。

「天御祖神《あめみおや》　〓《あ》手お結びて　吹く空《うつほ》　極《きわ》なく巡り　〓《う》〓《ゐ》と〓《う》〓《ぬ》　〓《あ》〓《う》〓《ぬ》結びて　天造《あまつく》り　〓《う》〓《ぬ》
天治《あまし》りて　天地《あわ》結び　〓《う》〓《び》お地球《くにたま》　〓《か》手結び　宗火選《むねほゑら》みて　日と丸《まろ》め　赤宮に据え　〓《し》手結び
源　選《みなもとえら》み　月の輪と　白宮《しらみや》に据《す》え」

文はむずかしく解《げ》し難いが、この「〓《あ》手お結びて」とか「〓《か》手結び」というときの「手」は教手《をして》＝文字のことである。天御祖神は超自然神であるから、実際に手で「字形」をつくったということではないし、もちろん真言の「印契」などのことでもない。「創世記」のところで述べたように、これは神が天や地を、太陽や月をつくろうと発心《ほっしん》し、念じたことによって生まれたという意に理解すべきことである。『旧約聖書』と『秀真伝』の違いは、神の意志を「言葉」で表現したか、「文字」で表現したかの違いである。

言霊の敷衍説——念霊・音霊・文字霊

「言霊」の原意は、人間に憑依した神霊の「言葉」のことだった。被憑依者にとって、神霊は「言葉」として己れの前に現れた身体のない存在であるため、「神の言葉」は「言霊」と呼ばれるようになった。そして高級神霊の場合は超自然神を名乗ることがあるので、「人神」「預言者」と呼ばれる人たちは、そのまま「実在の神」として信じたのである。

『秀真伝』に登場する始原神・天御祖神の場合は、その「意志」と「言霊」は同義である。「意志」は「言語」と不可分であるがゆえに、その「意志」は「言霊」となって発現し、天地を開闢したり、万物を生んだりしたと考えられた。——これがこれまで述べてきたことの大要である。

だが、この原意が忘れ去られ、単に「われわれ人間の言葉が本来的にもつ霊力」といった意味として理解され、語られる場合がある。ときには表音文字「⊙《あ》」には天《あめ》、雨《あめ》、海《あま》、吾《あ》、「《い》」には出ずる、息、命の意味がある、といったことまでが「言霊」として論じられたりする。前者はいいとしても、後者はあくまで「音義」論であって、これを「言霊」論に加えるのは賛成しがたい。

一音一音に意味があるといっても、単に「⊙《あ》」と書き、「あ」と発音しただけでは、それが「天《あめ》」なのか「雨《あめ》」なのか「海《あま》」なのかはわからない。言葉というものは通常、複数の音を組合わせて単語や文節を構成したとき、初めて意味をもつものになる。単音ではそのもつ複数の意味の中から、一つの意味を特定することはできない。

表音文字もすべてそうである。『秀真伝』の場合、たとえば「◎《あ》」「◎《わ》」のような表意文字も多数ある。この場合は一字でもその意味がわかるわけだが、特定の意味をもたない単音や表音文字に「霊力」を認め、「言霊」と同列に扱うのは行き過ぎであろう。

「われわれ人間の言葉が本来的にもつ霊力」という考え方は、人間界に引き寄せた《広義の敷衍説》として無視できないものがある。「言葉」は、人間があることを思う（念ずる）ことからはじまる。その「念」のありようは、人間の「魂」のありようであり、われわれは声帯や耳管などの器官を使って「魂（念）の交換」をしているともいえる。その結果として相手の感情に与える影響力、感応の共鳴を「言葉の霊力」といっても、間違いとはいえないだろう。

しかし「魂の交換」といっても、それを可能にするのは「言葉」だけではない。「念霊《ねんだま》」と「音霊《おとだま》」、「文字霊《もじだま》」に分けて考えるほうが、より「言霊」の霊力がわかりやすいのではないかと思う。

「念霊《ねんだま》」とは、言葉を発する前の「思念」の段階である。われわれ人間は、この段階においても言語をともなった思惟をし、愛念や善念をもったり、邪念や悪念を抱いたりしているのであるが、その内的精神状態は目つきや顔つき、態度となって表れ、対面している人に影響を与える。慈愛に満ちた眼差しは人を喜ばせ、憤怒の凝視は恐怖を与えるだろう。

言い換えれば、愛念・善念に生きるか邪念・悪念に生きるかは、その人の内面を変え、肉体（表情や態度）を変え、それが永続的であるとその人の性格に一定の傾向性さえ形成してしまうし、かつ他人の思念をも変えてしまうものだ。だから昔の人は、「願いと思いをよくしろ」といってきたわけなのだ。実に重要なのは「念霊」なのであって、「言霊」といっても「念霊」の発露にほかならない。

「音霊《おとだま》」とは、「言葉（音）」によって自分の意思、愛念や怒りなどを相手に伝えること、そこに込められた「魂」のことである。「念霊」が大切だとはいっても、「言葉」を発しなければ自分の気持ちは十分には伝えられない。いや、表情や態度に表さないかぎり、「黙っていてはわからない」のである。しかも発せられた「言葉」は「響き」を伴い、その「響き」はその人の感情をも伝える。だから「言葉」で話すことは大切である。

だが、「言葉」は必ずしもその人の思念、感情を正確に伝えるとは限らない。「きれいだね」と微笑しながら女性をほめても、実はそう思っていなかったり、「ありがとう」といっても、少しも感謝していないこともある。政治家はよく「政治生命をかける」とか、「公約は必ず守ります」というが、これを言葉どおりに受け取っている国民は少ないだろう。

残念ながら、この世にはそういう「空疎な言葉（音霊）」が氾濫している。国民は政治家たちの行動からちゃんと見抜いている。だから「念霊」はより重要だといわなければならない。「念霊」があっての「音霊」だということを忘れてはなるまい。

「文字霊《もじだま》」とは、文字・文章によって自分の思いを相手に伝えること、そこに込められた「魂」のことである。「話し言葉」では思うようにいえないことでも、文章にするとうまく表現できることはよくある。逆の場合のほうが多いかもしれないが、口べたな人も少なくない。そういうときは文章にしたほうが真意を伝えられる。

また、発する「言葉」はすぐ消えてしまうし、遠方の人に伝えることも、自分の死後に遺し伝えることもできないが、文章はそれが可能だ。そのためにこそ文字はつくられた。その意味では、「文字霊」は時として「音霊」よりも効果を発揮する。

だが、「文字」には「響き」がなく「表情」もない。だから、「文章」から真実を見抜くことはむずかしい。書かれていることが真実を伝えているとは限らないわけである。「響き」や「表情」は「念霊」の反映だとすれば、「言霊」というものの本質は、やはり「念霊」にあるといえるだろう。

所詮、「言霊」論は日頃の生き方を正し、「念霊」を磨いていくことに結びついてこそ意味のあるものになる。言い換えるならば、「生き方」論に結びつかない「言霊」論は、「言葉の遊び」でしかないといっても過言ではないと思う。

第３章　神代の国のなりそめ

1　統治制度の芽生え

争いのない国常立神の世

豊受神《とようけ》は、「歴史時代ではない」とされてしまった上古代における「思想の巨人」であった。その思想は現代のわれわれにも受け入れられる普遍性がある。

彼は国常立神《くにとこたち》を擬人化し、その時代を人類の「初の世」と位置づけた（第十三「若彦伊勢鈴明の紋」）が、この国常立神から伊弉諾尊・伊弉冉尊の時代までの思想は、天照神が説いたとされる教えを含めて、ほとんど豊受神の教えが基本になっていると思われる。

原始の人類は国常立神によって「知恵」を授けられ、地球上に自分の力で初めて「人社会」をつくり、「共生」を開始した。それ以前の人類を「バサラ民」と呼んで区別しているから、豊受神は国常立神をこの世に文化文明をもたらした神と位置づけたといえるわけである。この神の時代は「常世国」といわれ、平和で争いごとがなかった。第二十三「御衣《みは》定め剣名《つるぎな》の紋」には、

「国常立《くにとこたち》神の　世にはまだ　矛《ほこ》なきゆえは　清直《すなお》にて　法《のり》お守れば　矛《ほこ》いらず　心雪透《こゝろゆきす》く
神の世は　真澄万年《ますよろとし》の　寿《ことぶき》も」

とある。この神は実在した人物ではなく、擬人化された超自然神であるから、ここにいう「世」は「はるか遠い遠い昔」と理解してよい。このころの民は諭せばすぐに従う「清直《すなお》さ」があり、争いごともすぐ収まったから、「矛」はいらなかったということであろう。

私は「すなお」に「清直」の字を当てた。「清《すが》しく直《なお》し」の意で、今日の漢字「素直」は当て字である。「素」は「もと」「白い」「ただの」といった意味で、「す」と訓むのは呉音の借用である。ただし、ヲシテ原文の現代語訳にのみ「清直」を使用し、地の文では従来どおり「素直」を用いる。

心は雪のように清らかに澄んでいたという。とすると、ここにいう「法《のり》」とは、始原神・天御祖神が創りだした天地自然の秩序＝「天法《あめのり》」を身につけ、人社会の秩序ある生き方を形成していた意と解される。生まれたばかりの赤児が無垢な心であることから類推したのであろうか。

次第に乱れる世の中

次に生まれたのは「国細槌《くにさつち》神」である。〔紀〕には「国狭槌尊」の名が見えるが、事績については何も記されていない。〔記〕には名字さえ見えないが、『秀真伝』の第二「天七代床御酒の紋」は、この神について次のように記す。

「国常立神《くにとこたち》の　常世国《とこよくに》　八方八降《やもやくだ》りの　御子生みて　みなその国お　治めしむ　これ国君の
始めなり　世嗣《よつぎ》の神は　国細槌神《くにさつち》　細霧《さきり》の道お　受けざれば　細槌《さつち》に治む　八御子神《やみこかみ》」

「くにさつち」を「国狭槌」とした〔紀〕に従えば、「さきり」は「狭霧」となろう。「狭」と「細」の意味に違いはなくどちらでもよいが、出雲の国の古名「細矛《さほこ》」について、同じ第二紋に「細矛《ほそほこ》」とある。音数律を五七調に調えるため、古名のほうは「ほそ」が「さ」に約まったのである。

この「細矛」と「細槌」は同義で、あまり制裁を要せずよく治まった意であって、制裁に用いた道具が歳月を経て「槌」から「矛」に変わっただけである。「くにさつち」の名もこの「細槌」に由来している。したがって「くにさつち」は「国細槌神」、「さきり」は「細霧」、「さつち」は「細槌」とした。

さて、国常立神が授けた「知恵」というものは、善悪両面にはたらく側面をもつ。知恵が発達してくると、そのうち悪知恵をはたらかせるようになるのは世の常である。ウソをつき、人の言うことを聞かず、他人の物を盗んだりするようになっていく。

猿山の猿たちの生態を引き合いに出すまでもなく、複数の人間が集まれば争いごとが発生する。

そこから弱い者と強い者との区分けが生まれ、何らかの度重なる争いを通して、弱者は強くてやさしい頼りがいのある人物の庇護を求めて集まるようになっていく。「強者と弱者」の関係から、「善人と悪人」の関係へ、そして「統治者と被統治者」の関係への移行である。

頼られた人物は、悪人をたしなめ、これに服する者は許し、抗《あらが》う者は制裁するようになった。「これ国君の　始めなり」とは、懲罰・制裁制度をもったことによって、国細槌神が初歩的な統治の仕組みらしいものを形成したことを意味すると解してよいだろう。

国常立神の時代には「清直《すなお》にて　法《のり》お守れば　矛《ほこ》いらず」とあったが、「国細槌神」の時代になると、世の中の様相が少し変わってきた。やさしく諭すだけでは容易に治まらなくなってきくたのである。

「細霧《さきり》の道」とは、漂う霧のようなやさしい諭し方を意味しており、まだ世の中の乱れはさほどではなかったのであろう。しかし、そんな程度では甘く見て、なかなか服しない者たちも出てきた。そこで、そうした無法者たちは「細槌《さつち》」をもって服させたわけである。罪人《つみびと》を懲《こ》らしめるために「槌」を用いたが、「細槌」とあるからには手心を加えたやさしい制裁ですんだということであろう。

君臣民の三位の成立

しかし、まだ国細槌神の時代は、信望のある者が弱者を守り、無法者たちをやさしく制裁する程度で足りたので、統治の仕組みといっても未熟なものだった。もう少し仕組みが整うのは、次の豊国主神《とよくんぬのかみ》の時代からであった。この神名については、〔記〕に「豊雲野神《とよくものかみ》」とあり、〔紀〕の本文には「豊斟渟《とよくむぬ》尊」、家伝書の第一書に「豊国主尊《とよくにぬし》」、「豊組野尊《とよくむの》」とあるが、『秀真伝』では前に引いた第二「天七代床御酒の紋」の次下《つぎしも》にこう記す。

「各々御子お　五人《ゐたり》生む　八方《やも》の世嗣《よつぎ》は　豊国主神《とよくんぬ》　天《あめ》より三つの　業《わざ》お分け　君臣民の　三降りの　神は百二十《もふそ》の　御子ありて　天成《あめな》る道は　目もあらず　三代《みつよ》治まる」

「目もあらず」は「目も及ばず」と同義で、見違えるように立派になったという意味である。したがってこの神は、「国をよく治め豊かにした君主」の意と解される。〔記紀〕の中から適した神名を選べば、〔紀〕の第一書にある「豊国主《とよくにぬし》」が理に適っている。『秀真伝』の「とよくんぬ」の訓みは、音数律を調えるため、「くにぬし」が「くんぬ」に転じたものである。

　この豊国主神は、国常立神から数えて三代目にあたる。国常立神は八方の国々に八人の国細槌神を生んだが、国細槌神はそれぞれ五人の御子を生んだ。その中から選ばれ、同じ豊国主神という八人の君主ができた。やはり架空の人物に相違ないが、人社会を「君臣民」の三位に「業分け《わざわ》」して、「天成《あめな》る道」が整い、目を疑うほど立派に治まったということである。

「君臣民」の三位は、貴賤上下の身分階級ができたということではない。「業《わざ》お分け」とあるので、それぞれが国の平和と安寧のために役割を担ったという意である。「君」と「臣」の関係については、第二十三「御衣《みは》定め剣《つるぎ》名《な》の紋」に、

「われは斉《と》の道《ち》に　治《をさ》むゆえ　臣《とみ》も斉身《とみ》なり」

とある。「斉《と》の道《みち》」とは、この世の秩序を斉《ととの》え、平和と安寧を築く道のことで、それをまた「天成《あめな》る道」「天《あめ》の道」ともいう。天地宇宙の運行にせよ、自然の四季の巡りにしても、秩序正しく動いている。その天地自然の織りなす「天法《あめのり》」の中に天御祖神の慈愛を感じ取り、そのお心のままに国造りをすることをいう言葉である。「君」が「斉《と》の道」によって国を治めるゆえに、それを助ける「臣」もまた「斉身《とみ》」だというわけである。

また、「民」については第十七「神鏡八咫《やた》の名の紋」に、

「いま宮殿《みやとの》に　民お治《た》す　八《や》つは館ぞ　Ⓨ《た》の教手《をして》　三光円《みひかりまる》の　内《うち》に入《ゐ》る　足り助く法《のり》（中略）助くる民は　子のごとく」

と記されている。前後の文脈から考えて、「民」は「足り助く身」の意で、「足らす身」と「助く身」の懸詞になっていると思われる。「足り」は、民の糧を増やして豊かにすることであろう。「民お治《た》す」というときの「治《た》す」も、「助《たす》く」意が懸っているように思う。

「君臣民」の三位といっても、みな「神の子」としてこの世に「天御祖神が降したもうたもの（三降り）」（前出の第二「天七代床御酒の紋」）という考え方が基本にあって、三者は助け合い補い合って、それぞれの役割を担ったということである。そういう意味づけが、この豊国主神の時代にも読みとれる。

妻を定めた大濡煮尊の世

豊国主《とよくんぬ》神から「天つ日継」を継承したのが大濡煮尊《うひぢに》と少濡煮尊《すひぢに》である。〔記〕には「宇比地邇神」「須比智邇神」とあり、〔紀〕には「渥土煑尊」「沙土煑尊」とあって、訓みはいずれも「うひぢに」「すひぢに」であるが、この漢字は当て字である。第二「天七代床御酒の紋」に、両神《ふたかみ》が大人になって結ばれ、「床御酒」を飲み交わして床入りしたときのことが次のように記されている。

「人成るのちに　三月三日《やよいみか》　御酒《みき》造り初《そ》め　奉る　桃下《ももと》に酌《く》める　御酒に月　映り勧むる　女
神まづ　飲みて勧むる　のち男神　飲みて交わる　床の御酒　身熱ければや　明日御朝《みあさ》　寒川《さむかわ》

浴びる　袖濡《そでひ》じて　大少《うす》の煮心《にごゝろ》　全《また》きとて　名も大濡煮《うひぢに》と　少濡煮神《すひぢかみ》（中略）大き少なき
大少《うす》の名も　この雛形《ひながた》の」

　これが両神の名の由来である。両神は交わって体が熱くなったので、翌朝寒川の水を浴びた。三月三日のことであるから、「寒川」は川の名前ではなく、季節的にまだ寒く、川の水も冷たかったことをさしている。その意味では「ひじて」は冷たい意のようにも受け取れるが、「ひじ」たのは「袖」であるから、「濡れた」意に解すのが適切であろう。

　両神の第一音「う・す」については、「大き少なき　大少《うす》の名も」とあり、濡れ方の大少をいったものである。「煮心《にごゝろ》」は「身熱ければや」に対応する言葉で、心も「煮えた」意と解される。したがって「大濡煮」「少濡煮」とするのが正しい。

　国細槌神や豊国主神が「独り神」であったのに対して、この神は初めて夫婦そろって登場する。それだけより実在性が感じられる。そこで大濡煮《うひぢに》尊以降の登場人物については、原文に「かみ（神）」と表記されていないかぎり「尊」「命」の字を用いる。

　また、〔記紀〕には出てこないが、同紋には両神の幼名《おさなな》とその由来も書かれている。

「世嗣《よつぎ》の男神《をかみ》　大濡煮《うひぢに》の　少濡煮《すひぢ》お入るゝ　幸《さいあい》の　その本居《もとおり》は　越国《こしくに》の　人成《ひなる》るの岳《たけ》の　神《かん》

宮《みや》に　木の実お持ちて　生《あ》れませば　庭に植ゑ置く　三年《みとせ》のち　三月《やよゐ》の三日《みか》に　花も実も　百《もゝ》
生《な》るゆえに　桃の花　二神の名も　桃雛木《もゝひなき》　桃雛実《もゝひなみ》なり　雛はまだ　人成る前よ　君はその
木の実によりて　男神は木　女神は実とぞ　名付きます」

大濡煮尊の幼名《おさなな》は「桃雛木」、少濡煮尊は「桃雛実」と名付けられた。「桃」は「花も実も　百生《もゝな》るゆえ」の名付けで、「雛」には「人成《ひとな》る前」の「人成《ひな》」が懸っている。両神の第五音「木・実」は、「君はその　木の実によりて　男神は木　女神は実とぞ　名付きます」とある。これは伊弉諾《いざなぎ》尊・伊弉冉《いざなみ》尊の第四音「き・み」にもかかわる名付け法《のり》であるが、後述する。

「このときに　みな妻入れて　八十続《やそつゞ》き　諸民《もろたみ》もみな　妻定む　天成《あめな》る道も　具《そな》わりて　類《たぐ》ひ
なるより」（第二紋）

この時代は、大濡煮尊・少濡煮尊が夫婦そろって登場するように、民も妻が定められた。夫婦、婚姻の決まりがない男女混交社会は、世の乱れの根源とみたのだろう。いつの世でも、愛があれば憎しみや嫉妬があり、それが争いのもとになる。男女のあり方にケジメをつけ、秩序・規律を斉《ととの》えることは、社会の安寧の基礎であり、倫理道徳の基本である。

この基本が崩れると風俗が頽廃しはじめ、ひいては精神文化の衰退を招く。人間の機微に触れた「妻定め」だったといえる。この「妻定め」が多くの国民《くにたみ》にまで浸透し、八十《やそ》続《つづ》きの子孫を大切にする心が広く根付いて、「天成る道」も備わったということである。

また、先に「床《とこ》の御酒《みき》」とあったが、この「床」の意味については同紋の後段に、伊弉諾尊と伊弉冉尊の結婚初夜に関連して次のような教えがある。

「二神の　交わるときに　床御酒《とこみき》や　床は斉矛《とほこ》に　子お求む」

新郎新婦、夫婦が一緒に寝る「床」は、「斉矛《とほこ》」を約《つづ》めた謂であった。「斉矛《とほこ》の教え」を継ぐ立派な子を求める場であるがゆえに、「トコ」というのだということである。理髪店を「床屋」というのも、頭髪を整えて「立派な男前」になるところからきた名付けであろう。

いまや「セックス」という言葉が氾濫し、男女・夫婦の交わりはただ快楽を求めるための行為のようになってしまったが、こんにち「歴史時代」から外されてしまったこの時代に、このような教えが説かれていたことに驚きを禁じ得ない。

ともあれ、この時代はまだ理想社会「常世国」の姿をどうにか保っていた。もういちど天照神の教えを、国常立神《くにとこたち》の時代から整理しよう国常立神の世は、国民《くにたみ》たちはみな清直《すなお》で、心は雪のように透き通っていた。生まれたばかりの赤児のように、汚れがなかった。それが国細槌《くにさつち》神の世になると、邪心・欲心が出てきて争いごとが起こるようになり、「細槌《さつち》」をもって制裁しなければならなくなる。また、次の豊国主《とよくんぬ》神の世には「君臣民」の三位ができて「業分け」をするようになったが、まだ妻を決めておらず、男女が誰彼かまわず交わっているありさまだった。

これに対して、妻定めをした大濡煮尊の世の特長は、「厳かに飾る心」に集約されている。国常立神の世の「心雪透く」と同じような意味合いにもみえるが、物質的な豊かさよりも、精神的な豊かさが尊ばれ、それが広く社会に浸透した時代だったという意味であろう。

この時代は、大濡煮尊・少濡煮尊という対偶神がそろって登場したり、生まれ在所が「越国《こしくに》」と特定されていたりするだけに、実在性が感じられる。だが、「大濡煮《うひぢに》尊の世は……百万年《もゝよろとし》ぞ」であるから、この年数を文字通りに受け取れば、実在性はすっかり霞んでしまう。

古代暦の年数計算

大濡煮尊の時代は「百万年」もあったというが、先には『三笠文』を編纂した大鹿島命・国撫《くになづ》は二百四十七歳、『秀真伝』を編纂した大直根子《おおたたねこ》命・季聡《すゑとし》は二百三十四歳とあった（序章参照）。また、豊受神の日高見統治期間は約百二十万七千五百二十年（第四紋）もあり、天照神《あまてるかみ》の寿命は百七十三万二千五百歳（第二十八紋）である。この点は〔紀〕と同じだが、〔紀〕の神武天皇の条には、天孫・瓊々杵《ににきね》尊が筑紫の国に天降りしてから神武天皇の時代まで百七十九万二千四百七十余年経ったとあり、『秀真伝』の第二十九紋「武仁大和討ちの紋」にも同じ年数が記されている。

これでは、いわゆる「神代」を歴史時代だと主張しても、受け入れられないのは当たり前である。この時代を「神代」にしてしまったのは、「国生み神話」だけではない。このような当時の暦法も大きくかかわっている。なぜこんな年数になってしまったのか。今後もしばしば悩まされる問題なので、ここで解説しておこう。

当時の古代暦についてみると、天照神の時代に「鈴木暦《すずきこよみ》」があり、神武天皇の時代になって春日神・天児屋根《あまのこやね》命と天二枝《あめふたゑ》命の手で「天鈴暦《あすずこよみ》」に改暦された。天二枝命は豊受神の玄孫《げんそん》で、実名《まことな》は叢《むら》雲《くも》命という。思兼《おもいかね》命のあとを継いで日《ひ》読《よ》み役となり、天照神から天二枝命の讃え名を賜った。

神武天皇時代の改暦に関する話は、第二十八「君臣遺し法の紋」に出てくる。神武天皇の大物主・櫛甕玉《くしみかたま》命の問いに春日神・天児屋根命が答える形で記されている。

「五十鈴《ゐそすゞ》の　千枝《ちゑ》の二十年《はたとし》　天替《あめかわ》る　暦まだとて　大物主《ものぬし》が　伊勢に詣でゝ　（中略）　大内宮《おうちみや》
春日《かすが》神に会ひて　元お問う　翁《をきな》答えて　『この鈴木《すゞ》は　天地《あめつち》開く　国常立《とこたち》神の　宮の真榊《まさかき》
天枝《あゑ》千枝《ちゑ》に　折鈴《さくすゞ》となる　植ゑ継ぎの　五百《ゐも》本に至れば　三百《みも》ばかり　万年《よろとし》満ちて　五百《ゐも》本継《つ》

ぎの　天《あま》の真榊　年の穂の　十年《ととせ》には五枳《ゐき》　六十年《むそとし》に　三咫《みた》伸ぶヱトの　一巡り　明くる年な
る　三咫《みた》の天枝《あゑ》　なれば天二枝命《ふたゑ》と　キアヱより　枝と穂と数え　一枝六十年《ひとゑむそ》　十枝《とゑ》は六百年《むもとせ》
百枝《もゑ》は六千年《むち》　千枝《ちゑ》に六万年《むよろ》お　天守《あまもり》の　一巡りづゝ　暦なる　故千枝《かれちゑ》の年　種植ゑて　明
くれば生ゆる　真榊お　育国宮《はごくにみや》に　国常立神《とこたち》の　植ゑて国名《くにな》も　日高見の』」

「五十鈴《ゐそすゞ》の　千枝《ちゑ》の二十年《はたとし》　天替《あめかわ》る」とは、大濡煮尊の時代から三百万年（五十鈴）過ぎたときに五十本目の真榊が枯れ、その二十年後に鵜萱葺不合尊《うかやふきあえず》が崩御し、武仁尊《たけひと》・神武天皇が君位を継承した（第二十七紋）ということで、ここにいう「天《あめ》」は「天君《あまぎみ》」ないし「天《あま》つ日嗣《ひつぎ》」のことである。

櫛甕玉命が暦の由来を問うと、天児屋根命はまず「鈴木暦」から説く。国常立神以降は「真榊」（鈴木）をもって年数を数えてきた。この真栄木は枝が千本生える（六万年）と枯れ、それを「折鈴《さくすゞ》」という。さらに代々の神が植え継いで五百本目が枯れた大濡煮尊の時代（三千万年後）に、新しい真榊を植え、これを「五《ゐ》百《も》本継ぎの天の真榊」と呼んだ。そしてこの年を「一鈴」目として、また新しく年数計算がはじまる。

この真榊（鈴木）の枝は、一年目に穂（枝の芽）が生え、十年で五枳《ゐき》伸び、六十年で三咫《みた》伸びて一枝になる。この一枝六十年をもって一巡りとする。そこで天二枝命は、「キアヱ」を第一年目として穂と枝の数をかぞえ、一枝六十年、十枝六百年、百枝六千年、千枝六万年を一巡り（一鈴）とする「六十進法」の暦をつくった。

だが、この「五十鈴の二十年」に植えた鈴木は発育が悪く、枯れてしまった。そこで二十一年目の春に鈴木を植え替え、春日神が暦名を「天鈴《あすず》」とすることを提案し、天二枝命が「鈴木暦」から「天鈴暦」に名を変え、梓《あずさ》の木に彫って神武天皇に奉納した（第二十八紋）。

左掲の図表「天鈴暦と干支暦の対照表」は、小笠原長弘がこの教えをもとに作成した「天鈴暦」と、中国伝来の「干支暦」とを対比した円形図を表にしたものである。一年目が「キアヱ」からはじまるので、長弘は「キアヱ暦」と呼んだ。「ヱト」とも呼ばれている。

この暦を見ると、一字目を上から下に読むと、それぞれ一音が二回ずつ繰り返されながら「キツヲサネ（東西中南北）」に、二字目は「アミヤシナウ（編み養う）」となっている。そして三字目は「ヱト」を繰り返した六十進法になっている。

「ヱト」の原意は、天元神「トホカミ・ヱヒタメ」の「ト」と「ヱ」にある。これを「ヱト」と逆さにして兄弟《ヱト》の意とし、兄《ヱ》神は兄神らしく寒い冬の守りをつとめ、弟《ト》神には暖かな夏の稲の守りをさせた（「嘗事《なめこと》の紋」）ことに由来している。

中国から伝来した干支《かんし》（十干と十二支）のことを、のちに「ヱト」と呼称するようになった所以も、ここからきている。中国でも干支を「ヱト」と呼んでいたわけではない。これも〔記紀〕などではわからないことで、その意味でも『秀真伝』や『三笠文』は「ヱト」の由来を伝える重要な文

天鈴暦と干支暦の対照表

01	キアヱ	甲子《きのえね》	21	キナヱ	甲申《きのえさる》	41	キヤヱ	甲辰《きのえたつ》
02	キアト	乙丑《きのとうし》	22	キナト	乙酉《きのととり》	42	キヤト	乙巳《きのとみ》
03	ツミヱ	丙寅《ひのえとら》	23	ツウヱ	丙戌《ひのえいぬ》	43	ツシヱ	丙午《ひのえうま》
04	ツミト	丁卯《ひのとう》	24	ツウト	丁亥《ひのとゐ》	44	ツシト	丁未《ひのとひつじ》
05	ヲヤヱ	戊辰《つちのえたつ》	25	ヲアヱ	戊子《つちのえね》	45	ヲナヱ	戊申《つちのえさる》
06	ヲヤト	己巳《つちのとみ》	26	ヲアト	己丑《つちのとうし》	46	ヲナト	己酉《つちのととり》
07	サシヱ	庚午《かのえうま》	27	サミヱ	庚寅《かのえとら》	47	サウヱ	庚戌《かのえいぬ》
08	サシト	辛未《かのとひつじ》	28	サミト	辛卯《かのとう》	48	サウト	辛亥《かのとゐ》
09	ネナヱ	壬申《みずのえさる》	29	ネヤヱ	壬辰《みずのえたつ》	49	ネアヱ	壬子《みずのえね》
10	ネナト	癸酉《みずのととり》	30	ネヤト	癸巳《みずのとみ》	50	ネアト	癸丑《みずのとうし》
11	キウヱ	甲戌《きのえいぬ》	31	キシヱ	甲午《きのえうま》	51	キミヱ	甲寅《きのえとら》
12	キウト	乙亥《きのとゐ》	32	キシト	乙未《きのとひつじ》	52	キミト	乙卯《きのとう》
13	ツアヱ	丙子《ひのえね》	33	ツナヱ	丙申《ひのえさる》	53	ツヤヱ	丙辰《ひのえたつ》
14	ツアト	丁丑《ひのとうし》	34	ツナト	丁酉《ひのととり》	54	ツヤト	丁巳《ひのとみ》
15	ヲミヱ	戊寅《つちのえとら》	35	ヲウヱ	戊戌《つちのえいぬ》	55	ヲシヱ	戊午《つちのえうま》
16	ヲミト	己卯《つちのとう》	36	ヲウト	己亥《つちのとゐ》	56	ヲシト	己未《つちのとひつじ》
17	サヤヱ	庚辰《かのえたつ》	37	サアヱ	庚子《かのえね》	57	サナヱ	庚申《かのえさる》
18	サヤト	辛巳《かのとみ》	38	サアト	辛丑《かのとうし》	58	サナト	辛酉《かのととり》
19	ネシヱ	壬午《みずのえうま》	39	ネミヱ	壬寅《みずのえとら》	59	ネウヱ	壬戌《みずのえいぬ》
20	ネシト	癸未《みずのとひつじ》	40	ネミト	癸卯《みずのとう》	60	ネウト	癸亥《みずのとゐ》

献といえる。

要するに「天鈴暦」は、「東西中南北」の方位（空間）と「ヲト」の年月（時間）を「編み養う」ことによって六十進法の暦をつくっているわけである。

しかし、「鈴木暦」も一枝六十年をもって一巡りとする暦だったのであれば、天照神の寿命が百七十三万二千五百歳にもなるはずはないし、改暦する必要もない。この「一枝六十年をもって一巡りとする」というのは、「天鈴暦」を作るにあたり、「干支暦」をもとに、いかにも前から六十進法を用いていたかのように述べたものにほかならない。「鈴木暦」本来の計算方法は、真榊の枝の伸び具合で決めるという原始的なものだったと考えるほかないだろう。

かくして神武時代から、年月日の記述に干支が使用されるようになる。たとえば神武即位前紀に、

「是年、太歳甲寅《たいさいきのえとら》。其の年の冬十月《かむなつき》の丁巳《ひのとみ》の朔　辛　酉《ついたちかのとのとりのひ》に」

といった具合であるが、このような干支表記は神武以前にはなかったことである。『秀真伝』でも神武天皇即位の大礼に関連して、

「統君《すべらぎ》の　御代新玉《あらたま》の　鈴サナト　サヤヱ初日《はつひ》の　おめでたも」

とある。「サナト」は天鈴暦五十八年にあたり（169頁図表参照）、「サヤヱ」は（一月）十七日にあたる。日にち表記に天鈴暦を使用したのは、このときが初めてである。年次表記に天鈴暦が使用されたもっとも早い例は天照神が誕生したときで、「年キシヱ」とある（第四紋）。だが、これは『秀真伝』編纂に際して、過去にさかのぼって「天鈴暦」を付け加えたと考えるべきものである。

鈴木暦は天照神の考案

神武以前は真榊（鈴木）の枝の伸び具合などを見て年数計算をするという原始的な計算法が、現実の数え方と併用されていた。そのため、天照神の寿命が百七十三万二千五百歳になってしまったりするのであるから、歴史時代ではないと思われても致し方ない。今後、『秀真伝』や『三笠文』を読むにあたっては、鈴木暦にかかわる表記は無視し、歴史時代に見合った理解の仕方をすべきだと思う。

ちなみに、第二十四「蚕得国原見山の紋」に、天孫・瓊々杵尊の時代に関連して、

「日読みの宮の　門出宣《の》り　昔日読みの　思兼《おもいかね》　暦作りて　こゝにあり　のち叢雲《むらくも》に　譲り置く」

とある。「昔」とあるから、「日読み役」の思兼命が作った「暦」は、瓊々杵尊の時代以前に作られたわけで、それが「鈴木暦」である。しかして第三十九「秀真討ち続歌《つづうた》の紋」には、

「天照らす神　暦成し　稲《ぞろ》植えさせて　糧《かて》増やし　身お保たしむ　百七十九《もゝそなこ》　万三千歳《よろみち》続く」

とあって、天照神も「暦」を作った。その「暦」で計算すると、天照神は「百七十九《もゝそなこ》万三千歳《よろみち》」も命を保ったという。すると、真榊（鈴木）の枝の伸び具合などを見て年数計算をする原始的な「鈴木暦」の暦法は、実は天照神の考案で、それを思兼命が作ったことになる。

混乱の時代の到来

話を戻す。大濡煮尊から「天つ日嗣」を継承したのは、大殿内《おおとのち》尊・大殿前《おおとまえ》尊であるが、この二神については名前の由来と「牧畜」の開始が記されている。

「五世《ゐつよ》の神は　大殿内《おゝとのち》　大殿前《おゝとまえ》なり　角杙《つのぐゐ》は　大殿《おゝとの》に居て　活杙《いくゝゐ》お　殿前《とまえ》に会ひて　妻となす
故男《かれを》は殿ぞ　女《め》は前と　八百《やも》続きまで」（第二「天七代床御酒の紋」）

〔紀〕は「大戸之道尊《おほとのぢ》」「大戸苫邊尊《おほとまべ》」とし、「角杙尊《つのぐひ》」と「活杙尊《いくぐひ》」の記載はなく、〔記〕は「角杙神」「活杙神」と「意富斗乃地神《おほとのぢ》」「大斗乃辨神《おほとのべ》」を別の神のように記している。『秀真伝』の同紋の記述によれば、角杙尊は大殿内神の、活杙尊は大殿前神の幼名《おさなな》のようにも思えるが、同じ「杙《くい》」「大殿」の字が使われていることからして、婚姻後に付けられた慈名《いみな》と讃え名であろう。「角杙」「活杙」の「杙《くい》」は、牛馬をつなぐクイのことである。すると「角」は牛馬の代名詞で、この二神が初めて「牧畜」を始めたことをさし、「活」は牛馬の世話をした意ではないかと思われる。夫婦で牛馬の世話をしていたことが、「角杙」「活杙」の名の由来であろう。

また、男神は「大殿に居て」とあり、これは「大殿の内に居て」の意であるから、「大殿ち」の「ち」は「内（うち）」を音数律を五七調に調えるため約《つづ》めたものと解すべきである。「とまえに会ひて」は、大殿にいた男神がその前で会ったという意で、「殿前」が適切であろう。これも音数律を調えるため、「とのまえ」が「とまえ」に約《つづ》まったと解される。

この大殿内尊・大殿前尊から「天つ日嗣」を継承したのが面垂《おもたる》尊と賢心根《かしこね》尊である。〔紀〕は「面足尊」「惶根尊」の字を当てるが、私が「面垂尊」「賢心根尊」とする理由はあとで述べる。以下は、第二「天七代床御酒の紋」からの引用である。

「六代《むよ》の日嗣《つぎ》　面垂《おもたる》の神　賢心根《かしこね》と　八方《やも》お巡りて　民お治《た》す　近江《をうみ》・安曇《あづみ》の　中柱《なかばしら》　東は
大山麓《やまと》　日高見も　西は月隅《つきすみ》　葦原《あしはら》も　南阿波《あわ》・磯清《そさ》　北は北国《きたね》の　白山麓《やまと》・細矛《ほそほこ》　治足《ちたる》まで
及べど百万穂《よもほ》　嗣子《つぎこ》なく　道衰ひて　弁《わいた》め無《な》」

この二神は、近江の国の安曇《あづみ》を統治拠点（中柱）として国を治めていた。琵琶湖の西の高島市に安曇川が流れているが、このあたりであろう。「東はやまと」には「大山麓」の字を当てた。今日の富士山麓のことであるが、この頃は「大山」といい、のちに「原見山」とも「大日山」とも呼ばれ、やがて藤の花が咲いていたことから「藤の山」と称され、それが「富士の山」に変わった。「やまと」の「と」は「麓（ふもと）」の「と」である。

そのあとに出てくる「やまと」は福井、石川、富山の三県にまたがる白山山麓のことである。「細矛《ほそほこ》」は主に山陰地方の呼び名で、たいがい「さほこ」と約《つづ》めて呼ばれる。次の「治足《ちたる》」は、〔紀〕には「千足《ちたる》」とあるが、主に山陽地方の呼び名である。前者が「細槌《さつち》」と同様、手心を加えた制裁ですんだ国なら、後者はよく治まっていた国の謂と解される。そこで私は「治足《ちたる》」とした。

面垂尊はこのように全国各地を巡って国造りをしたが、思うようには治まらなかった。末尾に「嗣子《つぎこ》なく　道衰ひて　弁《わいた》め無《な》」とあるが、第二十三「御衣《みは》定め剣名《つるぎな》の紋」には、その様子が次のように書かれている。

「面垂《おもたる》の　民鋭《と》き過ぎて　物奪ふ　これに斧《おの》もて　斬り治む　斧は木お伐《き》る　器《うつわ》ゆえ　金練人《かねり》に矛《ほこ》お　作らせて　鋭《と》き者斬れば　世嗣《よつぎ》なし　（中略）　虞《おそ》るゝは　無罪人《なつみどき》斬れば　子種絶つ　実《げ》に慎めよ　天《あめ》の神　嗣《つぎ》子なく政《まつり》　尽きんとす」

この時代の民はずる賢く、他人の物を奪うことが多くなった。そこで面垂尊は「矛」で斬り治めた。このとき「槌」や「斧」から「矛」に変わったわけであるが、「槌」は外殻の硬い収穫物を叩き、中から実を取り出す農具で、「斧」は木を叩くようにして伐る道具である。それを懲罰道具に代用していた時代から、ついに罪人を斬る道具として「矛」が作られたのである。

大勢の罪人を斬っただけではなかったようだ。「虞《おそ》るゝは　無罪人《なつみどき》斬れば　子種絶つ　実《げ》に慎めよ　天《あめ》の神　嗣《つぎ》子なく政《まつり》　尽きんとす」というとき、この争いの渦中に、無実の民までがかなり巻き添えになり、殺されてしまった様子が垣間見える。それが祟って「子種」が絶え、世嗣に恵まれなかったと読める。「安曇《あづみ》」という地名も、無実の民まで殺してしまった「吾罪《あつみ》」が原意であろう。

また、「道衰ひて　弁《わいた》め無《な》」、「嗣《つぎ》子なく政《まつり》　尽きんとす」というフレーズは、「天つ日嗣」を巡って争いが起こり、混乱したことを窺わせる。実子に世嗣がいなくても、兄弟や親族の中には何人もの男子がいたはずで、彼らが「天つ日嗣」を狙って争ったのであろう。それはまた面垂尊が、彼らは国を任せる器者ではないと見て、なかなか首を縦に振らなかったせいでもあったと思われる。

さてそうすると、この頃の面垂尊はいつも憂い顔で頭を垂れ、あれこれと治世の道や、誰に国を譲るかを模索していたに違いない。「おもたる」の名の由来はここにあると考え、私は「面垂」の字を当てた。「足《たる》」は満足の意であるから、「面足」では意味が逆さまである。

また、〔紀〕は妃の名「かしこね」を「惶根尊」につくるが、「惶」の字は恐れておどおどする、心が動揺して落ち着かないといった意味で、あまり芳しいイメージがない。ここは「賢い」の意と素直に受け止めるべきだろう。世の行く末を案じる憂い顔の面垂尊を、陰から支える賢く心根のよい妃だったのだと思う。そこで私は「賢心根《かしこね》」とした。

面垂尊は、やがて大きな決断をする。先に引いた第二「天七代床御酒の紋」の次下《つぎしも》に、

「道衰ひて　弁《わいた》め無《な》　時に天神《あめ》より　二神《ふたかみ》に　『壺《つぼ》は葦原　千五百秋《ちゐもあき》　汝《いまし》用ひて　治《し》らせ』とて　斉《と》と矛《ほこ》賜ふ」

と書かれている。世嗣子に恵まれなかった面垂尊は、わが血族の中から後継者を選ばず、血筋のまったく異なる伊弉諾《いざなぎ》・伊弉冉《いざなみ》の二神を見いだして国譲りをした。血筋・血統を尊び、世襲を当然とする時代だったことを考えると、まさに驚くべき「大英断」といってよい。

2　新しい時代の幕開け

伊弉諾尊の血筋

面垂尊の血筋は、国常立神⇒国細槌神⇒豊国主神⇒大濡煮尊・少濡煮尊⇒大殿内尊・大殿前尊という流れであった。伊弉諾尊の場合は、どのような血筋だったのか。第二「天七代床御酒の紋」に、こう記されている。

「天の神代の　七代目お　嗣ぐ糸口は　常世神　木の実東に　植ゑて生む　育国《はごくに》の神　日高見や　高天原《たかま》に祀る　天御中主《みなかぬし》神　橘《たちばな》植ゑて　生む御子の　高見結《たかみむすび》お　諸民讃《もろたゝ》ゆ　木の常立《とこたち》や

その御子は　天鏡《あめかがみ》神　筑紫治す　大濡煮も受く　この御子は　天万神《あめよろづかみ》　磯阿清治《そあさた》し

沫和《あわ》杵・逆和杵《さく》生めば　沫和杵《あわなぎ》は　北《ね》の白山麓《しらやまと》　治足国《ちたる》まで　法《のり》も通れば　生む御子の　慈名《いみな》

高仁《たかひと》　神親木《かみろぎ》や」

まず、ここに出てくる神名と難解語について検討しておきたい。「育国《はごくに》の神」については前章で述べた。「たかみむすび」は、〔紀〕には「高皇産霊尊」とあるが、「たかみ」は日高見のことで、「皇」の字を用いる謂れはない。「むすび」の「むす」には産《う》む意もあるが、この「産む」を用いると「び（ひ）」に「霊」を当てた意味がわからなくなる。『秀真伝』では「霊」を「る」、「ち」と訓んだ例はあっても、「ひ」と訓む例はない。多くの古語辞典には「霊」を「ひ」とも訓むとあるが、これは〔紀〕の「高皇産霊尊」に基づく《後付け訓み》である。素直に「結び」と解すべきだろう。日高見の国民《くにたみ》をよく結び治めた意で、私は「高見結尊」とした。木常立《きのとこたち》尊の「木」は橘のことで、初代「高見結尊」の讃え名である。

「あわなぎ」は、〔紀〕には「沫蕩尊」とあるが、「さくなぎ」は見えない。兄の「あわ」は波が泡立つ意であろう。「泡」と「沫」はほとんど同義であるから、〔紀〕が「沫」としたのは間違いではない。弟の「さく」は波が砕けて白く見えるさまを表す語で、適当な漢字がないが、波が逆巻くさまから「逆」の字を選んでみた。「なぎ」は「凪ぎ」か「和ぎ」で、どちらも風がやんで波が穏やかになる意である。

要するに、乱れる世の中を平定する意を、荒れる海を静める意に譬えた名付けである。そこで私は、兄を「沫和杵《あわなぎ》尊」とし、弟を「逆和杵《さくなぎ》尊」とした。

「そあさ」は難解語にあたるが、地名であることは明らかで、私は「磯阿清《そあさ》」とした。「あ」は阿波国の略、磯清《そさ》は和歌山県・紀伊半島の古名で、ここでは音数律を五七調に調《ととの》えるために、「阿波・磯清」を分散修辞によって「磯阿清《そあさ》」としたのである。詳細は次項「**望杵・月夜見尊と花杵・磯清之男**」に譲る。

「かみろぎ」も難解語であるが、「かみ」は神、「ろ」は親《たら》の「ら」の転、「き」は男神を表徴する「木」である。「神親木《かみろぎ》」で高仁尊《たかひと》は天照神《あまてるかみ》の「男親」という意になる。つまり高仁は伊弉諾尊《いざなぎ》の慈名である。これに対して「女親」のことは「神親実《かみろみ》」という。

さて、前出文は次のような意味になる。

「伊弉諾尊と伊弉冉尊が面垂尊のあとを嗣いだそもそもの糸口は、常世神・国常立神からの血統と深い関係がある。国常立神は八人の国細槌神のほかに、実は育国の神を生み、この神は日高見の地上・高天原に天御中主神を祀って治められた。その御子が初代の高見結尊で、橘の木を植えて日高見を香り高い国に築いたことから、木常立尊《きのとこたち》と讃《たゝ》えられた。

その御子は天鏡神で、筑紫の国（九州）を治めたのであるが、大濡煮尊もこの天鏡神から教えを受けた関係にあった。その御子は天万神《あめよろづ》で、阿波の国と磯清《そさ》の国を治めて沫和杵尊と逆和杵尊の兄弟を生み、兄の沫和杵神は北《ね》の白山麓《しらやまと》から治足国《ちたる》まで治め、その教えは隅々まで浸透した。そしてこの沫和杵尊が生んだ御子が、慈名を高仁という天照神の男親なのである」

先には、国常立神は八人の国細槌神を生んだとあったが、ここでは新たに「育国の神」も生んだというあたり、少々都合が良すぎる感がしないではない。世襲を習わしとする時代に鑑み、血縁があるとしたかったのかもしれない。

国常立神は人間ではなく超自然神であるし、国細槌神も架空の神に相違ない以上、血縁はないとみるほかない。しかし、天鏡神が大濡煮尊に治世の道を教えたというのが事実とすれば、有縁の間柄ではあったわけである。

伊弉冉尊の血筋と伊弉諾尊との婚姻

次に、伊弉諾尊の血筋、伊弉冉尊と結ばれた経緯についてであるが、以下は前出文の続きである。

「高見結尊《たかみむすび》の　五代神《ゐつよかみ》　慈名玉杵　豊受神《とようけ》の　姫の誘子《いさこ》と　浮橋お　速玉之男《はやたまのお》が　渡しても
解けぬ趣き　解き結ぶ　事解之男《ことさかのお》ぞ　方壺《けたつぼ》の　西南《つさ》の筑波の　誘宮《いさみや》に　諾《うな》き相見《あみ》て　誘諾木《いざなぎ》と
誘諾実《いざなみ》となる」

二神は当初こそ婚姻に乗り気ではなかったようだ。もしかすると面垂神による国譲りを前提とした結婚話だったからかもしれないが、事解之男命の渡した浮橋（仲人）で結ばれた。その場所は筑波になっているが、父・沫和杵尊が白山山麓で越国を治めていたことから推し量って、誘諾木尊もこの筑波の国頭《くにがみ》で人望があったと考えられる。ただの人では面垂尊も国譲りはしなかったろう。

二神が結ばれることになった由縁は、よくわからない。白山の山麓で生まれた誘諾木尊《いざなぎ》の妹・白山姫が、豊受神の継ぎ子・八十杵命《やそきね》と先に結婚していた（？）縁によるものだろうか。あるいは人物と見込んだ誘諾木尊に国譲りをするため、面垂尊がかねて知る豊受神に話を持ちかけたのかもしれない。

「いざなぎ」「いざなみ」の「いざ」は、明らかに「誘い《いざな》」の意である。この「誘い」の「な」に、「諾《うなづ》き相見《あみ》て」の「諾《な》」が懸っているとみる。男神の「き」と女神の「み」は、大濡煮尊の項にある「君はその　木の実によりて　男神は木　女神は実とぞ　名付きます」にならっている。そこで私は「誘諾木尊《いざなぎ》」「誘諾実尊《いざなみ》」とした。

〔紀〕の伊弉諾尊・伊弉冉尊の場合、「伊《い》」は漢音の借用で、「かれ」「これ」といった意味しかない。「弉《ざ》」の漢音は「そう」で、身体が大きいことをさす。この字を妻にも当てるのはいかがなものか。また「冉《み》」の呉音は「ねん」、漢音は「ぜん」で、主意は「頬髯《ほおひげ》」のことで適当ではない。

この「誘諾木尊《いざなぎ》」「誘諾実尊《いざなみ》」という讃え名は、新妻の父・豊受神が付けたものであろう。高仁《たかひと》という慈名《いみな》もそうだろう。二神の実名《まことな》はまったく伝わっていない。「誘子」や「誘宮」にしても、前からあった名ではなく、婚礼を祝っての名付けと考えてよい。

以上の系図をまとめて示すと182頁に掲げた「神々の系図」のようになる。面垂尊と誘諾木尊、

神々の系図

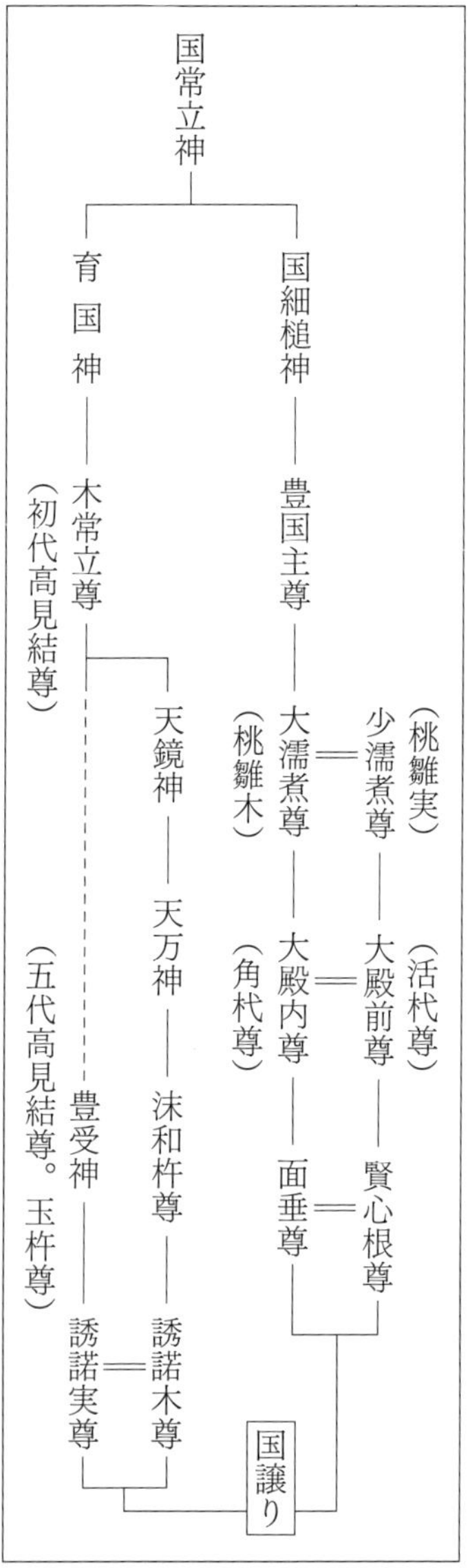

誘諾実尊の三者の血統は別々で、これでは血のつながりがあるとはいえない。この点、〔紀〕の本文や第一書は、面足尊・惶根尊に続けて伊弉諾尊・伊弉冉尊を載せるなどしており、いかにも「万世一系」を意図しているかに見える。〔記〕も同じで、〔紀〕のほかの家伝書の記述も、系図的にはばらばらである。

『秀真伝』も国常立神からの血のつながりを記している点では似たようなものである。国常立神が人間でないことがわかれば、「万世一系」ではなかったことが透けて見えてくる。

ともあれ、かくして面垂尊・賢心根尊から誘諾木尊・誘諾実尊への「天つ日嗣」、すなわち「国譲り」は成就した。かつてなかった世襲によらない血縁を超えた「禅譲」である。この時点で、それまでの「万世一系」の系譜は途切れ、新しい時代が幕開けした。それは筑波において、二神に第一子・昼子姫が生まれて数年後のことであった。

第一子・昼子姫の秘話

二神が筑波山一帯の地を治めていたという伝承は〔記紀〕にも『常陸風土記』にも載っていないが、筑波山にその痕跡を残している。筑波山は二つの峰からなっており、西側は男体山、東側は女体山と呼ばれているが、男体山本殿の祭神は伊弉諾尊、女体山の祭神は伊弉冉尊である。

全国各地を巡って国造りに勤しみながらも、生涯の大半を近江や原見山（富士山）の山麓、磯清《そさ》（南紀地方。後述）で過ごした二神が、何の関連もなく筑波山に祭られるはずはない。この事実は『秀真伝』の記述を裏付けるものといってよい。先に引いた第二「天七代床御酒の紋」に、

「西南《つさ》の筑波の　誘宮《いさみや》に　諾《うな》き相見《あみ》て　誘諾木《いざなぎ》と　誘諾実《いざなみ》となる」

とあったが、「方壺《けたつぼ》」とは、面垂尊が統治拠点とした近江の中柱を「大壺《おきつぼ》」というのに対して、地方の統治拠点をさす言葉である。その「方壺」の筑波は、近江から見て東南東に位置している。

だから、「西南《つさ》の筑波《つくば》の　誘宮《いさみや》に」は、筑波山から見て西南の地に「誘宮」があったということである。

つくば市沼田に「八幡塚古墳」がある。まさしく筑波山の「西南」に位置しているが、この古墳はおよそ六世紀頃、古墳時代後期のものと推定される県内最大の前方後円墳である。「誘宮」はその下、または近辺の田畑の下に埋もれているのではないだろうか。

二神はこの地で第一子を生んだ。「昼子姫」である。次に引用する第三「一姫三男生む殿の紋」の文は、二神に代わって昼子姫を育てた予先命《かなさき》の語りである。あわせて『三笠文』の「東西四道《きつよち》の紋」を引く。

「兵主《つわものぬし》が　『二神の　一姫《ひひめ》三男《みを》生む　殿五つ』　問えば予先《かなさき》　答ふるに　『昔二神　筑波にて
御床《みと》の枕這《まぐは》ひ　なして子お　孕みて生める　名は昼子　しかれど父は　鈴《すず》四十穂《よそほ》　母は
三十一穂《みそひほ》　天《あめ》の節《ふし》　宿れば当たる　父の緒穢《おゑ》　男《を》の子は母の　隈《くま》となる　三年慈《みとせいつ》くに　足らざ
れど　岩楠舟に　乗せ捨つる　翁拾《おきなひろ》たと　西殿に　養《ひた》せば……』」（第三紋）

「のちに一姫《ひひめ》お　生む時に　昼なれば名も　昼子姫　年お越ゆれば　父母《たらちね》の　四十二《よそふ》・三十三《みそみ》
の　緒穢《おゑ》・隈《くま》も　女《め》は父《た》男《を》は母《ら》に　当たらじと　捨つお予先《かなさき》（中略）拾う広田の　宮造り
育て上ぐまで」（「東西四道《きつよち》）の紋」）

　昼子姫の名は、昼に生まれたことに由来しているわけであるが、生まれて三年に満たないうちに、頑丈な楠の木で造った小舟に乗せて捨てられた。「誘宮」は桜川の東岸に位置する。昼子姫はこの桜川に流されたのだろう。それを二神と示し合わせた予先命が拾い上げ、「誘宮」の西、桜川のそばに宮殿を造って育てたわけである。

「かなさき」の名は、昼子姫が捨てられるのを予《かね》て知っていて、先回りして拾って育てたことに因んだ名に相違なく、私は「予先《かなさき》」の字を当てた。「かねさき」が語呂のよい「かなさき」に転じたとみる。予先命は「拾った」ことから「広田」とも呼ばれた。ともに讃え名で、実名《まことな》は伝わっていない。

　昼子姫が生まれたのは、父・誘諾木尊が（数え年で）「鈴四十穂」（四十歳）、母・誘諾実尊が「三十一穂」（三十一歳）のときだった。二年後には父は四十二歳、母は三十三歳の「天《あめ》の節《ふし》」（大厄）に当たっていたので、昼子姫は厄落としのために捨てた形をとり、予先命に密かに育ててもらったわけである。この風習は昭和初期まで残っている。

「厄年」は中国の陰陽道の移入にほかならず、それをあえて「天の節」と和語化するところに、漢語・漢音の移入を嫌うこだわりが感じられるが、ほんとうに誘諾木尊は四十歳、誘諾実尊は三十一歳で昼子姫を生んだのだろうか。当時はみな十代半ばから後半で結婚していることからすると、あまりにも遅すぎる。実際は一回り下の厄年、二十五歳と十九歳（結婚はそれ以前）だったが、あとで大厄ではなかったと知って辻褄を合わせたのではないだろうか（後に再述）。

昼子姫はこのあと、二神が「天つ日嗣」を継承して近江の治闇《たが》宮に遷ったのにともない、予先命が大阪市住吉区の住吉大社近辺に建てた館に移り、和歌を教えてもらいながら成長するのであるが、詳細は「**第４章　天照神とその姉弟たち**」に譲ることにする。

近江・治闇宮で政り執る

二神が「天つ日嗣」を継承したのは、昼子姫を予先命に託したあとのことである。誘諾木尊は筑波の政り事を葉山彦命に委ね（笠「蚕得十二の妃立つ紋」）、近江の大壺に新宮が落成するのを待って上り、民を治したのである。第五「若歌《わか》の枕詞の紋」に、

「二神の　大壺《おきつぼ》に居て　国生めど」

とある。『増補完訳・秀真伝』は「おきつぼ」に「瀛壺」の字を当てる。秦の王嘉撰『拾遺記』によるようであるが、「瀛」はゆったりした海の意である。「壺」が政り事をする中心地のことなら、「瀛」は適当でない。地方の「方壺」に対して、「大きな壺」をいったものと解される。現在の「大

津」はこの「大壺」に由来していると思われる。

また、第二十三「御衣定め剣名の紋」にこう記されている。面垂尊から「斉《と》の教書《をして》」と「矛」を賜った次のくだりである。


「斉《と》は教書《をして》　矛は逆矛　二神は　これお用ひて　葦原お　自凝呂終ゑて　こゝにおり　八弘《やひろ》の殿と　中柱《なかばしら》」


「斉《と》」は、秩序を斉《ととの》える意であることは前に記した。同じ言葉に「調える」「整える」があるが、私は「斉」の字を選んだ。物事がちぐはぐすることなく、正しくきちんとそろえる意で、秩序を正すことに相応しいと思ったからである。

「葦原」は琵琶湖周辺に広がる葦原のことで、近江の俗称といってよい。「やひろの殿」については、〔記紀〕はともに「八尋」の字を当てており、本居宣長の『古事記伝』は、両手を伸ばして殿の広さを測った謂《いい》としているが、私は「八弘」の字を当てた。「八」は「八方《やも》」の意で、「斉《と》の教書《をして》」を国の隅々まで弘め治める意味が込められていると解すべきと思うからである。

新たに落成した新宮には、住まいやもろもろの建物がたくさん建ったはずで、「八弘殿」はその主殿と考えられる。第六「日の神十二妃の紋」には、誘諾木尊が崩御されたあとのことについて、

「闇《やみ》お治《た》します　治闇《たが》の神」

とある。明るいことを「か」とも訓むのに対して、闇や暗さを「が」とも訓むが、「闇《やみ》お治《た》す」がゆえに「治闇《たが》の神」といったわけである。また第二十七「御祖神船魂の紋」には、

「治闇《たが》は二神　初の宮」

とあるので、初宮は「治闇宮」という名だったことになる。「八弘殿」はその中にあった。「中柱」は国の政り事をする中心拠点のことである。そこから、近江を中心とする一帯は「中国《なかくに》」と呼ばれた（第五紋）。これに対して今日の中国地方は「西中国《にはなかくに》」（第二十五紋）と呼ばれていた。

第二子・日弱子の流産

誘諾実尊はこの近江の治闇宮において、二人目の子を身籠もったが、産み月を待たずに流産してしまった。以下は、昼子姫を予先命に託したあとに関する第三「一姫三男生む殿の紋」の文である。

「八弘の殿に　建つ柱　巡り生まんと（中略）歌ひ孕めど　月満てず　胞衣《えな》破れ生む
日弱子《ひよるこ》の　泡と流るゝ　これもまた　子の数ならず　葦舟に　流す吾恥《あはぢ》や」

「ひよる子」の「ひ」は「日」、「よる」は「弱（よわ）る」の「わ」抜きで、流産してしまった子の意としたものであろう。〔記〕は「水蛭子《ひるこ》」、〔紀〕は「蛭児《ひるこ》」としているが、『秀真伝』や『三笠文』に「ひるこ」と記した例はない。この「ひるこ」は昼子姫と混同したものである。

また〔紀〉の本文では、この「蛭児」は天照神と月読尊のあとで生まれ、「三歳になるまで脚猶立たず」となっているが、後者の「三歳になるまで」は、二神の大厄を払うため、昼子姫が三歳になる前に岩楠舟に乗せて流されたこと、前者は予先命に拾われて育てられた昼子姫が、天照神と月夜見尊が生まれたのちに二神のもとに戻ってきたこと（第五紋。後述）と混同したものである。

この結果、〔記紀〕では昼子姫が存在しなくなってしまった。それにもかかわらず、その後に生まれた素戔嗚尊《すさのお》に「姉」がいたことから、この「姉」は天照神ということになり、天照神は男神ではなく女神と考えるほかなくなってしまったわけなのだ。

「流す吾恥《あはぢ》」は〔記紀〕には見られない記述であるが、誘諾実尊は流産した子を胞衣ごと包み、葦の小舟に乗せて琵琶湖に流し、「これも吾が恥」と嘆いたことをさす。このことから、初宮の「治闇宮《たがみや》」は「吾恥《あはぢ》の宮」とも呼ばれた（第六紋）。

「これもまた　子の数ならず」は、一見、誘諾実尊は前にも流産したことがあるかのようなフレーズだが、そんな記録はない。予先命に密かに育ててもらっているとはいえ、昼子姫を川に流して捨てた形をとったため、わが子ではないような状態にあることを「子の数ならず」と表現したのであろう。

大日霊杵尊・天照神の誕生

誘諾実尊は「日弱子」を流産したあと、父の豊受神にそのことを伝え、「フトマニ」をもって占ってもらい、「八弘殿」の柱の巡り方が間違っていたことを教えられる。「日弱子」を身籠もったときは、女神が先に言挙《ことあ》げしたが、今度は男神が先になった。また、男神が右回り、女神が左回りだったのを、男神が左回り、女神が右回りに巡った（第三紋）。天《あめ》の巡りが「◎」の左巻き、地《わ》の巡りが「◎」の右巻きであることにならったわけである。

だが、なかなか世嗣となるべき男児に恵まれず、二神は原見山（富士山）に何度も登って祈願し、やがて日の輪が飛び降った夢を見る。次の文は第四「日の神の瑞御名の紋」にある。

「このころ木実《きみ》は、原見山　登りて曰く　『諸ともに　国々巡り　民お治《た》し　姫御子生めど
嗣ぎ子なく　楽しなき』とて　池水に　左《た》の目お洗ひ　日霊《ひる》に祈《の》り　右《か》の目お洗ひ　月に祈《の》り

石切研目《いしこりとめ》が　真澄鏡　（中略）　真手に日霊《ひる》月霊《つき》　準《なづら》えて　神成り出《い》でん　ことお請ひ　踵巡《くびめぐ》る間に　天降《あぐ》り請ふ　かく日お積みて　御魂《みたま》入る　（中略）　行《おこな》ひ千日《ちか》に　なる頃は」

「木実《きみ》」は二神のことである。「いしごりどめ」は、小笠原通當の『神代巻秀真政伝』は「石凝姥女神」につくり、「石凝留女命」とする書もあるが、「石切研目」が正しい。石を切って研ぎ（磨き）、鏡を作る者の意で、その道の職人、手練《てだれ》れを「目」という。密偵のことを「探目《さくめ》」（第十紋）というが、両方とも「女《め》」ではない。

「くび巡る」の「くび」は、〔紀〕の第一書に「首を巡らして」とあるが、「踵《かかと》」のことである。「踵」には「きびす」（和名抄）と「くびす」（名義抄）の訓みがあって、いま来た道を引き返すことを「踵《きびす》を返す」、「踵《くびす》を返す」という。それをここでは「踵巡《くびめぐ》る」といい、何度も登山して祈ったことをいっている。「行《おこな》ひ千日《ちか》に」の「行ひ」は登山と夫婦の交わりを懸けていると思われるが、願いが叶うまで「千日《ちか》」（約三年）の間に何回も登山した意であろう。千回も登山したら、一年に五回登山しても二百年かかってしまう。

「あぐり請ふ」の「あぐり」は、一般には「倦《あぐ》む」「飽《あ》く」の転で、女児はもうたくさんだから、こんどこそ男児を恵んでほしいという願いを込めて、末の子に付ける名といわれてきた（「大徳寺文書」「東寺百合文書」）。しかしここでは、日嗣ぎ御子の誕生を願って天御祖神の分け御魂の

「天降《あまくだ》り」を請い願ったということで、それを約《つづ》めて「あぐり」といったのである。

第十四「世嗣ぎ祈《の》る祝詞《のとこと》の紋」には、天照神の語りとして、

「世嗣なく　得んと思わゞ　天降《あぐ》り知れ　（中略）　男《を》の子欲しくば　天降《あぐ》りなせ」

と説かれている。戦前まで続いた先の故事風習も、この教えに相通じるものがある。

話を戻す。以下は第四「日の神の瑞御名の紋」の続きである。

「ある日男神が　緒汚《おけ》問えば　姫の答えは　『月の緒汚《おけ》　流れ留まり　三日《みか》ののち　身も清ければ　日待ちす』と　男神も笑みて　諸ともに　拝む日の輪の　飛び降り　二神の前　落ち留む　思わず抱く　夢心地」

「緒汚《おけ》」は月経のことで「月潮《つきしお》」ともいった。月経は「魂の緒《お》」が汚《けが》れて流れ出るものと考えていたので、「緒汚《おけ》」と呼ばれていたのである。

研究書によっては「汚血《おけ》」の字を当てたものもあるが、これは漢語にもない造語である。「汚」を「お」と訓むのは漢音の借用である。「血」は漢音で「けつ」、呉音で「けち」で、「け」と訓む

例はなく、和音では「ち」と訓んでも「け」とは訓まない。「厄年」の考え方は受容しても、「厄《やく》」の漢字、呉音を嫌って「天《あめ》の節《ふし》」と和語化している事実を先にあげた。現代語に訳すとき心すべきところである。

祈る二神のもとに「日の輪」が飛び降った話は、天照神の誕生を象徴する逸話で、天照神の名もこの逸話に由来している。神霊現象を深く学ぶと、作り話とはいいきれないものがある。

これに似た話は釈尊にもあって、母の摩耶夫人《まやぶじん》が休んでいるとき、日輪《にちりん》が天から降ってきて胎内に宿った話や、霊能力をもって民衆を利益《りやく》した話などが『阿含経』の中に出てくる。が、天照神のこの逸話が釈尊の逸話の移入でないことは、序章を精読すればわかるだろう。

「かく交わりて　孕めども　十月に生まず　年月お　経《ふ》れどもやはり　病めるかと　心痛めて
九十六月《こそむつき》　やゝ備わりて　生《あ》れませる　天照神ぞ　（中略）　初日ほのぼの　出づるとき　ともに生れます」（同紋）

この「九十六月《こそむつき》」（八年）も胎内にいたというのは、文字通りには受け取れない。仮に原見山で祈りはじめてから八年目に生まれた意とみても、問題が生じる。

誘諾実尊は昼子姫を生んでから約二年後に予先命に預け、さらに一、二年後に日弱子を流産する。

その後はなかなか生まれず、原見山で祈願してから八年目に天照神が生まれたとすると、昼子姫を生んでから十四、五年かかったことになる。このあと月夜見尊と素戔嗚尊が生まれるのに最低でも二年はかかる。したがって諾諾実尊は最低でも三十一歳プラス十六、七年で、四十七、八歳にして素戔嗚尊を生んだことになってしまう。通常なら閉経したあとである。

天照神が普通に十カ月で生まれたとしても、この間に「行《おこな》ひ千日《ちか》になる頃は」とあって、先にはこの三年を加えていないので、四年減るだけで十年かかっている。つまり、素戔嗚尊の出産は少なくみても四十二歳を過ぎた頃となる。まだ生める年齢ではあるが、違和感は拭えきれない。三十一歳の昼子姫の初産にしてからが、当時としてはかなりの高齢出産なのである。やはり昼子姫の出産は、誘諾木尊が二十五歳、誘諾実尊が十九歳のときだったのではないかと思われる。要するに、誘諾実尊は通常どおり妊娠して十カ月で天照神を生んだとみるしかない。

「産宮《うぶみや》」については第二十八「君臣遺し詔《のり》の紋」に、

「慈名若仁《いみなわかひと》　産宮《うぶみや》は　原見山坂降《はらみさかおり》」

とある。この「さかおり」を「酒折」とし、甲府市酒折にある酒折宮神社が比定されているが、原見山から遠すぎて登山にむかず、首肯しがたい。「酒」と「折」も整合しない。「坂降り」であろ

う。第二十四「蚕得国《こゑくに》原見山の紋」には、

「君さかおりの　造る名も　原朝間宮」

とある。「原朝間宮」は原見山の朝間宮の意で、富士宮市宮町の富士山本宮浅間大社あたりであろう。この「朝間宮」に若仁尊の産宮もあったものと思われる。

以下は第四「日の神の瑞御名の紋」の続きである。

「白山姫は　産湯なす（中略）蚕得北《こゑね》の国に　御衣《みは》織りて　奉るとき　泣く御子の　声聞き取れば　『あな嬉し』　これより諸が　名お請ひて　叔母より問えば　『うひるぎ』と　親《みづか》ら答ふ　御子の声　聞き切るときは　幼名《おさな》の　『う』は大ひなり　『ひ』は日の輪　『る』は日の霊魂《ちたま》　『ぎ』は杵ぞ　故《かれ》大日霊杵《うひるぎ》の　尊《みこと》なり　杵は女男《めをと》の　男《を》の君ぞ　二神叔母お　讃ゑます

聞切姫《きくきりひめ》も　あな畏《かしこ》あや」

天照神の叔母・白山姫が、生まれ故郷の越国で織った御衣を奉ると、御子は「あな嬉し」といったように聞こえた。これには周りにいた侍女たちも驚き、「名前を聞いてみて」というので、白山姫が「名はなんというの？」と尋ねると、「うひるぎ」と答えたという。居合わせた者たちも、みんなそう聞いたのだろう。白山姫は御子の声を聞き切ったことから「聞切姫《きくきりひめ》」と讃え名された。

『秀真伝』ではこの「うひるぎ」を「大日霊杵」の意としている。明確な記述はないが、おそらく豊受神の考えであろう。〔紀〕では「大日孁貴」、写本によって「大日靈貴」と記し、ともに「をほひるめのむち」と訓ませている。「孁」「靈」の字は「る」にあたるが、「め」を加えて「るめ」とし、「女」の意味付けをしたのは、天照神を女神と誤解したことに基づくとみてよい。「貴」を「むち」と訓むのは奈良時代の勝手訓みである。「き」と訓むのは呉音・漢音の借用だが、もとは「き」だったなら「杵」のほかにない。参考にした家伝書は「き」であったろうと推察される。

　このあと大日霊杵＝天照神は、豊受神から「若仁《わかひと》」の慈名《いみな》を賜り、まだ乳飲み子のうちから日高見の地で豊受神の薫陶を受けて育つのであるが、その詳細は「**第4章　天照神とその姉弟たち**」に譲る。

望杵・月夜見尊と花杵・磯清之男

次男の望杵《もちきね》・月夜見《つきよみ》尊と三男の花杵《はなきね》・磯清之男《そさのお》尊の誕生については、第五「若歌《わか》の枕詞の紋」と『三笠文』の「一姫三男の紋」に出てくる。望杵に関する記述は以下のとおりである。

「二神の　大壺に居て　国生めど　民の言葉の　悉曇り　これ直さんと　考ゑて　五音七道《いねななみち》の天地歌《あわうた》お　上二十四声《かみふそよこゑ》　誘諾木と　下二十四声《しもふそよこゑ》　誘諾実と　歌ひ連ねて　教ゆれば　歌に音声《ねこゑ》の　道開け　民の言葉の　整えば　中国《なかくに》の名も　天地国《あわくに》や　筑紫に御幸　橘お　植ゑて常世の　道成れば　諸頭《もろかみ》請けて　民お治《た》す　魂の緒留む　宮の名も　天地木宮《あわきみや》　御子生れませば望杵《もちきね》と　名付けて至る　磯阿清国《そあさくに》」（第五紋）

「二神は　筑紫に行きて　生む御子お　月夜見の神」（笠「二姫三男の紋」）

若仁尊・天照神を生んだあと、二神が筑紫の国へ行って生んだ第三子の名は「もちきね」、「つきよみ」であるが、「もちきね」は〔記紀〕には見えない。「もち」には「望」「餅」「持ち」などの語があるが、「つきよみ」と合わせ考えれば、陰暦十五夜の満月の夜に生まれたことに因んだ慈名《いみな》と考えるのが妥当である。「望杵」のほかにはあるまい。

「つきよみ」については、〔記〕は月讀命《つくよみ》とし、〔紀〕は家伝書によって月弓尊《つくゆみ》、月夜見尊《つくよみ》、月讀尊《つくよみ》とあり、大野晋氏は補注において「月読尊」を支持し、当時は文字がなかったことを前提にして、「毎晩月齢を数える（読む）ことから発した名」としている。

しかし、「望杵」という慈名《いみな》は陰暦十五夜の満月の夜に生まれたことに因んでいるなら、夜空に輝く望月（満月）を見て名付けたとみるのが自然で、私は「月夜見尊」とした。大野氏も「望杵」

の名があったことを知っていたら、やはりそうしたのではないだろうか。

なお、月夜見尊が生まれた「あわき宮」について、〔記〕と〔紀〕の第六書は、

「竺紫《つくし》の日向《ひむか》の橘《たちばな》の小門《をど》の阿波岐原《あはきはら》」（〔記〕）

「筑紫日向《つくしひむか》の小戸《をど》の橘《たちばな》の檍原《あはきはら》」（〔紀〕）

としているが、『秀真伝』によれば「あわき」は「天地木《あわき》」が正しい。第五紋では、二神が「天地《あわ》歌」を歌い教えて民の言葉が整ったことから、「中国《なかくに》」に「天地《あわ》国」の別称を付けたことが記されている。そして中国の「道開け」と、筑紫における「道成れば」が関連していることからすれば、「あわき宮」の「あわ」は「天地《あわ》」で、「き」は橘の木のことであるのは明らかであろう。

花杵・磯清之男尊についても、同じ二紋の次下《つぎしも》に見える。

「望杵《もちきね》と　名付けて至る　磯阿清国《そあさくに》　逆和杵《さくなぎ》の子の　伊予津彦　歌に言葉お　習わせて　二《ふ》
名島《たな》お求む　阿波津彦　磯清《そさ》に至りて　宮造り　静かに居ます　君静居国《きしゐくに》　先に捨てたる　昼
子姫　再び召され　花のもと　歌お教ゑて　子お生めば　名も花杵の　人成りは　哭《いさ》ち雄叫《おたけ》び
重播《しきまき》や」（第五紋）

「この先に　緒穢《をゑ》・隈《くま》に捨《す》つ　昼子姫　いま慈《いつく》しに　足り至り　天《あめ》の妹《いろと》と　若昼姫《わかひるめ》　磯清に行き生む　磯清之男《そさのを》は　常に雄叫《おだけ》び　泣き哭《いざ》ち　国民挫《くにたみくじ》く」（「一姫三男の紋」）

筑紫の国から向かったのは「磯阿清国《そあさ》」であった。この点については前にも触れたが、音数律を五七調に調えるため、「阿波国」と「磯清国《そさ》」を分散修辞によって「磯阿清」と約《つづ》めたのである。前出二文には「磯清《そさ》に至りて」、「磯清に行き」と明記されている。

最初に着いたのは阿波国である。誘諾木尊の父・沫和杵尊《あわなぎ》は北国《ね》の白山麓《しらやまと》から治足国まで治め、この頃はすでに誘諾木尊の弟・椋杵《くらきね》命に代わっていたが、沫和杵尊の弟・逆和杵尊《さくなぎ》は二名島＝四国を治めていた。当時は阿波国と伊予国の二国しかなかったので「二名島」と呼ばれていたわけである。

二神は伊予津彦命とともに、二名島の民に天地歌《あわ》を習わせて言葉を調えた。そして逆和杵尊が高齢だったためか、伊予津彦命を伊予国の国頭《くにがみ》に、阿波津彦命を阿波国の国頭に据えたということである。阿波津彦命に二名島を任せた意ではあるまい。兄弟の名も、このとき名付けられたものと考えられる。

そのあと二神が向かったのが「磯清の国」だった。先に引いた第二「天七代床御酒の紋」に、沫和杵尊の父・天万神が阿波国と磯清国を治めていたとあったが、この「磯清国」の名付けも天万神だったかもしれない。花杵の慈名《いみな》は花が咲き乱れる春に生まれたことに因んでいるが、実名《まことな》の磯清之男《そさのを》はこの「磯清《そさ》」という国名《くにな》に由来している。

〔記〕は万葉仮名で「建速須佐之男命」とし、〔紀〕は「素戔嗚尊」として、ともに「すさのお」と訓むが、これは〔記紀〕には「そさ国」の国名が出てこないため、幼い頃から荒《すさ》んだ性格で、暴れ回っていたことから連想したあだ名であろう。大野氏も補注において同様の説を示している。

しかし、「素」は「もと」「白い」「ただの」といった意味で、名付けの実意が解しがたく、「す」と訓むのは呉音の借用である。「戔」の字は少ないとか小さい意で、呉音・漢音に「さ」の訓みはない。「の」に「嗚」の字を当てたのは、「泣き哭《いざ》ち」からの連想表記だろう。

しかし実は〔紀〕の写本は、すべて「そさのお」を右訓（本来の訓み）してあり、「すさのお」は左訓にしている。大野氏がこの点にまったく触れていないのは遺憾というほかない。

さて、人名でも地名でも、名付けには必ず意味・由来があるものである。そして『秀真伝』によれば、「そさのお」の名も「そさ」の国名《くにな》に由来しているのは明らかであるが、「素佐」ではどちらの漢字も意味がとれない。そこで私は国名《くにな》を「磯清」とし、花杵の実名《まことな》を「磯清之男」とした。

南紀には何度も足を運んだが、高い山が海岸近くまで及んで緑に包まれ、海岸には白浜などもあって、実に風光明媚である。海風も清々しい。その光景を表すのにふさわしい一字は「清《さ》」のほかにない。また、南紀の特徴をひと言でいえば、平地の少ない海辺、すなわち「磯《いそ》」である。「磯」

の漢音は「き」、呉音は「け」であるが、わが国では「いそ」に磯の字を用い、「そ」の和訓もある。それゆえに「磯清」、「磯清之男」としたのである。

二神はこの「磯清国」で永らく静かに暮らしていたようである。君が静かに暮らして居た国であることから、「君静居国《きしゐくに》」と呼ばれた。のちに文武天皇の時代に成った大宝律令により、紀伊、志摩、伊勢の三カ国が制定されたが、この頭文字の「き・し・い」は、実は「君静居国《きしゐくに》」に由来している。

花杵・磯清之男尊が生まれる前、昼子姫が二神のもとに戻ってきた。すでに十数歳になっていたはずである。「天《あめ》の妹《いろと》と　若昼姫《わかひるめ》」は、昼子姫は天照神の姉ではあるが、捨ててわが子ではない形をとってきたので妹とされ、天照神の慈名《いみな》「若仁《わかひと》」の一字をとって「若昼姫《わかひるひめ》」と讃え名されたのである。「下照姫」の讃え名もあるが、これは天照神の妹の意である。

昼子姫は予先命と二神から和歌を習い、やがて名にし負う歌詠みになるが、幼い望杵・月夜見尊と花杵・磯清之男尊の子守をし、よく面倒を見たに相違ない。磯清之男尊は「常に雄叫び　泣き哭《いざ》ち」、手の付けられないわがままな乱暴者に育っていくが、その一方で昼子姫をことのほか慕い、歌を教えてもらって、なかなかの歌詠みになるが、そのあたりのことは次章に譲る。

3　二神の国造りと崩御

天地歌による国造り

〔記紀〕に登場する誘諾木《いざなぎ》尊・誘諾実《いざなみ》尊の「国生み神話」は有名で、これをリアルに解釈すれば全国各地を歴訪して国造りをしたことになるのであろうが、『秀真伝』に記された歴訪先は意外と少ない。近江を拠点として原見山麓、筑紫、阿波と磯清くらいである。日高見へも行っているが、国造りのためではない。ほかへも行ったかもしれないが、記録上はない。

第三「一姫三男生む殿の紋」は、天照神を生む前のことを、予先命《かなさき》の語りで次のように記す。

「和《やわ》して天地《あわ》お　胞衣《ゑな》として　弥真斉《やまと》・蜻蛉州《あきつす》　阿波路島《あはぢしま》　伊予《いよ》阿波《あわ》二名《ふたな》島　隠岐《おき》三つ子
筑紫《つくし》吉備《きび》の子　佐渡島《さとうしま》　生みて海川《うみかわ》　山の幸　木祖蹹野蟒《きをやくゝのぢ》　萱野姫《かやのひめ》　野槌《のづち》も成りて　天地歌《あわうた》に
治《をさ》む原見山《はらみ》の　宮に居て　『すでに八州《やしま》の　国生みて　如何《いかん》ぞ君お　生まん』とて　日の神
お生む」

これは要するに「国生み神話」に属するものである。このような神話的記述はあちこちの紋にけっこうあって、この時代が「神話」になってしまった原因を〔記紀〕にのみ押しつけることはできないのであるが、なぜ神話的記述が『秀真伝』にもあるのかは、次章で明らかにする。

『秀真伝』や『三笠文』における二神の事績記述で特徴的なことは、次の二点であろう。

第一点は、〔記紀〕が天上界と地上界の区別が曖昧で、概して神話性が色濃く表れているのに対して、『秀真伝』や『三笠文』は神話的要素を交えながらも歴史的事実を《併記》していることである。《併記》という方法をとった理由は、神話的要素にも一概に無視できない背景があったことを物語っているが、それが何かも次章に譲る。二神について語る章で解く問題ではないからである。

第二点は、先に引用した第五「若歌《わか》の枕詞の紋」に記されていたように、二神は各地の民に「天地歌《あわうた》」を教え、言葉を直して歩いたことであろう。中国やインドなど多言語国家は、いまでも統治に苦労している。二神が国を治めるために、まず民の言葉を直すことからはじめたのは、一つの慧眼といえる。ただ、第十七「神鏡八咫の名の紋」には、

「言葉も国お　隔つれば　変われど余所《よそ》の　幼児《おさなご》も　馴染《なじ》めばそこの　風《ふり》となる」

とある。これは「方言」の存在を物語っているが、「天地歌」で方言を直せるとは思えない。「天地歌」で可能なのは「拗音《ようおん》」などの排除である。そのために幼児のときから「天地歌」を教えたのではないだろうか。そしてこのことは、漢語・漢音の移入を嫌う頑なさを維持する支えになっていたと私は思う。

ほかに特筆すべき事績の記載はないが、天照神の時代よりはよく治まっていたのか、戦《いくさ》の記載は一つもない。『秀真伝』が天照神以降に力点をおいて編まれたためだろうか。

誘諾実尊の焼死

先に述べたように、南紀地方は「磯清国《そさ》」といったが、二神がここに暮らすようになって「君静居国《きしゐくに》」とも呼ばれた。誘諾実尊は昼子姫、望杵・月夜見尊、花杵・磯清之男尊とともに、生涯をこの国で過ごし、この国で亡くなった。

その死は意外にも、磯清之男尊が起こした山火事を消そうとして火に巻かれ、焼け死ぬというものであった。第五「若歌の枕詞の紋」に、次のような記述がある。

「名も花杵の　人成《ひとな》りは　哭《いざ》ち雄叫《おたけ》び　重播《しきまき》や　世の隈《くま》なせば　母の身に　捨てどころなき
世の隈《くま》お　わが身に受けて　諸民の　欠《かけ》お償ふ　御隈野《みくまの》の　御山木焼くお　除かんと　生む火

の神の　火喰槌《かぐつち》に　焼かれてまさに　終わる間に　(中略)　誘諾実は　有馬に納む　花と穂の
　時に祭りて」

磯清之男尊は乱行が激しく、「世の隈《くま》」(災い)をなして諸民に迷惑をかけ、母・誘諾実尊を悩ませてきた。誘諾実尊はそれを一身に受け、諸民の「欠《かけ》」(損害)を償ってきた。ところが、あるとき磯清之男尊は火遊びをしてか、わざと火を放ったのか、こんどは山火事を起こしてしまった。急を聞いて駆けつけ、燃え広がる火を消そうとした誘諾実尊は、「火の神の　火喰槌《かぐつち》に　焼かれてまさに、終わる間に」とある。要するに、火に巻かれて焼け死んでしまったのである。〔記紀〕には磯清之男が山火事を起こし、誘諾実尊はその火を消そうとして焼け死んだことは書かれていないが、〔紀〕の第一書に、

「火産霊《ほむすひ》を生む時に、子の為に焦《や》かれて、神去りましぬ」

とある。『秀真伝』の記述を裏付けているといえる。
こんにちの「熊野」という地名は、磯清之男尊が「世の隈」(災い)をなした地、母・誘諾実尊がその「隈」をわが身に受けて亡くなった地の意から、「隈野《くまの》」と呼ばれたのが原意だった。

この災難がいつ頃のことかは明記されていないが、第六「日の神十二妃の紋」によれば、若仁尊・天照神が日高見から原見山（大日山）山麓の朝間宮に戻ってきたとき、誘諾実尊はまだ生きていて、妃の選定にも与《あずか》っている。亡くなったのはそのあとである。また、第五「若歌の枕詞の紋」によると、誘諾実尊の父・豊受神もまだ生きていた（詳細は後述）。磯清之男尊はこのとき十代前半かと思われる。

誘諾実尊は「有馬」に葬られた。〔記〕には出雲国と伯耆国の境にある比婆山としているが、〔紀〕の第五書にも「熊野の有馬村」とある。現在もその地に「花の窟《いわや》」があるが、誘諾木尊が行って遺体を見ることができたとすると、洞窟だったと推測される。その点で私は「花の窟」へ行って見て違和感を覚えたが、津波などで変形してしまったのだろうか。

誘諾木尊はどこか遠くへ行っていたためか、駆けつけたときには葬られたあとであった。誘諾実尊の遺体は腐敗の進行が激しく、到着を待てなかったものと思われる。

「聞切姫《ここりひめ》　親族《やから》に告ぐる　誘諾木は　追ひ行き見まく　聞切姫　『君これな見そ』　なお聞かず
『悲しむゆえに　来る』とて　斎《ゆづ》の黄楊櫛《つげぐし》　雄取《をと》り歯《は》お　手火《たび》とし見れば　蛆たかる　『嫌な
醜《しこ》めき　汚き』と　足引き帰る」（同紋）

葬儀に間に合わなかった誘諾木尊は、有馬まで行って妻に会おうとするが、聞切姫《きくきりひめ》（白山姫）は「見に行ってはなりません」と引き留める。だが、誘諾木尊は「悲しいから駆けつけてきたのだ」といい、振り切って夕闇の中を有馬へ駆ける。そして手火《たび》を近づけて見ると、愛した妻の遺体には蛆虫が群がっていた。焼死の場面もさることながら、この場面も衝撃的である。

その夜また、誘諾木尊が妻を見に行く話は夢を見たことと解されるが、そのくだりには「禊《みそぎ》」や「枕詞《まくらことば》」の深義が説かれているので、「**第6章　若歌《わか》と政り事**」であらためて取り上げたい。

なお、『秀真伝』では漏れ落ちているが、〔紀〕の第六書に、

「素戔嗚尊（中略）常に啼《な》き泣《いさ》ち、恚《ふつ》く恨《うら》む。故《かれ》、伊弉諾尊問ひて曰《のたま》はく、「汝《いまし》は何の故にか、恒《つね》に如此《かく》啼《な》く」とのたまふ。對《こた》へて曰《まう》したまはく、「吾《やつがれ》は母に根の国に従はむと欲《おも》ひて、只に泣くのみ」とまうしたまふ」

とあって、〔記〕にも類似の記述が見える。〔記紀〕ではこのくだりが唐突に出てくるが、磯清之男尊が山火事を起こし、誘諾実尊が火に巻かれて焼死する事件のあとに位置づけるとよくわかる。磯清之男尊は、自分が起こした山火事で母を死なせてしまったことを恨み（残念がり）、自分も死んで母のもとへ行きたいと思って泣き続けていたのだ。

しかし誘諾木尊は、真相を知らなかった。誘諾実尊が山火事を消そうとして焼け死んだことは聞いただろうが、その原因が磯清之男尊にあったことは、誰も口を噤んで語らなかったのだろう。男泣きに泣き続ける磯清之男尊を見て可哀想に思い、とても話す気にはなれなかったのではないだろうか。

篤痴れた誘諾木尊

このあと豊受神が宮津の真名井《まない》において亡くなり、天照神は原見山から伊勢に遷って五男三女に恵まれるが、昼子姫と磯清之男尊は隈野（熊野）に留まって亡き母の花祭りを続けた（第六紋）。しかし、誘諾木尊は花祭りには駆けつけたのだろうが、政り事が多忙だったためか、近江の治闇宮《たがみや》で生涯を閉じる。第六「日の神十二妃の紋」は、そのことについて次のように記す。

「誘諾木は　篤痴《あつし》れたまふ　こゝお以て　吾恥《あはぢ》の宮に　隠れます　事は終れど　勢ひは　天《あめ》に
上りて　緒お返す　天日若宮《あひわかみや》に　留まりて　闇《やみ》お治《た》します　治闇《たが》の神」

〔記〕はこのくだりについて、

「其の伊邪那岐大神は、淡海の多賀に坐すなり」

と記しているだけであるが、〔紀〕の第十一書は、

「是の後に　伊弉諾尊、神功《かむこと》既《すで》に畢《を》へたまひて、靈運當遷《あつし》れたまふ。是を以て、幽宮《かくれみや》を淡路《あはぢ》の州《くに》に構《つく》りて、寂然《しづか》に長く隠れましき」

と記している。「あつしれ」（右訓）に「靈運當遷」の漢字を当てているが、これを「靈運《たまうつ》り遷《かむあが》り」と訓ませている書もある。魂があの世へ行ったということで、末尾の「寂然《しづか》に長く隠れましき」と同じ意味である。「あつしれ」の意をまったく汲んでいない。大野晋氏の頭注には、

「熱痴れの意。熱にうかされる意から、病重る意。薛道衡老子碑『至道霊運、神功自然』」

とあるが、これも従来の御用学的解釈から一歩も出ていない。多くの古語辞典も、「靈運當遷」の先例にならった《後付け解釈》をしているのがほとんどである。

だが、「あつしれ」は「篤痴れ」、要するに「ひどくぼける」ことであって、「重病罹患」の意で

はない。いわゆる重篤な認知症にかかった意と、素直に解釈すべきである。あえて別の意味を探しても、「ばかになる」ということぐらいしかなく、それは取りも直さず「痴《し》れる」ことにほかならない。愚か者を「痴れ者」というのも、ここから出た派生語である。

それを隋朝の内侍史郎・薛道衡《せつどうこう》の老子碑から「靈運當遷」の語を見つけ出して「あつしれ」に当てるなど、「篤痴れ」の真意から遠ざけようとする意図が見え見えである。これを「病が重い」意に解釈するのは、皇国史観によるか、皇室に対する遠慮によるもので、このような当て字や解釈に何ら疑問や違和感をもたない学者は、ほんとうのところ一人もいないだろう。

「重篤な認知症にかかったとするのは畏れ多い」といった配慮からは、何らの真実も探り出し得ない。このような御用学的解釈を一度でもしたら、もはやその人はその陥穽《かんせい》から抜け出せなくなる。心すべきところである。

第4章　天照神とその姉弟たち

1　若仁尊と十三人の妃

豊受神に学ぶ若仁尊

前章では、誘諾木尊・誘諾実尊の二神が崩御されるまでを早足で見てきたが、本章ではずっとさかのぼり、天照神が誕生したあとのことから見ていきたい。二神の御子たちの人生は、それぞれが絡み合って織りなされるので、別々にまとめるのは容易ではないが、まず第四「日の神の瑞御名の紋」に、幼児期の天照神について次のような記述がある。

「御《み》子《こ》養《ひた》さんと　二神の　御心尽くす　天の原　十六穂《そむほ》いますも　一日《ひとひ》とぞ　思《おぼ》す恵みは　篤
きなり　昔玉杵　誓いして　葛城山の　八千禊《やちみそぎ》　済みて祈《い》通《と》りの　輦《てぐるま》お　造り葛城《かつら》の　迎ひ
とて　原見《はらみ》山に伝ふ　ある形　二神夢の　心地にて　相見たまえば　豊受神《とよけ》にて　天御子養す
物語り　召す輦《てぐるま》お　日高見ゑ　御幸の君は　八英輿《やぶさごし》　御《お》乳《ち》津《つ》女も侍り　方輿《けたこし》も　みな方壺《けかつぼ》
の　弥真照宮《やまてみや》　御子の光の　照り通り　八方《やも》に黄金の　花咲けば　日の若宮の　若仁《わかひと》と

豊受神慈名《とよけいみな》お　奉る　二神畏れ　『わが宮に　むべ育てじ』と　天に上げ　大壺《おきつ》の宮に　帰ります　天御子学ぶ　天の道　一人侍《はんべ》る　振磨は　六代《むよ》八十杵の　世嗣ぎ子ぞ　高見結《たかみむすび》の　五代君《ゐつよきみ》　日ごとに上る　天つ宮　若仁深く　道お欲《ほ》す」

原見山の二神のもとに、このころ葛城山にいた豊受神が輦《てぐるま》に乗ってきた。先触れの使いから豊受神の迎えが来ると聞き、二神が夢心地で待っていると豊受神が到着し、「御子は私が養育しよう」という。二神は喜んでお願いし、八英輿《やぶさごし》に乗った御子を日高見まで送っていった。

御子を養育する宮は、「御子の光の　照り通る」意から「弥真照宮《やまてみや》」と名付けられ、御子には「若仁《わかひと》」の慈名《いみな》が授けられた。先に誘諾木尊にも「高仁」という慈名が授けられたが、この「仁《ひと》」については同じ紋にこう記す。

「天つ君《あまきみ》　一《ひ》より十《と》までお　尽《つ》くすゆゑ　ひと（仁）に乗《の》ります」

後世この「ひと」に、人を慈しむ意の「仁」の字を当てたのは正鵠を得ている。「人」の字ではその意を尽くせないし、「一十」と書いて「ひと」と読ませるのには人名として違和感を伴う。「十六穂《むそほ》いますも」は、二神が原見山の朝間宮で十六年（穂）育てたという意味に読めるが、これは編者の記憶違いだろう。日高見へは「御乳津女《おちつめ》」、つまり「乳母《うば》」も付き従っている。御子はまだ乳母の乳を飲んでいたのであるから、この頃はまだ二、三歳だったはずである。すると「十六穂《そむほ》いますも」は、日高見にいた年数とみるほかない。

豊受神は、若仁尊がまだ乳呑み児の頃から養育したわけであるが、その意図はどこにあったのか。それは二神が天神の《天降《あぐ》り》を請うたところ、日の輪が二神の前に飛び降った夢を見たこと、そして元日に生まれた若仁尊が、初秋のころには「大日霊杵《うひるぎ》」と自ら名乗ったことなどから、神が懸《かか》って生まれたと確信したためであったに違いない。

前にも少し触れたが、豊受神は優れた思想家であり、かつ神霊の憑依を得た霊能者でもあった。それはたとえば第六紋「日の神十二妃の紋」に、急使の知らせで豊受神の臨終に立ち会った天照神に、語り尽くせなかった「道奥《みちのく》」を授けたのちの遺言として、

「『諸神たちも　しかと聞け　君は幾世の　御親なり　これ国常立神《とこたち》の　詔《ことのり》』と　洞《ほら》お閉ざして　隠れます」

とあることで明らかである。豊受神は国常立神から、「君は幾世の　御親なり」との教えを受けたという意である。

国常立神は超自然神であるから、実際は人に憑依したり語ったりしない。絶対にあり得ないことで、憑いたのは先祖の高級神霊であろうが、その神霊は国常立神の名でこのように教え、豊受神はそれを国常立神の教えと信じたわけである。このような例はよくあることで、イエスなど聖書に登場する預言者たちも、自分の口から語られる神の言葉を、天地創造の神の言葉と信じた。

豊受神の場合、憑いた神霊は豊受神の喉笛を使って語るものではなかったろう。違和感を覚えるような教えを残していないことから推して、おそらく脳内で語られる神霊の〝声なき声〟を、霊感によって聞き取るものであったと思われる。

だが、憑いた神霊が脳内に憑着し、同床共生した場合は、〝声なき声〟で語るときと、喉笛を使って直に語る場合の両方あって、後者の場合は非常にむずかしい。そのむずかしさは大別して三点ある。

第一に、憑依した神霊は、被憑依者の性格や意思、教養の度合いを反映する。被憑依者が悪い性格だったり、よくない意思を抱いている場合は、神霊もその性格や意思に合わせて悪い働きをしてしまう。たとえば自動車のようなもので、運転者の意思によってよい働きもすれば、人殺しの道具にもなるのと同じである。だからこそ、幼い頃からの人間形成、人格の涵養《かんよう》が大切なのである。

第二に、前に「高級神霊は深い思想を語る」といったが、この場合でも被憑依者の教養のレベルに合った教え方、語り方をする。例をあげれば、たとえば天理教の中山みき、大本教の出口なおなどはあまり教養もなかったので、たいした思想を語っていないが、同じ大本教の出口王仁三郎は学識があったので、一定レベルの思想を「神の言葉」として語っている。それだけに思想家の豊受神は、若仁尊に早いうちから思想を学ばせ、身につけさせたかったと考えられる。

第三に、これがもっともむずかしいことなのだが、脳内に憑着し同床共生した神霊は、その被憑依者の思念を一瞬にして察知し、その思念を瞬時に語ってしまう。神霊との「同床共生」関係は、「思念の共有」「声帯の共有」関係でもあるのであるが、被憑依者はそれが自分の思念の先取りだとはわからないので、神の言葉だと思う。

しかし、どう考えてもおかしな話が語られると、「神さまなら、なぜこんな間違いをするのだろう」と、その初期においてノイローゼになったり、長いあいだ悩み苦しむことになる。太平洋戦争を予言して有名になった出口王仁三郎が、

「神の言葉の真偽を理解するのはむずかしい」

という言葉を残しているのも、このような神霊世界のウラ事情をいったものである。

豊受神がこの第三点について、どれほどの知識があったかわからないが、神霊との交信にあたっては、自分の思念の先取りをされないよう、己れを虚しくして交信するように教えたはずである。

しかしながら、人間は生きているかぎり、常に思念とともにある。何も思わない瞬間はない。無心になっていると思うときでも、本人が気づかないだけである。それだけに、己れを虚しくするといっても、口でいうほどたやすいことではない。

そしてまた、自分の拙さが神の言葉として出てしまったのだと気づいても、神の言葉として語った以上、訂正がむずかしい。神を貶《おとし》めることになりかねないからである。そこに神霊の憑依を得た人の苦悩がある。豊受神はこの点をどのように教えたのかは、知るよしもない。

安国宮で政り執る

若仁尊《わかひと》は、日高見での学びを終えて、原見山麓の「朝間宮」に戻ってくる。生後二、三年くらいで日高見へ行き、十六年経って戻ったとすれば、十八歳くらいになっていたはずである。

この「朝間宮」に若仁尊の産宮があったことは前に書いたが、若仁尊が戻るにあたって、新たに「安国宮」が建てられた。以下に関連文を引く。

「大日《ひ》の山麓《やまと》　新宮《にいみや》造り　天御子《あめみこ》は　日高見よりぞ　遷ります　二神御姫《みめ》お　詔《みことのり》　高見結《かんみむすび》の
八十杵が　諸臣《もろ》と議《はか》りて」（第六「日の神十二妃の紋」）
「御子は天日《あまひ》の　位乗る　日の山の名も　大山ぞ　故大山麓《かれおおやまと》　養神《ひたかみ》の　安国の宮」（第六「日

の神十二妃の紋」）

「至る若仁　日高見の　天の宮にて　道学ぶ　三十穂《みそほ》に知ろし　宮造り　大日山麓《おおひやまと》に　政り執る」（第二十八「君臣遺し詔《のり》の紋」）

原見山は「大山」とも「大日山」とも呼ばれた。ここにいう「ひたかみ」は日高見の国のことではない。原見山は二神が若仁尊を養《ひた》した土地であることから「養神《ひたかみ》」といったものと解される。

「三十穂に知ろし」は前句を受けて、日高見での学びを三十歳で終えた意のようにも見えるが、そうではあるまい。三十歳になるまで結婚もせず、日高見で学んでいたとは、年齢的に考えにくい。先に述べたように、生後二、三歳の乳呑み児のときに日高見へ行き、十六年経って戻ったのだ。だから、このとき若仁尊は十八歳くらいで、ちょうど結婚適齢期である。それゆえ二神も、すぐ妃（御姫《みめ》）の選定をしたのだ。

「知ろし」は「知ろし召す」、つまり「天つ日嗣を継承する」、「統治する」意で、「三十穂に知ろし」は「政り執る」にかかっている。つまり、原見山に戻って十二年目、三十歳になった頃に、誘諾木尊から「天つ日嗣」を継承して政りを執るようになったということである。一見、原見山に戻って間もなく「天つ日嗣」を継承し、「君」の位に就いたようにみえるが、そうではない。

この間の十二年について調べてみると、若仁尊が原見山に戻ってほどなく、治足国《ちたる》の益人《ますひと》・胡久《こく》美《み》が政り事を怠っていることがわかり、豊受神が細矛国の宮津宮へ赴いて、治足と細矛の両国を見ていたが、豊受神はやがてこの地で亡くなる。第六「日の神十二妃の紋」には「八万年経て（亡くなる）」とあるが、もちろん実際はちがう。

若仁尊が日高見から原見山に戻ったときについて、同じ紋に、

「年サナト　三月一日《やよいついたち》」

とあるが、亡くなった豊受神を送り、宮津宮から原見の安国宮に戻るときについては、

「門出なす　ネナト三月《やよひ》の　望《もち》よりぞ　四月《うつき》の望に　帰ります」

とある。この「サナト」から「ネナト」まで満十二年（第3章に掲げた図表「天鈴暦と干支暦の対照表」参照）である。また、『三笠文』の「春宮の紋」には、

「去年《こぞ》より仕ふ　磯清之男と　天道根《あまのみちね》と　お供して　五年《ゐとせ》の四月《う》望《もち》　帰ります」

と記されている。これは豊受神の崩御から五年目の「四月《うつき》の望《もち》」に、天照神は磯清之男尊らとともに安国宮に帰ったと読める。したがって、十二年からこの五年を差し引くと、豊受神は日高見から上って七年目に宮津の地で亡くなったことになるわけである。天照神はその臨終に立ち会い、墓の上に朝日宮を建てて豊受神を祭り、慕う民の要請を受けてしばらく宮津宮で細矛国と治足国の政りを執ったのち、五年後に原見の安国宮に帰ったのである。

ともあれ、この間ちょうど満十二年で、天照神が十八歳で日高見から安国宮に遷ったとすると、宮津から安国宮に戻ったときには、まさしく三十歳になっている。このとき諺諾木尊は、天照神が安国宮に帰ったのを見計らったように、「天つ日嗣」を譲った。それを「三十穂《みそほ》に知ろし……政《まつ》り執《と》る」と書いているわけなのだ。

日高見下りから君位継承までの天照神の年譜を図表にすると、次頁のとおりである。ただし、第四紋には若仁尊の誕生年が「年キシヱ」とあるが、日高見から原見山に戻った年が「サナト」なら、この間二十七年で整合しない。「年キシヱ」は「ネミト」の誤りとみる。

図表中の「サナト」と「ネナト」を太字にしたのは、前記のようにこの年の記載事実に整合性があり、かつ早い時期より遅い時期の記憶（記録）のほうが正確とみたためで、この年を基準とした。「天鈴暦《あすずこよみ》（キアヱ暦）」は神武天皇時代に作られたものであるから、天照神時代の系年《けいねん》表記は、のちの編纂時における後付け表記である。

ネミト	0歳	原見山の朝間宮で誕生。
キヤト	2歳	原見山から日高見へ。豊受神のもとで十六年間学ぶ。
サナト	18歳	原見山の安国宮に戻る。十二人の妃を定める。このあと誘諾実尊が焼死する。
ヲヤヱ	25歳	豊受神の崩御。以後五年間、宮津の愛居《まなゐ》（真名井）にて細矛国・治足国を治める。
ネナト	30歳	安国宮に戻り、「天つ日嗣」を承ける。

なお、第十九「乗り法一貫間《のりひとぬきま》の紋」には、

「二神の　御代の齢《よはひ》も　安らかに　近江の治闍《たが》宮に　居まさんと　御子若仁に　天照らす　日嗣お譲り　坐《ま》すときに　左の臣は　思兼　右桜内」

と記されている。天照神が父・誘諾木尊から君位を継承したとき、桜内命が「右の臣」を拝命した。若仁尊の妃《きさき》の一人となる瀬降津姫秀子《せおりつひめほのこ》（後述）の父親である。また、「左の臣」になった思兼命は、昼子姫の夫である。「思兼命」という名の由来はあとで述べるが、第五「若歌の枕詞の紋」の冒頭に、

「諸神の　神議りして　大物主《ものぬし》が　枕詞の　故お問ふ　諸神《もろ》答ゑねば　天智彦《あちひこ》が　『これは禊の　文にあり』　諸神《もろ》請ふときに　思兼　これ説き曰く」

とあって、思兼命は別名「あち彦」といったことがわかる。彼は「左の臣」になる前、清緒鹿《さをしか》（勅使）として「彼方此方《あちこち》」を駆け回っていたことに由来する通称と思われるが、「彼方彦《あちひこ》」とするには違和感があり、鳥居氏にならって「天智彦」とする。

十三人の妃

話を戻す。先に引いた第六「日の神十二妃の紋」に、「二神御姫《みめ》お　詔《みことのり》　高見結《かんみむすび》の　八十杵が諸臣《もろ》と議《はか》りて」とあったが、若仁尊は十八歳になっていたこともあり、「安国宮」に遷ってほどなく妃《きさき》が定められた。

二神は誘諾実尊の実兄・八十杵命に命じて妃の選定をさせ、八十杵命は諸臣と議《はか》り、十二人の妃を選んだ。当時は生活環境が悪く、子どもを無事に育てがたい世であった。先君の面垂尊《おもたる》が世嗣ぎ子に恵まれずに苦労し、二神も若仁尊の誕生まで何度も願掛けをした経験を踏まえてのことでもあったろう。

「椋杵《くらきね》が　益姫持子　北《ね》局の助妃《すけ》と　その妹姫《とめ》早子　小益姫　北《ね》局の内妃《うちきさき》　八十杵の
大宮《おゝみや》姫道子　東《き》局の助妃《すけ》に　棚機姫小妙《たなばたこたえ》　東《き》局の内妃《うちめ》　桜内が女《め》　裂傾《さくなだ》り　瀬降津姫秀子《せおりつほのこ》　南《さ》
の助妃《すけ》に　若姫花子　南《さ》の内妃《うちめ》　予先《かなさき》が女《め》の　早開津《はやあきつ》姫　明子《あきこ》は潮《しお》の　八百合子《やもあいこ》　西《つ》局の
助妃《すけ》、内妃《うち》は　宗像《むなかた》が　織機姫筬子《おりはたおさこ》　御下妃《おしもめ》は　豊姫綾子　粕谷が女《め》　色吉姫朝子《いろのゑあさこ》　南《さ》局の
御下妃《おしも》　荷田《かだ》が味子は　北《ね》局の御下妃《おしも》　筑波葉山が　蘇我姫は　東《き》局の御下妃《おしも》ぞと　月に寄せ
御子は天日《あまひ》の　位乗る　（中略）　東西南北《きつさね》の　局《つぼね》は代わり　宮仕ゑ」（同紋）

〔記紀〕では天照神は女神とされているため、むろん妃がいるはずもなく、夫となった男神の名さえ出てこないが、実は十二人の妃（実は十三人。後述）がいた。十二人としたのは十二ヶ月に因んだもの（月に寄せ）である。姉妹で妃になった者が四組もあるところをみると、必ずしも多くの重臣との絆を固めるための政略結婚ではないようである。

妃たちの名の大半は、漢字の当て方を特定する決め手はなく、おおむね鳥居氏にならうが、瀬降津姫秀子と早開津姫明子には名の由来がある。それはこの二人の妃がもっともよく仕えたことにも関係していると思われるが、瀬降津姫の場合は「さくなだり」が名付けに関係している。第八「魂返し徴《はた》れ討つ紋」、第二十八「君臣遺し詔《のり》の紋」には、次のような記述がある。

「天照神は　さくなだり　早川の瀬に　禊して」
「禊なすとき　神の裳の　岩に掛かりて　ひた引けば　滝落ち下る　さくなだり」

二文とも天照神が禊をしたときの同じ場面であるが、前者は「早川」とあり、後者は「滝落ち下る」とある。つまり、「川」のようでも「滝」のようでもある様相を「さくなだり」と表現している。真っ逆さまに落ちる滝ではなく、かといって平坦な川でもなく、いわば「袋田の滝」のような勾配を流れ落ちる滝を意味しているとみてよい。

しかして「さく」には、岩山の間を引き裂いて流れ落ちる意、逆巻く水流が砕けて白く見えるさまを表す言葉とみて、「裂」の字を当てた。「なだり」は山の斜面を下り落ちる〝雪崩《なだれ》〟のような状況を表す言葉で、「傾る」と書いて「なだる」と読む。「なだらか」も漢字を当てれば「傾《なだ》らか」になる。したがって「裂傾《さくなだ》り」とした。

生まれ在所に見事な滝があったものと思われるが、「せおりつ」姫の名はこの意味を汲んで名付けられており、私は「瀬降津姫」とした。「瀬」はいろいろな意味をもつが、流れの急なところの意で用いた。「急《せ》」の字も考えたが、人名にはふさわしくない。「おり」は「降り」か「下り」のどちらかで、人名にふさわしいのは「降り」のほうであろう。

天照神と十三人の妃

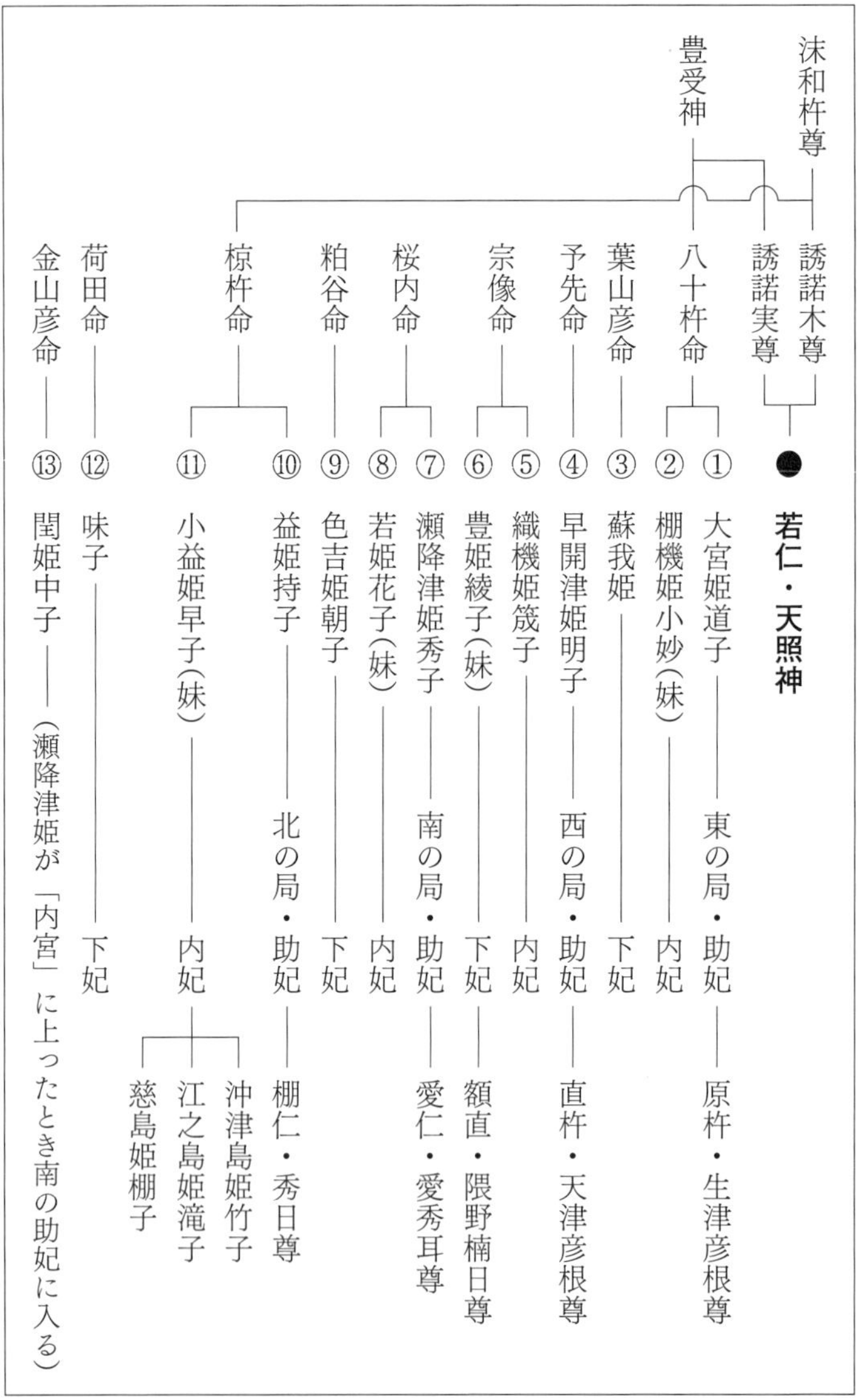

沫和杵尊
豊受神
誘諾木尊
誘諾実尊
八十杵命
葉山彦命
予先命
宗像命
桜内命
粕谷命
椋杵命
荷田命
金山彦命
若仁・天照神
①大宮姫道子——東の局・助妃——原杵・生津彦根尊
②棚機姫小妙（妹）——内妃
③蘇我姫——下妃
④早開津姫明子——西の局・助妃——直杵・天津彦根尊
⑤織機姫筬子——内妃
⑥豊姫綾子（妹）——下妃——額直・隈野楠日尊
⑦瀬降津姫秀子——南の局・助妃——愛仁・愛秀耳尊
⑧若姫花子（妹）——内妃
⑨色吉姫朝子——下妃
⑩益姫持子——北の局・助妃——棚仁・秀日尊
⑪小益姫早子（妹）——内妃
沖津島姫竹子
江之島姫滝子
慈島姫棚子
⑫味子——下妃
⑬閏姫中子——（瀬降津姫が「内宮」に上ったとき南の助妃に入る）

「ほの子」も美しく見事な滝に因んでいるとみた。そこで、優れているさま、美しいさまを表す「秀《ほ》」を用いて「秀子《ほのこ》」とした。助詞の「の」抜きであるが、漢訳「秀真《ほつま》」も助詞の「つ」抜きである。

早開津姫明子の場合は、「潮《しお》の八百合子《やもあいこ》」とある。やはり名付けにかかわる意味があるからで、多くの川筋が集まって海にそそぐ一帯を「潮の八百合」という。生まれたのは昼子姫を預かった父・予先命《かなさき》が筑波から移ってからのことで、その生地がそういう場所に近かったのであろう。

予先命はのちに「住吉《すみよし》（すみゑ・すみのゑともいう）」の讃え名を賜るが、大阪市住吉区に住吉大社がある。予先命（住吉命）に関する由緒はまったく伝わっていないが、祭神の底筒男命・中筒男命・上（表）筒男命は、予先命が祭ったのが最初（第五紋）であることから推して、同大社の大元は住吉命の建立に由来していると考えられる。むろん、住吉命が住む館は三神を祭った社から離れた場所にあったろうが、近江近辺ではそういう場所は見当たらないので、住吉命の館はこのあたりにあったと思われる。

こんにちの地図で見ると、この地も「潮の八百合《やもあい》」というにふさわしい。「はやあきつ姫」がこれに因んだ名であるとすると、「はや」は浅くて流れがはやい早瀬、「あき」は開けた土地の「開《あ》き」で、「つ」は助詞でもあろうが、港を意味する「津」とみて「早開津姫」とした。古来、この土地は港として栄えていて、予先命は大亀船をつくった（第二十七紋）とされている。「あき子」はやはり開けた意味をもつ「明子」とした。

以下は第六「日の神十二妃の紋」の続きである。

「東西南北《きつさね》の　局《つぼね》は代わり　宮仕ゑ　その中一人　清直《すなお》なる　瀬降津姫の　雅《みやび》には　君も階段《きざはし》
踏み降りて　天下《あまさが》る日に　向津姫《むかつひめ》　つひに入れます　内宮《うちみや》に　金山彦が　閏姫《うりふひめ》　中子お助妃《すけ》
に　備ゑしむ　これお暦の　閏月《うりふつき》」

若仁尊は、瀬降津姫の賢く清直《すなお》（素直）な人柄が気に入って内宮《うちみや》に入れて正妃とし、寝食をともにするようになった。そして空席となった南の局の助妃《すけきさき》には、金山彦命の娘・閏姫中子を入れた。これで妃が十二人から十三人に増えたわけである。閏月《うるうづき》に準《なづら》えたとあるからには、「閏姫」の名はこのとき付けられたものであろう。この閏月が中国伝来であることは先に述べた。

斎沢への遷都と五男三女の御子

若仁尊は前記のように、宮津から原見の安国宮に帰ってほどなく、父・誘諾木尊から「天つ日嗣」を継承した。それから間もなくのことであろう、思兼命に命じて伊勢の斎沢《いざわ》に宮を造らせて遷った。

以下は第六「日の神十二妃の紋」の文である。

「四月《うつき》の望《もち》に　帰ります　日速彦《ひのはやひこ》に　詔《みことのり》『汝国絵お　写すべし』　弥真斉《やまと》巡りて　みな描く
　君は都お　遷さんと　思兼して　造らしむ　成りて斎沢《いざわ》に　宮遷し」

日速彦《ひのはやひこ》命は豊受神の孫、八十杵命の甥にあたり、天児屋根命とは従兄弟同士である。のちに天照神から「武御光槌《たけみかつち》命」の讃え名を賜った。〔紀〕は「武甕槌命」の字を当てるが、「甕」は大きな瓶《かめ》のことで名付けの意味を反映しているとは思えないので、私は「武御光槌命」とした。

日速彦命は、全国各地を巡って「国絵」（日本地図）を作った。おそらく手分けしてのことだったろうが、この頃すでに「国絵」が作られたというのは驚きである。また、この頃には「弥真斉《やまと》」はわが国の国名《くにな》に用いられていたようであるが、のちに奈良盆地付近の呼称にも用いられた。やがて「大和」の字が使われるようになるが、実意は国の秩序を真に全き形に斉《ととの》えること、そして争いのない平和な国を築くことにある。「大和」の字もこの実意に適っている。

天照神はその「国絵」を見て、新都の地として伊勢の斎沢《いざわ》を選んだ。地政学的な観点よりも、昇る太陽にもっとも近い場所を選んだということであろう。この遷都は思兼命に任されたわけだが、天照神の大内宮をはじめ、東西南北に配された妃たちの局《つぼね》や機殿《はたどの》（斎衣殿《いんはとの》）、兵士たちの宿舎など、もろもろの建物を考えると、かなり大がかりな造営である。完成までに最低でも二年くらいはかかったのではないだろうか。

ここにいう「いざわ」は、三重県志摩市磯部町上之郷にある「伊雑宮《いざわ》」の名に比定されるが、「伊」も「雑」も当て字で、説得力がない。私は「斎沢」とした。「斎《いつ》き沢」、つまり天照神が政り事をするにふさわしい尊いところの意であるが、「斎《いつ》」は「慈《いつ》」の派生語でもある。「沢」は清らかな水が流れる渓谷やその近辺をさす。五十鈴川のほとりのことであろう。そこで「斎沢」としたのである。

持子と早子は宮津にいたとき御子を生んだが、あとの御子はみな斎沢で生まれ、天照神は五男三女に恵まれた。以下のとおりである。

「成りて斎沢《いざわ》に　宮遷し　こゝに居ませば　向津姫　藤岡彼方《ふぢおかあな》の　愛秀居《おしほゐ》に　産屋の御隅《みみ》に
生《あ》れませる　愛秀耳《おしほみ》の御子　愛仁《おしひと》と　慈名《いみな》お触れて（中略）先に持子が　生む御子は　秀日《ほひ》
の尊《みこと》の　棚仁《たなひと》ぞ　早子が三つ子　一《ひ》は竹子　沖津島姫　二《ふ》は滝子　江之島姫《えつのしまひめ》　三《み》は棚子
慈島姫《いちきしまひめ》　しかるのち　明子が生める　直杵《たゞきね》は　天津彦根ぞ　しかるのち　道子が生める　原
杵は　生津彦根ぞ　豊姫は　北《ね》の内妃《うちめ》にて　額直《ぬかただ》の　隈野楠日《くまのくすひ》ぞ　御子すべて　五男《ゐを》と三女《みめ》な
り　南《さ》の殿に　橘植ゑて　香久の宮　東《き》に桜植ゑ　大内宮《うおちみや》」（第六紋）

「おしほみ」は正しくは「おしほみみ」であるが、音数律を調えるため約《つづ》めてある。〔記紀〕はともに「忍穂耳尊」としているが、「忍」は古語辞典を調べてみても、本例以外の用例がない当て字である。私は「愛《おし》」の意と解した。この「おし」も「いとおし」を「いとし」としたり、「おし」に約《つづ》めたりして、「おし」だけで「愛《いと》おしい」という意味をもつようになったものと思われる。〔紀〕の欽明天皇二十三年の条、孝徳天皇二年の条にも、

「闘将《いくさのきみ》、河邊臣に問ひて曰はく、『汝《いまし》、命《いのち》と婦《たをやめ》と、孰《いづれ》か尤《はなは》だ愛《を》しき』といふ」（欽明）

「若し是、細馬《よきうま》ならば、貪《むさぼ》り愛《をし》むことを生《な》して」（孝徳）

とある。「ほ」を「穂」につくるのも当て字で、「秀」がよい。「みみ」は「部屋の御隅《みすみ》」の意であるが、顔の隅にある「耳」が同じ意味に用いられる。人名には「御隅」よりはふさわしいだろう。したがって「愛秀耳尊」となる。「産屋の御隅《みみ》で生まれた可愛い良い御子」の意である。これに伴い、諱《いみな》「おしひと」は「愛仁」に、益姫持子が生んだ棚仁「ほひ尊」も「秀日尊」とした。「おしほゐ」は〔記紀〕には出てこない。「忍穂井」につくる研究書もあるが、「おし」にはやはり「愛」がよい。また同書は、「穂」を〔記紀〕の「忍穂耳尊」にならい、「井」は〔記紀〕に忍穂耳尊が、

「八坂瓊《やさかに》の五百箇の御統《みすまる》を乞ひ取りて、天真名井《あめのまない》に濯《すす》ぎて（中略）生まるる神」

とされていることから、「天真名井」の「井」を採ったのであろう。しかし後述するが、「真名井」は「愛居」が正しく、「井」の字を用いるべき必然性がない。私は「愛秀居《おしほゐ》」とした。「瀬降津姫が御子を生むために愛用していた良い住まい」の意で、つまり「産屋」の愛称である。

先に述べたように、持子と早子の姉妹は宮津にいたとき御子を生んだ。亡くなった豊受神を朝日宮に祭ったあと、姉妹は天照神に召されて宮津で五年間ともに過ごした。そのとき生んだのであるが、早子が生んだ三つ子については、〔紀〕にも載る逸話がある。以下は第七「遺し文清汚《さが》お裁《た》つ紋」の文であるが、宮津に一緒にいた磯清之男尊の語りになっている。

「『昔君　愛居《まなゐ》にありて　御統《みすまる》の　玉お滌《そゝ》ぎて　棚杵お　持子《もち》に生ませて　床御酒に　早子お
召せば　その夢に　十握《とつか》の剣《つるぎ》　折れ三段《みきだ》　細噛《さが》みに噛んで　三玉《みた》となる　三人《みたり》姫生む　たの
慈名《ゐみな》（中略）』　姫人なりて　沖つ島　相模《さがむ》江之島　慈島《いつくしま》」

「まなゐ」は〔紀〕に「真名井」とあるが、実意がわからず万葉仮名にした感がある。私は「愛居」とした。「まな」は愛娘《まなむすめ》や愛弟子《まなでし》の「愛《まな》」で、豊受神が後半生を過ごした大切な場所（居）の意の呼称と解したためである。

天照神は御酒を飲んで早子と交わった夜、十握《とつか》の剣が三段《みきだ》に折れ、それを噛んだところ三つの玉になった夢を見た。三つ子はその後に生まれたので、竹子、滝子、棚子とみな「玉《たま》」の「た」の字を加えて慈名《いみな》を付けたということである。

先に棚子の姫名が「いちきしま」とあって、〔紀〕では「市杵嶋」の字が当てられているが、ここでは「いつくしま」とある。広島の「厳島《いつくしま》」のことである。すでに定着した名であり、この漢字を変える気はないが、「厳」の字を用いる理由がよくわからない。私は「慈島」とした。

国生み神話の出どころ

磯清之男尊《そさのおお》が山火事を起こし、その火を消そうとした誘諾実尊が焼け死んだのは、まだ若仁尊・天照神が安国宮にいた頃のことだが、誘諾木尊はこのあと筑紫の天地木宮《あわきみや》へ行って国造りをし、それから近江で国造りに励み、天照神に君位を譲ったという流れである。そして誘諾木尊が亡くなったのは、天照神が斎沢《いざわ》に遷都したあとのことになる。

天照神の時代の前半におけるその他のことは、多くが磯清之男尊との絡みで記されている。そこで昼子姫の話に移る前に、「国生み神話」について述べておきたい。

第三「一姫三男生む殿の紋」、および『三笠文』の「一姫三男の紋」には、誘諾実尊が日弱子《ひよるこ》を流産したあと、天照神を生む前のことが、予先命《かなさき》の語りでまったく同じに記されている。前章でも引いたが、再引すると次のとおりである。

「和《やわ》して天地《あわ》お　胞衣《ゑな》として　弥真斉《やまと》・蜻蛉州《あきつす》　阿波路島《あはぢしま》　伊予《いよ》阿波《あわ》二名《ふたな》島　隠岐《おき》三つ子
筑紫吉備《つくしきび》の子　佐渡島《さとうしま》　生みて海川《うみかわ》　山の幸　木祖蹻野蟒《きをやくゝのぢ》　萱野姫《かやのひめ》　野槌《のづち》も成りて　天地歌《あわうた》に
治《をさ》む原見山《はらみ》の　宮に居て　『すでに八州《やしま》の　国生みて　如何《いかん》ぞ君お　生まん』とて　日の神
お生む」

「弥真斉《やまと》」は日本国（本洲）の国名《くにな》として使われており、「蜻蛉州《あきつす》」はその国形が「蜻蛉《とんぼ》」のようだという形容である。「あはぢしま」は現在の淡路島のことだが、誘諾実尊が流産した日弱子《ひよるこ》を葦舟に乗せて流した「吾恥《あはぢ》」に由来する名ではない。近江から阿波国へ行く道筋（路）にあるから「阿波路島」といわれたのが原意で、現在の島名「淡路」は当て字である。

「和《やわ》して天地《あわ》お」から「天地歌《あわうた》に」までのくだりは、二神による現実の「国造り」とは異質で、「国生み神話」に属するものである。原見山の朝間宮へ行く前、二神は近江で国造りをしていた。「阿波路島」や「隠岐」、「佐渡島」には行ったことはないし、そのあとの記述も現実のことではない。

このような神話的記述は複数の紋にかなりあって、この時代が「神話」になってしまった原因を、

〔記紀〕にのみ押しつけることはできない。

『秀真伝』や『三笠文』では神話的記述が現実的記述と《併記》されているが、なぜ事実ではないことまで書き残したのか。それは前にも述べたように、影響力の大きな人物が語ったので、無視できなかったからにほかならない。率直にいえば、最初に語ったのが天照神だったからである。

第十八「自凝呂と呪ふの紋」をみると、天照神は孫の瓊々杵《ににきね》尊に次のように語っている。

「天御孫　御前に詣で　謹みて　その自凝呂の　ゆえお請ふ　君の教ゑは　『二神の　浮橋に立ち　この下に　国ならんかと　斉矛《とほこ》以て　探る御矛の　滴《したた》りが　凝《こ》り成る島お　自凝呂《おのころ》と』」

この次下《つぎしも》には天御祖神《あめのみをやかみ》による天地開闢の様相が語られるが、この引用部分はまさに〔記紀〕の「国生み神話」そのものである。異なるのは、「とほこ」が〔記〕では「沼矛《ぬぼこ》」に、〔紀〕では「瓊矛《ぬほこ》」になっている点くらいである。

『三笠文』の「酒法《さかのり》の紋」にも、高杵命《たかきね》（「たかぎ」とあるが「たかきね」）振麿のこと）の問いに、天照神は天地開闢の話からはじめ、二神のことを語る段になって、

「高杵《たかぎ》が御酒《みき》の　紋《あや》請えば　神の教えは　『（中略）二神は　浮橋の上《ゑ》に　探り得る　矛《ほこ》の滴《しづく》の

自凝呂《おのころ》に』」

と述べている。これらは天照神が文字通りに語ったことと素直に受け取るべきところである。天照神は、生まれたときから神が懸り、神の言葉を話す現人神と信じられていた。しかもそれは、優れた思想家・豊受神の折紙付きだった。その天照神が、自らその口で語ったのである。だからこそ「国生み神話」は多くの臣下に信じられ、諸家の家伝書に記され、〔記紀〕にも用いられることになったのだ。『秀真伝』や『三笠文』が《併記》という形を選択せざるを得なかった理由も、実にこの一点にある。

なぜ天照神は、《おとぎ話》のような非現実的なことを語ったのか？　この意外性に富む謎を解く鍵は一つしかない。それは天照神が、神の言葉を語る現人神だったから、なのである。

では、神の言葉を語る現人神なら、なぜ神の言葉とも思えない非現実的なことを語ったのか？この問いに対する回答の一部は、本章の冒頭「豊受神に学ぶ」の末尾で述べた。憑依した神霊が脳内に憑着し、同床共生した場合のむずかしさを大別して三点あげ、その第三点に、「これがもっともむずかしいことなのだが、脳内に憑着し同床共生した神霊は、その被憑依者の思念を一瞬にして察知し、その思念を瞬時に語ってしまう。神霊との『同床共生』関係は、『思念の共有』『声帯の共有』関係でもあるのである」と。

おそらく天照神は幼い頃、乳を飲ませて育ててくれた乳母と共寝をしているとき、「この国はどうして出来たの？」といった質問をした。すると乳母は、「それはね、先の天神から国造りを任された父君と母君が、天の浮橋に立って『この下に国を造ろう』といい、矛でかき回したところ、したたり落ちた滴が凝り固まって島になったのよ」と話してくれたことがあった。まさに《おとぎ話》である。

ところが、やがて「天つ日嗣」を承けたあとで、こんどは天照神が幼い瓊々杵尊などから同じような質問をされたことがあった。そのとき、ふと乳母から聞いた《おとぎ話》が脳裏をよぎった。ただそれだけで、その瞬間に、憑いた神霊がしゃべってしまった、ということであろう。天照神は話す気などなかった。いや、乳母の《おとぎ話》を思い浮かべたという意識すらなかったに違いない。その無意識下の思念が、思念を共有する神霊が先取りして口にしてしまったのだ。

むろん、これは私の推測であって、証明することはできないが、これはまぎれもなく存在する神霊世界の《ウラ学》である。先に出口王仁三郎が、

「神の言葉の真偽を理解するのはむずかしい」

という言葉を残していることを記したが、彼も同じような経験をしているのだ。彼は具体的なことは語っていないが、それは憑いた神霊を傷つけることになりかねないためである。だから、誰もこの《ウラ学》はなかなか語ろうとしない。すべて自分の〝愚かさ〟に帰するほかないのである。

しかし、自分の〝愚かさ〟だといって弁解することもできない。「それでは神とは一体なんなのだ。神が懸ったというのはウソだったのか」と問われると、話はややこしくなってしまうのだ。

これを挽回する方法は一つしかない。前言を否定せず、真実をも語っておくことである。そこにまた、《併記》という方法がとられた理由の一端があるわけなのである。〔記紀〕や『秀真伝』におかしな神々が次々と生まれてくるのも、真榊（鈴木）の枝の伸び具合で年数を計算する「鈴木暦」も、この《ウラ学》で理解するしかない。

『聖書』などにも現代人には理解しがたい幼稚な教えがある。高名な思想家、哲学者の書にさえ、独断や間違えは含まれている。しかしそれだけに、一部の誤りや欠陥をもって全体を否定するのは、人生や世の中そのものを否定するのに等しい。長い人生の間には誰しもが過ちを犯し、世の中はそうした過ちの集積でもある。われわれは、その中の優れた部分に光を当て、学んでいけばよいのである。

2　昼子姫と思兼命

昼子姫と磯清之男尊

わずか二歳で小舟に乗せて川に流され、予先命《かなさき》に拾われた昼子姫は、予先命から歌を教えられて育った（初紋）が、磯清《そさ》の国、君静居国《きしゐくに》（紀伊半島）で暮らし始めた両親のもとに帰ってくる（第三紋）。月夜見尊が生まれたあと、磯清之男尊《そさのお》が生まれる前のことで、およそ十歳を越していたと思われる。大きくなった昼子姫を見て喜ぶ二神の顔、初めて見る両親をじっと見つめる昼子姫の眼差しが、目に浮かぶようである。

昼子姫はこんどは母・誘諾実尊《いざなみ》から歌を学んで育つのだが（第五紋）、その母が焼死したときはさすがにショックだったろう。父・誘諾木尊《いざなぎ》が近江へ遷っても一いて行かず、熊野（隈野）に残って母のお墓を守り、花祭りを続けた。磯清之男尊も熊野にとどまった。第六「日の神十二妃の紋」には、

「先に父親《たらちを》『花杵は　北《ね》の国細矛《さほこ》　治《しら》すべし』　いまだ昼子と　御隈野《みくまの》の」

とある。自分が起こした山火事で、母を死なせてしまった悲しみと後悔から泣き暮らし、死のうとさえ思った花杵・磯清之男尊は、姉の昼子姫が熊野にとどまったのを知って、自分も残って母の墓守をしたかったのかもしれない。いや、亡き母を思う二人の心が、期せずして一致したのだろう。

そうした磯清之男尊の姿に、暴れん坊だけではない優しい心の一面を見て、昼子姫も優しく接し、請われるままに歌を教えた。この熊野での触れ合いの中で、磯清之男尊にとって昼子姫は、兄・天照神にもまさる掛け替えのない存在になっていった。

また磯清国・君静居国の熊野（隈野）は、昼子姫を優れた歌詠みに育んだ土地であった。和歌については「**第6章　若歌と政り事**」で詳述するが、ここでは昼子姫が詠んだ二首の歌を紹介しながら、この地が「和歌山」と呼ばれるようになった由縁《ゆえん》と、思兼命との恋と結婚までの経緯を見ていこうと思う。

「和歌」の原義は「若歌」だった

『秀真伝』は全体として編年体で編まれているが、事績に関する記述はあちこちの紋に散らばっている。なかでも第一（初）「東西《きつ》の名と穂虫去る紋」は、編年体から離れて、昼子姫と和歌の話から書き起こされている。それは『秀真伝』が五七調の長歌体で編まれていることや、昼子姫が神代の史実に関して、他家の家伝書との違いを決定づける大きな存在でもあるため、まず冒頭で明らかにする意図があったのではないだろうか。

　この初紋では、昼子姫が育ての親の予先命《かなさき》から和歌を学びながら成長し、名にし負う歌詠みになり、短歌《みぢかうた》が「若返る歌」の意から「若歌《わか》」といわれるようになったことや、昼子姫も「若歌姫《わかひめ》」と讃え名された由縁、恋の回り歌を詠んで天智彦・思兼命を射止めたこと、磯清之男尊に「若歌の道」を教える話などが、予先命の語りで記されている。長いので少しずつ引く。

「斎沢《いざわ》の宮に　侍《はべ》るとき　君静居《きしい》国の稲田　穂虫《ほおむし》に　痛むお嘆き　ある状《かたち》　告ぐる斎沢の　大
御神　天《あめ》の愛居《まなゐ》に　御幸《みゆき》あと」

　この前半のフレーズは、予先命が伊勢の斎沢宮《いざわみや》で、天照神のおそば近くに仕えていたときのことをさしている。このとき、君静居国《きしいくに》の稲田が穂虫《ほむし》（「ほおむし」の「お」は音数律調整の間投詞）、つまり蝗《いなご》の大群に襲われ、食い荒らされたため、国民《くにたみ》たちがそのありさまを斎沢《いざわ》に伝えて救いを求めた。だが、折悪しく天照神は宮津の愛居《まなゐ》へ御幸になったあとだった。

　豊受神の崩御のとき、天照神はまだ原見山の安国宮にいた。斎沢に遷ったのはそれから八年あとのことなので、この「愛居に御幸」は臨終に立ち会ったときのことではない。豊受神を祭った朝日宮へ詣でたことをさしていると解される。

「民の嘆きに　向津姫　急ぎ君《き》静《し》居《い》国に　行き啓《ひら》き　田の東《き》に立ちて　玄参《おしくさ》に　扇ぐ若歌姫《わかひめ》
歌詠みて　祓ひ給えば　虫去るお　向津姫より　この歌お　三十人女《みそめ》お真手に　佇ませ　各々
ともに　歌はしむ　稲虫祓ふ　若歌《わか》の呪ゐ
種《たね》は田根《たね》　生む次栄《すきさか》め　真愍統君《まめすめら》の　稲葉《ぞろは》も食《は》めそ　虫もみな鎮《し》む」

向津姫（瀬降津姫）は、天照神の代わりに君静居国《きしいくに》へ向かった。行った先は現在の和歌山平野だったようである。その途中の熊野（隈野）で若歌姫、すなわち昼子姫と合流し、昼子姫は蝗が群れる田の東側に立って玄参《おしくさ》で扇ぎながら、稲虫を祓う呪い歌を歌った。

〔記紀〕では昼子姫が存在しないので、この歌も出てこない。さまざまな当て字と解釈がなされているが、問題の一つは発句の「たねは」の「は」が係助詞の「《は》」ではなく、普通音「《は》」になっていることにある。原本は係助詞「《は》」になっていたが、写本家が普通音「」に誤記し、それで意味がとりにくくなってしまったのではないかと思う。私は係り助詞「」と理解し、先のように当てた。

「まめ」はどの古語辞典、現代語辞典も「実・忠実・忠」のいずれかを当てる。しかし、いまひとつしっくりこない。時と場合によって漢字の当て方は変化してよいが、このあとの「すめら」は「統君《すべらきみ》」のことである。その統君が国民《くにたみ》を慈しみ、大切にしていることを「まめ」と表現している。そこで私は「め」に「慜」（思いやり）の字を当て「真慜《まめ》」とした。「ぞろ」は稲穂がぞっくり稔る（次下に「ぞろに稔りて」とある）ことから、稲や米のことを「ぞろ」ともいった。歌意は、
「種という言葉は田の根からきているが、田に種を播くとやがて芽が出て実を結び、お米ができて国民も栄えるのだけれど、この稲の葉を食べてはいけませんよ。国民を大御宝と呼んで大切にされている天君がお怒りになり、成敗されてしまいますよ。さあ、早く飛んでお逃げなさい」
といった意味である。

「繰り返し　三百六十回《みもむそ》歌ひ　響《どよ》ませば　虫飛び去りて　西の海　ざらり虫去り　穢《ゑ》お祓ひ
やはり若やぎ　蘇る　ぞろに稔りて　烏羽玉《ぬばたま》の　世の糧お得る　大御宝　喜び返す　君静居国
天日《あひ》の前宮　玉津宮　造れば休む　天日前宮《あひみや》お　国懸宮《くにかけ》となす　若歌姫《わかひめ》の　心お留む　玉津
宮　枯れたる稲の　若返る　若の歌より　若歌《わか》の国」

前半は解説するまでもないだろう。蝗が飛び去って、枯れそうだった稲が蘇り、ぞっくりと稔っ

たので、君静居国の国民（大御宝）たちは喜び、向津姫には「天日の前宮《あひ》」（天日《あひ》は天照神のこと）を、昼子姫には「玉津宮」を造って差し上げた。「造れば休む」は、時折りきて過ごしたという意であろう。

「天日前宮お　国懸宮となす」は、「国の御領」とした意と解される。和歌山市秋月に「日前神宮・国懸宮」があり、同市の和歌浦に「玉津島神社」があるが、このあたりに建てられたのだろう。蝗の大群に襲われたのも熊野（隈野）ではなく、この和歌山平野であったと考えられる。

昼子姫が歌った呪い歌が功を奏し、枯れかかった稲が若返ったことから、短歌《みぢかうた》は「若の歌」、君静居国は「若歌《わか》の国」と、昼子姫は「若歌《わか》姫」と呼ばれるようになった。この初紋の冒頭は、

「それ若歌《わか》は　若歌姫《わかひめ》の神　捨てられて」

とはじまるが、「わか」に「和歌」の字が当てられるようになったのはずっと後代のことであるから、「わか」は「若の歌」を約《つづ》めて「若歌」といったものと解される。「若」を「わ」、「歌」を「か」と訓んだということではない。「若歌《わかうた》」を約《つづ》めて「わか」といったということである。これに伴い、君静居国は「若歌の国」と呼ばれた。こんにち「和歌山県」と呼ばれるようになった由縁である。

「花杵《はなきね》は　五七《ゐな》に綴《つゞ》るお　姉に問ふ　姉の答えは　『天地《あわ》の節《ふし》』　また問ふ『祓《はら》い三十二音《みそふ》なり
今三十一音《みそひ》とは』　この教ゑ　『天《あめ》の巡りの　三百六十五枝《みむそゐゑ》　四つ三つ分けて　三十一日《みそひ》なり
月は遅れて　三十日《みそ》足らず　真《まこと》三十一日《みそひ》ぞ　しかれども　後先《あとさき》かかり　三十二日《みそふか》も　ある
間窺ふ　緒穢《おゑ》ものお　祓ふは歌の　声余る　敷島《しきしま》の上《ゑ》に　人生まれ　三十一日《みそひか》に通《か》す　女《め》は
三十二日《みそふ》　歌の数もて　埴《は》に応《こた》ふ　これ敷島《しきしま》は　若歌《わか》の道かな』」

この文は「**第6章　若歌と政り事**」でも触れるので、詳しい解説は省略するが、花杵・磯清之男尊は「若歌」は通常三十一音に綴るのに、穂虫を祓う呪い歌を三十二音に綴ったのはなぜか」と質問した。五音であるべき第三句が「真愍統君《まめすめら》の」と六音になっていたためである。

これに対して昼子姫は、「天の運行の具合によって、ひと月が三十一日になることもあれば三十二日になることもある。この間隙を窺って緒穢《おゑ》ものが災いをもたらすので、それを祓うときは声（音）余りに詠むのだ」と答えたわけである。

磯清之男尊の若歌に対する関心の深さを物語る問答である。機会あるたびにいろいろと質問し、作った歌の添削などもしてもらったであろう。磯清之男尊が作った歌は二首残っていて、次章「**磯清之男尊と子孫の命運**」で取り上げるが、省きと懸詞の妙が利いた優れた歌である。

姉弟の交流が何年くらい続いたのかはわからないが、こうした歌を介した触れ合いによって、磯清之男の昼子姫に対する敬愛と思慕の念は、終生変わらないものになっていったのである。

天智彦命を射止めた恋の回り歌

磯清之男尊と同じく、若歌姫（昼子姫）の歌も二首残っている。もう一首は恋歌で、若歌姫はその恋歌で天智彦を射止めて結ばれる。以下は同じ初紋のそのくだりである。

「玉津宮《たまつ》の清緒鹿《をしか》　天智彦《あちひこ》お　見れば焦がるゝ　若歌姫の　若の歌詠み　歌身染め　思ひ兼ねてぞ　勧むるお　つい取り見れば

『君静居こそ　妻お身際に　琴の音の　床に吾君お　待つぞ恋しき』

思えらく　橋懸けなくて　結ぶやわ　これ返さんと　返らねば　言の葉なくて　『待ち給えのち返さん』と　持ち帰り」

若歌姫が玉津宮に逗留していたとき、清緒鹿として天智彦命、のちの思兼命がやってきた。きっと美男子だったのに違いない。若歌姫はたちまち恋い焦がれ、恋歌をつくって差し出した。

ここにいう「をしか」は、正しくは「清緒鹿《さをしか》」という。天君《あまぎみ》の清らかな魂の緒を、地方の国頭《くにがみ》などに、ひいては国民《くにたみ》に届ける役どころである。勅使といっていい。使いには「雉子《きじ》（「きゞす」ともいう）」「早雉子」と呼ばれる走り使いもいるが、役目が尊貴なので気品のある鹿に譬えられている。五七調に調えるため、「をしか」「さし」と約《つづ》めて記されることもあり、「人」を加えて「清緒鹿人《をしかど》」とした例もある。

それはそれとして、この文は冒頭から間違っている。年代に大きなずれがある。先に昼子姫（若歌姫）の穂虫祓いのとき、向津姫（瀬降津姫）が伊勢の斎沢《いざわ》から駆けつけたとあったが、すると昼子姫はいくつになっていたか。前記のように、若仁尊・天照神は原見山の安国宮から伊勢の斎沢へ遷都したとき、三十二歳くらいになっていた。先に生まれた昼子姫は、少なくとも三十六、七歳にはなっていたはずである。それなのにまだ未婚なのは不審なのである。

母の誘諾実尊の件でも触れたが、これではあまりにも遅すぎる。平安末期の『梁塵秘抄《りょうじんひしょう》』に、

「女の盛りなるは十四五六歳廿三四とか、三十四五になりぬれば、紅葉の下葉に異ならず」

とあるが、子を生み育てるのが困難な時代は、いつの世も若いうちに結婚した。「生みの子の八十続《やそつづ》き」を願ってやまなかったこの時代も同じであったろう。若いほうが妊娠しやすく、出産も比較的に容易だったし、子が夭逝してもまた生むことができたからである。したがって、昼子姫と

天智彦命のこの出逢いは、昼子姫がまだ十代後半から二十歳前後のことと考えるべきである。そのころ天照神はまだ日高見にいた。母の誘諾実尊も健在で、磯清之男は十歳以下である。

また、天智彦命が清緒鹿として「君静居国」の玉津宮にきたということは、まだ天智彦命が「左の臣」を拝命する前、天照神が原見山の安国宮で十二妃と結婚する前のことになる。だから、天智彦命を清緒鹿として差し向けたのは、天照神ではなく誘諾木尊で、このとき誘諾木尊は近江にいたのであろう。玉津宮にきたというのも編者の誤解で、実際は隈野のはずである。

さて、天智彦命に一目惚れをしてしまった昼子姫は、さっそく恋歌をつくり、天智彦命に手渡した。すべて親が決める時代としては、なかなか積極的である。しかもその恋歌は、あとで述べるように、そう簡単につくれる歌ではないので、天智彦命が前にきたとき一目惚れをし、歌をつくって次の来訪を待ち構えていたか、あるいは天智彦命がしばらく滞在する予定だったのかもしれない。

天智彦命にとっては、女からもらう初めての歌だった。それも天君の姫からである。天智彦は受け取ってよいものか思い兼ねたが、昼子姫は熱く強い眼差しで見つめ、

「どうぞ、手に取って、お読みください」

といって、胸元にぐいぐい押し付けてくる。やむなく受け取って開いてみると、紛れもない自分に宛てた恋歌だった。恋い焦がれて、寝床で待っているという。しかも妻としてそばに侍り、わたしの弾く琴の音を聞かせてあげたい、と言っている。天智彦は驚き、うろたえて、

「昼子姫さま。お気持ちはありがたく思いますが、橋懸け（仲人）する人もなく、契りを結ぶなど、とてもできませぬ。畏れながら、これはお返しします」

といって歌を包み直して返そうとした。だが、昼子姫は両手を後ろに回して受け取ろうとしなかった。眼を大きく見開き、食い入るように見つめて離さない。天智彦は、また思い兼ねたが、

「それでは、しばらくお待ちください。然るべき者に相談し、あとでお返しします」

といい、歌を懐にしまって持ち帰った。

「高天原《たかま》に至り　諸臣《もろ》に問ふ　予先曰く《かなさきいわ》　『この歌は　返事《かえこと》ならぬ　回り歌』」（初紋）

ここにいう「高天原」は、誘諸木尊が政り事をする宮のことである。天智彦命が近江の天地宮《あわ》に戻り、声のする八弘殿《やひろ》を覗いて見ると、折しも諸臣たちが集っていたが、神議りは終わったのか、みな寛いで雑談をしていた。

「予先どのはおられますか？」

諸臣たちに問いかけると、「おお、天智彦か」という声とともに、予先命が振り向いた。天智彦命はその姿を認めて近づいた。相談するなら、昼子姫の育ての親である予先命にしようと決めていたのだ。

天智彦は事の経緯を伝えて歌を見せた。すると予先命は、しげしげと恋歌を眼で逐《お》っていたが、つと面を上げて天智彦を見やり、

「おい、これは困ったぞ……」

といった。が、その実、眼には笑みがこぼれている。揶揄か嘲笑か、そんな色さえ感じられた。

「そなた、思い兼ねつつ受け取ってきたようだが、昼子姫では不足か」

「いえ、その、そういう訳では……」

君静居国から帰る道すがら、天智彦はもらった恋文を懐から取り出し、幾度となく立ち止まって読み返した。そのたびに昼子姫の楚々とした姿、愛くるしい顔立ちや眼差し、歌に詠まれた自分への恋心の深さを思い知って、われながら初めて胸が抑えがたくときめくのを覚えた。不足などあろうはずがない。だが、相手は天君の姫である。その気があるような素振りは、さすがに見せられなかった。

「予先どの。して、困ったとは……？」

天智彦が訝《いぶか》しげに尋ねた。

「うむ、そのことよ。恋歌をもらった者は、好きなら好きと言えばよい。嫌なら嫌と歌えばよい。だがな、そなたは返す気でいるようだが、昼子姫のこの歌ばかりは、それができぬのよ。回り歌といってな、上から読んでも下から読んでも、同じ歌になっているのだ。このような回り歌をもらっ

た者は、返事《かえごと》はならぬ決まりがある。否も応もない。受けるしか手がないわさ」

天智彦は驚き、予先命から歌を返してもらい、改めて読み返してみた。


「君静居国《きしい》こそ　妻《つま》お身際《みぎわ》に　琴《こと》の音《ね》の　床《とこ》に吾君《わきみ》お　待《ま》つぞ恋《こい》しき」


確かに、上から読んでも下から読んでも同じ歌になっていた。天智彦は二度びっくりしてしまった。が、その実、胸奥から湧き起こる嬉しさを、必死で堪えていた。

二人の話に興味を持った近くの臣たちが、天智彦命から歌を奪い取って回し読みをはじめた。

「ほほう。これが回り歌というものか！」

「さすが昼子姫は、予先どのが育てた、天が下の歌詠みよな！」

と、しきりに感心した声があちこちで起こり、気をよくした予先命が話を継いだ。

「このわれもな。天君の御幸のお供をして阿波の国へ行く船旅にて、回り歌を詠んだことがある。風が激しく波も高く、船が揺れて眠ることも叶わなかった。そこで、その波を打ち返すために詠んだのよ」

予先命はそう言って、その回り歌を披露した。

「長《なが》き夜《よ》の　遠《とお》の眠《ねぶ》りの　みな目覚《めざ》め　波乗《なみの》り船《ふね》の　音《おと》の良《よ》きかな」

「どうだ、うまいものだろう。さすがに波風も困りおって、間もなく風も凪いで静かになり、快く眠っているうちに阿波に着いたのよ。天智彦よ。昼子姫はわれが育てた名うての歌詠みぞ。そなたなど、とても敵わぬ。昼子姫の心を汲んで従うしかあるまいて。もはや思い兼ねている場合ではないぞ」

予先命の最後の言葉に、諸臣たちはみな体を仰け反らせて笑い転げた。その騒ぎを耳にして、誘諾木尊が顔を見せ、いきさつを聞いて声高に笑った。

「そうだ、天智彦。そなたには今日から、思兼《おもいかね》と讃え名しよう」

と誘諾木尊がいったので、諸臣はまた笑いどよめいたが、

「それはよい。思兼は腐《くさ》し名ではない。讃え名よ、讃え名！」

という者が現れて、八弘殿の笑い響めきは、なかなか止まなかった。

「『若歌姫の　歌も雅《みやび》の　返さじ』と　申せば君の　詔《みことのり》　予先《かなさき》が船　乗り請けて　夫婦《めを》となるなり　弥清川《やすかわ》の　下照姫と　天晴れて」

ここいう「若歌姫」は年代を遡って使ったもので、この頃はまだこの名はなく「昼子姫」だった。さんざん揶揄《からか》われた天智彦・思兼命が、真っ赤になった顔を垂れ、「これは腐《くさ》し名……」と思いながら、自らも込み上げてくる苦笑を噛み殺していると、誘諾木尊が尋ねた。

「思兼よ。そなたはどうなのだ。その回り歌を返す気か」

「いえ、その、これほどまで思ってくださるとあらば、返さずに……」

「うむ、それでよい。昼子姫を妻とせよ。予先命を橋懸けとしよう」

天君の詔《みことのり》である。話はとんとん拍子に進んで、ほどなくして天地宮で「九九《ここ》の酌《く》み」も済んで夫婦になった。後世、思兼命は「芸能の神さま」に祭り上げられたが、これはお笑いである。「芸能の神」にするなら昼子姫（若歌姫）のほうだろう。

この文面からは、そのあと「弥清川《やすかわ》」に新居を構えたようにみえるが、そうではない。穂虫祓いのとき、向津姫（瀬降津姫）が伊勢の斎沢《いざわ》から駆けつけ、これに昼子姫も加わって呪い歌を詠んだということは、結婚後もしばらく熊野（隈野）にいたのである。母の誘諾実尊も磯清之男尊もここにいた。時折り玉津宮で過ごしたこともあった。先に「玉津《たまつ》宮の清緒鹿《をしか》　天智彦命お」とあったが、このときのことが混同されている。

「天弥清川《あめやすかわ》の　昼子姫　御子愛仁《おしひと》お　養《ひた》します　北《ね》国と細矛国《さほこくに》　兼ね治む　下照姫と　天智彦

と　伊勢お結びて　諸共に　こゝに治めて　生む御子は　慈名鎮津彦《いむなしずひこ》　手力雄《たじからお》かな」（第六「日の神瑞御名の紋」）

この「天弥清川《あめやすかわ》」については、〔記紀〕は「天安河」につくるが、滋賀県野洲郡湖南市、野洲市、守山市などを流れて琵琶湖に注ぐ「野洲川」のことと考えられる。が、私は「弥清川」とした。「野洲川」の場合、「野」は野原のこと、「州」は川の中州の意と解されるが、ちぐはぐの感が拭えない。「弥清川」とすると、たいへん清らかな川の意になる。

ところでこの文では、昼子姫は向津姫（瀬降津姫）が生んだ愛仁尊を預かって養育したあとで、手力雄命を生んだかのように読める書き方になっているが、誤解を招く記述である。手力雄命は熊野でもっと早く生まれている。

なぜなら前記のように、天照神が伊勢の斎沢へ遷都したとき、昼子姫は少なくとも三十六、七歳にはなっていた。これでは遅すぎるので、二十歳ごろに結婚したとみたのであるが、この設定で計算すると、斎沢遷都の頃は手力雄命は十五歳を超えている。のちに磯清之男尊が大暴れし、その勢いを恐れた天照神が「岩戸」に隠れる事件（後述）が発生したとき、手力雄命はすでに立派な大人になって登場する。この事件は斎沢遷都から数年後のことで、手力雄命は少なくとも二十歳前後になっている。

これに対して、向津姫は遷都してほどない頃に愛仁尊を生んだ。時期的に大きなずれがある。昼子姫と天智彦命はしばらく熊野で暮らしていたが、向津姫が愛仁尊を生んだとき、弥清川の近くに館を建て、ここで愛仁尊を預かって養育したのである。

ちなみに、天照神は斎沢遷都の頃には三十二歳くらいになっていたが、十代後半で天照神の妃になった瀬降津姫（向津姫）も、すでに三十歳前後になっていたはずである。それからの出産はいかにも遅いが、これにはやむを得ない事情があった。

天照神には十二人（十三人）の妃がいた。二日に一回妃を回ったとしても、次に訪れるのは二十四日後になってしまう。当時は排卵期を見計らって交わることはしなかったろうから、一端ずれるとあとまでずれてしまう。それで向津姫らの出産は遅れてしまったのだ。御子に恵まれるようにと計らったことが、かえって出産を遅らせる結果を招いてしまったのである。

しかも、斎沢に遷る前の五年間は、天照神は宮津にいて、瀬降津姫たちと離れていた。この点、宮津の愛居で天照神と一緒に五年間を過ごした持子・早子の姉妹とは、だいぶ事情が異なるのである。

昼子姫は恋歌を何に書いたのか

ところで、先に引いた初紋に、

「天智彦お　見れば焦がるゝ　若歌姫《わかひめ》の　若《わか》の歌詠み　歌身染《うたみそ》め」

とあったが、この「歌身染《うたみそ》め」は鳥居氏にならった。「歌で見初めた」意の可能性もあるが、天智彦命を見初め、それから恋歌を「書き染め」たのであるから、「うたみ染め」は歌を書き染めた意で、「み」は文字のことと解すべきであろう。

しかして、昼子姫は恋歌をどんなものに書いたのだろうか。第十四「世嗣ぎ祈《の》る祝詞《のとこと》の紋」には、

「木綿《ゆう》花に　八色和幣《やいろにぎて》の　紙《かみ》すゝむ」

とあって、この「かみ」はどう考えても「紙」の意と読める。また第二十六「鵜萱葵桂《うかやあおいかつら》の紋」には、彦火々出見尊《ひこほほでみ》から歌をもらったとき、妃の豊玉姫が返し歌を作って返すときのことが、

「時に姫　返しは葵《あおい》　君桂《かつら》　紙《かみ》に包みて　水引草《みひきぐさ》　文箱《ふばこ》に納め　奉る」

と記されている。この歌をやりとりするに至るいきさつは、「**第6章　若歌と政り事**」で述べるが、

葵や桂の葉は三十一文字の歌を書き込めるほど大きくはない。すると、彦火々出見尊は桂の葉からとった染料、豊玉姫は葵の葉からとった染料を墨として、歌を「紙」に書き染め、それをさらに「紙（水引草）」に包んだということであろう。だが、文字通り今日同様の「紙」とみることには疑問が残る。

中国では甘粛省天水市の古墓から紙が発掘され、前漢文帝・景帝（紀元前一八九〜一四一年）の時代に蔡倫《さいりん》が作ったとされているが、実際はこの二百数十年前に作られていたことがわかっている。しかし、この紙は苧麻《からむし》で作った「灞橋紙《はきょうし》」という文書の筆記には使えないしろもので、簡牘《かんとく》（日本でいう「竹簡《ちくかん》」）が主流になっていく。文字を書ける紙ができるのはずっとあとのことである。

わが国に「紙」と紙漉《かみすき》技術を伝えたのは高句麗の僧・曇徴《どんちょう》であった。〔紀〕の推古天皇十八年（六一〇年）の条にそう書いてある。その後、いったん木簡《もっかん》・竹簡《ちくかん》がこれに取って変わる。文字を書くのに便利で、持ち運びや保存にも適した「紙」が伝来するのは、さらに時代がずっと下ってからだった。

だが、中国では「紙」のことを呉音・漢音ともに「シ」という。その「紙」を日本で「かみ」と訓んだのは、日本にはそれ以前から文字を書き染める用材があって、それを「かみ」と呼んでいたからと思料される。事実、『秀真伝』には「かみ」と書かれているのである。

日本独自の「紙」が、意外に早く作られていた可能性が絶無ではないかもしれない。しかし、文字を書き染めるのに便利で、持ち運びや保存にも適した「紙」ができていたとすると、中国から木簡・竹簡が伝来したとき、もっと違った展開がみられたはずであるし、考古学的には証明されていない。そうするとこの「かみ」は、いまいう「紙」ではなかった可能性が高い。

では、『秀真伝』に記された「かみ」とはどんなものだったのか？　文字を書き染めるのに便利で、持ち運びや保存にも適したもの、という前提で考えると、「絹布《けんぷ》」ではなかったろうか。それを「きぬ」といわず「かみ」と呼んだのは、用途や状態によって呼称も変わったからであろう。

たとえば、同じ絹でも織ったものは「生絹《きぎぬ》」、「絹布」と呼び、反物の状態は「生地《きじ》」という。衣服にすれば「御衣《みは》」とか「着衣《きぎぬ》」というが、同じ絹の衣服でも作り方を変えれば「小袖」にも「大袖」にも「袴」にもなる。用途に合わせて小さく切り取ったものは「布《きれ》」、役立たない切れ端は「切れ」というといった具合である。

それと同じで、文字を書き染める絹布には別の呼称があっても不思議ではない。歌を書き染める場合は、小さく切って使ったろう。短歌なら短冊形か、ハンカチーフのような形だったかもしれない。それを「かみ」と呼んでいたと私はみる。

実は中国でも、今日の「紙」が発明されるまで、木簡や竹簡とあわせて「絹布」が使用されていた。文字が書かれた最古の絹布は、戦国時代（前四〇三〜二二一年）の「帛書《はくしょ》」というものである。「紙」という字が「糸」を部首とすることからしても、紙とは絹布を用材にしたものをさしていたと推認される（阿辻哲次著『漢字文化の源流』丸善株式会社）。ちなみに、いまでも日本画を描くのに絹布が用いられ、「絵絹」と呼ばれている。

文字を書く用布をなぜ「かみ」と呼称したのか。考えられるのは「書く身（実）」を約《つづ》めて「かみ」と呼んだのではないか、ということである。昼子姫の恋歌に出てくる「歌身染め」の場合、この「身」は歌の内容または文字の意であるが、「書く身」の「身」のほうは用材、すなわち「絹布」のことだろう。

前記のように、いまいう「和歌」は、「若返る歌」から「若歌《わかうた》」に、さらに約めて「若歌《わか》」と呼ばれるようになっている。してみれば、文字を書く用材も、「書く身」が「かみ」と約めて呼称されたとしてもおかしくない。穿《うが》った見方をすれば、中国では「簡牘《かんとく》」が主流だったことから推し量って、「帛書《はくしょ》」（絹布）を用いるようになったのは日本から伝わった可能性がある。

また、先に引いた第二十六紋に、「時に姫　返しは葵《あおい》　君桂《かつら》」とあって、これは葵や桂の葉からとった染料で書いたのではないかと述べたが、このことは「墨」作りの技術がまだ伝来していなかった証《あかし》であろう。それぞれが好みの草木を絞ってインクを作った（いわゆる「草木染め」の類）ものと思われる。そうだとすると、「筆」もまだ伝来していなかったと考えられる。「筆」は竹を細く切り、先端部を砕いて穂先としたのではないだろうか。

3　持子・早子の謀反と磯清之男尊

白人・胡久美の罪と罰

磯清之男尊《そさのお》は、山火事を起こして母・誘諾実尊を死なせてしまったあと、そのショックが大きかったせいか、しばらく温和《おとな》しく過ごしていた。豊受神が崩御されたあとは、宮津や安国宮、斎沢《いざわ》で天照神のおそばに仕えていた。思うに、可哀想に思った天照神が、熊野（隈野）から呼び寄せたのであろう。

その無骨者の磯清之男尊が初恋をした。場所は熊野でも斎沢でもなく、細矛国の宮津であった。それも、「中臣大祓詞《なかとみおおはらいことば》」で知られる白人《しらひと》・胡久美《こくみ》が近親相姦の罪を犯したときのことだった。このとき、「流浪《さすら》」の刑に処せられた両人を伊勢から細矛国の簸川《ひかわ》まで連行して放つ役目を果たして帰る道すがら、宮津の愛居《まなゐ》で手弱女《たおやめ》に出逢い、一目惚れをしてしまうのである。はっきりはしないが、二十歳を少し過ぎたくらいだろう。

だが、そのいきさつを語る前に、白人・胡久美について概説しておく。白人と胡久美の名前の由来は不明であるが、白人は「白癩《びゃくらい》」との説が有力である。いわゆる「ハンセン病」ではなく、顔に「白癬《はくせん》」（「白なまず」「しらはたけ」ともいう）が出ていたためのあだ名であろう。胡久美は瘤があったことからついたあだ名といわれる。私も同じ考えで、「胡久美」は「瘤傴身《こくみ》」ではないかと思うが、漢字は「中臣大祓詞」にならうことにする。

歳月をさかのぼって説明しよう。以下は第六「日の神十二妃の紋」、第七「遺し文清汚《さが》お裁《た》つ紋」、第八「魂返し徴《はた》れ討つ紋」からのダイジェストである。

これよりおよそ十五年から二十年くらい前のこと、越国の益人《ますひと》をしていた椋杵《くらきね》命は誘諾木尊の弟で、持子・早子の実父であるが、胡久美の妹を「さしみ女」としてそばに置いた。「さしみ女」とは下級の女官のことで、漢字で書けば「差身女」となろうが、約めて「差し女」「差し」ともいう。出世を目論む兄・胡久美が、いわば椋杵命に献げたようで、要するに「愛人」と考えてよい。

その後「差身女」が椋子姫を生んだ。椋杵命はこの姫と胡久美をわが子のように可愛がった。胡久美がのちに治足国の益人になれた裏には、椋杵命の推挙もあったと思われる。

ところが、天照神が日高見から原見山の安国宮に戻って間もない頃、治足《ちたる》国の益人・胡久美が政りを怠っていることがわかり、豊受神が赴いて胡久美を罷免し、宮津宮で細矛・治足の両国を治めた。その豊受神が崩御されると、天照神が代わって五年ほど両国を治めるのであるが、天照神はこの間に八十杵の弟・神狭日《かんさひ》命を治足国の益人に、また弟の兵主《つわものぬし》命と胡久美を副益人《そえますひと》に取り立てた。そして呼び寄せていた持子・早子の姉妹を、早子が御子を生んで間もなかったため、早子と子どもたちだけ宮津に留め置いたまま、磯清之男尊らと安国宮に帰った。

　天照神が胡久美を副益人に取り立てたのは、胡久美もうまく立ち回り、恭順したかに見えたからだろうが、持子・早子の後押しもあった。第八「魂返し徴《はた》れ討つ紋」に次のような記述がある。

「二女殿《ふためとの》　賢所《かしこどころ》の　引きずりに　許せば抱ゑ　国お治《た》す　賄賂《まいない》掴み　忠《まめ》ならず　ついに大蛇《おろち》に　舐《な》められて　法《のり》の崩るゝ　節々に　徴《はた》れの者の　蠢《うごめ》きて」

「二女殿　賢所の　引きずりに」とは、持子・早子の姉妹の妃（賢所）が後押しをしたこと、「許せば抱ゑ」は、天照神が胡久美を許し副益人にすると、持子・早子は胡久美を手下に抱えたことをいっている。しかし胡久美は、民から賄賂を取ったりして忠実ではなかった。

　内宮《うちみや》に上がって正妃となった瀬降津姫に嫉妬し、「大蛇《おろち》」と化した持子と早子は、この頃から胡久美らを使って瀬降津姫を殺す陰謀を企んでいたようである。その思惑を知っていたのか、胡久美の恭順も天照神に対してではなく、持子・早子に向けられたものだった。「ついに大蛇《おろち》に　舐《な》められて」はそのことをさしている。そのため国の秩序が乱れ（法《のり》の崩るゝ）、「徴《はた》れ者」が各地に蠢《うごめ》く状態になってしまった。

「徴《はた》れ」とは、国民から米や食料品などを国法《くにのり》にもとづいて徴《はた》る（徴収する）のが原意であるが、そこから力づくで奪い取る盗賊たちを「徴《はた》れ」「徴《はた》れ者」「徴《はた》れ禍《ま》」というようになったのである。

天照神が斎沢に遷都した頃になると、胡久美は早くもとんでもない事件を起こした。国民に賄賂を要求して貯め込んだこともその一つだが、椋杵命が亡くなると白人が後を継いで越国の益人になり、椋子姫と結婚する。おそらく白人は胡久美の親友で、やはり持子・早子の後押しがあったものと思われる。しかし、椋子姫が父・椋杵命を立山に葬ったあと、白人は妻の母・差身女に道ならぬ恋をして犯し、それを隠すために椋子姫と母を捨て、胡久美が住む津（宮津）に送ってしまう。すると胡久美は、自分の妹・差身女と姪の椋子姫を犯してしまうのである。

胡久美とともに治足国の副益人になった兵主《つわものぬし》命は、これを知って治足国の益人・神狭日《かんさひ》命に報告して善処を求めたが、神狭日命は糺そうとしなかった。彼もまた持子・早子に籠絡されていたのである。やむなく兵主命は、斎沢・香久宮の天照神に訴えた。

天照神は予先《かなさき》命に命じて白人・胡久美を斎沢に連行し、清汚《さがだ》裁ち、いまいう裁判を行なった。二人はあれこれ弁解したが、予先命は聞き入れず、「命去る」の判決を下して獄舎《つゝが》に入れ、斬首の時を待つばかりになった。

だが、ここでまた持子・早子の姉妹が横車を押してくる。神狭日命の御子・天愛日《あめのおしひ》命（天押日命）と義妹の椋子姫を娶せて、胡久美を自分の義兄、神狭日命の義弟にしてしまったのだ。明記されていないが、白人にも手心を加えさせたようである。かくして持子は、このお祝い事を理由にして、胡久美と白人の罪を半減させ、命を助けてしまったのである。
天照神は、姉妹のこうした強引な横車を苦々しく思いながらも、彼女の求めに応じた。その強引さは、天照神さえ手を焼くほどのものだったものと思われる。

早吸姫との初恋

天照神は、義兄の八十杵命を越国の国頭《くにがみ》に据え、「流浪《さすら》」の刑を受けた白人・胡久美を細矛国の簸川へ追いやることにした。このとき、二人を簸川まで連行し、放つ役目を担ったのが磯清之男尊であった。恋をしたのはその帰り道のことである。

「磯清之男は　これ整ひて　愛居《まなゐ》なる　神に詣でる　その中に　手弱女《たおやめ》あれば　これお問ふ
真傅《まか》たち答ふ　赤槌が　早吸姫《はやすうひめ》と　聞こし召し　雉子《きじ》お飛ばせて　父に請ふ　赤槌宮に　嫁が
んと　いえど宮なく」（第七紋）

豊受神が眠る宮津・愛居《まなゐ》の朝日宮に詣でたとき、折しも真傅《まか》（侍女）たちを従えて詣でている手《た》弱女《おやめ》をひと目見て、その見目の美しさ、淑やかさにすっかり惚れ込んでしまった。磯清之男尊が言葉もなく見つめていると、祈りを終えた手弱女は、磯清之男尊をちらと見て眼を伏せ、そのまま立ち去っていく。慌てて真傅たちを呼び止め、

「あの手弱女は、いずこの、誰の姫君か」

と尋ねると、真傅の一人が顔を寄せ、声を潜めて、

「宇佐の国頭、赤槌命の早吸姫」

と答えた。磯清之男尊は、その場から宇佐へ早雉子を飛ばし、宮津宮を宿にして雉子の帰りを待った。天君の御子に望まれたと知れば、赤槌命も喜んで受け入れてくれるはずだった。だが、雉子には、

「早吸姫を、わが妻にいただきたい。このわれが宇佐宮に嫁ごう」

と言わせたのだが、戻ってきた早雉子が恐る恐る言うには、赤槌命の申しようは、

「生憎くと、お迎えするにそぐわしき宮もなく……、弟君も持ち宮がなくては、姫が憐れにて……」

断られたのである。父も兄の天照君も、まだ磯清之男に宮を建ててくれなかったのだが、考えてみれば、たしかに持ち宮がなくては妻は迎えられない。

磯清之男尊の行状をよく知る赤槌命にしてみれば、考え抜いての逃げ口上だった。宮などどうにでもなったが（のちに局を追われた持子・早子の姉妹を預かっている）、磯清之男尊を婿に迎える

など、災いを呼び寄せるに等しいと思ったのだろう。
だが、そこまでは見抜けない磯清之男尊は、すっかり魂が抜けた面持ちで宮津宮をあとにし、任務の報告に斎沢へと足を向けた。そして報告をすませると、ふらりと持子・早子の局《つぼね》を覗いた。

持子・早子との密通と謀反

磯清之男尊と持子・早子の姉妹は、いとこ同士である。宮津の愛居《まなゐ》では、姉妹とともに兄・天照神に仕えていた。生まれた御子たちを見に行ったりして、気心の知れた仲になっていたと思われる。そうした気安さから、つい姉妹の局を訪れたのであろう。失恋の痛手が尾を引いていて、姉妹に癒《いや》しを求めたのかもしれない。

「大内宮《をゝうち》の　折々宿る　北《ね》の局《つぼね》　『姉妹《ゑと》休め』とて　内宮の　豊姫召せば　北の局　下がり嘆けば　磯清之男が　堪《たゝ》えかねてぞ　剣持ち　行くお早子が　押し留め　『功《いさおし》ならば　天《あめ》が下《した》』
花子来たれば　穂お隠す　見ぬ顔すれど　内宮《うち》に告げ」（第七「遺し文清汚お裁つ紋」）

磯清之男尊はそれ以来、一度ならず姉妹の「北の局」に泊まった。局は妃たちだけの住まいであり、天照神以外の男が出入りできないところである。そこに何度も泊まったということは、どうみても尋常ではない。このあとの姉妹の行動（次章で詳述）から考えても、磯清之男尊は持子・早子の二人と《男女の関係》をもったと推測される。同じ局に住む姉妹のどちらか一人と寝て、もう一人は傍観していたとは考えにくいのである。

前述した強引な横車で天法《あめのり》を破るようなことがあって、このころ天照神の心はすっかり姉妹から離れていた。夫婦の交わりからも遠ざかっていたと思われる。そんな寂しさから、姉妹はつい磯清之男尊の体を求めたのだろう。

「『姉妹《ゑと》休め』とて」は、瀬降津姫（向津姫）に事が露見し、局から下がるように命じられたことを意味している。密告したのは、同じ「北の局」の下妃・味子であろう。薄い板壁を通して聞こえる睦言に堪えきれなくなり、また事の重大さを悟ってのことに違いない。

内宮の向津姫は、姉妹の代わりに「西の局」の下妃・豊姫綾子を「北の局」に入れることにした。「下がり嘆けば」は、局を下がるように命じられたという意で、姉妹がこのことで磯清之男尊に愚痴をこぼして嘆いたのは、まだ引っ越しをする前であろう。

これを聞いた磯清之男尊は、剣を手にして立ち上がった。向津姫を殺そうと思ってのことであろう。もし二人の妃と寝たことが天照神の耳に入れば、命はなかったのだ。第二十八紋「君臣遺し詔《のり》の紋」には、

「内宮《うちせおりつ》瀬降津姫が　正妃《みきさき》に　なるお持子が　殺さんと　妬《ねた》めば早子《はや》は　君お弑《し》い　弟君《おときみこ》請えど
　顕《あらわ》われて」

とある。原見山の安国宮にいたとき、瀬降津姫が内宮《うちみや》に上がって「正妃」となったのを妬み、持子は前々から殺そうと機を窺っていたということである。第七紋の文と考え合わせると、磯清之男尊が剣を手に立ち上がったのは、このとき持子が、「瀬降津姫を殺してしまおう」とそそのかしたためとみていい。だが、それを早子が押し留め、
「功《いさおし》ならば　天《あめ》が下《した》」（第七紋）
といった。瀬降津姫を殺して逃げても、いずれは捕まってしまう。「どうせやるなら天下を取ろう」というのである。「早子《はや》は　君おしい」の「しい」は「弑《し》い」で、天照神を殺そうと謀ったということである。「弟君《おときみこ》請えど」はもちろん、その話を磯清之男尊に持ちかけたことをさしている。

ところが、その謀議を若姫花子が聞いてしまう。たまたま通りかかって耳にしたわけではあるまい。先に、瀬降津姫を内宮に入れる前のくだりに、
「瀬降津姫の　雅《みやび》には　君も階段《きざはし》　踏み降りて」

とあったが、妃たちの局宮も高床式住居で階段が設置されていたはずである。その階段を上がっていったからには、姉の瀬降津姫からその後の様子を見てくるようにいわれ、探りに行ったと考えられる。

磯清之男尊はその花子に気づき、手にしていた剣（穂）を思わず隠した。花子も何食わぬ顔でその場をごまかし、瀬降津姫に報告した。

謀反の露見と姉妹の流罪

ここにおいて、持子・早子の姉妹と磯清之男尊の謀議は露見し、瀬降津姫の知るところとなった。姉妹と磯清之男尊は密通をしただけではなく、瀬降津姫まで殺し、あまつさえ天照神をも殺して天下を手に入れる謀議をしたのである。天照神の耳に入れば、三人とも死刑は絶対免れない。だが、瀬降津姫は慎重だった。天照神には何も伝えず、時がくるのを待っていた。

「ある日高天原《たかまま》の　御幸《みゆき》あと　持子・早子お　内宮《うち》に召す」（第七紋）

ある日、天照神と諸臣たちが、所用があってどこかへ挙《こぞ》って出かけた。瀬降津姫はこの御幸の予定を聞き知っていて、そのときを待っていたのだろう。瀬降津姫はその留守を見計らって、持子・

早子の姉妹を内宮に呼び寄せた。局内のことは、正妃の瀬降津姫が糺《ただ》す決まりだったからにほかなるまい。

この間、姉妹も磯清之男尊も逃げなかった。謀議が露見したとは気づかず、姉妹が局を下げられただけで済んだと思っていたのだろう。そんな姉妹を前にして、瀬降津姫（向津姫）は次のように申し渡す。

「日に向津姫　曰《のたま》ふは　『汝《なんじ》ら姉妹《ゑと》が　御食飯《みけひ》得て　筑紫にやれば　噤みおれ　棚杵は取る　男《を》は父に　女《め》は母に付く　三姫子《みひめこ》も　ともに下りて　養《ひた》しませ　必ず待てよ　時あり』と　宜《む》べ懇《ねんご》ろに　諭されて　筑紫・赤槌　これお承け　宇佐の宮居お　改めて　持子・早子は　新局《あらつぼね》」（第七紋）

姉妹の罪状をどう述べたかわからないが、処罰は意外に軽く、宇佐の国頭・赤槌命に預けただけで命は取らなかった。しかも「必ず待てよ（悪いことは考えずに口を噤んでいれば、きっと許される）時あり」と懇ろに諭して送り出している。瀬降津姫のやさしさと、見事な裁きが光る場面である。

だが、宇佐宮へ送られた持子・早子は、少しも温和《おとな》しくしていなかった。次のくだりに、

「持子・早子は　新局《あらつぼね》　置けば怒りて　養《ひた》しせず　内宮《うち》に告ぐれば　豊姫に　養しまつらし」

と記されている。ほったらかしにされた三つ子は、知らせを受けた瀬降津姫の計らいで引き取られ、豊姫綾子が養育することになった。このあと早子は赤槌命の娘・早吸姫を殺し、持子とともに宇佐宮を飛び出して、磯清之男尊を捜し求めて細矛の国へと流浪《さすら》するのであるが、それはもう少しあとのことである。

第5章　磯清之男尊と子孫の命運

1　磯清之男尊の乱行と流浪の刑

荒れ狂う磯清之男尊

本章は前章の続きであるが、磯清之男尊と子孫の物語は長いので分割して章を設けた。

持子・早子の姉妹が筑紫の宇佐宮送りとなったことは、ほどなく磯清之男尊の耳にも入ったろう。密通が露見しても局《つぼね》を下げられただけで済んでいたのに、筑紫へ送られたのは天下取りの謀議が発覚したことを意味していた。それにしては軽い処罰で、磯清之男尊は内心ほっとしたが、謀議がばれた以上、いずれ自分も無事では済まされない。

内宮に告げ口したのは、謀議中に現れた若姫花子に違いなかった。そう思うと、磯清之男尊は自分の罪を余所事に、むらむらと怒りが込み上げ、その怒りは次第に花子へと向けられていった。

「磯清之男仕業《しわざ》　味気なく　苗代重播《なしろしきま》き　畦《あ》お離ち　稔らず御稲《みぞ》の　新嘗《にいなめ》の　神御衣織《かんみは》れば
殿汚す　これ糺《たゞ》されて　磯清之男が　一人被《かふむ》る　斎衣殿《ゐんはとの》　閉づれば怒る　斑駒《ぶちこま》お　綺萱穿《ゐらかうが》ち

て　投げ入るゝ　花子驚き　梭《ひ》に破れ　神去りますお　泣く声に」（第七紋）

冒頭の「苗代重播《なしろしきま》き　畦《あ》お離ち……神御衣《かんみは》織れば　殿汚す」のくだりは、〔記紀〕にも出てくる有名な場面である。〔記紀〕には「屎《くそ》」をまき散らしたとある。殿（斎衣殿《ゐんはとの》）を汚した以上、そんなことがあったものと思われる。

「これ紕《たゞ》されて　磯清之男が」には、御幸の天照神が帰ってきて、磯清之男尊の乱暴狼藉が知れ渡り、兵士たちに取り囲まれたことが窺われる。それでも止めず、花子が斎衣殿で機織りをしていると知るや、取り囲む兵士たちを物ともせずに花子を襲い、驚いた花子が中から戸を閉じると、斑駒を担いできて斎衣殿に投げ入れた。

「ゐらか」は「綺萱《ゐらか》」、茅葺き屋根のことである。茅を葺くことを「綺《いら》う」（『新潮国語辞典』）といったわけで、いわゆる「甍」（瓦葺きの屋根）の技法が伝来するのはずっと後代になってからのことで、原意がわからずに「ゐらか」に「甍」の字を当てたのである。磯清之男尊はその「綺萱《ゐらか》」の萱をはぎ取り、穴を開けて斑駒を投げ入れたのだが、意趣返しに驚かすだけのつもりだったろう。殺すつもりなら開けた穴から入っていき、いくらでも殺すことができた。

ところが、投げ込まれた斑駒《ぶつこま》がまともに当たったのだろう、若姫花子はどうした弾みか、手にした梭《ひ》が体に刺さって死んでしまった。〔記〕には「梭《ひ》に陰上《ほと》を衝《つ》きて死にき」とあるが、花子の名はなく単に「服織女《はたおりめ》」と記されている。他方、〔紀〕の第一書は「持《もち》たる梭《かび》を以て體《み》を傷《やぶ》らしめて、神退りましぬ」とあり、機織り女の名は「稚日女《わかひるめ》尊」になっている（第三書は天照神に）。「わかひるめ」は昼子姫の讃え名「若昼姫」のことだが、若姫（花子）が誤伝されたものだろう。

天照神の岩窟隠れは本当か

若姫花子は死んでしまったという。実際は気を失っただけだろうが、死んだと思って泣いたのは姉の瀬降津姫であろう。これには磯清之男尊もやり過ぎてしまったと思っただろうが、もはや遅かった。死罪にあたる「命去る」は避けられない。絶体絶命のピンチに立って、磯清之男尊は暴れまくった。

「神去りますお　泣く声に　君怒りまし　磯清之男に　『汝《なんぢ》汚く　国望む』　道なす歌に
『天《あま》が下《した》　和《やわ》して巡る　日月こそ　晴れて明るき　民の親《たら》なり』
磯清之男は　岩お蹴散らし　なお怒る　君恐れまし　岩室に　入りて閉ざせば　明暗《かが》も瞭《あや》なし」

すでに磯清之男尊が持子らの「天下取り」に与《くみ》したことが、天照神の耳にも入っていた。瀬降津姫は天照神が外出するのを待って、持子・早子の処分を行なっている。ここに至るいきさつを問い詰められた妃たちの中に、堪えきれずに漏らしてしまった者がいたのだろう。

「天の道」を説く天照神の歌には、ただ単に叱るのではなく、兄弟力を合わせ、日となり月となり、民の親として晴れがましく生きたかった、という思いが籠められている。

だが、磯清之男尊はもう自分の抑えが利かなかった。花子を殺めてしまったことから、破れかぶれになっていたに違いない。「国を望んだのは俺ではない」という思いもあったのかもしれない。天照神を前に暴れまくった。恐れをなした天照神は、岩室に入って岩戸を閉じて籠もってしまったため、昼間も夜のように真っ暗になってしまったという。

このあとに、弥清川から駆けつけた思兼命を中心に、天照神を岩室から導き出す対策を相談し、俳優《わざおぎ》の「珍目命《うずめ》」が神がかりして神楽《かぐら》を踊って誘い出す話へと続く。

「珍目命」については、〔記〕は「天宇受賣命《あめのうずめ》」に、〔紀〕は「天鈿女命《あめのうずめ》」につくる。前にも触れたが、「め」はその道の手練《てだ》れを意味する「目」が正しい。そこで私は「珍目命《うずめ》」とした。「珍」は和訓で「うず」と訓む。珍しい意であるが、俳優《わざおぎ》であるから、踊り（神楽）が殊のほか面白く巧みなことをいったものであろう。この「珍目命《うずめ》」は男にも女にも通用する人称代名詞で、人称固有名詞ではない。

大勢で弓弦《ゆづる》や手を鳴らし、歌い踊る騒ぎに興味をもった天照神が、岩戸をそっと開けて外の様子を窺ったとき、待ち構えていた昼子姫と思兼命の世嗣ぎ子・手力雄命《たぢからお》がその機に乗じて岩戸を薙《な》ぎ開き、天照神の手を取って外に導いた。〔記紀〕も類似した記述になっている。

だが、天照神が荒れ狂う磯清之男尊を恐れ、「岩室」（天石窟《あめのいわや》）を閉ざして隠れたというこの話は、本当にあったことだろうか。私にはとてもそうは思えない。

第一に、この場面は伊勢の斎沢で起こったこと（〔記紀〕も同じ）であるが、この近辺には岩の洞窟のようなものはない。伝説すら残っていない。宮崎県高千穂町には「天岩戸神社」の奥に「天の岩屋戸」と称する洞窟があって、ここが舞台になったような伝説があるが、天照神は筑紫の国へ行ったことは一度もない。

第二に、思兼命らが相談したのは、岩戸を閉じて岩室に籠もってしまった天照神を外に出すためである。そうであるならば、閉じられた岩戸を、男たちが力を合わせて開ける努力はしたはずである。それでも開けられなかった。力持ちの手力雄命が岩戸の陰に隠れ、天照神が岩戸を開けるのを待ち構えていたのも、そのためにほかならない。

とすると、数人の男たちが開けようとしても開けられなかった岩戸を、天照神はたった一人で苦もなく開けたり閉めたりすることができたことになる。磯清之男尊がどれほどの力持ちか知らないが、天照神も相当の力持ちだったといえる。恐れる必要がどこにあろう。それとも天照神は、気の小さな天下の臆病者だったのか。そうではあるまい。

天照神は力持ちでもなければ、臆病者でもない、ごく普通の男だった。ただ、期待していた弟の磯清之男尊が持子・早子の姉妹と謀反を企み、乱暴狼藉を働いたのみならず、妃の若姫花子まで殺《あや》めてしまった。しかも、持子と早子とは〝いとこ同士〟であるのみならず、自分の妃である。磯清之男尊は実の弟だ。そのごく近い身内の三人が、とんでもないことをしでかしたのである。天照神の悲しみはどれほど深いものだったか。それで部屋に閉じ籠もってしまったと理解すべきだろう。

してみれば、「明暗《かが》も瞭《あや》なし」は、そのため諸臣や国民たちまでが暗い気分に沈んだことを表現したものと解される。珍目命の神楽舞は、そうした天照神を元気づけるために企図されたものではなかったろうか。

清汚《さがだ》裁ちと瀬降津姫の慈悲

磯清之男尊は、このあと間もなく捕まったようである。大勢の兵士たちに取り囲まれ、力及ばず捕らえられたのか、一生逃げ回るのは男らしくないと思って自ら縄目を受けたのか。それとも、少しは反省の色が見え始めていたのだろうか。

以下は先に引いた第七「遺し文清汚《さが》お裁《た》つ紋」の次のくだりである。死罪を覚悟したであろう磯清之男尊にとっては、思いがけない展開が待っていた。

「しかるのち　高天原《たかま》に議《はか》り　磯清之男の　咎は千暗《ちくら》の　三段《みきだ》枯れ　髪抜き一つ　爪も抜き

まだ届かねば　殺すとき　向津姫より　清《さ》緒《を》鹿《しか》に　『大《う》笥《け》物《もの》祈り　蘇す　花子の四《よ》百《も》清《さ》汚　償《つぐの》
ゑば　清汚《さが》お明かせよ』
『磯清之男が　仕業は親族《しむ》の　蝕《むし》なれど　清汚《さが》退《の》く恙《つゝが》　無からんやわや』」

斎沢《いざわ》の香久宮には諸臣が集い、天照君の前で磯清之男尊の清汚裁ち、裁判が開かれた。

「これは大事《おおごと》ぞ。国を狙って一段《ひときだ》の三百暗《みもくら》、天君の命を窺って二段《ふたきだ》の六百暗《むもくら》、若姫の命を殺めたは四百暗《よもくら》で、併せて肉親《しむ》の三段枯《みきだか》れ、なべて千暗《ちくら》の仕置暗《おきくら》ぞ」

「いや、民に与えた損害を加えれば、千暗を超える。これを償わせるには、殺すだけでは足りぬ。髪を抜き去り、爪も剥ぎ取らねば」

と、磯清之男尊の罪咎と刑罰を、あれこれと議論した末に、「命を去る」と決まった。

それまで黙って成り行きを見守っていた天照神は、この裁きを聞いて暗然としただろうが、諸臣の裁きに口出しはしなかった。己れにも罪の一端がある。持子・早子の強引な横車に辟易《へきえき》し、疎《うと》んじ過ぎた。弟には持ち宮すら造ってやらず、十分目をかけてやったとはいえない。

そう思ったとき、天照神は、早子が三つ子を生む前、十握《とつか》の剣《つるぎ》が三段《みきだ》に折れ、細噛《さが》みに噛んで三玉《みた》となった夢を見たのを思い出した。三玉になった夢は三つ子が生まれたことと符合し、悪夢とはいえない。だが、剣が三段に折れた夢は、持子と早子と磯清之男尊の三人が、己れを弑《し》い、国を奪おうとしたこと、磯清之男尊が問われた罪が「三段枯《みきだ》れ」だったことと符合する。するとあの悪夢は、このことの予兆ではなかったか……。

天照神が眉を曇らせ、慈《いつ》が薄かったことを悔いて、何とかならぬものかと思っているとき、瀬降津姫の清緒鹿（使者）が駆け込んできた。

「内宮さまの詔《みことのり》を申し上げます！」

若い女の清緒鹿は、早口で述べた。

「お供え物をたくさん供え、八百万《やおよろず》の神々に祈りましたところ、若姫は蘇りました。花子を殺めた弟君の四百汚《よもが》は、姫の蘇りにより四百清《よもさ》となって償《つぐな》われました。いま一度、弟君の清汚《さが》を正し明かせよ、との仰せです」

清緒鹿は最後に、瀬降津姫が絹布《かみ》に走り書きした歌を読んだ。

「磯清之男が　仕業は親族《しむ》の　蝕《むし》なれど　清汚退く恙《つゝが》　無からんやわや」

「蝕《むし》」は「親族《しむ》」を逆さにした詞で、天照神と妃・花子の命を狙った蝕《むしば》みをさしている。しかし、天照君は何事もなく無事で、妃の花子も命拾いをしたからには、磯清之男の罪咎を軽減してやっても、差し障り（恙）はないであろう、というのである。

結びは通常、「無からんやは」と反語の「やは」を用うべきところである。それを「やわや」としたのは、「これにて和《やわ》せ」という内宮の中心を表すとともに、最後を反語の「や」で結んで「和せ」

に命令の意を強めている。妹を殺されかけた他ならぬ内宮の、理を尽くしての清汚《さがだ》裁ちのやり直しを求める詔である。諸臣たちは、ふたたび清汚裁ちの神議りをした。

「詔《ことのり》お　諸臣《もろ》が議りて　天悖《あめもと》る　重きも親族《しむ》の　半ば減り　交わり去ると　菅笠青《すがさあを》　八重這ゐ求む　下民《したゝみ》の　流浪《さすら》遣らひき」（第七紋）

考えてみれば、磯清之男尊が天下取りを目論み、天君の命を窺ったことは事実であっても、持子・早子の姉妹にそそのかされてのことで、天照神に斬りかかった験《ためし》はない。そして若姫花子は助かった。瀬降津姫のいうとおりである。議論の末、磯清之男尊の刑は、「交わり去る」と決まった。供もなく、肉親との交際も許されず、寄る辺もない流浪《さすら》である。

天照神はこれを聞いて心安らぎ、この裁きを承諾《うべな》った。そして舞を舞って喜び祝った。これでこの一件が解決したのもさることながら、弟の命が助かったことが何より嬉しかったのだろう。

磯清之男尊は一夜を獄舎《つゝが》で過ごしたのち、たぶんこの裁きを義兄の思兼命から聞いたと思われる。

「何事も、内宮のお計らいぞ」

縄を解きながら、思兼命が子細を語ってくれたとき、磯清之男尊は体を震わせ、大声で慟哭したに違いない。内宮の瀬降津姫は、自分も妹も殺されかけたにもかかわらず、持子・早子との密通を最後まで隠し通してくれたのである。もしこの密通が表沙汰になっていたら、たとえ若姫が助かっても命は取られたに違いなかったのだ。

この瀬降津姫の見事なまでの対応ぶりと歌は、〔記紀〕には一切出てこない。天照神が女神になってしまったとき、他の妃たちとともに妃の座から追放されてしまったのである。

「流浪男《さすらを》は　『詔《みこと》お承けて　北《ね》に行かん　姉に真見ゆる　しばし』とて　許せば上る　弥清川辺」（第七紋）

磯清之男尊は、内宮の篤き慈《いづ》に接して改心を深く決意し、細矛国へ行く前に姉の昼子姫に真見えようと思った。この決意を伝えて詫びたかったのだろう。思兼命に連れられて天照神に真見え、「詔を受けて細矛国へ参りますが、その前にしばし姉にも真見えたく、なにとぞお許しを」と願い出て許される。そして立ち去ろうとしたとき、これは私の想像だが、奥から瀬降津姫が姿を見せ、「これを」と短かに言って手渡してくれたものがあった。「菅笠青《すがさあお》」、まだ真新しい青々として香りの漂う菅笠である。

「菅笠《すがさ》」は「すげがさ」を約めて「清《すが》」と懸けている。「青」は「清心《さごゝろ》」の象徴でもある。瀬降津姫は昼子姫、若歌姫《わかひめ》との交流を通じて、磯清之男尊の乱暴な性格も知っていたが、母思いのやさしい一面、姉を慕い、懸命に若歌《わか》の道を学ぶ真面目な一面も知っていた。天照神の弟君であるだけに、必ず立ち直ってくださいよ、という思いを籠めた菅笠であった。この菅笠を用意した者が、瀬降津姫のほかにいるだろうか。磯清之男尊は、重ねての内宮の慈に滂沱《いづ》と落涙し、あらためて固く改心を誓ったに違いない。

昼子姫との再会と別離

天照神の許しを得た磯清之男尊は、一路、姉の昼子姫が住む弥清川の辺《ほとり》へ向かった。するとと昼子姫は、すでに弟が来るのを知って、髪を男髪の総角《あげまき》にし、裳裾を束ねて袴の格好になり、体には五百瓊《ゐもに》の御統《みすまる》を巻き付け、背には千箭《ちのり》・五百箭《ゐものり》の靫《ゆき》を背負い、肘には肘当てをし、両手には弓弭《ゆはず》と剣を持ち、恐ろしい形相で現れた。磯清之男尊はその物々しい格好に驚いたが、事件のことを詫び、改心して細矛国へ行くことを伝えた。だが、昼子姫は警戒心を解かない。

「『弟《おとゝ》の来るは　さはあらじ　国奪ふらん　父母《かぞいろ》の　依《よ》ざしの国お　捨て置けば　あゐ窺ふ』と」

と大声で詰《なじ》り問い、硬庭《かたにわ》を踏み鳴らした。

「『な恐れそ　昔北《ね》の国　行けとあり　姉と真見ゑて　のち行かん　遙かに来れば　疑わで
慈《いづ》返しませ』　姉問わく　『清心《さごゝろ》は何』　その答え　『北《ね》に至るのち　子お生まん　女《め》ならば汚れ
男《を》は清く　これ誓ひなり　（中略）　われ汚れなば　姫お得て　とも恥見ん』と　誓い去る」

このくだりは〔記紀〕にいう「誓約《うけひ》」である。だが〔記紀〕では、姉の昼子姫が流産して流された「日弱子《ひよるこ》」と混同され、天照神が姉になってしまう。そして女神とされた天照神には何人もの御子がいたのに、夫となるべき人物がいなかったことから、天照神と妃たちとの間に生まれた御子たちは、みな磯清之男尊のこの「誓ひ（誓約《うけひ》）」によって、天照神と磯清之男尊との間に生まれたことになってしまった。

これではまるで「近親相姦」のようである。男女の関係は当時も厳しく、大濡煮尊の時代に「妻定め」をして男女間の乱れを正し、「近親相姦」をした白人・胡久美は厳罰に処せられた。だが、この白人・胡久美の話は、〔記紀〕にはどこにも出てこない。のちに『中臣大祓詞』にも出てくる有名な史話であるから、参考資料に全然記載がなかったとも思えないのだが、「誓約」による〝子づくり〟と矛盾するためカットしてしまったのだろうか。

目を潤ませて誓う磯清之男尊の姿に、昼子姫は弟の「清心《さごゝろ》」を感じ取ったが、まだ心から許す気にはなれなかった。項垂れて肩を落とし、重たい足取りで去っていく弟の姿を、昼子姫は目頭を拭いながら見送った。磯清之男尊も落胆しただろう。叱られるとはわかっていたが、これほどとは思いのほかだった。しかし、自分の罪の深さを振り返ってみれば、当然のことであった。

「天《あま》が下《した》　和《やわ》して巡る　日月こそ　晴れて明るき　民の親《たら》なり」

という兄・天照神の諭《さと》し歌が思い出された。兄は「日の神」になった。自分も男の端くれとして、どうして「月影《つきかげ》の丈夫《ますらお》」になろうと願わないことがあろう。それにつけても、兄には「神」が懸かり、自分には「徹《はた》れ」が懸かったことが恨めしかったが、きっと「清心《さごゝろ》」の証《あかし》を立て、もういちど姉に真見えようと思いながら、磯清之男尊はとぼとぼと細矛国を目指した。

2　磯清之男尊の大蛇退治

流浪に墜ちた磯清之男尊

前にも触れたが、こんにちの中国地方から青森の津軽半島に至る日本海沿いは、なべて「北《ね》の国」と呼ばれた。〔記紀〕には「根《ね》の国」とあるが、当時「東西南北」をそれぞれ「き・つ・さ・ね」と呼称したことが忘れられてしまったための当て字である。ただし「東《き》」の訓みは残っている。

また、政り事の中心地だった近江辺は「中国《なかくに》」と呼ばれたのに対して、中国地方は「西中国《にしなかくに》」と呼ばれた。その「西中国」の日本海に面した山陰地方が、磯清之男尊が向かった「細矛国《さほこくに》」である。〔記紀〕は「出雲の国」としているが、「出雲」は磯清之男尊がこの地で「功《いさおし》」を立ててから、天照神が名付けた呼称である。また、〔記〕はこの国を「堅州国《かたすくに》」、〔紀〕は「底根《そこつね》の国」と表記し、『中臣大祓詞』は「底《そこ》の国」としているが、この「底《そこ》」は「さほこ（細矛）」が訛って誤伝されたものと考えられる。

この細矛国に至る磯清之男尊の足跡は、第九「八雲討ち琴作る紋」に記されている。

「荒金の　土に堕ちたる　流浪男《さすらを》の　天《あめ》の畏れの　蓑笠も　脱がで休まん　宿もなく　地に彷徨《さまよ》いて　咎めやる　簏屋《すりや》がもとに辿り来て　ついに北の国《ね》　細矛なる　弓削《ゆげ》の削撓守《そしもり》　弦召《つるめそ》が　宿に喋むや　親族《しむ》の蝕《むし》」

「天《あめ》の畏れ」の「天」は、降る「雨」との懸詞になっていて、蓑笠に降りかかる雨が、天下を騒がせた咎めの雨のようだ、という意が籠められている。また、その罪に対する畏れ、磯清之男尊の慚《ざん》愧《き》の念を推し量って書いているように思われる。

磯清之男尊は、ある夜は野辺の草むらに身を横たえて星空を眺め、ある夜は山の枯れ木を枕に眠りながら、「簏屋《すりや》」に一夜の宿を請うた。「簏屋《すりや》」とは、竹で筺《たけかご》を作る職人のことである。さらに狩流浪《かりさすら》の日数を重ね、ついに細矛国の中心に位置するところまできて、磯清之男尊は弓削屋《ゆげや》の削撓守《そしもり》や弦召《つるめそ》の家に宿をとった。淡海《あわうみ》（宍道湖《しんじこ》）に近い集落であったろう。

「弓削《ゆげ》」は竹を削って弓を作ること、「削撓守《そしもり》」は竹を削《そ》いだり撓《しな》わせたして弓を作る職人たちの匠頭《たくみがしら》のこと、弦召《つるめそ》は弓矢売りのことである。弓削屋も弦召も、国を相手の商いではない。村人にとって獣狩は、糧を得るに欠かせない手立ての一つであったから、鄙《ひな》びた村里でも商いが成り立つのである。都では、獣肉を食べると命が縮むとして差し止められているが、こうした教えは都を離れた鄙《ひな》の者たちまでは届かない。どこの家々でも、弓の二張りや三張りは持っていたのである。弓削屋や弦召の家を宿にしたのには訳があった。どんなお人好しでも、ただで長逗留《ながとうりゅう》はさせてくれない。そこで磯清之男尊は、弓矢をここで手に入れて獣狩りをし、宿賃にしたと推察されるのである。「宿に噤む」とはあるが、じっと閉じ籠もっていたはずがない。「噤む」は悪いことをせず、温和《おんわ》しくしていたという意と解すべきであろう。

大蛇退治と稲田姫との結婚

以下は前出文の続きである。半ば伝説化した話が混在しているが、磯清之男尊がこの地に落ち着いて一年くらい経ってからのことであろう。

「佐太の村長《あれをさ》　足撫槌《あしなづち》　曽於《そお》の手撫尽女《てにつき》　八女《やめ》生めど　生い立ちかぬる　悲しさは　簸川の上の　八重谷は　常に叢雲　立ち上り　聳《そび》らに繁る　松榧《まつかや》の　中に八股《やまた》の　大蛇《おろち》ゐて　大蛇八《はゝや》酸漿《かがち》の　人御饌《ひとみけ》と　恙《つゝが》せらるゝ　七娘《なゝむすめ》　残る一人の　稲田姫　これも食《は》まんと　両親《たらちね》は　手撫で足撫で　痛むとき」（同紋）

稲田姫は、このあと磯清之男尊の妻になる姫であるが、両親の名は「大蛇伝説」を前提とした後付けの名前である。「大蛇《はゝ》八酸漿《やかがち》」は、酸漿《ほおずき》のような赤い目をした八股の大蛇の意で、村長《あれをさ》は七人の娘を人身御供にされてしまった。そのうえ、稲田姫まで命を狙われた。恐ろしさに震えている稲田姫を、両親が懸命に介護していたとき、磯清之男尊と出遭うという筋書きであるが、「八重谷」も「八女《やめ》」も「八股の大蛇」も、みな数合わせと思われる。

「磯清之男尊《そさのみこと》の　神問《かんと》ひに　明らさまにぞ　答ゑけり　『姫お得んや』と　弥問《いやと》いに　『御名は誰ぞ』と　裏問えば　天《あめ》の弟《おとゝ》と　顕われて　契りお結ぶ　稲田姫　（中略）姫は弓削屋に　隠し入れ　荒乃《すさ》男は窶身《やすみ》の　姫姿　斎《ゆ》つの黄楊櫛《つげぐし》　髻《つら》に挿し　山の桟敷《さすき》に　八搾《やしぼ》りの　酒お醸して　待ち給ふ　八股頭の　大蛇来て　八槽《やふね》の酒お　飲み酔いて　眠る大蛇お　ずだに斬る」

（同紋）

八股の大蛇が村々に出没し、何人もの年頃の娘を襲い、村長の娘まで狙われたとなれば、その噂は広く流布しただろう。磯清之男尊はその噂を耳にして村長の家を訪ねて行き、稲田姫が襲われたときの子細を聞いたものと思われる。

磯清之男尊は稲田姫を見て、すっかり惚れてしまう。さっそく「それがしに姫を」と何度も懇願したが、村長は即答しなかった。見れば巌《いわお》のような大男だが、総角《あげまき》は乱れて薄汚れ、いかつい顔は髯だらけ、着衣《きぎぬ》は絹でもよれよれで洗ったことすらないようだった。おいそれと承知できるわけがない。

　だが、断っての懇願に名前や素性を聞いてみると、磯清之男尊の重たい口から、天照神の弟だという小さな声が漏れてきた。磯清之男尊にしてみれば、いまや流浪の身である。ばれては困ると思ったが、やむを得なかった。姉・昼子姫との誓いを実現するには妻を娶らなければならない。その妻はこの稲田姫しかいないと思い定めてしまっていた。

　村長は、思いがけない素性を知って承諾し、契りを結んだ。汚れてはいるが、絹の着衣がウソでないことを明かしている。拵《こしら》えも下民《しただみ》のものではないし、よくよく見れば、傍らに置いた剣は見たこともない立派なものだった。天照神の弟がこんな田舎に、こんなみすぼらしい格好で暮らしているからには、何か子細があるようだとは思ったが、たった一人の愛娘を大蛇に奪われるくらいなら、くれてやってもいい。もしかしたらもしかするかもしれなかった。

　しかし、条件をつけた。姫を狙う大蛇を退治することである。磯清之男尊は快諾し、稲田姫を弓削屋に隠すと、姫姿に身を窶《やつ》し（「やす身」の「やす」は「窶《やつ》す」意。「つ」の省略形）、酒樽を担いで八重谷に入った。そして、酒に酔った大蛇が眠ったところをずたずたに斬り殺したというわけである。

　多少の違いはあれ、〔記紀〕の記述も大筋はこんなところである。ここでは磯清之男尊を「すさ」

としているが、これは荒《すさ》んだ生き方をして流浪《さすら》の身に堕ちたこと、大蛇退治のため姫姿に身を窶《やつ》したことを前提として「荒之男《すさのお》」のあだ名を用いたものと思われる。

しかし、八股の大蛇など現実にはいるはずがない。その正体は、実は持子・早子の姉妹だった。「姫姿」に身を窶したというのも、大蛇伝説を前提とした表現である。大蛇の正体が持子・早子の姉妹なら、実際は薄汚れた下民姿に窶したであろう。

大蛇の正体は持子と早子の姉妹

時を少しさかのぼって、筑紫の宇佐宮へ流された姉妹のその後を見てみよう。先に引いた第七「遺し文清汚お裁つ紋」には、内宮の瀬降津姫から「必ず待てよ　時あり」と懇ろに諭されたにもかかわらず、遠くへ追った内宮を恨んで怒り狂い、早子はわが三つ子すら養育しようとしなかったことが書かれていた。その次下《つぎしも》に、

「流浪《さすら》なす　二流浪姫《ふたさすらひめ》　憤り　簸川に怒り　なる大蛇」（第七紋）

と記されている。持子・早子の姉妹はとうとう宇佐宮を飛び出し、ともに流浪して細矛国の簸川にたどり着き、二人とも怒り狂う大蛇になったという。先の第九紋の記述では、大蛇は一頭《ひとかしら》のよう

だった。〔記紀〕もそうである。だが、実は持子・早子の二頭であった。

なぜ姉妹は細矛国を目指したのか。なぜ二人とも大蛇になったのか。第二十八「君臣遺し詔《のり》の紋」には、こんな記述がある。磯清之男尊の御子の一人、島津大人《うし》の語りである。

「赤槌が　女《め》お弟君《おときみ》に　因《ちな》むおば　早子《はや》が大蛇に　噛み殺す　弟君《おと》・足撫槌《あしなづ》命が　女お請えば
　七姫までは　噛み食らふ　時に磯清之男　これお斬り」

前段は筑紫の宇佐宮にいたときの話であるが、あるとき早子は、磯清之男尊が赤槌命の娘・早吸姫に一目惚れをし、契りを結ぼうとした（因む）話を小耳に挟んだ。結局は結ばれなかったのだが、早子はそれを聞いただけで早吸姫を殺してしまった。大蛇を前提としているので「噛み殺す」という表現になっているが、実際は首を絞めて殺したのではあるまいか。

この話から、二つのことがわかる。一つは、早吸姫を殺したのは嫉妬心からだということである。それも相当な嫉妬である。二つには、その嫉妬の由縁は、磯清之男尊に対する「道ならぬ情欲」が、まだ少しも冷めていなかったということである。それ以外ではあり得ない。

先に「折々宿る　北の局」とあって、これは単に泊まったということではなく、磯清之男尊と密通に及んだとみたのも、そのためである。早子はそのとき味わった夜々の快楽が、忘れようにも忘れられなかった。それは姉の持子も同じだったのだろう。宇佐宮に流れた噂話から、すでに磯清之男尊が細矛国へ流浪に追われたことを知った持子は、ただただ会いたい一心で、早子ともども細矛国を目指した、そう推察されるのである。

そうすると、後段の「弟君《おと》・足撫槌《あしなづ》命が　女お請えば　七姫までは　噛み食らふ」というくだりが、また違って見えてくる。つまり、細矛国にたどり着いた姉妹が、磯清之男尊の姿を求めて捜し歩き、村人たちに聞いてみると、すでに磯清之男尊は稲田姫と結婚していた、と読める。ふたたび嫉妬に狂った姉妹は、稲田姫を探して村々を襲い、これと思う年頃の娘たちを次々と殺したわけである。結婚する前から七娘を襲ったという第九紋の話よりも、こちらのほうが説得力があろう。

ちなみに、「赤槌《あかつち》が　女《め》お弟君《おときみ》に　因《ちな》むおば　早子《はや》が大蛇《おろち》に　噛《か》み殺す　―　おと・足撫槌《あしなづ》命が　女《め》お請えば」との文から、「足撫槌命は赤槌命の弟だ」とする説がある。しかし「おと」は「弟君」の略で、ここは弟君の磯清之男尊が足撫槌命の姫を嫁に請うた、という意味に解すべきところである。

さてそうすると、持子・早子の姉妹を「大蛇」とした意味も、自ずから解けてくる。

古来、「蛇」はさまざまな象徴にされてきた。西欧では「医」の象徴であるが、古代地中海の世界では不死や再生、生殖の象徴であった。それが旧約聖書の時代になると、エデンの園でイヴが蛇にそそのかされて禁断の実を食べたことから、狡猾と邪悪の象徴になった、などがその例である。

だが『秀真伝』によれば、わが国の神代では、嫉妬と色情、淫乱の象徴だったといってよいのではないかと思う。現代でも、色情の相がある女性を霊能者が霊視すると、大きな蛇が体に巻き付いているのが見えるという。これは霊能者に共通した認識のようである。

持子と早子の姉妹は、内宮・瀬降津姫を殺そうと謀り、磯清之男尊が恋した早吸姫を殺し、妻となった稲田姫をも殺そうと狙い、村娘を何人も殺した。みな凄まじいまでの「嫉妬」からである。そしてその裏には、磯清之男尊との密通で目覚めた激しい「色情」が絡みついている。

かくして持子・早子は「大蛇」に譬えられたが、それがやがて「大蛇」そのものに変質して伝承され、〔記紀〕の中では姉妹の姿はかき消えてしまった。それがなぜかはいうまでもない、〔記紀〕では天照神が女神と誤解されたとき、すでに持子・早子という妃は存在しなくなっていたのである。

こうして見てくると、「時に磯清之男尊　これお斬り」のくだりも、また違って見えてくる。姉妹を斬ったのは、妻となった稲田姫をも殺そうと狙い、村娘を何人も殺したからでもあったろう。だが、ただ単にそれだけではなかった。

八重谷に向かう磯清之男尊の心中にあったのは、いまや世の隈となった持子・早子の姉妹を斬ることによって、細矛国を和《やわ》すことであり、緒穢隈《おゑくま》を宿して生まれた過去の自分と決別することであった。それはまた、「汚《が》」から「清《さ》」への転換でもあったのである。

男児誕生、それでも姉は許さなかった

稲田姫を娶って一年ほどのち、村長の家の一室に初子の大きな産声が木霊した。生まれたのは男の子で、磯清之男尊は実名《まことな》を大弥彦《おゝやひこ》と名付けた（第九紋）。優れた男に育てよ、という願いを込めた名である。姉との誓いが叶ったので、磯清之男尊の喜びもひとしおだった。

この一年の間、細矛国は平穏であった。先に磯清之男尊が連行してきた白人・胡久美は、持子・早子の姉妹が簸川にくると、結託して暴れまわっていたこともあったが、姉妹が殺されたと知ってかどこかへ姿を消し、細矛の国は久方ぶりに鎮まっていた。

大弥彦命もつつがなく育ち、元気に這い回りはじめたのを見届けて、磯清之男尊は独り細矛を発って、中国《なかくに》の弥清川へ向かった。昼子姫との誓約を果したので、許しを請うためである。

「稲田姫して　大弥彦　生めば磯清之男　弥清川に　行きて『誓ひの　男の子生む　吾《あ》勝つ』といえば　姉が目に『なお汚しや　その心　恥おも知らぬ　世の乱れ　これみなそれの　過ちと　思えば咽ぶ　早帰れ』　磯清之男恥じて　北《ね》に帰る」（第九紋）

磯清之男尊は、こんどは姉もきっと許してくれる、と思っていたに違いない。

「姉君、喜んでくだされ。誓いの男の子が生まれました。われの勝ちです」

磯清之男尊は胸弾ませていった。だが、昼子姫が発した言葉は厳しかった。

「なお汚しや　その心　恥おも知らぬ」は、女の子を生んでも汚しとは言えず、男の子が生まれても清《すが》しとは言えない、何の明かしにもならないぞ、恥を知りなさい、といった意味だろうか。

「世の乱れ　これみなそれの　過ちと　思えば咽ぶ　早帰れ」

磯清之男尊と持子・早子の謀反が発覚して以来、徴《はた》れの群れがあちこちに跋扈《ばっこ》し、世の中は以前にも増して乱れだしていた。昼子姫は、それはみな磯清之男尊の過ちが因《もと》だという。国民たちの中に、「天君の弟までが天下を狙うようでは、世も末だ。われもわれもと徴れが起こるのも無理はない」と悪口するのが、耳に入ってきていたのかもしれない。そのことをよく考えて、恥を知りなさい、ということだろう。

昼子姫が「思えば咽ぶ。早や帰れ！」と、涙を浮かべて叱るのを見て、磯清之男尊はたじろぎ、言葉を失った。たしかに、自分が犯した罪を思えば、天君が徴れどもに侮られるのも当然である。誓いどおりに男の子を生めば、清心《さごころ》の証を立てられると思った自分が浅はかだったのだ。

ふと、「持子・早子の姉妹を斬った」といおうとして止めた。話せなかった。いかに大蛇と化したとはいえ、兄・天照神の妃だったのだ。

磯清之男尊は潤む目を瞬き、言葉もなく姉のもとを後にした。青々と広がる稲田の細道を戻りながら、つと振り返って見ると、階段《きざはし》の上に立って見送り、また目頭を拭く姉の姿があった。それは、なお怒る悲しみの涙なのか、出来の悪い弟を案ずる憐れみの涙なのか、磯清之男尊は自分の至らなさを思って悄然とした。

昼子姫は、誓いを果たしたと帰ってきた弟の姿に、清心を感じ取っていた。だが、天君の心を癒すまでもう少しの辛抱との思いで、あえて許さずに帰したのだった。何をすればよいか、よく考えよと、心の中で呼びかけていた。

3　八雲断つ出雲の国

息吹将主命との涙の再会

細矛の国は、その後もしばらく平穏であった。稲田姫も数年のあいだに大弥姫、端月姫《つまづひめ》、事八十彦命を生んだ（第九紋）。御子が四人に増え、部屋も手狭になってきたので、淡海《あわうみ》（宍道湖）の近くに清《すが》の地を選び、新たに館を建てはじめた。

だが、磯清之男尊の心は浮かなかった。折りに触れて、「世の乱れはそなたの過ちが因だ」と、涙を流して叱った姉の言葉が思い出された。裏を返せば、「功《いさおし》を立てよ」ということに思えるのだが、いまや流浪《さすら》に堕ちた身であった。どうして功が立てられるだろう。

折りを見て国内《くにうち》を巡り歩き、胡久美と白人を捜し回ったが、二人を見た者は一人もおらず、徴《はた》れ者の噂さえ聞こえなくなっていた。胡久美と白人はこの頃、よその国々に現われ、地元の盗賊らと組んで荒らし回っていたのである。

そうしてさらに年月を重ねるうちに、ふたたび徴《はた》れ者たちが現われて、細矛の村々を襲い始めた。

その襲われた村を訪ね、群れの頭《かしら》は胡久美と白人と突き止め、半月ほどかけて寝座《ねぐら》もおよその見当を付けたが、大勢の手下を従えていて一人ではどうすることもできなかった。

そんなある日、このところ降り続く雨の中を、しばらく宿を借りていたことがある弦召《つるめそ》が、息せき切って駆け込んできた。

「弟君《おとぎみ》！　弟君！」

「どうした。また徼れが現れたか」

と尋ねると、弦召は蓑笠から飛沫をとばして首を振り、

「違う違う！　弟君の甥御が兵士どもを引き連れ、徼れ討ちにやって来たのよ！」

「なに、その甥御とは誰ぞ！」

「それがその、たしか、もち、たか、とか……」

「望高《もちたか》か！」

磯清之男尊は、弦召が言い終わらないうちに立ち上がり、急いで蓑笠をつけると、ひた降る雨の中を駆けた。望高命は、阿波の国を治める兄、望杵・月夜見命の世嗣ぎ子であった。歳はまだ二十歳になったかならぬかである。

都から細矛の国に来る道は一つ。磯清之男尊は、ここと思う道端に佇んで、蓑笠を貫いて染み込む雨に濡れながら、甥子の姿を待ち侘びた。

「徴《はた》れ禍神《がみ》　蜂のごとくに　乱るれば　神議りして　徴れ討つ　（中略）　源は　北《ね》の益人《ますひと》に
因るなれば　息吹将主《いぶきどぬし》に　討たしむる　諾き向かふ　八十続き　細矛の宮の　朝日神　拝みて
至る　出雲路の　道に佇む　下民や」（第九紋）

望高は慈名《いみな》で、息吹将主命は讃え名である。「息吹」は、伊予・阿波の二名島が乱れたとき、父の望杵・月夜見尊が「息吹き上げ」て治めたことに由来する（第六紋）。「とぬし」の「と」を「戸」とするのは当て字。私は「将主」とした。「将」には「と」の和訓もあり（『漢字源』）、軍を率いる長にふさわしい。また、「出雲路」は、このあと細矛が出雲に名を変えてからの呼称で、いまこのときはまだ「細矛路」であった。

「笠蓑剣　投げ捨てゝ　何宣《の》りこちの　大眼　涙《なんだ》は滝の　落ち下る　時の姿や　八年《やとせ》ぶり　想
い思えば　徴れとは　驕る心の　吾からと　やゝ知る今の　磯清之男が　悔やみの涙　叔父甥
お　親族《しむ》の過ち　償《つぐの》えと　嘆き歌うや
『天下《あも》に降る　吾《あ》が蓑笠ゆ　親族《しむ》の三段《み》枯《き》　三千日《みちひ》は然《さ》まで　荒ぶる畏《おそ》れ』
かく三度　肝にこたえて」

やがて八十続きの兵士どもの先頭に立ち、黒駒に跨がった望高の姿が見えてくると、磯清之男尊は蓑笠も剣も打ち捨て、その丈夫《ますらお》ぶりに大眼を瞬きながら甥の姿に見入った。噴き上げる悔やみの涙は滝のように流れた。最後に会ったのは斎沢《いざわ》で縄目を受けたときだった。それから早くも八年が過ぎていた。

望高も目を潤ませて、そぼ降る雨に濡れ、涙に濡れる叔父の前に駒を止めた。とそのとき、磯清之男尊は泥濘《ぬかるみ》に這《は》い蹲《つくば》い、甥を待ちながら作ったばかりの歌を、震える声で三度歌った。

「天下《あも》に降る　吾《あ》が蓑笠ゆ　親族《しむ》の三段枯《みき》　三千日《みちひ》は然《さ》まで　荒ぶる畏《おそ》れ」

いまこのときの磯清之男尊にとって、蓑笠を叩いて降る雨は、天下を騒がせた己れを責める咎めの雨であった。国を望み、兄君の命を窺い、妃の若姫花子を殺めた「親族《しむ》の三段枯《みきだ》れ」の罪は、まだいかほども償えていない。蓑笠を捨てたのもそれ故であった。この咎めの雨を、蓑笠つけて凌《しの》ぐことなど、どうしてできるだろう。はや三千日、八年も経つというのに、いまなお天が下は荒ぶって治まらない。すべてはわが罪と思うと、磯清之男尊は畏れ戦《おのゝ》き、望高の足下に蹲《つくば》い、肩を震わせておいおいと泣いた。

「情けより　さすがに濡るゝ　息吹将主《いぶきぬし》　親族《しむ》の蹲《つくば》え　とも涙《なんだ》　駒より降りて　磯清之男の手お引き起こす　親族《しむ》の縁《より》　『天癒《あい》ゑることは　のちの忠《まめ》　功《いさおし》成せば　晴れやらん　吾お助けて　ひと道に　益人討たば　忠《まめ》なり』と　打ち連れ宿る　佐太の宮　法《のり》お定めて　徹れ根も
白人・胡久美　大蛇らも　討ち治めたる」

蓑笠を脱ぎ捨てて這い蹲い、雨と涙にかき濡れる叔父を目の当たりにして、さすがに息吹将主命は情にほだされ、とにも落涙した。駒から飛び降りて、叔父の手を引き起こしたのも、血のつながった縁《えにし》（親族の縁《より》）であればこそであった。

「叔父君、お久しく……！」

息吹将主命は叔父の手をしっかり握り、涙ながらに語りかけた。

「これまでの幾年月、さぞお辛かったこととお察しいたします。ですが叔父君。天君の御心が癒え、許されるか否かは、これからの忠《まめ》の如何です。功《いさおし》を成せば、必ずや御心も晴れまする。われを助けてくだされ。とも一道《ひとみち》に徹れを討たば、天君もきっと叔父君の忠を認めてくださいます！」

磯清之男尊は唇を引き結び、幾たびか肯いた。

「うむ、そうしよう。吾もそう思っていたところだ」

「それはありがたい。叔父君の助けがあれば、もはや徴れを討ち滅ぼしたようなものです」

息吹将主命はそう言いながら、叔父に蓑笠をつけてやり、磯清之男尊は甥の駒の手綱を取って、佐太の館へ導いた。

徴れ討ち

息吹将主命と酒を酌み交わしながら、磯清之男尊は細矛国の国絵を描いた。そしてかねて見当つけておいた白人、胡久美らの寝座を示し、周囲の様子を語って討ち法《のり》を計った。

明くる日も、次ぐる日も、朝から大雨が降り続き、梢が強い風にざわついていた。だが、このような折りこそ、徴《はた》れらは寝座を動かず、近寄りやすい。これも討ち法と定まって、降りしきる雨の中を徴れの寝座を目指し、険しい山に分け入った。

身に纏った蓑笠は役に立たず、みなずぶ濡れで、川に浸っているのと等しかった。体は冷え切って、寒さに震えが止まらなかったが、誰ひとり落ち逸《はぐ》れる者もなく、やがて目当ての寝座に辿り着いた。

そこは険しい崖に囲まれた谷間《たにあい》で、大きめの丸屋が一棟、屋根の頂上から煙りを上げ、ひた降る雨に濡れそぼっていた。葉枝で補修はしてあったが、山窩《やまが》の族《やから》でも建てたものか、かなり古い丸屋だった。息吹将主命は岩陰、木陰に兵士らを隠し、遠巻きに包囲した。それを待って、白人、胡久美をよく知る磯清之男尊が、四、五人の兵士を連れて斥候に出た。

　出入り口は一つで、そこには細い雑木を編んだ猿戸があった。その雑木の隙間から覗いて見ると、十二、三人ほどの男らが焚き火を囲み、串刺しの肉を食い千切っていた。が、猿戸口から見える男に白人、胡久美の顔はなかった。

　磯清之男尊は、連れてきた四、五人の兵士をみな戸口に置いて、裏に回った。そして剣を抜き払い、穂先を突き刺して、編んだ葉枝をこじ開けた。その穴から中を覗くと、正面に見える男の中に、白人と胡久美の見覚えのある顔が、焚き火の炎に照り映えて見えた。

　磯清之男尊は戸口に戻り、望高に向かって片手を挙げ、ゆるやかに手招いた。そして包囲の輪が半ばまで縮まったところで止め、兵士どもが矢を番《つが》えたのを見届けて猿戸を蹴倒し、連れてきた兵士らとともに、丸屋を揺すりに揺すって引いた。

「なんだ、なんだ！」

「猪か、それとも熊か！」

　と喚きながら、丸屋の中から黴れ者らが出てきた矢先、望高が右手を挙げると、四方から洞貝が鳴り響いて谷間に木霊した。

「それ、矢を射よ！」

　と息吹将主命が叫び、自らも矢を放ち、数多の矢が戸口に向かって雨のように飛んだ。黴れらは

悲鳴をあげて次々と倒れ、逃げ惑った。そこに、

「叔父君！」

ふたたび息吹将主命が叫んだ。叔父に手柄を立てさせてやりたかった。包囲の輪まで下がってい
た磯清之男尊は、すぐ「おお！」と応えて飛び出して行き、矢傷を受けて呻いていた白人、胡久美
が立ち上がって振り回す剣を、一振り二振りではね飛ばし、左肩から右肩からと斬り裂いて、首を
刎ねた。あとの黴れは、望高や兵士どもが息吹きあげて剣を交え、斬り殺し、刺し殺した。

終わってみれば、あっ気ない軍《いくさ》だった。とまあ、これは私の想像なのだが……。

「八雲断つ」の歌

以下は第九「八雲討ち琴作る紋」からのダイジェストである。

息吹将主命は、勝ち戦も誇らしげに斎沢《いざわ》に帰り、先触れで集った天照神や諸臣《もろとみ》らの前で、磯清之男尊の大蛇退治をはじめ、一部始終を報告した。喜んだ天照神は香久宮に祝いの宴《うたげ》を設け、珍目命が弓弦《ゆづ》を打ち鳴らして舞い、若歌姫《わかひめ》（昼子姫）は六弓弦《むゆづ》の琴を弾いて祝った。

天照神は、息吹将主命に山田県《あがた》を下賜し、息吹神の讃え名まで贈った。また、磯清之男尊が雨降る道端で歌った悔やみ歌を息吹将主命から聞いて、諸臣たちとともに神議りして、磯清之男尊に「氷川神《ひかわかみ》」の讃え名を贈った。「氷川」は簸川との懸詞であるが、「氷」には緒穢隈《をえくま》の汚《が》が消え、清《きよ》

（氷）らかになったという意が籠められている。さらにその勲功を愛でて八重垣幡を授けた。そして使者に立った清緒鹿には、「この八重垣幡を新宮に立て、いまの地に本居《もとおり》を開け」という言葉が託された。磯清之男尊を始祖とする新しい本拠地を開く意である。

磯清之男尊は清緒鹿を迎え、八重垣幡と氷川神の讃え名を、畏まって押し戴いた。さっそくその日から、まだ成らぬ新宮に八重（八角形）の垣を巡らし、その角ごとの端込《つまごめ》に八重垣幡を立て、清緒鹿のあとを追うように伊勢の都へ上った。

伊勢には暴れた思い出しかない。香久宮で久しぶりに天照君の顔を仰いだときは、

「兄君、お久しく……！」

と言ったなり、あとの言葉は喉につかえ、溢れる涙を拭って兄を見つめたに違いない。天照君も磯清之男尊の手を取り、こんな会話が交わされたのではないだろうか。

「おお、よく来た！　そなたの功は、みな聞いた。よくやってくれた、礼を言うぞ」

「みな、望高の、手柄です。過日には、ありがたき幡と、名を賜り……。戴きました八重垣幡は、さっそく館の八隅に立てましたが、氷川神の賜い名は、とても……」

「何をいう。黴《はた》れを討ち滅ぼし、細矛の国を安らげたのだ。少しもおかしくはない。ついては、これを潮に細矛の国名《くにな》も替えようと思うが、何かよい名はないか」

「それでしたら、出雲の国と」

「出雲の国……？」

天照神は不審そうに反問したが、磯清之男尊の説明を聞いて納得した。そしてこのとき「細矛国」は、天照神によって「出雲の国」と命名された。詳しくはあとで述べるが、「出雲」の国名《くにな》の発案者としては、磯清之男尊がもっともふさわしい。

またこのとき、建築中の新宮《にいみや》の名も賜った。

「奇《く》し日より　清埴《すがは》に築く　宮の名も　奇稲田宮なり」（第九紋）

〔記紀〕は「奇」を稲田姫の名に冠しているが、この「奇」は磯清之男尊が勲功を立て、晴れて天照神にお目通りした「奇《く》しき日」に因んで、天照神から新宮に賜ったものである。

「細矛国　変えて出雲の　国はこれ　天《あめ》の道以《も》て　民安く　宮ならぬ間に　稲田姫　孕めば歌
に
『八雲断つ　出雲八重垣　端込《つまごめ》に　八重垣造る　その八重垣わ』
この歌お　姉に捧げて　八雲討ち　琴の奏《かなで》お　授かりて　歌に合わせる　稲田姫　ついに奇妙《くしたえ》
顕われて　八重垣内の　琴歌ぞ」（第九紋）

息吹将主命が凱旋したとき、その宴の席に若歌姫（昼子姫）もいた。磯清之男尊が都に上ったときもいたのだろうか。それとも弥清川まで行って会ったのだろうか。磯清之男尊は、こんどは喜び迎えてくれたを姉に、作ったばかりの歌を捧げた。〔紀〕には載っていないが、〔記〕は磯清之男尊のこの歌を、

「八雲立つ　出雲八重垣　妻籠《つまこ》みに　八重垣作る　その八重垣を」

としている。しかし、『秀真伝』ではこうである。

「八雲断つ　出雲八重垣　端込《つまこめ》に　八重垣造る　その八重垣わ」

「八雲たつ」を「断つ」としたのは、私の判断であるが、「断つ」が表、「立つ」が裏の懸詞である。そうすることによって二の句の「出雲（の国）」に、湧き起こる（立つ）暗《が》の雲を断ち、明《か》の国に開き出づる意を表したと私はみる。そうでなければならない。

「八雲立つ」としたのでは、「出雲」の国名《くにな》は持子・早子の大蛇が吐く妖しい雲が立ちのぼる意味

にしかならず、新しい国名《くにな》には少しもふさわしくない。それなら細矛国（国を治めるのにあまり矛を使う必要のない国）のほうが、まだましであろう。だが、その細矛国を騒がせた徴《はた》れを討った祝いに改名するとすれば、前向きな「断つ」であるべきなのである。

二の句の「八重垣」と結句の「八重垣」は、八重垣幡との懸詞とみてよい。「八重」は通常、八つ重なっていることを意味するが、垣根を八つ重ねて作ったのでは豪勢すぎるし、まずあり得ない。ここでは四角の垣の角を切って八角形にした意と考えられる。八重垣幡も八本であろう。

三の句の「つま」は端《つま》、「こめ」は詰め寄せて置く意の「込め」で、つまり「端込《つまこめ》」、端っこの意味になる。この歌の前に「稲田姫　孕めば歌に」とあるから「妻籠に」との懸詞とみてもよいが、第二句の「八重垣」を承け、第四句の「八重垣」にかかっている点を重視すれば「端込」が表である。

結句の「その八重垣わ」の「わ」は、初句の五音「八雲《やくも》断つ」の「や」と通わせて、「和《やわ》す」志を籠めてある。そうすることによって、八重垣と八重垣幡は内向きではなく外向きになり、天照神とともに八方の国民を守り和す、という己れの志を表現している。つまりこの「や・わ」には、「汚《が》」から「清《さ》」へと転換した己れ自身の、さらに「暗《が》」から「明《か》」へと国を転換しようとする決意が籠もっているといってよい。したがってこの歌は、次のような意味になる。

「このたび細矛国は、立ちのぼる暗《が》の八雲を断ち、明《か》の国へと開き出づる出雲の国に名を変えました。ご褒美に天照神から八重垣に立てる八本の幡を賜ったので、新宮の周りに八重垣を造り、八つの角の端込ごとに八重垣幡を立てました。その八重垣と八重垣幡は、ただ単にわが本居《もとおり》を開くためのみならず、八方《やも》の国民《くにたみ》を守り和《やわ》し、天君のご恩に報いてこそのものです。過去の自分とはきっぱり訣別しました。これが固く誓った私の志です」

新宮に立てた八重垣幡が、はたはたと風になびく光景の中に、彼の清心《さごころ》が風に乗って広がっていく様子が目に浮かぶようである。磯清之男尊は、白絹に染めたこの歌を、恐る恐る姉に見せた。若歌姫（昼子姫）がどう評価したのかわからないが、歌の心はみな読み取ったに相違ない。

若歌姫からは出雲の徹れを討ち滅ぼした祝いに、稲田姫への贈り物として琴が贈られた。稲田姫はまだ琴の音を聞いたことさえなかった。

――しばらくは、耳を塞いでいるしかあるまい。

磯清之男尊は心中で思いながら、琴の包みを押し戴いた。

鄙《ひな》びた田舎育ちの娘である。磯清之男尊と結ばれてからは次々と四人の子を生み、いままた身籠もって大きな腹を抱えていた。琴など習う気も暇もなかったはずである。だから、「ついに奇妙《くしたえ》顕われて」は、そのうちうまく弾けるようになったというほどの意味であろう。

息吹将主命との再会場面からここまでの物語は、磯清之男尊にとってもっとも重要な場面であるが、〔記紀〕にはまったく記されていない。そのため、なぜ磯清之男尊が「氷川神」と讃えられたのか、まったくわからない。『秀真伝』はその点でも貴重な資料である。

4　器量者の御子・奇杵命

奇杵命の誕生と讃え名「おほなむち」の由来

八重垣幡が風になびく奇稲田宮に、大弥彦命、大弥姫、端月《つまづ》姫、事八十彦命の幼児たちが遊びまわる中、稲田姫が五人目の御子を生んだ。磯清之男尊はその御子の慈名《いみな》を「奇杵《くしきね》」と名付けた。奇稲田宮で初めて生まれたことに因んだのであろう。

「生む子の慈名　奇杵は　琴に優しく　治むれば　流れお汲める　諸子《もろ》が名も　八州治身《やしましのみ》の
大直結道《おほなむち》　次は大年倉結《おゝとしくらむすび》　次は葛城　一言主《ひことぬし》　次は清芹姫《すせりめ》　五男三女《ゐをみめ》ぞ」（第九紋）

一見すると、「諸子《もろ》が名も」のあとに出てくる御子は、みな奇杵命が生んだ子のように見えるが、「五男三女《ゐをみめ》ぞ」とあるから磯清之男尊の御子である。

三歳、四歳と成長するにしたがい、早くも奇杵をなかなかの器量者と見た磯清之男尊は、長男の大弥彦命や次男の事八十彦命を差し置いて、奇杵命を世嗣ぎ子にした。「流れお汲める」は血統を受け継ぐ意で、すべての御子に懸ってはいるのだろうが、なかんづく奇杵命に懸って、世嗣ぎ子にした意が表されていると私はみる。その期待どおり、やがて奇杵命は琴を巧みに奏で、出雲の国民《くにたみ》を優しく治めた。それのみか天照神に見込まれて、大物主という役目まで頂戴する。

「八洲《やしま》しのみの　おほなむち」は奇杵命のことであるが、「やしま」は日本列島を意味する八洲《やしま》である。〔記〕は島、〔紀〕は州の字を用いているが、どちらでもよいだろう。「しのみ」は〔記紀〕には出てこないが、「治身」と「忍身」の二つの意味が懸かっているとみる。第九「八雲討ち琴作る紋」に、

「遷《うつ》し国《くに》　病《や》めるお癒《いや》し　鳥獣《とりけもの》　穂汚虫祓《ほおむしはら》ひ　殖豊《ふゆ》お成《な》す（中略）大直結道命《おほなむち》　一人巡りて
民の糧」

とある。「遷《うつ》し国《くに》」は奇杵命がのちに津軽に追われたことをさしているが（後述）、それでも各地を巡って病気を治したり、鳥獣や蝗を呪い歌で祓ったり、民の食料増産に寄与したりしている。前者が「忍身」、後者が「治身」にあたる。

「おほなむち」については、〔記〕は大穴牟遅神《おほなむぢ》とし、〔紀〕は大己貴命《おほあなむち》としているが、〔記〕のほ

うは万葉仮名である。〔紀〕の「己」にも「あな」の訓みはなく、当て字にしても不自然である。辞典には「な」も和訓もあるように記されているが、大己貴命という〔紀〕の表記を前提とした〝後付け訓み〟とみてまず間違いない。また、「貴」に「むち」の和訓ありとする辞典はあるが、これも同じである。

『秀真伝』では第九紋と第十紋に集中してこの名が八回出てくるが、すべて「おほなむち」とある。奇杵命の前記のような事績にもとづいた名と考えられ、私は「な」は直《なお》、「む」は結ぶ意、「ち」は道《みち》とみて、「大直結道命《おほなむち》」とした。「治《ち》」も考えたが「治」を「ち」と訓むのは漢音で使えない。

妻・竹子姫との年齢差から見えてくるもの

話を戻す。同じ第九紋に、奇杵命に関して次のような記述がある。

「君・奇杵お　大物主《ものぬし》に　竹子お妻と　なして生む　兄は奇彦　女《め》は高子　弟《おと》は葬鹿《すてし》の　高彦
根」

短いフレーズの中に、天照神が奇杵・大直結道命《おゝなむち》（大己貴命）に「大物主《おおものぬし》」の官職を与えたこと、奇杵命は小益姫早子の子・竹子を妻に迎えたこと、そして三人の御子を生んだことが記されている。

まず奇杵命の御子たちことから先にいってしまうと、奇彦命はのちの大国主命《おおくにぬし》である。高子姫はここでは高彦根命の姉のように見えるが、実際は妹である。二人ともこのあとで、〔記紀〕にも記されている有名な場面で登場する。その場面は「**第６章　若歌と政り事**」で詳しく述べるが、「すてし」の「すて」は葬る、捨てる意で、「葬」には「すて」の訓みもある。つまり「すて」は、その有名な場面が葬儀場だったことに、「し」はその場面で高彦根命が自分を鹿《しか》に譬えた歌を詠んだことに由来していると思われる。つまり「葬鹿《すてし》」ということになるが、それ以外は考えがたい。

さて、奇杵命のことである。奇杵命は早子が生んだ三つ子のうちの一人、竹子を妻に娶ったのであるが、少し立ち止まって考えてみたいのは、この竹子姫との年齢差のことである。なぜかというと、そこに磯清之男尊の思慮の深さと思いがけないドラマが潜んでいるからである。

早子が三つ子を生んだのは、天照神が宮津に五年いたときのことだった。先に持子が男子を生み、そのあと早子が生んだのであるが、天照神が原見山の安国宮に戻るとき、早子だけ宮津にとどめ置かれた。三つ子が生まれたばかりだったか、産後の肥立ちがよくなかったためであろうが、竹子姫ら三つ子は五年目の最後に生まれたことになる。

安国宮に戻った天照神は、ほどなく父・誘諾木尊から「天つ日嗣」を継承する。そして伊勢の斎沢に遷都するのであるが、日速彦命《ひのはやひこ》が手分けして国絵を完成するのに最低二年、斎沢宮の造営も大がかりな工事なので、遷都まで最低でも都合四、五年はかかったと思われる。そのあと持子・早子の姉妹が謀反を企み、磯清之男尊に天照神を殺させようとして失敗したが、それは斎沢遷都のすぐあとではない。少なくとも二年はみる必要があろう。合わせて六、七年である。

また、磯清之男尊が流浪《さすら》に追われてから許されるまで八年、許されてから奇杵命を生むまで約一年である。竹子姫が生まれてからの年数を合計すると、低く見積もっても約十五、六年である。つまり奇杵命が生まれたとき、竹子姫はもう結婚してもおかしくない十五、六歳になっていた。だから、もし奇杵命が十八歳で結婚したとすると、竹子姫は三十四、五歳だったわけである。

この間に、三つ子のうちの滝子姫は香久山住命と、棚子姫は息吹将主命と結婚し、子を生んでいる（第二十八紋）。なぜ竹子姫だけがこれほどまで遅れ、十五、六歳も年下の従弟・奇杵命と結婚することになったのか。竹子姫の意志でも、奇杵命の要望でもあるはずがない。

磯清之男尊がそう望んだ、と私はみる。その理由として三つ考えられる。

その一つは、斎沢では磯清之男尊が持子・早子の姉妹と寝たことが、半ば公然と噂されるようになっていた。その中に、「もしかしたら、早子の三つ子は磯清之男尊の子ではないか」といった噂もあって、それが磯清之男尊の耳にも入ってきた。それを否定するために、竹子姫を奇杵命の妻にしたのではないか、ということである。竹子姫が磯清之男尊の子なら、わが子とわが子を結婚させることになり、あり得ないこととして否定できるわけである。密通の公然化は不確かだが、あり得ないことではない。

二つには、竹子姫ら三つ子は成長してから母の早子が謀反を企んで筑紫に追われたこと、宇佐の国頭・赤槌命の娘・早吸姫を殺して出奔し、やがて磯清之男尊に殺されたことなどを噂に聞き、悲しみと母の供養のためにあちこちを彷徨《さまよ》い歩くのであるが、それは年齢から推し量ってたぶん磯清之男尊が許されてのちのことであろう。哀れに思った磯清之男尊は、母の早子を殺した自責の念から、三つ子の一人はわが子の嫁にしてやろうと考えたということである。

三つには、竹子姫が滝子姫や棚子姫をはじめ、周りの姫たちよりも素直で賢く、心根もずば抜けて良かった、と考えられることである。そうでなかったら、どうして十五、六歳も年上の竹子姫を奇杵命の妻に迎えるだろうか。

父の期待を担った奇杵命

磯清之男尊は、当初こそ竹子姫を長男・大弥彦命の妻にと考えたろう。許されて伊勢に上った頃、大弥彦命は五、六歳になっていた。竹子姫はもう嫁に行く年頃だから、許しを得ておく必要があり、さっそく天照神にお目通りして願い出た。すると天照神も、「まあ七、八歳の年の差ならいいだろう」と思ってか、難なく承諾してくれた。

だが、そのあとで奇杵命が生まれると、磯清之男尊の考えが変わった。長男の大弥彦命や次男の事八十彦命よりも、奇杵命は幼い頃から大物になる器を感じさせた。そこで長男、次男を差し置いて奇杵命を世継ぎにと心に決めたのだ。

一方、天照神のほうは、滝子姫は香久山住命と、棚子姫は息吹将主命と結婚すると、一人残った竹子姫が可哀想で、大弥彦命の成長を指折り数えた。そして大弥彦命が十六歳くらいになった頃、磯清之男尊に二人の結婚を迫った。ところが磯清之男尊は、

「まだ奇杵は十歳になったばかりで、ちと早すぎます」

と何食わぬ顔でいう。天照神は目を剥《む》いて叫んだ。

「なに、奇杵！　そうは聞いておらぬぞ！　大弥彦ではなかったのか……」

「なんの。わが子の妻に、と申したまでのこと」

「ならぬ、それはならぬぞ！　竹子は今年二十四歳になった。奇杵が十六のとき、竹子は三十路《みそじ》を二、三歳も超え、十八なら三十四、五にもなる。それまで待たせるのは可哀想だ。待てぬ、とても待てぬわ！」

怒った顔で言い放つ天照神に、磯清之男尊は笑みを浮かべて静かにいった。

「天君、疾《と》くとお聞き召され。婿に選んだ男が二人、ここにいるとします。一人は天君のような丈夫《ますらお》、もう一人はそれがしのような荒くれ。さて、どちらを選びますか」

「なんと、大弥彦は汝《いまし》の若い頃に似ているのか……？」

「いいえ、そうとは申しませぬが、奇杵に比べればずっと落ちます。年の差を案じて荒くれを選ぶ

のは愚かとは思いませぬか」

「む、む……！　それほどにいうなれば、いちど連れてまいれ。われに奇杵を見せよ」

「畏まりました。仰せのとおりに」

　にっこり笑って座を立つ磯清之男尊を、天照神は声もなく見送った。そして、やがて奇杵命を連れてきたとき、天照神はひと目見て惚れ込んだ。体格も立派で、物怖じしない眼差しといい、どんな問いにもはきはきと正解を答える様子といい、弟がいうとおり器者を感じさせる丈夫《ますらお》ぶりであった。天照神は弟の望みを断れなかった。

　以上は私の想像であるが、磯清之男尊が十五、六歳の年の差を意に解さず、奇杵命と竹子姫を娶せたことを考えると、このような陰のストーリーがあったのではと推察されるのである。

　長い歳月を経て、奇杵命は竹子姫と結婚した。天照神の結婚が十八歳であったし、竹子姫の年齢を考慮すると、おそらく奇杵命もその頃ではないだろうか。

　奇杵命が竹子姫と結ばれたとき、あるいは数年後に、天照神は奇杵命に「大物主」の官職を授けた。「鏡臣」の別称である。天照神の「剣臣」は桜内命が務めていたが、すでに高齢に達していたため、奇杵命を起用したものと思われる。奇杵命はまだ十八歳か二十歳くらいだから、大抜擢といえる。単に「身内だから役職を与えた」ということではあるまい。それだけ奇杵命の器量を認め、信頼を寄せたということであろう。

少彦名命との出遭い

このあと竹子姫は奇彦命、高彦根命、高子姫を生むが、以下の文は第九「八雲討ち琴作る紋」からの引用である。奇杵命が竹子姫と結婚し、さほど年月を経ない頃の話である。

「奇杵・淡海《あわ》の　笹崎に　鏡《かがみ》の舟に　乗り来るお　問えど答えず　陸役彦《くえひこ》が　『高見結《かんみむすび》の　千五百子《ちゐもこ》の　教えの指お　漏れ落つる　少彦名《すくなひこな》は　これ』といふ　奇杵命篤く　恵むのち　ともに努めて　遷し国」

「あわ」は淡水湖のこと、こんにちの「宍道湖《しんじこ》」と解する。当時、その周辺に笹崎という漁師村があったのだろう。「かゞみ」は〔紀〕には、「白斂《かがみ》の皮を以て舟に為《つく》り」とある。この「白斂」はブドウ科の蔓植物ヤマカガミのことで、ビャクレンの別名とされる。

だが、多く中国大陸に分布し、漢方薬に使用されてきた薬用植物で、わが国に渡来したのは江戸時代である。蔓は細くて柔らかく、その皮を造船に使うなど絶対に不可能である。朝顔の蔓で家を建てるよりもっと困難だ。私は「鏡」とし、「鏡のような湖面を滑ってくる舟」の意とした。

あるとき奇杵命が宍道湖の漁師村を訪ねると、波ひとつなく鏡のように凪いだ湖面を、一艘の舟が滑るように近づいてきた。奇杵命は常に国民《くにたみ》と親しく接し、ここらあたりの者はみな顔見知りであったが、その舟を漕ぐ若者は見たことがなく、漁師とも思えない顔立ちだったので、「そなたは誰か」と尋ねたが、若者は黙って立ち去ってしまった。そこで近くにいた陸役彦《くえひこ》、いまいう網元の親方に聞いてみると、「高見結尊《かんみむすび》の　千五百子《ちゐもこ》の　教えの指お　漏れ落つる　少彦名《すくなひこな》は　これ」という答えが返ってきた。

ここにいう「高見結《かんみむすび》の千五百子《ちゐもこ》」は人物を特定した謂ではなく、高見結尊の血筋を汲む者はたくさんいるという意である。「教えの指お　漏れ落つる」は婉曲な表現で、要するに妻以外の女に生ませた子で、父親から子どもとして認めてもらえない意と解される。奇杵命よりも若い感じがすることから推して、この少彦名命は天照神の幼少時の学友、振麿・高杵命の子であろう。

事情を知った奇杵命は、家に連れてきてわが子のような恵み、一緒に国内を巡り歩いて国民を治めた。奇杵命のいるところ常に少彦名命がいた。少彦名命も恩を感じ、奇杵命を慕い、やがて奇杵命が高杵命によって津軽に追いやられたときも一緒について行き、終生をともにした。

次の文は、御子・奇彦命（大国主命）が大人になった頃の話である。

「大直結道《おほなむち》には　奇彦お　大物主の　代わりとて　事代主《ことしろぬし》と　仕ゑしめ　己《おの》は出雲に　教ゆるに　一二三六百八十《ひふみむもやそ》　二俵《ふたわら》の　養諸食《ひもろげ》数え　種袋　槌は培ふ　御宝　飢ゑ足す糧も　倉に満つ
雨風日照り　稔らねど　吾扶《あたゝら》俵配り　飢ゑさせず」（第九紋）

奇杵・大直結道命は、世継ぎの奇彦命が大人になると、大物主の代理役・事代主にし、自分は出雲の国の国頭の仕事に専念した。当然、天照神も奇彦命の器量を認めたからのことだろう。

奇杵命は人の道を教えるだけでなく、稲作をはじめ野菜の栽培なども教えてまわり、そのたくさんの養諸喰《ひもろげ》や種袋、米俵で倉はいつもいっぱいになっていた。そのため自然災害が起こって食料が不足しても、その蓄えを国民に配って飢えさせなかった。

「ひもろげ」に「胙」の字を当てる研究書もあるが、「胙」は「ひもろぎ」と訓み、神に供える米や餅などの神饌の意で、この場には適さない。私は民を養うさまざまな食料の意で「養諸食」とした。また、「あたたら」を「天糧」とする書もあるが、そうすると天君の糧を勝手に配る意になりかねず、私は「吾扶俵」とした。民の扶《たす》けとしてわが倉に蓄えた米俵の意である。

5　奇杵命、津軽へ追われる

かけられた嫌疑

第十「鹿島立ち釣鯛の紋」は、出雲の国の国頭、奇杵・大直結道命にある嫌疑がかけられ、これを糺《ただ》すために三人が次々と送り込まれる話から始まっている。この年は「サアヱ夏」とあるが、どうやら正しくはない。

「キアヱ」を第一年目とする六十進法の前掲「天鈴暦」では、十年目の「ネナト」が天照神が三十歳で「天つ日嗣」を継承したときにあたる。「サアヱ」はそれから二十七年目である。

だが、天照神は三十四歳頃に斎沢《いざわ》に遷都し、それから二年ほどの間に持子・早子と磯清之男尊の謀反が発覚し、磯清之男尊はその年のうちに細矛国への流浪に追われる。その八年後に許され、翌年に奇杵命が生まれるが、奇杵命が十八歳で竹子姫と結婚したとして、天照神は四十六歳～四十八歳、磯清之男尊は三十八歳～四十一歳。さらに奇杵命の世嗣ぎ子・奇彦命が同じ十八歳で結婚したとすると、天照神はこのとき六十四歳～六十八歳、磯清之男尊は五十六歳～五十九歳、奇杵命は三十八歳である。

しかし、奇杵命に思わぬ嫌疑がかけられたのは、それから間もなくのことではない。奇杵命は出雲の国頭《くにがみ》として、国を巡って豊かにしており、最低でも五年〜七年はみる必要があろう。とすると、「サアヱ」とされたこの年、天照神は七十二歳〜七十四歳、磯清之男尊は六十六歳〜七十歳、奇杵命は四十七歳〜五十歳、奇彦命は三十歳にはなっていた。大ざっぱな計算でしかないが、「サアヱ」とは約十年の開きがある。ほんとうは「サアヱ」ではなく、十年後の「サウヱ」であろう。

ちなみに、この事件の中心人物・高杵命は、このとき天照神と同年代であった。また、彼のもとにいた天照神の御子・愛仁《おしひと》・愛秀耳尊《おしほみみ》は、天照神が三十五歳くらいのときの誕生であるから、三十四歳〜三十八歳になっていた。まだ「天つ日嗣」を継承する前のことである。

さて、第十「鹿島立ち釣鯛の紋」の冒頭の書き出しは、以下のとおりである。

「サアヱ夏　香久枝萎《かぐゑしぼ》みて　フトマニの　『シチリ』は屋漏り　激しくて　西北隅《つねすみ》の国　見せ
しむる　緯部《よこべ》帰りて　申さくは　『出雲八重垣　大直結道《おほなむち》　満つれば欠くる　理《ことはり》が　額《ぬか》お玉垣
内宮《うちみや》と　これ九上《こゝのゑ》に　比ぶなり』　先に御子守　思兼　信濃伊那洞《しなのいなほら》　天智の神　因りて七代
の　大嘗事《うなめごと》　高杵弥清《やす》川の　今宮に　治闇《たが》若宮の　神《こふ》の殿　高見結の　神議り」

この年の夏、橘の枝が萎んでしまったので、フトマニで占ってみたところ「シチリ」と出た。雨漏りが激しいのに似た凶の結果である。そこで西北隅《つねすみ》の国、つまり出雲の国に緯部《よこべ》（現在の警察署。ここでは偵察官の意）を派遣して様子を探らせたところ、戻ってきてこう報告した。

「出雲の大直結道命は、満つれば欠ける理《ことはり》のとおり、庭（額）に玉垣をまわして内宮《うちみや》と僭称しています。これは九上《こゝのゑ》の若宮に比べるものです」

「こゝのゑ」はこんにち「九重」と表記されるが、正しくは「九上《こゝのゑ》」である。天君を「十」の位におくと、若君は「九」の位にあたるが、やがて「十」の位の上る意味では「九」であって「九」ではなく、さりとて「十」でもない。そこで、いずれ「天つ日嗣」を継承する若君または若宮を「九上《こゝのゑ》」と呼んだのである。

後段の「先に御子守　思兼」以下は、興味深い記述である。意訳すれば、本来なら八十杵の後を嗣いで七代目の高見結尊になるはずだった思兼命が亡くなったため、高杵命が七代目を嗣いだ、ということである。これまで思兼命の出自（生まれ）はわからなかったが、〔記紀〕にも、

「時に高皇産霊の息《みこ》思兼神といふ者あり」（〔紀〕）

「高御産巣日の神の子、思兼神に思はしめ」（〔記〕）

とある。これで天智彦・思兼命が八十杵の世嗣ぎ子であったことがはっきりした。思兼命が七代目を継がなかったのは、長命だった父・八十杵の死後、間もなく後を追ったものと思われる。
なお、第四「日の神の瑞御名の紋」には、日高見で学ぶ若仁尊の学友となった振磨・高杵命について、

「振磨は　六代《むよ》八十杵の　世嗣ぎ子ぞ」

とあって、先の記述と矛盾する。だが、これは亡くなった思兼命に代わって世嗣ぎになったことを踏まえ、過去にさかのぼって世嗣ぎ子と記述したものと解すべきである。
高杵命が七代目の高見結尊を嗣いだのは、この事件の前である。愛仁《おしひと》尊の守役（補佐役）だった思兼命が亡くなったので、高杵命が補佐役になり、若君を弥清川の思兼命の館（今宮）から治閤《たが》の若宮に移した。そのあと何年かしてこの事件が発生し、緯部《よこべ》から前記のような報告を受ける。そこで高杵命が中心になって、治閤宮の神殿に諸臣《もろとみ》を集めて神議《かみはか》りをした、という流れである。

奇杵命と奇彦命の決断

奇杵・大直結道命は、玉垣内を「内宮《うちみや》」と称し、九上《こゝのゑ》の若宮に比肩するような挙に出たという咎《とが》

めを受けた。その真偽の詮索はあとに譲り、事件の推移をみてみよう。以下は前出文の続きである。

「『出雲糺《たゞ》すは　誰よけん』『秀日尊《ほひのみこと》』と　皆いえば　秀日尊に平《む》けしむる　しかれど秀日は
国頭《くにがみ》に　諂《へつら》い媚《こび》て　三年《みとせ》まで　返事《かえごと》あらで　大背飯《おゝせいゝ》　御隈野やれど　父がまゝ　帰らねばま
た　神議り　遣わす人は　天国《あまくに》魂の　天稚彦《あめわかひこ》と　極まりて　高見結《たかみむすび》が　鹿児弓と　羽張矢《ははや》賜
ひて　平《む》けしむる　この頭《かみ》もまた　忠《まめ》ならず　高照姫お　娶りつゝ　葦原国お　乗らんとて
八年経《やとせふ》るまで　帰らねば　名無しの雉子《きゞす》　飛び下す　天稚彦が　門《かど》の前　桂の梢《すえ》に　仕業見て
ホロゝホロゝと　鳴くお聞き　探目《さくめ》が告げに　『名も無くて　天《あめ》お啼《な》くや』と　天稚彦が
羽張矢お射れば　胸通り　飛びて高見《たかみ》結の　前に落ち　ケンケンも鳴く　血の羽張矢　高見《たかみ》
結《むすび》は　これお見て　咎む返し矢　天稚彦が　胸に当たりて　失せにしお」

神議りした結果、「秀日《ほひ》尊がよい」と全員の意見が一致した。秀日尊は磯清之男尊に母・益姫持子を殺されたので、よもや違背することはあるまいと思ったのであろう。だが、秀日尊は奇杵命に媚び諂い、何の返事もしてこない。そこでその子の大背飯・御隈野命をやったが、結果は同じだった。やむなく天稚彦命を遣わしたところ、奇杵命の高照姫（高子姫）と結婚して帰らなかった。

秀日尊は三年も連絡せず、天稚彦命は八年も帰らなかったとあるが、この年数は信頼性がない。

「出雲糺し」のために「平《む》ける」とは、糾明して服従させる意である。その意志を持ちながら、十一年間以上も放置しておく道理はないだろう。

最後に飛ばした「名無し雉子」は、実は何人も派遣した下級密偵の一人であろう。その密偵が「桂の梢に留まった」とか、「ホロゝホロゝと　鳴く」というのは文学的修辞で、要するに物陰から様子を窺っているところを気づかれ、天稚彦命に弓矢で射殺されてしまったわけである。矢が胸を貫いた（胸通り）のであれば即死してしまう。近江まで帰れたとは思えない。ほかの密偵が急報したということであろう。

高杵命はその報告を聞き、返し矢を射たところ天稚彦命の胸に当たって死んでしまったという。いかにも高杵命がにわかに超能力を授かったかのような表現だが、実際にはあり得ない。天稚彦命が死んだのは事実だが、高杵命が放った刺客に殺されたとみるべきだろう。

高杵命はまた神議りして、悉主《ふつぬし》命（〔紀〕は経津主神の字を当てる）と武御光槌《たけみかつち》命を派遣した。大勢の兵を率いての鹿島立ちである。出雲の大直結道命の館に着くと、悉主命は剣を抜いて庭に刺し、詰り問うた。

『身誇りて　欺《あざむ》く道お　平《なら》さんと　われら遣ふぞ　その心　まゝや否やゝ』　大直結道　答ゑ
問はんと　美保崎の　釣人《つり》え雉子《きゞす》の　否然帯《いなせはぎ》　天《あめ》の答えお　問ふときに　事代主が　笑清顔《えみすがお》

『われ鈴明《すずか》にて　父親《たらちね》に　ホロゝ鳴けども　鉤《ち》の鯛ぞ　魚と斬るも　愚かなり　高天原《たかま》は民の笑清鯛《ゑみすだゐ》　糸かけ巻くぞ　詔　わが父去らば　諸共』の　返事《かえごと》なせば」（第十紋）

「わが身を誇り、欺《あざむ》こうとする汝らを服従させるため、われらは遣わされた。服従するのか否か、汝の心は如何！」

奇杵・大直結道命は、秀日尊やその子・御隈野命、天稚彦命などから聞いて、すでに彼らの来意はわかっていた。ハメられた、のである。この先どうするか、奇彦命（大国主命）ら一族の者たちとはさんざん話し合ってきたことではあったが、わが意を通せば戦《いくさ》になるのは必至である。かといって、あっさり服従してしまうのは不満だった。

奇杵命はこの問いには答えず、美保崎へ釣に出かけた奇彦命のもとへ、どう回答するかを聞きに「いなせはぎ命」を走らせた。「いなせ」は「否然《いなせ》」（『広辞苑』）で、「否か応（然《しか》り）か」の意、「はぎ」は身につける意の「帯《はく》」で、ここでは「聞いてくる」意に用いられている。

自分が罪に問われるのは堪え忍ぶとしても、世嗣ぎの奇彦命らは何とか助けたかった。その最後の決断を奇彦命に委ねたのだろう。すでにこの頃、父の磯清之男尊はあの世へ旅立っていたものと思われる。

美保崎の岩場に腰かけ、釣り糸を垂れていた奇彦命は、駆けてきた否然帯《いなせはぎ》命の口上を聞いても、少しも驚かなかった。来るべき時がきただけである。涼やかな顔に笑みを浮かべ（笑清顔）て、凪いだ湖面を見つめたまま時折振り返って回答を伝えた。

「われは鈴明《すずか》の教えのままに、欲を捨てて生きてきました。父にもそういい、すべてを捨てようと話しましたが、父には父の思うところがあるようです。しかしいまや釣り鉤にかかった鯛のようなもの、魚のように斬るのも愚かです。高天原の若宮を、笑清顔《えみすがお》で釣をしているこのわれに譬えれば、われら（民）は釣り鉤にかかった鯛です。釣り糸を引けば、いずれ仰せ（詔）に従うでしょう。父が出雲を去るならば、われも諸共に去るつもりです」

高杵命の狙いは、奇杵命を出雲から追放することにあったようだ。それを奇彦命は、秀日尊や天稚彦命などから聞いていたのであろう。返答を聞いた否然帯《いなせはぎ》命は駆け戻っていったが、奇彦命は相変わらず釣り糸を垂れ、鯛がかかるのをじっと待っていた。

結局、奇杵・大直結道命は服従することになり、総勢百八十人もの一族を引き連れて近江に立ち寄り、治闇《たが》の神殿《こうどの》で高杵命に会い、賜った阿曽辺《あそべ》（岩木山の古名）の大本宮《うもとみや》へ落ちていく。そしてこの津軽の地で生涯を閉じた。ただ、このとき奇彦命は、高杵命にいわれて彼の娘・実穂津姫を娶り、万木原と宮を賜り、大物主として仕えることになった（第十紋）。弟の高彦根命も残って、兄とともに天孫・瓊々杵《ににきね》尊に仕えている。

6　出雲追放は高杵命の謀略

真相を暴く「シチリ」の歌

この事件はこんな悲劇で幕を閉じている。だが、第十紋の前記の冒頭「フトマニの　シチリは屋漏り　激しくて」のフレーズからしておかしい。謎解きパズルを前に置かれたような感じがする。前編の編者・奇御光魂命《くしみかたま》（〈紀〉は奇御甕玉命としているが、甕の字は当て字）は真実を書けなかったので、冒頭にパズルを配して後代の理解に期待をかけたのであろう。つまり、高杵命が「フトマニ」で占った事実はなかったが、奇御光魂命は天照神が編んだ百二十八首の歌から「シチリ」の歌を選び、真相解明の手がかりとして書き留めて置いた、と私はみる。

この「シチリ」については「**第2章　神代の奉斎神と言霊思想**」でも触れたが、「シチリ」に該当する歌は第百二十首目に載る次のような歌である。

「シのチリの　謗《そし》りも嘘と　思ひ草　大物主柄《ものぬしがら》て　土《もの》や散るらん」

「柄《がら》て」の「柄」には道具の意がある。「て」は「以て」の略語である。だから「大物主を使って」、「大物主をして」ということであろう。次の吉備真備の漢訳（下文はその和訳）も同様に解している。

君聴讒故士将散　　君讒を聴くが故に、士まさに散らんとす
尚使大物主鎮士　　願わくば大物主をして、士を鎮めるべし
譬如龍胆草治肝　　譬えば龍胆草が肝を治すがごとし
若病情散失物亡　　もし病情散ずれば、失うものなし

占いの歌には凶の兆しが見えているが、讒言《ざんげん》（謗り）を用いれば有為の士《もののふ》を失う。しかし嘘のようであるから、讒言を受けた士を大物主をして鎮めさせれば吉に転ずる、との意である。

さて、高杵命が「フトマニ」で占い、この歌が出たことが事実なら、讒言は当初から嘘とわかっているわけであるから、咎めを受けるのは嘘の報告をした緯部《よこべ》であって、奇杵命ではない。大物主である奇杵命は、むしろ讒言を受けた者の怒りを鎮め、解決する役どころだ。かりに讒言を受けたのが奇杵命だったとしても、それが讒言なら津軽に追いやる理由がどこにあるのか。

そもそも、高杵命が緯部《よこべ》を出雲の偵察に出したこと自体、実におかしな話である。「シチリ」の

歌には、災いをもたらす方角や国、人物を特定する記述はまったくないのである。したがって、この「シチリ」の歌を前提に考えると、奇杵命らを出雲から追放し、津軽へ追いやった高杵命の処断は、理不尽極まりないというほかない。なぜそのような挙に出たのか。

考えられることは一つ、高杵命と奇杵命との間に何らかの確執があって、最初から奇杵命を葬り去ろうと謀った、ということである。そのため緯部に嘘の報告をさせ、それを神議りの席で諸臣たちに聞かせて味方につけたと推測される。悉主命も武御光槌命も、高杵命にだまされて「出雲糺し」に出かけたわけである。

考えてみると緯部の報告に、「庭（額）に玉垣をめぐらし、内宮と僭称した。これは九上《ここのえ》に比べるものだ」とあったが、もしそれが事実なら、その後派遣された秀日《ほひ》尊やその子・御隈野命、天稚彦命らが、みなことごとく帰らなかったのは不自然である。彼らは奇杵命に「媚《こ》び諂《へつら》った」というけれど、ほんとうは嘘だとわかり、逆に奇杵命の人柄に心酔したから、ではなかったか。

指摘された「玉垣」というのも、要するに庭の周囲に板や木の枝、丸太棒を立て並べ、その上下を横板などで結んで倒れないようにしたもので、それが雑木の枝であっても玉垣である。豊かな者であれば板を使っても、咎めるほどのことではない。秀日尊や天稚彦命らも、そう思ったのに違いあるまい。

ただ、「内宮」を僭称したという点になると、「言った」「言わない」の水掛け論になってしまう。

しかも高杵命側には緯部という証人（？）がいる。偽証と主張すれば、証明しなければならなくなるが、「言わない」ことを証明するのはきわめて困難なのだ。奇杵命が悔しさを噛み殺し、観念して服従した理由は、そこにあったとみてよいだろう。

ちなみに、奇杵命が若宮の「高屋」を超える高い宮を造ったことが咎められたのでは、とみる説もある。しかし、そんなことは第十紋には一切記されていないし、愛仁尊が日高見に遷って「高屋」を建てた（第十一紋）のは、この事件の数年あとのことであるから、関連づけること自体に無理がある。

そもそも、「高屋」は「丸屋」との対語である。地面に直建てした粗末な民の家を「丸屋」（いわゆる竪穴式住居）といった。たいがい円形や楕円形をしていたので「丸屋」と呼ばれたのだ。これに対して、浸水を防ぎ通風をよくするため、地面との間に束《つか》を立てて床を高くしたのが「高屋」（高床式住居）なのである。豊かな者であれば、地方の豪族でも建てられた。まるで関連性はない。

奇彦命を救ったのは天照神

かくして、高杵命が秀日尊親子や天稚彦命を出雲糾しに向け、緯部を探索に出した正当な理由は、何もなくなってしまう。「香久枝萎みて」さえ怪しく見えてくる。そこにあるのは、この事件を一貫して主導した高杵命が、奇杵命を出雲から追放した事実だけである。そしてその背景として考えられるのは、奇杵・大直結道命に対する「遺恨」ないしは「嫉妬」である。

美保崎で釣をしていた奇彦命は、若宮の愛仁尊（実は高杵命）を、笑清顔《えみすがお》で釣をしている自分に譬えたが、このときの奇彦命の脳裏には、「してやったり」とほくそ笑む高杵命の顔が浮かんでいたであろう。

また、奇彦命が治闇《たが》の神殿《こうどの》で高杵命に会ったときについて、この第十紋には、こう記されている。

「高見結の大御言　『汝大物主《なんじものぬし》　奇彦よ　国つ女娶《めと》らば　疎《うと》からん　わが実穂津姫　妻として
八十万神《やそよろかみ》お　司《つかさど》り　御孫お守り　奉れ』」

高杵命は、事代主《ことしろぬし》の奇彦命を唐突に「大物主」と呼んだ。だが、「父に代わって大物主とする」とは書かれていない。そもそも、御子・愛秀耳尊は「若宮」で、まだ「天つ日嗣」を継承しておらず、このときの愛仁尊や高杵命に、奇彦命を大物主に任命する権限などない。勝手に出雲追放をしたくらいだから、勝手に任命したと見られなくもないが、奇彦命は追放した奇杵命の世嗣ぎ子である。あえて任命する顕著な理由はない。とすれば、大物主に任命したのは実は天照神だったと見るのが自然である。

天照神は、事の次第を急報する者があって初めて事情を知り、事前承諾を得ないで事を進めた高杵命を苦々しく思いながらも、せめて奇彦命を助けてやろうと思い、大物主にしたと思われる。「八十万神お　司《つかさど》り　御孫（瓊々杵尊《ににきね》）お守り　奉れ」というのも、万木原と宮を下賜したのも、実は天照神の仰せで、高杵命はそれをいかにも自分の言葉としていった、と私は推察する。

なればこそ高杵命は、実穂津姫を娶らせ、のちの備えとしたのだろう。天照神のこうした配慮がなければ、追放しようとした奇彦命に誰が娘を嫁がせるだろう。温情を見せたつもりだったのか。

もっとも、このとき高杵命は、天照神と同年代の七十歳くらい。低くみても六十半ばである。二十五歳前後で結婚したとして、はや四十年が過ぎている。妻は結婚したとき十六歳くらいだったとしても五十六歳前後になっている。高齢出産で最後に生まれたのが美穂津姫とみても、すでに四十前後の売れ残りである。温情というよりは、売れ残りを押しつけた感がつよい。

生まれた御子は万木麿・実穂彦命（のちの子守神）ただ一人だったのも、そのためと思われる。まだ二十代半ばの奇彦命は、悔しい思いを堪え、ただ黙って従うしかなかったのであろう。

高杵命はなぜ奇杵命を陥れたのか

高杵命は豊受神の孫で、幼い若仁尊・天照神が日高見の豊受神のもとで養育され、思想を学んだときの遊びの友であり、学友である。若仁尊が原見山の安国宮に帰るまで一緒に暮らした気心の知れた仲であった。奇杵命を出雲から追放するにあたり、天照神に相談もしなかったのは、追放する何の根拠もなかったからにほかならないだろうが、なぜそこまでして追放したかったのか。

前に述べたように、このとき高杵命は六十半ばから七十代に達していたが、彼はそれまで国の重要な役職に就いたことがなかった。ありていにいえば、誘諾木尊も天照神も、それだけの器者とは見ていなかったことになる。高杵命としては大いに不満だったと思われる。

だが、兄・思兼命の死によって好機が訪れた。七代目の高見結尊を継ぐことになっただけでなく、愛秀耳尊の補佐役を手中にしたのである。思兼命の弟であり、娘の栲機千々姫を愛仁尊に嫁がせていたので、適任といえばいえた。彼はこの時点から豹変した。愛仁尊を手中にしたことで、にわかに権力欲に目覚めたと私はみる。以下は私の想像ではあるが、高杵命が謀略をもって奇杵命を出雲から追放した確かな事実を念頭に読んでいただきたい。

あるとき伊勢・斎沢《いざわ》の香久宮において、天照神のご臨席のもとで行なわれた神議《かみはか》りの席上、「剣臣」思兼命の死が話題に上り、やがて思兼命が面倒を見ていた愛仁・愛秀耳尊をどうするかに話が移った。このとき奇杵命は、斎沢で天君が直々に天成《あまな》りの道をお教えになられるべきでは、と具申した。これまでは天照神も向津姫も、わざわざ弥清川まで足を運んでお会いになっていたが、だいぶお歳をおめしになって、高い山並みを越えての御幸は辛いだろうと思ってのことである。

だが、天照神がこの具申に喜び、諸臣も賛成した中で、高杵命一人が反対した。若君は体が弱く、身滌《みそぎ》すら稀のありさまだから（第十一紋）、伊勢に上るのはとても困難で、かえってお体を悪くしてしまうというのが、その理由だった。峠越えは日数をかけてゆっくりくれば、さほど心配はないだろう、という奇杵命の提言も受け付けず、癇癪を起こして怒鳴った。

「それはならぬと申しておる！　汝は若君を早死にさせるつもりか、それともわが手中にして権勢を誇る気か！　やはりな、親が親なら子も子。血は争えぬものよ！」

なにぃ！　と奇杵命が目を剥いて高杵命を睨みつけたとき、天君が間に入り、その場は収まったが、高杵命は常々、天照神に信頼されている奇杵命に、ある種の嫉妬と脅威を感じていた。が、このたびはわが眼前に立ち塞がって邪魔をしたと受け止めた。嫉妬は憎悪に転じたのである。

幸い、愛仁尊は自分が面倒を見ることになり、御子を治闇《たが》の若宮に遷して懐にしっかり抱え込むと、将来自分の障害になりかねない奇杵命をどうするかに腐心した。

ところが、奇杵命は自ら願い出て大物主を退き、天照神が理由を聞いても語らず、引き留めても聞き入れずに、出雲の国の国頭《くにがみ》になってしまった。よほど腹に据えかねることがあったのであろう。が、これは高杵命にとって、願ってもないことだった。

だが、そのうち事代主を拝命した奇杵命の世嗣ぎ子、奇彦命の評判が年を経るごとに高まってきた。父・奇杵命を超える偉材、という呼び声さえ聞こえてくる。父の奇杵命にしても、出雲の国に引っ込んだと思ったのも束の間、出雲の国をみるみるうちに豊かにして、その評判は高まるばかりだった。国頭になったのは世を忍ぶ仮の姿で、いずれはまた表舞台に出てくるだろう。いまのうちに何とかしなければならぬ、と思った高杵命が、緯部《よこべ》の一人を抱き込んで仕組んだのが、このたびの奇杵命一族の出雲追放だった――。

これはあくまで私の想像に過ぎないが、とにかく高杵命と奇杵命の間には何らかの確執があり、奇杵命は恨みを買って奸計に陥れられたとみてよい。

「大君」僭称に至る高杵命

第十一「三種譲り御承けの紋」によると、それからしばらくのち、高杵命は愛仁・愛秀耳尊を日高見に遷した。伊勢へ遷す話が出たときは、御子の体の弱さを理由に強行に反対した高杵命だったが、こんどは愛仁尊が日高見を慕って行きたがったという形をとった。日高見は豊受神が治めた国で、豊受神がどんなすばらしい人物だったかを、盛んに吹き込んでのことである。

伊勢ですら近江と比べると、地政学的には国を治める適地とはいえない。まして日高見は東北の外れにあって、不便なことはなはだしい。気候も寒く、体の弱い愛仁尊には決してよくない。それをあえて強行した背景には、いずれ「天つ日嗣」を継承する愛仁尊を天照神から遠ざけ、わが権勢を縦《ほしいまま》にしようとする魂胆があった、と私はみる。

同じ第十一紋に興味深い記述がある。愛仁尊が日高見に遷ると、高齢に達した天照神が「天つ日嗣」を愛仁尊に譲ることにして、使者に立てた春日麿・天児屋根命《あまのこやねのみこと》に「三種《みくさ》の神宝《かんたから》」を託す。そして春日麿は天照神に代わり、愛仁尊には「弥栄丹《やさかに》の曲り玉」（後述）を授け、鏡臣に任じた悉主命《ふつぬし》には「八咫《やた》の鏡」を、剣臣に任じた武御光槌命《たけみかつち》には「八重垣の剣」を授けたのだが、その春日麿を出迎えたときのくだりである。

「大君門《うほきみかど》に　出《い》で迎ふ　清緒鹿筵《をしかむしろ》に　立ちながら　君九上《こゝのゑ》の　褥《しとね》降り　六重《むゑ》に聞きます　詔」

「清緒鹿《をしか》」とは勅使・春日麿のことであるが、若君の愛仁尊は「天つ日嗣」を継承したのを受けて、初めて「君」と呼称されている。そして「大君」とは、天君または天君の位を退いた先君のみに用いられる特別の呼称である。「父君」とか「姉君」、「弟君」とかいうのとは訳が違う。だが、ここでいう「大君」は、高杵命のことにほかならない。しかも『秀真伝』や『三笠文』の精査しても、天君または先君以外の者に「大君」の呼称を用いた事例は、この高杵命のほかにはいない。

高杵命が自らこの呼称を周囲の者たちに強いた、とまではいわない。しかし、この呼称を用いないと高杵命が喜ばない雰囲気があって、周囲の者たちは媚びて使いはじめたのではないだろうか。

高杵命が自分を「大君」と呼ばせ、止めようとはしなかった。これは「僭称」といって差し支えないだろう。かくして高杵命の専横がしばらく続く。少なくとも彼がこの世を去るまでは。

第6章　若歌と政り事

1　若歌の作法

「若歌」の由来と若歌姫

こんにち「和歌《わか》」と呼ばれる歌謡は、その原意が「若歌《わか》」であったことは第4章の中でも触れたが、ここでは『秀真伝』に記された「若歌」の歌法、奥義をさまざまな角度から紹介したいと思うが、その前に、第4章で述べたことを整理し、おさらいをしておきたい。

国文学の世界では、「五七五七七」の定型音数律をもつ歌謡を「短歌」といい、和歌は『万葉集』に収められた長歌、短歌、旋頭歌《せどうか》、仏足石歌《ぶっそくせきか》、連歌《れんが》などを含めた総称で、もともとは短歌のみを和歌と呼んだわけではないが、平安時代になると和歌といえば短歌をさすようになった、と理解されている。

ちなみに、「短歌」を「たんか」と訓むのは漢語訓みで、和訓では「みじかうた」という。「和歌」を「わか」と訓むのも漢語訓みで、和訓では「やまとうた」と訓んだとされている。また、「和」の一字で「やまと」と訓ませるのは不審なことから、もとは「倭」の字が当てられていたと考えられているが、これは「わか」の由来が定かでなかったことから派生した議論といえる。
さて、『秀真伝』の初紋「東西《きつ》の名と穂虫去る紋」は、その冒頭から、

「それ若歌《わか》は　若歌姫《わかひめ》の神　捨てられて　拾たと育つ　予先命《かなさき》の　妻の乳《ち》お得て　アワウワや」

とはじまる。この「若歌姫《わかひめ》」は、第三「一姫三男生《ひひめみを》む殿の紋」に至って、筑波で生まれて二年目に小舟に乗せられ、川に流された誘諾木尊・誘諾実尊の長女・昼子姫であることがわかるのだが、「若歌《わか》」のほうは初紋にその原意が記されている。
あるとき君静居国《きしゐくに》に穂虫（蝗）の大群が飛んできて、稲穂が食い荒らされそうになったが、昼子姫が呪《まじな》い歌を歌ったところ飛び去り、稲穂は若やいで蘇った。

「枯れたる稲の　若返る　若の歌より　若歌《わか》の国」

このフレーズから、「若返る歌」が「若の歌」に、そして「若歌《わか》」に約《つづ》まったことがわかる。前にも述べたが、「若」を「わ」「歌」を「か」と訓んだということではない。「若歌《わかうた》」を約めて「わか」といったという意味である。また、呪《まじな》い歌が功を奏し、枯れそうだった稲が若返ったことから、昼

子姫も「若歌姫《わかひめ》」と讃え名されたわけである。
この「わか」に「和歌」の字が当てられるようになったのは、ずっと後代になってからのことだが、「わか」という古語は伝わっていた。しかし〔記紀〕には思想的な記述がまったくなく、若歌姫（昼子姫）も存在しないため由来や原意がわからず、漢詩に対比して「和歌」の字が当てられた。そして「わか」という言葉がもともと存在したことすら忘れられたあとで、もとは「やまとうた」といったのだろうということになったものと推察される。

言葉を直す「天地歌」

若歌姫（昼子姫）に「歌の道」を最初に教えたのは、親代わりになって育てた予先命《かなさき》だった。「歌の道」といっても、幼い頃は言葉を調えるための「天地歌《あわ》」であったが、この歌について初紋「東西《きつ》の名と穂虫去る紋」と第五「若歌の枕詞の紋」にこう記されている。序章でも引いたが再引する。

「言葉お直す　天地歌《あわうた》お　常に教ゑて
あかはなま　いきひにみうく
ふぬむえけ　へねめおこほの

もとろそよ　をてれせゑつる
すゆんちり　しゐたらさやわ
天地の歌　葛垣《かだがき》琴打ちて　弾き歌ふ　自づと声も　明らかに」（初紋）
「二神《ふたかみ》の　大壺《おきつぼ》に居て　国生めど　民の言葉の　悉曇り　これ直さんと　考えて　五音七道《ゐねなゝみち》の
　天地歌お　上二十四声《かみふそよこゑ》　誘諾木と　下二十四声《しもふそよこゑ》　誘諾実と　歌ひ連ねて　教ゆれば　歌に
音声《ねこゑ》の　道開け　民の言葉の　調ゑば　中国《なかくに》の名も　天地国《あわくに》や」（第五紋）

　この「天地歌」は、「ヲシテ四十八音図」や「四十九因本席図」とともに存在し、「本席図」を奉斎した豊受神の創作と推定される。それを予先命は、幼い昼子姫の言葉を調えるために教え、二神は「言語の統一」に用いた。

　それは取りも直さず、四十八音を一音ごとにはっきり発音することであったに相違なく、わが国の言語・発声法はこうして固まっていったといえるだろう。いま放送局などで採用されている発声法とは異なり、イントネーションはあまり気にしなかったのではあるまいか。そのかわり拗音《ようおん》（きゃ、きゅ、きょ、など）や拗長音《ようちょうおん》（ちょう、しゅう、きょう、など）、促音《そくおん》（はっ、ぴっ、ぺっ、など）がない、お隣の中国とは文法も発声法も異なる言語体系が確立していったものと思われる。

　それがのちに中国語の流入で崩れていき、いまや拗音《ようおん》や促音《そくおん》（閉鎖音）なしには会話もできない状態ではあるが、四十八音を一音ごとにはっきり発音するという基本形は厳然と維持された。そしてそれは、五七調など音数律を基調に成り立つ歌謡において、特に顕著である。歌に拗音や促音を交えても、なおかつこの音数律の基調は健在である。

歌体と音数律

わが国の歌の形式（歌体）にはさまざまなものがある。奈良時代に編纂された歌集として最古の『万葉集』には、長歌《ちょうか》、短歌、旋頭歌《せどうか》、仏足石歌《ぶっそくせきか》、連歌《れんが》など、約四千五百首が収められているが、先人たちの試みはとどまるところを知らず、その後も和讃《わさん》、今様《いまよう》、俳句、都々逸《どどいつ》、新体詩、童謡などの新しい歌体が次々と生み出された。その音数律もさまざまである。

長　歌　五七五七と繰り返し反復して連ね、最後を七七で結ぶ、和歌の形式の一つ。平安時代に衰微。

短　歌　五七五七七の三十一音からなる和歌の形式の一つ。平安時代になると、和歌といえば短歌をさすようになり、現在も多くの愛好家をもつ生命力の強い歌体。

旋頭歌　五七七・五七七と片歌を反復した和歌の形式の一つ。上三句と下三句で詠み手が異なる問答形式が多い。

仏足石歌　五七五七七七の六句からなる和歌の一歌体。平安時代に衰微。

連歌　五七五の上三句と七七の下二句を多数の詠み手と交互に詠み継ぎ、一定の句で完結させる歌体。

和讃　七五調の句を連ねたものが多く、八五調のものもある。仏や仏教経典などを讃える和文の讃歌。奈良時代の成立。

今様　七五七五七五七五で一つの歌を構成するのが特徴。平安時代に成立。「今様」は「当世風」、「現代風」の意で、当時の流行歌謡。

長唄　三味線音楽の一ジャンルで、五七五七五七と繰り返し、最後を七で締めくくるのが特徴。江戸時代に歌舞伎の伴奏音楽として発展。

俳句　五七五の十七音でなる定型句。松尾芭蕉が十七音単独でも鑑賞に堪える自立性の高い発句を詠んだのが源流。

都々逸　七七七五の音数律をもつ俗歌。江戸末期の発生といわれるが、よしこの節、名古屋節、潮来節などそれ以前からあった甚句形式の歌謡が元になっている。

新体詩　七五調が主で五七調が従であるが、音数律は多様。明治時代に成立。

童謡　音数律、歌体はさまざまであるが、八五調が主流。大正時代以降の成立。

代表的な歌だけをあげてみたが、一見して明らかなとおり、上古の歌は初句が五音ではじまる「五七調」を基本形とする音数律であった。しかし、変体の歌体がなかったわけではない。『秀真伝』や〔記紀〕にも、こうした定型からはみ出た歌が登場している。

奈良時代の頃には「五七調」が定番化し、主流になっていたが、「和讃」「今様」あたりからまた新しい形式に対する貪欲な試みが開始される。しかし、音数律に対する深い愛着とこだわりは、一貫してその底流をしっかり支えている。その源流が上古代、神代に発展した歌謡「短歌（若歌）」にあることは何人も認めるところであろう。

元中京大学教授の坂野信彦氏は『七五調の謎をとく――日本語リズム原論』（大修館書店）において、

「五・七調や五・五調は、ふつうに読んだのでは律文たりえない。（中略）七五調が日本語律文の基本となっている」

と述べている。この種の本としては非常に面白い。読んでいて楽しく、目を開かされる思いがする。ただ、七五調を中心に据えたこの部分の論旨は、近代の俗歌、警句、標語などを前提とした立論で、これがすべてではない。

「(五七調は）七五調などに比べれば、どうしても重たい感じになってしまいます。五七調は不自然で、しかもあまりリズミカルではないのです。五七調は散文に近いといってもいいでしょう」（前出書）

これは長歌を前提とした比較論としてなら、確かにいえると思う。たとえば『秀真伝』の、

「それ若歌《わか》は　若歌姫《わかひめ》の神　捨てられて　拾たと育つ　予先の　妻の乳《ち》お得て　アワウワや」

という前出の五七調の長歌と、次の七五調の「いろは歌」を比較してみるとよくわかる。

「いろは匂へど　散りぬるを　わが世誰そ　常ならむ　うゐの奥山　けふ越えて　浅き夢見し　酔ひもせず」

たしかに後者の七五調のほうがリズミカルで、親しみやすい。それに比べ、前者の五七調のほうが重たい感じがする。よくいえば重厚である。それはおそらく、当時は「治世の歌」が主流であっ

たことに起因していると思われる。そのためには「重たい感じ」であったほうがよいわけである。端的にいって、七五調は叙情歌謡にマッチし、五七調は叙事歌謡に適している。『秀真伝』が〔記紀〕のような散文体ではなく、全体が五七調の長歌で綴られていることに疑問を抱く方もおられるだろう。しかしながら、〔記紀〕は中国から流入してきた歴史書に学んだものであって、わが国の文書が上古において散文体だった根拠はない。むろん、長歌による記録書があったことを否定する根拠もない。

その点、思想家の吉本隆明氏が自著『初期歌謡論』（ちくま学芸文庫）において、次のように述べていることは興味深い穿った指摘である。

「『記』『紀』『風土記』などにはさまれたもっとも古いとみられる歌謡は、地の文とそれほど等価ではなく、地の散文とは無関係な起源をもっているのではないか、とうたがわれるところがある。すこしこまかくみてゆくと、そのなかに律文ともいうべき緊迫性をもった単語、成句、慣用句がみつけられる。これを博いあげてゆくと、ついにはさまれた歌謡と、地の散文にちりばめられた緊迫性をもった単語、成句、慣用句とは同祖にゆきつくのではないか、とおもわせるところがある。この緊迫した律文を支配しているのは、自然を神とみた時代の人々の発語ではないか！　そこでは歌謡と地の律文とは地続きではなかったのか。もちろん、それよりもっと以前に、わたしたちが現在、推し測ることができない歌と散文の時代があったかもしれない。真の歌の生誕期は、そこにおくべきかもしれない。だが、すくなくとも『記』『紀』『風土記』などの歌謡と地の文をもとにするかぎり、このふたつが地続きであった時期を歌の発生のときとみなすほかない」

吉本隆明氏は、「地の文」の中にも歌謡の音律を敏感に感じ取って、散文全体が歌謡であった生誕期を、わが国が辿ってきた遙かな地平線上に見ているわけである。そうすると、長歌体で綴られた『秀真伝』の存在は、この吉本氏の立論を裏付けているといえよう。

話を戻す。坂野信彦氏は「五七調」を音律として低く評価しているわけではない。古代における和歌形式の成立に触れ、「各句を構成する音数がなぜ五音と七音に収斂《しゅうれん》したのか」という問題について、次のようにも述べている。

「現代の律文も古代の律文も、拍節構造そのものに本質的なちがいはありません。だとすると、現代においても五音・七音のもつ優位性は、そのまま古代においても発現したはずです。すなわち、五音・七音は、句に変化とまとまりをもたらし、リズムの歯切れをよくし、句をつくりやすくし、そして打拍の破綻を防止する。――そのような特異的な音数であったはずなのです」

そうして坂野氏は、五音と七音をのぞくすべての音数が失格することを立証し、「五音と七音が句の音数として定着したのは、拍節上の必然性があってのこと」と論じている。「はず」が二回繰り返されているように、坂野氏のこの立論を立証する文献はなかったのであるが、優れた洞察である。しかし、『秀真伝』にはこれを裏付ける教えが記されている。

音数律成立の由来

磯清之男尊が優れた歌を二首残していることは前章で述べた。まだ若い頃、母のように慕っていた姉・若歌姫に学んだのであるが、花杵・磯清之男尊は「五七調」に綴る理由を若歌姫に尋ねる。若歌姫の答えはこうである。

「花杵は　五七《ゐな》に綴るお　姉に問う　姉の答えは　『天《あめ》の節《ふし》』」（初紋）

当時は「五七調」のことを「五《ゐ》音《ね》七《なゝ》道《みち》」といった。五音句にはじまり、七音句に続く、この「五音・七音」はワンセットとして神代から不動の地位にあり、若歌全般の基本形だった。だから、花杵尊の「なぜ五七調に綴るのか」という問いは、この基本形の成立に対する鋭い問いでもあった。

若歌姫の答えは「天の節《あめふし》」という簡潔なものだったが、この「節」には二義があるように思われる。

第一義は坂野氏がいう「リズム」のこと。現在のわれわれと同じように、当時の人々も歌を詠むときのリズム感に敏感で、拍節に破綻のない軽快で響きのよい音律として「五音七道」を見つけ出した。そしてそれは、一音一音をはっきり発声する「天地歌《あわうた》」の発声法と、わが民族特有の感性とが融合して、独自のリズム感が生まれたのではないだろうか。

「天の節」の第二義は、「天地の運行の節目」のことで、この点については次の段で明らかになる。

花杵・磯清之男尊はさらに問う。

「また問ふ『祓《はら》い　三十二《みそふ》なり　いま三十一《みそひ》とは』」（同紋）

若歌姫が稲虫を祓うためにつくった呪い歌は、

「種《たね》は田根　生む次《すき》栄め　真愍統君《まめすめら》の　稲葉《ぞろは》も食《は》めそ　虫もみな鎮《し》む」

というもので、五音であるべき「真愍統君の《まめすめら》」が六音になっていて、一字「字余り」の「三十二音」につくられている。通常は「三十一音」に詠むのに、これはどうしたわけか、というのが花杵尊の問いである。これに対して若歌姫は、「天地の運行」のことから説き起こす。まず「三十一音」については、次のように記す。

「この教ゑ　天《あめ》の運行《めぐり》の　三百六十五枝《みむそゐゑ》　四つ三つ分けて　三十一日《みそひ》なり　月は遅れて
三十日《みそ》足らず　真《まこと》三十一日《みそひ》ぞ」（同紋）

当時の「鈴木暦」では一年を「一穂」とし、「一枝」を六十年としたが、一枝が一日をさすこともある。ここでは一日のことで、「天《あめ》の運行《めぐり》の　三百六十五枝《みむそゐゑ》」は一年が三百六十五日であることをいっている。「四つ三つ分けて　三十一日《みそひ》なり」は、一年三百六十五日を十二等分すると三十一日になるということである。

一年を三百六十五日とし、十二カ月に等分する暦法は中国伝来の「干支暦」にならったもので、すでに豊受神や二神の時代には存在していた。しかしそれは、この時代に「干支暦」を基礎にして若歌の音数律が成立したことを意味するものではなく、それ以前の成立を十分想定し得るものなのであるが、若歌の歌法の成立が先か、中国暦の伝来が先かは、明確な決め手がなく、定かではない。

すでに存在する歌の基本形から、新しいバリエーションの歌を生み出すのは比較的容易であっても、何もない時代において、若歌の歌法が形を調えながら音数律の基本形が確立するまでには、かなりの歳月がかかるだろう。そうであるならば、中国の暦法が伝来する前に、若歌の歌法、音数律は確立していて、たまたま「干支暦」と一致したとみることもできる。しかし他方、中国暦の伝来によって、形を調えつつあった音数律が確立したとみることも可能であろう。

その一年十二カ月の暦法に合わせ、発句と第二句で十二音にし、音数律の基本形にしたとすれば、それはまさに「天《あめ》の節《ふし》」に符節を合わせたことになる。が、発句を五音、第二句を七音の「五七調」にしたのは、わが国独自の工夫とみてよい。そこに音数律に対する独自の感性がみてとれる。

なぜなら、中国の唐代（六一八～九〇七年）以前の漢詩「古体詩」は、句法や韻律などが自由で明確な定型がなかった。五言絶句や七言絶句などの厳格なルールにもとづく「近体詩」の詩型が完成したのは唐代以降のことである。それをわが国の神代において取り入れることなど不可能なのである。

また、この「五七調」を音数律の基本形として、ひと月三十一日の「天の節」に合わせ、短歌の音数律の基本形とすれば、自ずから「五・七・五・七・七」の三十一音に帰着する。坂野信彦氏の立論は、ここにおいて見事に裏付けられたことになろう。

また、歴史学者・哲学者の梅原猛氏は歌論をかなり書いておられるが、吉本隆明、中沢新一の両氏との鼎談『日本人は思想したか』（新潮社）の中で、

「遂にいまに至って、和歌、短歌というのはわからない、ということがあるんですね。わからないというのは、言葉の意味と全然違って、音数律自体に意味を持っているというふうに理解しないと和歌というのはよくわからないいんじゃないかな、と思っているところがあるんです」

と語っている。この梅原氏の鋭い洞察も、この『秀真伝』によって裏付けられているといえるだろう。

いまいう文字、「ヲシテ」にしてからが、この地球上に遍満する音（声）から抽出した「あいうえお」の五母音と、生命環境に不可欠な五元素「空・風・火・水・埴」をもとにつくられた。このように、「自然と人間は一体である」という洞察は、文字をはじめ人としての生き方、政り事に至るまで、あらゆることに取り入れられ、若歌の音数律さえ決定づけたわけなのである。

緒穢を祓う字余り歌

ところで、花杵・磯清之男尊の問いにはもう一つ、通常は三十一音に詠むのに、若歌姫の稲虫祓いの歌は三十二音につくられ、一字「字余り」なのはなぜか、という問いがあった。

こんにちの歌詠みの作品は、何か特別の意味があって「字余り」にしているのではなく、三十一文字に収め切れないだけの場合がほとんどであるが、「字余り歌」には何か特別の意味があるのだろうか。

「字余りの法則」を初めて解いたのは、江戸時代の国学者・本居宣長である。その著『字音仮名用格』には、次のように記されている。

「歌に、五もじ七もじの句を一もじ余して、六もじ八もじによむ事ある、是れ必ず中に右のあいうえおの音のある句に限ること也」

つまり「字余り歌」は、必ずその「字余り」になった句の中に「あいうえお」の一音が入っている歌に限られるというのであるが、「あいうえお」の一音を加えて「字余り」にする理由は明らかにしていない。若歌姫もそんなことには触れておらず、若歌姫がつくった稲虫祓いの歌も、「字余り」になっている第三句「まめすめらの」の六字に「あいうえお」は含まれていない。

若歌姫がいう「声余り」の法則は、この説とはまったく異なる。以下は前出初紋の続きである。

「真《まこと》三十一日《みそひ》ぞ　しかれども　あと先かかり　三十二日《みそふか》も　ある間窺う　緒穢《おゑ》ものお　祓ふ
は歌の　声あまる　敷島の上《ゑ》に　人生まれ　三十一日《みそひか》に通《か》す　女《め》は三十二日《みそふ》　歌の数もて　埴《は》
に応ふ　これ敷島は　若歌の道かな」

「ひと月の日数は三十一日で、この国（敷島）に生まれた者は、その天《あめ》の運行《めぐり》に合わせて三十一音に歌い、天地の運行に合一するのです。しかし、ひと月が三十二日になることもあって、そのような天地の運行の間隙を縫って、緒穢《おゑ》もの（魂の緒の乱れによる汚れ。災いのタネ）が忍び寄ることがあります。そういうときには、その緒穢ものを祓うために、あえて三十二音の『声余り』につくるのです。

また、この国（敷島）に人として生まれ、天の運行の中で生きているからには、男は三十一日（音）に通わせて天の運行に帰一し、女は三十二日（音）に通《かよ》わせて埴《はに》（地）の自然律に順応するのです。歌の数（音数）によって、男女それぞれに天地自然の秩序にわが身を委ねる、――それが敷島の若歌の道なのです」

と若歌姫はいう。

女は三十二日に合わせて三十二音に歌う、――常にそうしていたとは思えないが、おそらく当時は、女は男よりも「天地自然の秩序」に障《さわ》る、という考え方があって、そういう障りを感じたときは三十二音の歌を詠み、「緒穢もの」を祓ったということかもしれない。

いずれにしても、「字余り」の句に「あいうえお」の一音を加える必然的な法則があったわけではなく、単にうまく三十一音につくれず三十二音になってしまった、というわけでもなかった。すべて「天地自然の秩序」に合致してこそ幸せになれる、という考え方が基本になっている。つまり「若歌の道」は、「天成りの道」でもあったわけである。

2 「懸詞」と「枕詞」の奥義

「懸詞」の妙味

前項の最後に「字余り（声余り）」について述べたが、ここではまず「懸詞」について考えてみたい。「字余り歌」というものが音数律の歌法、約束事を越えて、意図的に一音を加えてつくるのに対して、「同音異義」を利用して一語に二つ以上の意味をもたせてつくるのが、「懸詞（掛詞）」という修辞法である。たとえば、『古今和歌集』の詠み人知らずの短歌、

「秋の野に　人まつ虫の　声すなり　われかと聞きて　いざとぶらはん」

の「まつ」には、「待つ」と「松」の二意がかけてある。坂野信彦氏は前出書において、

「平安時代になってにわかに複雑な掛詞や縁語が多用されるようになるのは、（ひらがなの普

及とともに）この句と句の接近ということが関係していたと考えられます」と述べている。「句と句の接近」とは、坂野氏の説明によれば、時代がさがり、宮中の披露作法から離れるにつれて、読誦のときの句末の引き延ばしが短縮され、実質的に句と句の間隔がつまる。その結果、掛詞が多様になったということである。吉本隆明氏のいう「緊迫した律文」と同意であろう。

「ひらがなの普及とともに」と述べているところに、「懸詞」の特性が言い表されている。つまり、この「懸詞」は漢詩文では絶対つくれないもので、わが国で独自に発達した和語特有の修辞法だという意味が言外に含まれている。それゆえ「懸詞」が多用されるに至るには、前提として「ひらがなの普及」が必要だったと坂野氏はみているわけである。

しかし、若歌《わか》（和歌）の発生が上古の神代にさかのぼること、若歌にはもともとわずか三十一音の中に自分が想い描く心的世界をまとめなければなにないという制約があったことを考えれば、「ひらがな」が普及した平安時代のはるか前から「懸詞」があったとしても不思議ではない。そして、すでに神代の時代から「懸詞」があったとすると、それは神代に表音文字を主体とする古代文字「ヲシテ」があったことを裏書きする事実だといっても過言ではない。「ヲシテ」は「ひらがな」と同じで「懸詞」は容易につくれるのである。

『秀真伝』には「懸詞」がやたら多い。地の文でもそうであるが、若歌にも少なくない。これまでに触れた歌を例にとれば、磯清之男尊の次の歌もそうだった（【注】私は懸詞に平仮名を用いず、重要な意味をもつ詞を表《おもて》とした）。

「八雲断つ　出雲八重垣　端込《つまこめ》に　八重垣造る　その八重垣わ」

この歌については前章で詳述したが、あえてもういちど繰り返したい。

第二句の「八重垣」は「八重垣幡」との懸詞である。天照神から「八重垣に立てるように」と八本の八重垣幡を賜ったので、八か所の角の端込《つまこめ》（端っこ）に立てるため八重垣を造った、という意味である。そう解さないと意味の通じがよくない。結句の「八重垣」も懸詞と解したほうが、より磯清之男尊の心に寄り添える。ともに「幡」が隠れている。「端込《つまごめ》」も「妻籠」との懸詞である。

発句の「八雲たつ」も、「断つ」と「立つ」の懸詞で、前者が「表」でなければならない。持子・早子の姉妹《ゑと》大蛇《おろち》が吐く妖しい八雲が立ちのぼる意だけとみたのでは、「細矛国」から「出雲国」へと国名《くにな》を変えた意味を失う。「出雲」という国名が、姉妹大蛇が吐く「暗《が》」の妖雲を断ち、「明《か》」の国へ出づる意でなければならないように、磯清之男尊みずからも彼女らとの腐れ縁を断ち切り、「汚《が》」から「清《さ》」への転換の決意を歌い込んでいると解してこそ、この歌の意味を理解したことになるわけなのだ。

また、発句の「八雲《やくも》」の「や」にも、「和す《やわ》」の「や」がかかり、結句「八重垣わ」の「わ」にも詠嘆の意と同時に「和す《やわ》」の「わ」がかかって、分散修辞の懸詞になっている。かくしてこの歌全体に、「天下和平」に向けた磯清之男尊の決意、もう悪いことはしないという誓いが表明されているわけなのである。

この歌を詠んだとき、磯清之男尊は、流浪《さすら》の下民《したゞみ》となったわが身を雨降る路端に蹲《うずくま》らせ、滂沱と落涙して甥の息吹将主命《いぶきどぬし》と再会したときを思い浮かべ、ふたたび胸熱くして詠んだに相違ない。あたかも闇を破って地平線から顔を出した暁の陽光を見るように、磯清之男尊の辛く苦い前半生の経験（暗）と未来（明）への決意が、すべてこの一首に凝縮して表現されている。とくに「その八重垣わ」の七文字の中には、明日の「明《か》」へ向けた決意が「言霊」となり「木霊」となってはね返ってくる感じがする。そこに磯清之男尊の歌詠みとしてのすごさがある。

天孫・瓊々杵尊《ににきね》の日嗣御子・彦火々出見尊《ひこほほでみ》の歌と妃・豊玉姫の返し歌なども、「沖つ鳥」の「鴨」と「上下《かも》」が巧みな懸詞になっている実に優れた歌である。が、これは「沖つ鳥」という枕詞について語るときに説明したい。

ともあれ、懸詞はわずか三十一音の短い歌の中に、二つ以上の意味を同時に歌い込む積極的な必要性から生み出された、わが古代びとの優れた知恵の所産だった。言葉を換えていえば、懸詞は

「五音七道《ゐねなゝみち》」の厳しい制約の中で詠む若歌《わか》と切っても切れない関係性の中で生まれ、大陸文化の流入にも左右されず、根強く生き続けたわが国固有の修辞法なのである。

「枕詞」は詩的イメージを内蔵した枢要な部分

「若歌《わか》（短歌）」について語るとき、触れずにすませることができない重要な歌法（修辞法）に、もう一つ「枕詞《まくらことば》」がある。たとえば「烏羽玉《ぬばたま》」は夜に、「足引きの」は山に、「沖つ鳥」は鴨にかかるとされ、これらを「枕詞」というわけである。しかし、なぜ「枕詞」というのか、発句につけることにどんな意味があるのかなど、まったくわかっていない。たとえば『角川古語大辞典』では、

「わかにおける修辞法の一つ。特定の語句に冠して、これを修飾し、また句調を整える語。（中略）呪的な褒め詞であったとする考え方もある。古代歌謡や『万葉集』において盛んに用いられ、『古今集』以降は、「あしひきの」「ひさかたの」「ぬばたまの」など、固定した語が、それぞれ固定したかかり方で、しばしば用いられるようになった」

と解説されているが、これが従来の説（『冠辞考』など）の集約といえる。だが、これだけでは何のことだかさっぱりわからない。そこで、多くの学者がこの難題に取り組んできたが、いまだそ

の意味を明らかにした者はいない。国文学者で歌人だという折口信夫などは、

「今一方に、發想法の上から来る理由がある。其れは、古代の律文が豫《あらかじ》め計畫を以て發想せられるのではなく、行き當たりばったりに語をつけて、或長さの文章をはこぶうちに、氣分が統一し、主題に到著すると言った態度のものばかりであったことから起る。目のあたりにあるものは、或感覚に触れるものからまづ語を起して、決して豫期を以てする表現ではなかったのである」(『折口信夫全集』第一巻、中央公論社)

といっている。学生向けの参考書、朝野芭蕾著『古文解釈の基本ルール98』(三省堂)では、

「ある特定の語の前にあって、実質的な文の主脈には直接関係を持たず、その特定の語句に独特の情調を添えたり、語調を整えたりするのに用いられる。枕詞を一応外して解釈するとよい」

と解説されているが、これも折口説を念頭においたものである。梅原猛氏にいわしめると、こうした説はみな「こじつけが多くでたらめ」(『梅原猛著作集14　歌の復籍』集英社)ということになる。

まさにそのとおりである。しかし実際のところ、これがしばらく「枕詞論」の主流を形成してきたといってよいが、いまや枕詞について論ずる者の姿はどこにも見えない。吉本隆明氏も『初期歌謡論』の中で、こう述べている。

「現在、詩にかかわるものが、枕詞に関心をもつことは、まずかんがえられない。どんな意味からも現在では枕詞は詩から追放されてしまっているからだ。（中略）意味の流れにかかわらない語として捨てられた。（中略）現在わたしたちは枕詞を凍りついた、そしてもうつかわなくなった死語とみなしている」

だが吉本氏は、次のようにいうことも忘れていない。

「枕詞は想像をたくましくすればいちばん古い太古の和語の在り方にかかわっていて、ほんとうは歌謡のいちばん枢要な部分であったかもしれない」

従来の説を「でたらめ」と論断した梅原氏も、『歌の復籍』の中で、

「その枕詞がいかなる詩的イメージを内蔵しているかが問題である」

と述べている。私も両氏の意見に賛成である。

若歌（短歌）はわずかな三十一文字を使い、自分の想い描いた心象世界を描くのであるから、一字一字が無駄なく生かされなければならない。多くの文字を費やさなければ、自分が描こうとする心の世界を十分に描ききれないと思うときであっても、あえて省略に省略を重ね、削りに削って三十一文字に凝縮して詠む。長歌や散文なら多少の冗漫さは許されるが、短歌はそうはいかない。「懸詞」というのも、こうした厳しい制約を乗り越えて、複数の意味を歌い込む必要性から生まれた修辞法で、短歌をさしおいては「懸詞」の発生を知ることはできまい。

『秀真伝』の「序」には、いわゆる「てにおは」という詞（現在は「てにをは」というが、この「を」が「お」になっているのは、神代では格助詞「を」を「お」と表記していたためである）が出てくるが、この「てにおは」も短歌の歌法から生まれた重要な警句だと私は考えている。これ自体が、一字一音に魂を込めることを示唆してあまりある。名詞や形容詞などは、略語で間に合わせることもできるが、「てにお（を）は」はそうはいかない。「花で」と「花に」、「花を」「花は」では一字しか違わないけれども、次にくる用言（動詞・形容詞）が大幅に変わり、意味するところはまるで違ってしまうのだ。

長文の小説でも、「最初の一行をどう書き出すかで全体が決まってしまう」という作家は少なくない。ましてや短歌などの場合はなおさらであって、発句の枕詞は「歌謡のいちばん枢要な部分」で、そこには詠み手の豊かな「詩的イメージが内蔵」されていたに相違ないのである。

だから、三十一文字の世界には「一字の無駄もないはずだ」という前提で考える必要があるし、それが「枕詞」を考えるときの出発点でなければならない。それを折口氏のように、「行き当たりばったりに語をつけ」たもので、「決して豫期を以てする表現ではなかった」などというのは、歌の世界を生かじりに囓った者の愚論中の愚論である。折口氏はほんとうに国文学者、歌人だったのかという思いが込み上げてくるのを、私は抑えることができない。

誘諾木尊の「事断ち」と前進思考

さてそれでは、「歌謡のいちばん枢要な部分」であり、詠み手の豊かな「詩的イメージが内蔵」されているはずの「枕詞」とは、具体的にどういうものだったのか。『秀真伝』ではどのように説かれているのだろうか。

第五「若歌の枕詞の紋」は、このタイトルの示すとおり、全体が「枕詞」について説かれた紋である。ある神議《かみはか》りの折り、大物主の奇杵・大直結道命が「枕詞」の由縁を問い、それに鏡臣の思兼命が答えるという大きな舞台設定のもとで明らかにされていく。

「これは『禊の文《みそぎ》』にあり」といって思兼命が語ったことを掻い摘んでいえば、花杵・磯清之男尊が山火事を起こし、その火を消そうとした母・誘諾実尊が焼死、葬送に間に合わなかった誘諾木尊が、悲しみのあまり夜道を駆け、手火《たび》を片手に洞穴に入って蛆虫が群がる妻の遺体を見てしまい、重たい足を引きずって返った話、その夜見た悪夢で醜女《しこめ》に追われ、黄泉平坂《よもつひらさか》で「事断ち」して音無川（現在の熊野川）で禊をし、さらに筑紫の天地木原《あわきはら》で禊をしたのち、近江の天地宮《あわみや》に戻って、葦原の葦を引き抜いて国造りに勤《いそ》しむ話である。

このあとに「のち天地宮《あわみや》に　詔《みことのり》　導きの歌　『天地君《あわきみ》よ……』」と続く。「天地君」とは「天地宮の君」の意で誘諾木尊のことであるから、この「導きの歌」は焼死した誘諾実尊の義父・豊受神の作であろう。先の「禊の文」も同じで、その中に「導きの歌」がはいっていたものと思われる。

「天地君《あわきみ》よ　別れ惜しくと　妻送る　夫《をうと》は行かず　行けば恥　醜女に追わす　良し悪しお　知れば足引く　黄泉平坂《よもつさか》　事断《ことだ》ち離《さ》くる　器《うつわ》あり」（第五紋）

「天地君よ。あなたは妻との別れが惜しくて亡骸《なきがら》を見に行ったようですが、夫は決して行かないものです。行けば妻に恥をかかせることになるからです。だから誘諾実尊も恨んで夢に出て醜女に追わせたのです。その良し悪しに気づき、後ろ髪を引かれながらも重たい足を引きずって黄泉平坂《よもつひらさか》を越え、もはや帰らぬ誘諾実尊と事断ちし、明日に生きる決心をしたのはよかった。それができるかどうかで、人間としての器というものが決まるのです」

ここでいう「器」は、最愛の妻の死に際して、その悲しみに打ち勝つ精神的な強さをいっている。妻の死をいつまでも悲しんでいるのではなく、もはや帰らぬものときっぱり思い定めて「事断ち」し、明日に向かって前向きに生きていくことの重要さを説き、そこに人間としてのもっとも大切な生き方がある、といっているわけである。

誰でも死は辛く悲しい。最愛の人を亡くした者にとってはなおさらである。だが、あまり深刻に嘆いてばかりいては、明日を生きる意欲を殺《そ》がれる結果を招いてしまう。だから、春日麿・天児屋根命も、

「なれど往来《ゆきすき》　玉響《たまゆら》ぞ」（第十三「若彦伊勢鈴明の紋」）

と人生の儚《はかな》さを口にしながらも、あとは後半生に向けたひたすらな生き方を説く（「往来《ゆきすき》」は、ここでは生まれてから死ぬまでの一生の意）。「事断ち」というのも、そういう現実重視の意味合いがこめられた語といえる。ここにもやはり、「暗《が》」から「明《か》」への転換思想が貫かれている。

この世を「苦界」と規定して陰々滅々とした人生観を植え付け、大勢の自殺者をだした中世の浄

土教など、ごく少数を除けば、宗教というものはなべてそういう姿勢の大切さを説く。来世の成仏を説く宗教であっても、それは現世の生き方に左右されることであってみれば、この世をどう力強く生きるかに力点がおかれるのは当然のことといえる。

釈尊も人生について多くの教えを残しているが、たどり着いた結論は春日麿と同じだった。涅槃《ねはん》経《きょう》には、釈尊が過去世において雪山童子《せっせんどうじ》として修行をしているときの説話が出てくる。雪山童子が雪深い山中で修行をしていると、突然おそろしい姿をした羅刹《らせつ》（鬼神）が現れ、

「諸行無常《しょぎょうむじょう》　是生滅法《ぜしょうめっぽう》」

という半偈《はんげ》を述べた。「森羅万象はことごとく変転極まりなく無常であって、すべては生滅流転の法理のただ中にある。人間もまた同じである。この生滅流転の法理から逃れ、永遠に生きることはだれもできない」という意味である。雪山童子はあとの半偈をぜひとも聞きたいと思い、羅刹に求められるままに両眼を差しだし、わが身を食べさせる約束をして、あとの半偈を尋ねると、羅刹はこう答えた。

「生滅滅已《しょうめつめっち》、寂滅為楽《じゃくめついらく》」

これを聞いた雪山童子は、この偈《げ》を岩や木に書きつけ、約束どおり高い木から羅刹の口に向かって身を投げる。すると羅刹は帝釈天《たいしゃくてん》の姿に変わって童子の体を受け止め、その不惜身命《ふしゃくしんみょう》の求道精神をほめ讃え、未来の成仏を約束して姿を消した。

要するにこの説話は、雪のような純粋無垢な求道心の大切さを説きながら、同時に人間の「死」をどう捉えるべきかを教えているわけである。宗派や学者によって解釈はさまざまで、悩まされる偈だ。死については考えすぎるほど考え抜いてきた私も、苦しみ抜いた末にたどり着いた結論は、すぐれて現実的な教えだということであった。

「生滅《しょうめつ》を滅《めっ》し已《おわ》る」とは、生滅流転の無常の法理に対するこだわりを捨て去り、ふだん「生」を意識しないで生きているように、「死（滅）」もまた意識せず、己れの脳裏から消し去ってしまうことだ。そして「今」という瞬間瞬間を無我夢中で生きていく。その「生」も「死」もない無我夢中な生き方の中で、本人が知らないうちに安らかに死んでいる、そんな生き方、死に方が「寂滅為《じゃくめつい》楽《らく》」で、そこにしか「心豊かな人生」も「安らかな死」もないということである。

いってみればごく当たり前の人生論で、だから現実的な教えだといったのだが、観念的な議論を好む向きには受け入れられない解釈かもしれない。だが、真理は常に身近なところにある。愛は通俗に宿り、真理は平凡に潜む、のである。「死とは何か」と思惟をこらして、深い実感の中で真理を悟れるものなど、そうざらにいるものではない。釈尊であれ、大乗仏教者であれ、衆生のために説いたことを思えば、「死」に対する悟りも現実的であったと私は思う。悟りと称する観念的・高踏的な説法などで、苦海にあえぐ衆生の現実を救える道理はない。

いずれにせよ、われわれに人間にとって「死」は免れることができない定めである。そうであるかぎり、いたずらに「死」を嘆き悲しんでいては陰々滅々たる苦海に沈んでしまう。ひとたび嘆いたあとは、死者に対する未練を断ち切り、涙を拭い、頭を上げて、前向きにたくましく生きることが「事断ち」の真意であろう。

「禊」は身を明かし、枕詞は心を明かす

思兼命はこの「導きの歌」を紹介したあと、ついでようやく「枕詞」について説く。これも豊受神の「禊の文」に書かれていたものの要約であろう。以下は前出文の続きである。

「禊に民の　斉《ととの》いて　弥真斉《ゐやまと》通る　葦引きの　千五百《ちゐも》の御田の　瑞穂なる　弥真斉《まと》の教ゑに
神々《かがん》して（【注】参照）　法天地国《のんあわくに》は　典弥真斉《でんやまと》　引きて明るき　葦原の　歌も悟れよ
弥真斉道《まとみち》の　通らぬ前の　足引きの　枕詞は　歌の種　足引きは山　ほのぼのは　明け烏羽玉《ぬばたま》
は　夜の種　島つ鳥の鵜《う》　沖つ鳥　鴨と船なり　この味お　烏羽玉の夜の　歌枕　覚めて明る

き　前詞《まえことば》　心お明かす　歌の道　禊の道は　身お明かす　弥真斉《やまと》の道は　大いなるかな」

もういちど繰り返せば、「事断ち」と「禊」をひと言でいえば、愛する死者に対する未練を断ち切ることだった。そうしないと明日も暗い人生になってしまう。愛するものへの未練を断ち、明日に向かってまっしぐらに生きること、「暗《が》」から「明《か》」への精神的転換、それが「事断ち」であり「禊」の本義であった。

【注】「神々《かがん》して　法天地国《のんあわくに》は　典弥真斉《でんやまと》」は、「神々法典《かがんのんでん》」の成句を分散し、文学的修辞とした分散修辞法である。「のん」は「法《のり》」と「祈《の》り」の懸詞か。「典」を「でん」と訓むのは漢音・呉音であるが、文書・御教書を意味する「教手《をして》」の手が「てん（でん）」と転化したものと解される。

さてそうすると、「禊に民の　斉《ととの》いて　弥真斉《ゐやまと》通る　葦引きの　千五百《ちゐも》の御田《おだ》の　瑞穂なる」と、「弥真斉《まと》道《みち》の　通らぬ前の　足引きの」という二つの枕詞の意味合いも、自ずから見えてくる。

後者の「足引きの」という枕詞には、誘諾木尊が亡き妻・誘諾実尊に対する未練をまだ断ち切れない心情が垣間見える。「足引きの」という枕詞を口ずさんでみるとき、悲しみの中で妻（の亡骸）と別れ、肩を落としてとぼとぼと帰る誘諾木尊の姿が、その揺れ動く心のさまが、映画のワンシーンのように浮かんでくる。「事断ち」しようとは思いながら、まだ断ち切れない弱さである。その弱さは、国造りにも反映しないではすまされない。だからこそ、「弥真斉《まと》道《みち》の　通らぬ前の　足引きの」といっているわけなのである。

それに対して「葦引き」は、曠野《こうや》の葦を刈り取って田をつくり、豊かな稔りを得ることであるから、ここには誘諾木尊が「事断ち」と「禊」によって元気を取り戻し、国民《くにたみ》たちとともに国造りに励む姿が表出されている。だから、「禊に民の　斉《ととの》いて　弥真斉《ゐやまと》通る　葦引きの」なのである。同じ「あしびき」でも、「足引き」と「葦引き」とでは「暗《が》」と「明《か》」の大きな違いがある。「弥真斉《やまと》」は都合五回も出てくるが、これを「まと」と表記しているのは音数律を調えるための省略形である。この語の本来の意味は、乱れた国の秩序（暗《が》）を斉《ととの》え、争いのない平和国家（明《か》）を築くことにある。しかしここでは、それに加えて「暗」から「明」への《精神的転換》の重要性が歌い込まれている。国造りといい、「弥真斉の道」といっても、強い精神力の支えがあってこそ、ということであろう。

その「弱さ」から「強さ」への転換点にあるのが「禊」である。つまり「禊」とは、単に身体を清めることではなく、深い悲しみから立ち直り、明日に生きる出発点とするものであった。一般にいわれてきたような宗教的な儀式にかかわることではなく、「暗」から「明」への転換を促すきわめて人生論的、精神論的な実践行為といえる。「禊の道は　身を明かす」とは、そのことをいったのである。

たしかに、冷たい水で顔を洗ったり、滝に打たれたりすると身が引き締まる。後頭部（ぼんのくぼ）を「身柱《ちりけ》」というが、その原意は「千霊気《ちりけ》」にある。たくさんの霊気、神気の入り口という意味である。

滝の冷水に打たれると、思わず歯ぎしりを噛み、後頭部の筋肉を引き締めるが、ここには頸部深層筋や延髄などがあって、奥の脳髄を刺激する。その刺激によって脳内に精気が漲り、活性化するのである。神霊が憑依するときの「入り口」もこの「身柱」である。修験者たちが滝に打たれるのも、このことを踏まえて神気の横溢をはかるためだ。

古代びとたちもこのことを知っていて、この「禊」を「暗」から「明」への転換点として用い、位置づけたものとみてよいと思う。「禊の道は　身を明かす」とは、まさに「暗」から「明」への転換をわが身に実現することであったのである。

これに対して枕詞は「心を明かす」ことにあった。「明かす」とは、やはり「暗の人生」から「明の人生」へと転換を促すことである。その精神的な起点とする「前詞」だった。

ここにおいて、これまで特に意味がないとされていた「枕詞」は、俄然光をおびて輝きだす。奇彦・大直結道命が「枕詞」について問うたとき、思兼命は意外にも、長々と誘諾実尊の不慮の死に出合った誘諾木尊の悲しみから語りだし、ついで「禊」の話へすすめた。そしていま、「禊」と「枕詞」は、「身を明かす」と「心を明かす」というフレーズによって、その関連性が明らかになったわけである。

「明暗《かが》の思想」――「暗《が》」の現実

禊の道――身を明かす

枕　詞――心を明かす

「明《か》」への転換

「烏羽玉の夜の　歌枕　覚めて明るき　前詞《まえことば》　心お明かす　歌の道」というとき、「歌枕」と「前詞」は「枕詞」と同義に使用されているが、発句（枕詞）と第二句の間に「覚めて明るき」を入れて考えてみると、「枕詞」が夜＝世（人生）の暗さを、寝るときに用いる「枕」によって表徴され、それにともない、第二句以降で明日へ向かう「心の明るさ」が表現されるものであることがわかる。「枕詞」は「暗《が》」を表徴する「歌の種」であり、「暗《が》」から「明《か》」への転換を促す重要な起点というべき「歌枕」だったのである。私の脳裏には、枕をして寝ている人がむっくり起き上がろうとするイメージが浮かんでくる。

「沖つ鳥」にみる枕詞の妙

「沖つ鳥　鴨と船なり」については、第二十六「卯《う》萱《かや》葵《あおい》桂《かつら》の紋」にその例話と二首の歌が載っている。彦火々出見《ひこほほでみ》尊といえば、「山の幸彦と海の幸彦」の話で有名で、その物語は第二十五「彦尊《ひこみこと》鉤《ち》お得るの紋」に詳しいが、第二十六紋で語られるのは彦火々出見尊（慈名《いみな》は卯津杵《うつきね》）と妃・豊玉姫との哀しくも美しい感動的な物語である。彦火々出見尊はのちに「沖つ鳥」という枕詞をもつ歌を詠み、離婚寸前までいった豊玉姫との仲を回復するのであるが、この「沖つ鳥」という枕詞の深い意味を理解するには、少々そのいきさつを知っておく必要がある。

瓊々杵尊の三男・彦火々出見尊は当初、近江の「治《し》の宮」（治闇《たが》宮の別称か）に住んでいたが、筑紫の国がなかなか治まらず、「どなたか若君を」という要請に応じて、瓊々杵尊は彦火々出見尊を差し向けるべく「筑紫治君《つくしをきみ》」の名をお与えになる。が、瓊々杵尊はまず自ら筑紫の国へ出向き、三年かけて井堰をつくったり、新田を開墾したりして治めて帰った。

そのあとで、山の幸彦・彦火々出見尊と兄（次男）の海の幸彦・火進《ほすすみ》尊が弓矢と釣道具を交換し、彦火々出見尊が釣をなくしてしまう話がつづく。彦火々出見尊は兄に許しを請うが、兄は許してくれない。「もとの釣を返せ」という。尊が敦賀の宮津の浜で困っていると、通りかかった塩槌《しおつち》命の計らいで筑紫の国へ渡り（『記紀』では海神の宮へ行ったとある）、やがて予先《かなさき》命の曾孫にあたる曽於の豊玉姫（『記紀』では「海神の娘」になっている）と結ばれる（第二十五紋）。

かくして「筑紫治君」の名を賜っていた彦火々出見尊が、筑紫の三十二県《あがた》を治め、新田開墾などに忙しく駆け回っていたところに、ようやく年老いた父・瓊々杵尊から、「天つ日嗣をそなたに譲る」という詔が届き、県主《あがたぬし》たちから惜しまれながら瓊々杵尊のもとへ帰ることになる。

彦火々出見尊は船足が速い大鰐船という帆かけ船でひと足先に発ち、豊玉姫はひと月はかかる鴨船であとを追うことになった。姫は間もなく臨月を迎えようとしていたので、姫とおなかの御子を案じて船足の遅い鴨船に乗せたのである（〔記〕では「和邇《わに》（鰐）の首に乗って」になっている）。

ところが豊玉姫を乗せた鴨船は、出雲の美保崎で時化《しけ》に遭って難破してしまった。姫は健気に泳ぎ切って助かり、漁師の釣り船から、彦火々出見尊が手配した鰐船へと乗り継いで、尊が待つ敦賀湾の気比《けひ》の松原にたどり着いた。彦火々出見尊がつくっていた産屋はまだ未完成であったが、産気づいた豊玉姫はその産屋で御子・渚健卯萱葺不合尊《なぎさたけうがやふきあえず》を生んだ。

この名の「渚健《なぎさたけ》」は、豊玉姫が渚の荒波を健気《けなげ》に泳ぎ切って助かったことを意味している。「うかや」は〔記紀〕ともに「鵜萱」とし、鵜《う》の羽で産屋の屋根を葺《ふ》いたとしているが、鵜の羽で屋根が葺けるわけがない。木の葉で葺くよりなお困難である。

「うがや」とあるからには、屋根は萱葺きだったに相違なく、〔記紀〕も「萱」の字を用いている。問題は「う」であるが、これは彦火々出見尊の慈名《いみな》・卯津杵《うつきね》のことか産屋《うぶや》のこと、あるいは両方の懸詞であろう。つまり、卯津杵尊が産屋の屋根を葺き終える前に生まれた御子、の意である。

だが、卯津杵・彦火々出見尊はそのあとで、まだ産後間もない豊玉姫のあられもない姿を覗き見してしまう。〔記〕では和邇（鰐）に化身して這い回っているのを見たとあり、〔紀〕では龍に化身したとある。すべては鰐船を本物の鰐（鮫）と誤解したことに起因している。見られたことに気づいた豊玉姫は、恥ずかしさのあまり御子をおいて別雷山《わけいかづちやま》（現在の京都市左京区の貴船山）に引き籠もってしまい（〔記紀〕では海神の国へ去ったとある）、誰が説得しても帰ろうとしない。瓊々杵尊までがわざわざ姫のもとを訪ねて説得するのだが、瓊々杵尊は仲直りを見る前に高千穂でこの世を去った。

瓊々杵尊の四十八日の喪が明けた日、彦火々出見尊は天児屋根命や奇彦・大国主命の妻・実穂津姫、その御子・子守神（万木麿、実穂彦）などに相談して歌を詠み、子守神の娘・磯依姫《いそよりひめ》を使者として、豊玉姫の前で歌わせたのが次の歌である。

「沖《おき》つ鳥《とり》　鴨着《かもつ》く島《しま》に　わが居寝《いね》し　妹《いも》は忘《わす》らじ　世《よ》のことごとも」

「はるか遠い沖の波間に浮かぶ鳥（鴨）のように、遠く離れてしまった豊玉姫よ。それというのも、あなた（鴨）が寝ている産屋を私が覗き、恥ずかしい思いをさせてしまったことにあるのは、決して忘れていません。許しておくれ。筑紫でともに暮らした（わが居寝《いね》し）愛しいあなたを忘れることもできません。しかし私は国君として、この世を治める務めを忘れるわけにもいかないのです。そのため自ら姫のもとへ行きたくても行けないので、遣いに託して歌を贈ります。愛しい姫よ、早く帰っておいで」

といった意味である。

豊玉姫が美保崎から乗ってきたのは「鰐船」であるから、「鴨着く」は船が着いた意ではなく、豊玉姫が着いた意で、ここでは豊玉姫を「沖つ鳥」の鴨に譬えている。しかしその鴨・豊玉姫は、裸の姿を見られた恥ずかしさから、彦火々出見尊のもとを去り、遠く離れてしまった。それを波間に漂う「沖つ鳥」に譬えているわけで、この枕詞は折口信夫がいうような「行き当たりばったり」につけた語などではなく、尊と姫の言葉ではいい尽くせない想いがいっぱい詰まっているわけなのである。

「わが居寝《いね》し」は、筑紫で寝食を共にした思い出の歳月を振り返ったフレーズで、豊玉姫を愛すればこそ「妹《いも》（妻）は忘《わす》らじ」なのである。しかし、「天つ日嗣」を継承した身として、「世《よ》のことごとも」忘れるわけにはいかない。彦火々出見尊の苦衷を添え、豊玉姫の理解を求めたフレーズである。この歌を読み聞かされた豊玉姫も、ようやく心がほぐれ、返し歌を磯依姫に託した。

「時に姫　返しは葵　君桂　絹布《かみ》に包みて　水引草《みひきぐさ》　文箱《ふばこ》に納め　奉る　君親《みずか》らに　結ひお解き、その歌読めば、

『沖つ鳥　上下《かも》お治むる　君ならで　世のことごとお　穢家《ゑや》は防がん』
　この歌お　三度《みたび》に涙《なんだ》　落ちかゝる　膝の葵葉　裳に染みて　迎ひの輿に　豊玉《とよたま》姫の」

　彦火々出見尊の歌は、桂の葉から採った染料で書き染めてあった。豊玉姫は返し歌を葵の葉汁で絹布《かみ》に書き染め、それをまた絹布で包んで水引草で結び、文箱に収めて奉った。

　前に書いたように、豊玉姫が乗った鴨船は時化で難破し、鰐船に乗り換えて気比の松原にたどり着いた。それにもかかわらず、彦火々出見尊が「沖つ鳥　鴨着く島に」と詠んだのを知って、豊玉姫は自分を「沖つ鳥」の鴨に譬えていると悟った。だが、「妹《いも》は忘らじ　世のことごとも」とあるのを読んで、「鴨」と「(世の)上下《かも》」(上下万民の意)の懸詞とした。

　この「上下《かも》」については、第三十八「日治宮《ひしろのみや》の世熊襲《よくまそ》討つ紋」に、次のような記述がある。景行天皇が瓊々杵尊を偲《しの》んで述べた言葉である。

「御祖天君《みをやあまぎみ》　高千穂の　峰に登りて　日の山の　朝日に辞《いな》み　妻向かひ　上下《かみしも》恵む　神となる
　国の名もこれ　『か』は上《かみ》の　遍く照らす　『も』は下《しも》の　青人草お　恵まんと　鳴る神の雨
　良きほどに　別けて御稲《みぞろ》の　潤ひて　民賑はせる　功《いさおし》は　上下別雷《かもわけつち》の　神心《かんごゝろ》」

「御祖天君」とは瓊々杵尊のことで、同尊が上下万民を別け隔てなく恵んだことを「上下《かも》」と表現している。「上下別雷《かもわけいかづち》」は賀茂の別雷神、つまり瓊々杵尊のことで、現在の上賀茂神社（延喜式には賀茂別雷とある）と下賀茂神社（延喜式には賀茂御祖神社とある）の名も、この「上下」に由来している。

瓊々杵尊は義父であるから、豊玉姫も祭られて間もない「上下別雷」のことは承知していた。そこで、彦火々出見尊が「妹は忘らじ　世のことごとも」と詠み、世の上下万民をたいへん心配しているのを知って、「上下（万民）お治むる　君ならで　世のことごとお」と受け返した。

また、「上下《かも》」と「鴨《かも》」が懸詞になっていて、豊玉姫は「自分を治めるのはやはり天君だ」という思いを籠めているようだ。そしてこのフレーズと「穢家《ゑや》は防がん」は対句になっていて、「君は世を治めることに専念してください。私は留守中に穢れてしまった家を守ります」と詠んだわけである。そうすると、豊玉姫の歌意は、

「沖つ鳥の鴨のように、天君のもとを離れてしまった私ですが、世の上下《かも》を治めることは、天君でなくてはできません。また、私が心安く暮らせるのは、やはり天君のもと以外にはありません。お心を悩ませて申し訳ありませんでした。仰せのままに帰りますので、天君は後顧の憂いなく政り事にお励みください。私が放置したため穢《けが》れてしまったであろう家内《いえうち》のことは、きっと私がしっかりお守りいたします」

といった意味になる。

彦火々出見尊は、この豊玉姫の返し歌を、落涙しながら三度読んだ。なぜ泣けるのかは、すでにおわかりであろう。ここまでの経緯を知らないで読む限り、「沖つ鳥」といえば鳥が波間に浮かぶ光景が浮かんでくるだろう。だが、そんな風雅や美意識を超えた「枕詞」だったのである。

豊玉姫は、産後のあられもない姿を見られただけで、恥ずかしさのあまり家を出てしまうほど純情な乙女だった。そんな姫を思うにつけ、彦火々出見尊は自分の過ちを反省し、お詫びをしてきたが、辱められた姫はなかなか帰ろうとしなかった。彦火々出見尊の脳裏には、そんないきさつのあれやこれやが蘇り、走馬燈のように駆け巡るのである。

いま、その「沖つ鳥」が帰ってくるという。だから彦火々出見尊は、豊玉姫の返し歌を読んだだけで感極まり、涙がどっと溢れてくるわけなのだ。

こうしてみると、折口信夫によって「豫《あらかじ》め計畫を以て發想せられるのではなく、行き當たりばったりに語をつけ（た）」ものとされ、意味のない死語として葬り去られたこの「枕詞」には、彦火々出見尊と豊玉姫との言葉に尽くせない深い感慨が、溢れるほどたくさん籠もっているのである。そしてそれが「枕詞」というものの妙味であったのである。

吉本隆明氏はこの「枕詞」を、「歌謡のいちばん枢要な部分」といい、梅原猛氏は「豊かな詩的イメージが内蔵」されているとみた。両氏の説は、この『秀真伝』によって立証されたといえるだろう。

3　「鄙ぶり」の歌

若歌姫から奥義を伝授された下照小倉姫

先に私は、当時の若歌《わか》（和歌）が「天地の運行」や「天成る道」と密接な関係をもっていたことを述べた。「若歌」の語源が「若返る歌」にあることからわかるように、人生の応援歌であるとともに、歌はそのまま「政り事」でもあった。

もちろん、すべての歌がそうだったわけではない。五七調の基本形を四回連ね、最後を七七で締める「鄙《ひな》ぶり」という歌がある。対義語としての「都ぶり」を正統派の歌とすれば、「鄙ぶり」はこれとはちょっと外れた俗歌、はっきりいえば「イロ歌」といった意味合いである。〈記紀〉にも出てくるが、歌の数としては返し歌と合わせて二首だけが残っている。

前章で触れた話に、出雲の国の平定に差し向けられた天稚彦命《あめわかひこ》が、高杵命の命に背いて出雲の奇杵・大直結道命の娘・高照姫（高子姫）と結婚して帰らず、そのあと高杵命が放った名無し雉子（密偵）を見つけて殺してしまったが、高杵命の返し矢が当たって死んだ（その実、別の密偵に返り討ちにあった）話があった。その天稚彦命が実家に送られて仮殯《かりもがり》の最中、妻・高照姫の兄・高彦根命が弔問に訪れると、その顔や姿が天稚彦命にそっくりだったので、遺族たちの中に、

「天稚彦命はまだ生きている！」

とすがりついてきた者がいた。すると高彦根命は、

「友人と思えばこそ弔問に馳せ参じたのに、私を死人と間違えるとは、何と汚らわしい。腹が立つ！」

といって剣を抜き、喪屋を切り倒して帰りかけた。ずいぶん短気な男だが、それを天稚彦命の妹・下照小倉姫が見ていて、高彦根命の怒りを解こうと歌を詠んで諭す。その小倉姫の歌と高彦根命の返し歌が「鄙《ひな》ぶりの歌」なのである。


小倉姫は、かつて中山道を拓いた金山彦命の孫娘、天国魂命の娘で、〔記〕には「高比賣《たかひめ》」、〔紀〕には「下照媛《したてるひめ》」とあるが、実名《まことな》は小倉姫という。この小倉姫は若歌姫から若歌の国の玉津宮で若歌の奥義を伝授されたなかなかの歌詠みで、第九「八雲討ち琴作る紋」には次のように記されている。

「（奇杵命は）娘高子お　奉る　天国魂《あまくにたま》命の　小倉姫　これも捧げて　仕えしむ　下照姫は
二青女《ふたあおめ》　召して楽しむ　八雲討《やくもうち》琴　（中略）　のちに若歌姫《わかひめ》　日足るとき　八雲《やぐも》討琴・五薄打琴《いすゝき》
葛垣打琴《かだがき》お　譲る琴の音　高子姫《たかひめ》お　高照《たかてる》姫となし　若歌《わかうた》の　雲奇文《くもぐしふみ》は　小倉姫　授けて名
おも　下照と　なして若歌国《わかくに》　玉津島」

小倉姫は歌が巧みだったので、若歌姫（下照姫）は「雲奇文《くもぐしふみ》」という若歌の奥義書を授けるとともに、下照姫という自分の讃え名をも授けた。それで小倉姫は下照姫とも下照小倉姫とも呼ばれる。同じ若歌姫から琴を習い、三面の琴と高照姫の讃え名を授かった高子姫とは学びの友でもあった。

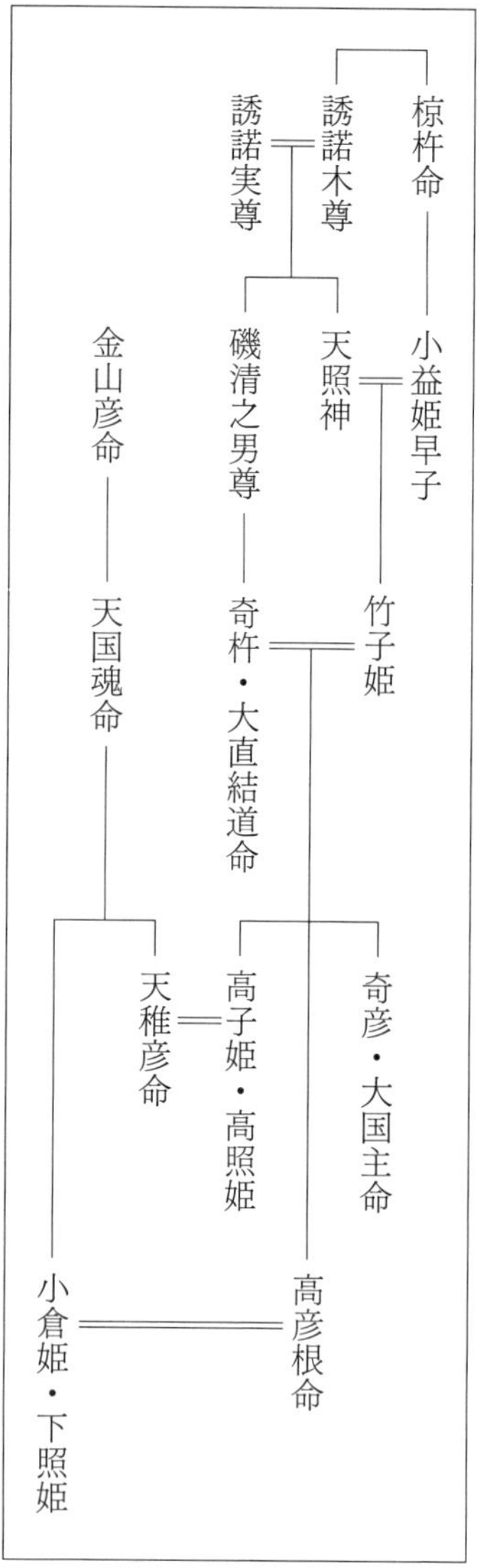

〔記紀〕ではわからない歌意

さて、第十「鹿島立ち釣鯛の紋」には、この下照小倉姫と高彦根命が歌をやりとりする場面が次のように記されている。まず下照小倉姫の関連文と歌、および〔記紀〕に載る歌をあげる。

「金山彦の　孫娘　下照《したてる》小倉《おぐら》姫　高彦《たかひこ》根の　怒り解かんと　短歌《みぢかうた》　詠みて諭せり
『天《あめ》なるや　緒留棚機《おとたなばた》姫の　項《うな》がせる　玉の御統《みすまる》　御統の　穴玉早見《あなたまはやみ》　谷二端《たにふたは》　足らず味好き
　高彦根ぞや』」

「天なるや　弟棚機の　項がせる　玉の御統　御統に　穴玉はや　み谷　二渡《ふたわた》らす
阿治志貴高日子根《あぢしきたかひこね》の神ぞ」（記）
「天なるや　弟機女の　項がせる　玉の御統　穴玉はや　み谷　二渡らす　味耜《あぢすき》高彦根」（紀）

歌の前半は〔記紀〕の歌も『秀真伝』の歌とだいたい同じであるが、後半は〔記紀〕ともに「穴玉はや　み谷　二渡らす」となっていて、どんな意味なのかさっぱりわからない。五七調にもなっていないため、『古今和歌集』の〔仮名序〕も、「（歌が）世に伝はることは、久方の天《あめ》にしては下照姫に始まり」と記し、この歌のあとに、

「これらは、文字の数も定まらず、歌のやうにもあらぬことなり」

と注をつけている。これまでさまざまな解釈が試みられてきたが、納得のいく解釈にはなかなかお目にかかれない。学者たちはどう解釈すべきか困惑しているのが実情であろう。たとえば、宇治谷孟の『全現代語訳日本書紀・上』（講談社学術文庫）は、

「天にいる弟機女《おとたなばた》が頸にかけている玉の御統《みすまる》――その御統に通してある穴玉は大変美しいが、それは谷二つに渡って輝いている味耜高彦根《あぢすきたかひこね》と同じである」

と解釈している。『日本書紀』（岩波書店）の大野頭注もだいたい同じであるが、本心では訳者たちも納得してはいないだろう。「御統の玉は大変美しい」というならわかるが、それならなぜ「玉」の前に「穴」がつくのか。死者に間違えられて怒り、仮殯《かりもがり》の喪屋を切り倒し、仏頂面して帰りかけた高彦根命が、「谷二つに渡って輝いている」とはどういう意味なのか、聞いても答えられまい。〔紀〕における文字の区切り方、字の当て方、前置き地文などに従えば、こんな解釈しかできないのである。

冒頭の「天なるや」は、棚機姫が「天に住んでいる」意にほかならない。したがって「たなばた」は、「棚機姫」の省略形である。「おと」は、〔記紀〕にある「弟」の意ではなく「緒留《おと》」、つまり「魂

の緒を留める」意、換言すれば「恋しい想い」を胸に秘める意で、下照小倉姫は中国の伝説にあやかって、高彦根命にひと目惚れした自分を、牽牛《けんぎゅう》を恋しく想う織女《しょくじょ》に譬えている。だから「天《あめ》なるや　緒留棚機《おとたなばた》姫」は、「天にまします棚機姫のように、慕わしい人に出逢った私」といった意味になる。

「項《うな》がせる　玉の御統《みすまる》」も自分の体を「御統」に譬え、「項《うなじ》（首筋）にかけた御統の玉のように、私の体も輝いている」といっている。次の「御統の　穴玉早見」は、「その御統の玉に穴が空いているように、私の玉の肌の体にも穴が空いているけど、あなたもその穴を早くみたいとは思わないか」と、高彦根命を誘っているところだ。

「谷二は」の「は」は、実は『秀真伝』では普通音「⦶《は》」でなく係助詞の「㋨《は》」になっていて、意味がとりにくい。写本家が意味がよく理解できないで、普通音「⦶《は》」を係助詞「㋨《は》」に書き直してしまったものと思われる。普通音の「⦶《は》」にし、「谷二端」として初めて意味が通じるようになる。つまり、両大腿の付け根（陰部）を谷間に譬えているわけで、「谷二端」で股間《こかん》＝陰部を意味する。

次の「足らず」は清音「足らす」としている写本もあり、〔記紀〕も表記こそ違え、「渡（わた）らす」と清音で記されている。清音が正しいだろう。股間に空いた穴（秘所）を「満たす」意、要するにセックスをする意である。

また、〔紀〕では「あぢすき」に「味耜」の字を当てているが、「耜《すき》」は農機具の「鋤《すき》」のことで意味をなさない。これは「味好き」で、小倉姫は「好みのタイプ」「好ましい男」という意味で用いている。私の解釈はこうである。

「天にいます棚機姫のように、いまあなたをひと目見て恋に落ちてしまった私が、この頸にかけている御統の首飾りはきれいでしょ？　私の肌も御統の玉のように輝いているけど、この玉の肌に空いた穴を早く間近に見たいとは思わないこと？　この谷の二端の穴を満たしてくださるお方は、私の好みのタイプの高彦根さん、あなたしかいないわ」

要するに求婚の歌なのだが、「イロ歌」といってよい。小倉姫の目的は険悪なその場の空気をやわらげることにもあったが、同時に高彦根命にひと目惚れをしてしまい、誘っているわけなのだ。〔記紀〕でもこの歌を「夷振《ひなぶ》り」、「夷曲《ひなぶり》」（「夷《ひな》」の字は「鄙」の軽蔑語）といっているのであるから、正統派のお行儀のよい歌であるわけはない。裏を返せば、お行儀の悪い歌なのだから、こういう意味の歌でなくてはなるまい。

若歌姫から若歌の奥義を伝授されただけあって、「歌のやうにもあらぬことなり」どころか、なかなか傑作な「鄙ぶり歌」である。こんな歌をもらったら、男なら誰でも怒りを収めてしまうだろう。怒りを鎮める方法としては、これにまさる手はないかもしれない。その意味でも傑作には相違なく、なればこそ〔記紀〕や『秀真伝』にも書きとどめられたわけである。

誘いに応じた高彦根命の返し歌

以下は前出文の続きである。〔紀〕に載る歌も合わせて引く（〔記〕は載せていない）。

「この歌に　続きも知れり　高彦根　怒り緩めて　太刀収め　御床《みと》の雅《みやび》お　諭さんと　応えの歌に

『天離る《あまさが》　雛《ひな》つ女《め》の岩《いは》　直急訪《たゞせと》ひ　鹿《しか》は片縁《かたふち》　片縁《かたふち》に　網張り渡し　目呂縁《めろよ》しに　攀《よ》し寄り来ね寝《い》　鹿《しか》は片縁《かたふち》』」（第十紋）

「天離る　夷《ひな》つ女の　い渡らす迫門《せと》　石川片淵　片淵に　網張り渡し　目ろ寄《よ》しに　寄《よ》し寄《よ》り来ね　石川片淵」（〔紀〕）

後者の〔紀〕の歌は、高彦根命の歌とは書いておらず、高彦根神の妹・下照媛（実は天稚彦《あめわかひこ》命の妹・下照小倉姫）が二回目に詠んだ歌のように書いてある。前出の宇治谷孟著『全現代語訳日本書紀』の解釈は、

「夷《ひな》つ女（田舎の女の意か。宇治谷注）が、瀬戸を渡って魚をとる。石川の片淵よ。その片淵

に網を張り渡し、網の目を引き寄せるように、寄っておいで石川の片淵よ」

としている。『日本書紀』（岩波書店）の大野頭注もほぼ同じで、やはり意味がよくわからない。五七調にはなっておらず、各句の区切り方も目茶目茶である。私は先のように字を当てた。

まず第十紋の地の文から説明すると、「この歌に　続きも知れり」は、小倉姫の歌が「返し歌」を求めるものであることを知っての意だが、小倉姫の目論見どおり、高彦根命はすぐ誘いに乗った。その高彦根命が諭そうとした「御床《みと》の雅《みやび》」とは、要するに「セックスの交歓」のことにほかならない。「あなたの誘いに応じましょう」という意味である。

ところで、「ひなつ女」であるが、普通「天離る」という枕詞は「夷《ひな》」にかかるとされるが、この説は〔紀〕に載る高彦根命のこの歌を前提とした解説で、首肯しがたい。小倉姫が「天《あめ》なるや緒留棚機姫《おとたなばた》の」と詠んだのを受けて、高彦根命も小倉姫を天から舞い降りてきた棚機姫に譬え、「天離《あまさが》る」としたのだ。だから「ひな」は、「天」（都）に対する「鄙《ひな》」ではない。小倉姫はまだ若い未婚の女性だったので「雛《ひな》」に譬えたのである。

また、「雛つ女のいは」の「は」も、『秀真伝』では係助詞の「ゐ《は》」になっている。やはり写本家がいじってしまったのだろう。ここは「岩」と解すべきところである。〔紀〕の「い渡（わた）らす」の場合、「わ」はむろん係助詞ではなく、前の「い」と合わせると「いわ（岩）」になる。『秀真伝』

も「いわ」と記されていたのに、写本家が係助詞「(の)《は》」に書き直してしまったのではないかと思われる。小倉姫はまだ若く未婚であったから、肌に触れれば硬くぴちぴちしているだろうというわけなのだ。

そして、小倉姫が自分の股間を「谷間」に譬えたのに対応し、高彦根命は自分のことを、その谷間の「岩」を攀《よ》じ登る「鹿」に譬えている。また、小倉姫が股間の谷間（秘部）を「御統の玉の穴」に見立て、両大腿を「谷二端」と表現したので、高彦根命は谷間を隔てた片方（片端）を「片ふち」と表現した。したがって片方の山の斜面を意味する「片縁」でなければならない。「淵」とは川や湖などの深い底をさす言葉であるから、「片淵」としたのでは意味をなさない。

「網張り渡し　目呂《めろ》縁《よ》しに」の「目呂」は網目のこと、「縁《よ》し」は手がかりにする意である。また、「攀《よ》し寄り来ね」は、網目にすがりついて渡ることで、残る「い」は「寝《い》」のほかにない。お互いに這いずり合って寝ようということである。結句の「鹿は片縁」は、「片方の脚」の意から転じてもう片方の脚と連れ添う意、「夫婦になってもいい」と語りかけている。そこで私は次のように解釈した。

「天から舞い降りてきた棚機姫のような初々しいお嬢さんよ。そういわれちゃあこの私だって、あんたのぴちぴちした肌を鹿のように急いで駆け登り、武者ぶりつきたいもんです。鹿である私は、いま谷の二端の片縁にいます。あんたがいる片縁に網を張り渡しますから、お互いにその網目にすがって寄り添い、一緒にお寝んねしましょうや。あんたが未婚なら、連れ合い（片縁）になってもいいと思うよ」

高彦根命が「鹿は片縁」で締めくくったとき、もう結婚の意志を固めている感じである。事実、お互いにひと目惚れしてしまったおふたりさんは、このイロ歌が縁で結ばれた。

「この歌は　のちの縁《ゆかり》の　合う大少尊《うす》の　鴨妹《かもい》と結ぶ　鄙ぶりはこれ」（第十紋）

「合う大少尊《うす》の」は、大濡煮尊《うひぢに》と少濡煮尊《すひぢに》のことで、第二「天七代床御酒の紋」には両尊が結婚したときのことについて、

「女神まづ　飲みて勧むる　のち男神　飲みて交わる　床の御酒」

とある。小倉姫が先に誘ったことを、この床御酒の飲み順に合っているといっているように思われる。

「鴨妹《かもい》と結ぶ」は、彦火々出見尊と豊玉姫の故事に由来している。前に述べたように、彦火々出見尊と豊玉姫との間にはちょっとしたトラブルがあって、豊玉姫は彦火々出見尊のもとを去ってしま

った。そのとき同尊が詠んだ歌で、姫を「鴨」に譬え、「妹《いも》」（妻を親しみをこめていうときに用いる）と呼んだ。つまり「鴨妹《かもい》」とは豊玉姫のことで、彦火々出見尊と豊玉姫とが歌を詠んでめでたくもとの鞘《さや》に収まったことをさしている。

歌がとりもつ縁という意味では、小倉姫と高彦根命も同じだといっているわけであるが、おふたりさんの歌は彦火々出見尊と豊玉姫が詠んだ正統派の歌とは趣きが異なるので、「鄙ぶり」といったわけである。このようなイロ歌を世に残すおおらかさ、聖俗を兼ね備えた国ぶりに、わが国の「古き良き時代」の輝きと活力を見る思いがする。

4　平和繁栄の永続を願う「ツヅ歌」

「ツヅ歌」のバリエーション

『万葉集』にはいろいろな歌体の歌が集められているが、『秀真伝』には神代における若歌《わか》のバリエーションの一つに、「サッサ・ツヅ歌」というものがある。そしてこの「ツヅ歌」にもさまざまなバリエーションがある。ここでは、それを見てみたいと思う。

まず第八「魂返し徴れ討つ紋」に、天照神が徴れを討つときに詠んだ「サッサ・ツヅ歌」が載っている。この歌が「ツヅ歌」と称される歌謡のはじまりかどうかは定かではないが、少なくとも『秀真伝』における「ツヅ歌」の初見は、天照神のこの歌である。

「大御神　かねてサッサに　歌身付け　投ぐれば窘《たじ》む　徴《はた》れ禍《ま》お　サッサ・ツヅ歌
『流浪《さすら》でも　徴《はた》れも羽張《はは》矢投げ　三つ足らず　神々《かがん》なすがも　手立て尽き　故法典《かれのんでん》も　あに効かず　日月とわれは　天地《あわ》も照らすさ』」

前述のとおり、「神々《かがん》」と「法典《のんでん》」は一つの成句を分散した修辞であるが、ここではさまざまな「呪術」の意で用いられている。「窘《たじ》む」は「たしなむ」、困り果てる意である。歌意は、

「流浪《さすら》の身であっても、徴れもさるもの、羽張矢《ははや》を投げて応戦してくる。こちらはさまざまな呪術をもって戦ってみたが、一向に効果がなく手立ても尽きた。しかしいま、足らなかった日月の神力とわが神力の三つがそろい、サツサに書き染めた歌を投げ返したので、この三つの神力が天地を照らし、流浪の徴《はた》れ禍《ま》も降参するだろう」

といった意味である。

この「ツヅ歌」は五七調の基本形を四回繰り返し、最後に七音を加えて結んでいるが、発句を「さすら」で起こし、結句を「らすさ」と逆さ詠みしているところに特徴がある。そうすることで、三つの神力によって徴れ禍を打ち負かすことを表している。しかし、このような「逆さ詠み」が「ツヅ歌」の決まりというわけではないようである。

ところで、歌の前に「かねてサツサに　歌身《うたみ》付け」とあり、歌を「サツサ」という何かの物に書き染めた意かと思ったが、よくよく歌を見ると、「さ」に始まって「さ」に終わり、中ほどに「手立て尽《つ》き」の「つ」がある。順に並べると「さつさ」となる。これが「サツサ」という語の由来と思われる。

また、武仁尊《たけひと》・神武天皇が歌った「ツヅ歌」が、第二十九「武仁尊大和討ちの紋」に載っている。

奇玉火之明尊《くしたまほのあかり》は天孫・瓊々杵尊《ににきね》の兄にあたるが、世嗣ぎ子がなかった。そこで天照神は、彦火々出見尊の兄・火明尊《ほのあかり》の御子・国照宮を養子に迎えさせ、国照宮に饒速日命《にきはやひ》の名を与えた。大和（現在の奈良盆地辺）に住むその饒速日命が、臣下の長髄彦命《ながすねひこ》にそそのかされ、自分こそ「天つ日嗣」の継承者と思い込んで振る舞っていることを知った武仁尊・神武天皇が、塩槌命の勧めに応じて大和討ちに向かったときに詠んだ歌である。

「神風《かんかぜ》の　伊勢の海なる　古《いにしえ》の　八重這《やえは》ひ求む　細螺《しただみ》の　吾子《あこ》よ吾子《あこ》よ　細螺《しただみ》の　居這《いは》ひ求めり　討ちてし已《や》まん」

「細螺《しただみ》」は、海辺の岩間などに棲息する小さな巻き貝のことで、「下民《しただみ》」との懸詞になっている。またこれに、饒速日命を重ね合わせて服従を求め、さもなくば討つといっている。

「神風が吹く伊勢の海に棲《す》む細螺のような饒速日命《にぎはやひ》よ。そなたのような下民もわが子である。古くから伝わる『天つ日嗣』をよくわきまえ、天君の僭称をやめて従いなさい。もし従わなければ、討って終わりとするほかない」

五七調の基本形を四回繰り返し、最後に七音を加えて結んでいる点は、天照神の「ツヅ歌」と同じである。しかし、「さつさ」の文字はなく、それが「ツヅ歌」の定形というわけでもない。第三十三「神崇《かみあが》め疫病《ゑやみ》治《た》す紋」には、次のような短い「ツヅ歌」もある（歌の区切り片は原文どおり）。

「五年《ゐとし》疫病《ゑやみ》す　半ば枯る　六年《むとし》民散る　詔《ことのり》に『治《た》し難《がた》し枯《か》れ　夙《つと》に起き　罪神《つみかみ》に請ふ』
二宮《ふたみや》お　新《さら》に造らせ　六年《むとせ》秋　大国魂の　神遷し　九月十六日夜《なつきそむかよ》　明日の夜は　天照神の　宮
遷し　豊《とよ》の明かりの　色もよく　いざとも神は　降ります　色のツヅ歌
『いざ遠し雪のよ　ろしも大夜《おほよ》すがらも』」

御間城入彦《みまきいりひこ》尊・崇神天皇が「天つ日嗣」を継承したのち、五年ほどすると疫病が蔓延して大勢の民が亡くなり、六年目には残る民たちが逃散《ちょうさん》した。崇神天皇は新たに二宮を造営し、大国御魂神（大国主命）の「神遷し」と天照神の「宮遷し」を挙行した。そのとき披露された歌である。作者ははっきりしないが、崇神天皇とみてよいだろう。

天照神が誕生したとき雪が降り、幸先のよいのを祝って宴を催し、夜通し歌を歌った。そのときのように目出度いといった意味であるが、「雪のよろし」の「ゆき」は「幸先《ゆき》」との懸詞になっている。

素直に読めば「五七七」になっているのであるが、妙な区切り方をしている。わざとそうしているのであるが、その訳は歌の前に記されている。

つまり、大国御魂神の「神遷し」と天照神の「宮遷し」によって、国の豊かさと将来の明るさが映えて見え、それなればこそ神も愛でてご降臨くださった。その「色映え」のよさを詠み込むために、発句を「い」、第二句を「ろ」ではじまるかたちに区切ったわけである。

「サッサツヅ歌」とは何か

この「色のツヅ歌」のような短い歌でも「ツヅ歌」というからには、単なる「綴り歌」という意味かと思いたくなる。先に引いた天照神や神武天皇の歌も、この歌より少し長い程度で、いわゆる「連歌《れんが》」のような意味合いを読み取ることもできない。しかし、次のような歌をみると、どちらの意味でもなさそうである。

御間城入彦尊・崇神天皇は即位七年目に、

「祖先の神々が国を拓いた頃は、国も豊かで栄えていた。私の世になって緒穢《をゑ》に乱れた（疫病が流行したこと）のは、祭りが十分ではなかったことが咎められたのであろう。いや、きっとそうに違いない」

といって、朝日の原（〔紀〕では浅茅原）に御幸して八百万《やもよろず》の神々を招く神事を行なった。すると、妃の百襲姫《ももそひめ》に神がかかり、その神が「サッサ・ツヅ歌」（〔記紀〕にはない）を歌った。

「去る民も続《つづ》にま
つらで緒穢《をゑ》に乱るさ」（第三十三紋）

歌意は、「大勢の民が疫病でこの世を去ったが、国の八十続きの繁栄を、神を祭って祈願しなければ、神も加護しない。だから緒穢に乱れるのだ」という意味である。崇神天皇が誰何《すいか》すると、神は「大物主」と答えた。先に祭ったばかりの大国御魂神（大国主命）である。そこで崇神天皇が、「私は大物主・大国御魂神を敬い、よく祭りをしてきましたが、なぜお受けくださらないのですか」とさらに問うと、その夜の夢に大物主が現れ、

「国を治《た》すことができないのは、私に考えがあるからである。私の子孫に大直根子《おおたたねこ》命という者がいる。その者に私の御魂を祭らせるならば、遠い国までが等しく服するだろう」

と答えた。そこで大直根子命を捜させ、大国御魂神を大三輪に祭らせた経緯がある。このことは〔記紀〕にも記されているが、この大直根子命こそ『秀真伝』全編を編纂した人物である。

さて、大国御魂神が歌った「ツヅ歌」をみると、この歌も素直に読めば「五七七」になっているが、やはり妙な区切り方をしている。そして、この歌も「さ」で始まって「さ」で終わり、第二句の第一音（歌の中央）に「つ」があって、つなげて並べると「さつさ」となっている。

先にあげた天照神の「サッサ・ツヅ歌」と同じで、これはいわゆる分散修辞である。同じ「ツヅ歌」でも、このような歌を「サッサ・ツヅ歌」と呼んでいるようである。「サッサ」とはいかなる意味なのか、もはや明らかである。

政り事の世界でも「明暗《かが》」や「清汚《さが》」の思想があるように、歌の世界にも「明暗」の思想、「清汚」の思想が貫かれていることは前にも何度か述べたが、天照神や大国御魂神の「サッサ・ツヅ歌」も、世の中の「汚《が》」（緒穢《をゑ》）に対する「清《さ》」を歌全体に詠み込むことを意図して、このような分散修辞法を用いていると思われる。つまり「サッサ」とは「清々《さつさ》」で、この世の邪気を祓い清め、隅々まで「清々しい」国にする、という意味と解される。

では、「ツヅ歌」とはどういう意味なのか。この点で注目されるのは、百襲姫にかかった大物主・大国御魂神（大国主命）が、「続《つづ》に祭らで緒穢に乱るさ」と歌っていることである。この「つづに」は「続に」と解すほかないのであるが、とすればこの「続《つづ》」には「平和と繁栄の永続を願う」意味が籠められている。天照神と大国御魂神の歌も、まさにそうした願いが前提にある。

そうすると、「サッサ・ツヅ歌」を漢字にすれば「清々続歌」で、「平和な繁栄した国を願い、穢れを清め、その永続性を祈る歌」という意味になろうか。

祭政一致の神権政治であったこの当時は、治世の願いが神への祈りと一体不可分であったわけであるが、歌謡もまた治世や神祭りと不可分に結びつき、この世の永続的な安寧を願う歌がこのように歌われていた。歌をもって神に祈り、歌によって民を導き、国を治めていたわけなのである。

大伴武日命の「ツヅ歌」論

大国御魂神の「続《つづ》に祭らで」の文だけで「ツヅ歌」を「続歌《つづうた》」の意と決めてかかるのは危険ではあるが、これを裏付ける記述はいろいろある。まず第三十九「秀真討ちツズ歌の紋」には、次のような教えもある。大伴武《おおともたけ》日《ひ》命（大伴家持《やかもち》の祖）の「ツヅ歌」論である。

「秀真国」は、およそ現在の関東地方に相当するが、この地域を「秀真」と名付けのは天照神の時代以降になってからのようである。当時は争いごとも起こらず、平穏に治まっていたのであろう。だが、時代が下るにつれて乱れてきた。その中に蝦夷《えみし》（アイヌ民族）もいた。

北海道や東北地方に住んでいた蝦夷は、いわゆる「大和民族」と物々交換をしながら、かなり長い間仲良く共存してきた時期があった。しかし、狩猟をしながら転々と居場所を変えてしまうので、あえて服《まつろ》わせようとはせず、自由にさせていたが、やがて交換条件などで折り合いがつかず、争うようになる。

その蝦夷が秀真国にまで進出してきて騒ぎだした。景行天皇はこれを鎮めるため御子の大碓尊《おおうす》をさし向けようとしたが、恐れて逃げだしてしまった。そのため弟の小碓《おうす》・日本武尊《やまとたけ》（【注】参照）が向かうことになる。

【注】日本武尊《やまとたけ》は讃え名、小碓尊《おうす》は実名《まことな》で、慈名《いみな》は花彦といった。〔記〕は「倭健命」と、〔紀〕は「日本武尊」と書いて、〔記紀〕ともに「やまとたける」と訓む。しかし、『秀真伝』には二十二回登場するが、いずれも「やまとたけ」とある。五七調に調えるために「たける」を「たけ」と約《つづ》めたわけではないようである。したがって、『秀真伝』の訓み「たけ」を採用するが、漢字表記は〔紀〕にならう。


日本武尊は吉備武彦命や大伴武日命、大鹿島命（『三笠文』の編者）などを従え、秀真国や道奥（陸奥）を平定したあと、筑波から酒折の宮（原見の朝間宮）にたどり着いた。そのときのことである。すでに日が暮れたのに、松明《たび》持ちが遅れてきて、

「靫《ゆき》が重くて疲れ、日が暮れたのも知らずに途中で眠ってしまった」

というと、大伴武日命の従者たちが、

「疲れるのはお互いさまだ。お前だけがなぜ疲れるのだ。頑張るのがいやなら歌を詠んでみろ」

という。すると松明持ちは、

「神の御代では歌によって国を治めたが、いまの世は力だ」

と反駁する。すごいことを言う松明持ちだが、これを聞いていた日本武尊は、歌をつくり、

「これはツヅ歌の初音《はつね》（発句）だ。返し歌を歌身に染めて返してみよ」

といって従者たちに見せた。次のような歌である（区切り方は原文どおり）。

「新治《にゐはり》つ筑波お
過ぎて幾夜か寝つる」

だが、武日命の従者たちの中に、返し歌を詠める者はいなかった。すると、先ほどの松明持ちが、彼らに代わって詠んだ（区切り方は原文どおり）。

「日々並《かがな》えて夜《よ》には九《こゝ》
の夜日《よひ》には十日《とおか》お」

最下級の松明持ちでも、こうしてすぐ返し歌が詠めるのには驚かされる。それほど広く歌謡が浸透していたのであろうが、音数律は両方とも「五・七・七」で、日本武尊が問い、松明持ちが答えた問答形式である点は、のちの旋頭歌《せどうか》と同じである。この歌が旋頭歌の起源なのかもしれない。

ただ、日本武尊が詠んだ歌は「五・七・七」の音数律を破って、「九音・十音」に区切られ、松明持ちの歌は「十音・九音」と逆に区切られている。松明持ちは日本武尊の歌の区切り方を察知し、逆に「十音・九音」に区切って返したと考えられる。松明持ちが上の句の音数を「十音」に上げたのは、「返し歌」は音数を逆に詠むという決まりがあったためだろう。
日本武尊は松明持ちをほめて武田村を下賜《かし》し、大伴武日命の従者たちには「花降り」（【注】参照）しか下賜しなかった。従者たちはこれを不満に思い、「彼には武田村をお与えになったのに、私たちはどうして花降りだけなのでしょう」と問うと、大伴武日命は、「それは返し歌を詠んだ褒美であろう」と、日本武尊に代わって答える。

【注】「花降り」は「花降銀」のことと思われるが、『角川古語大辞典』は「花降銀」について、「近世の貨幣制度が確定しないころ、各地の領主などが製した銀貨幣の一つ。〔花降り〕と称するのは、質がよくて表面に細かい花紋のような斑点ができるからである」としている。〔記紀〕にこのくだりは記されていないが、景行天皇の時代には、「各地の領主などが製した」のではなく、すでに朝廷において用いられていたようである。

従者たちはさらに問う。「彼が詠んだ歌は天地《あわ》歌のようなものではありませんでしたが、なんという歌ですか」。武日命は「ツヾ歌というものだ」と答え、小百合姫の故事を語って聞かせた。

「また曰く　『ツヾ歌昔　小百合姫　歳十九《としそこ》のとき　手研耳《たぎし》御子　慕ひ請ふゆえ　その父が

呼び出すときに　姫悟り　謎くツヾ歌
《天《あめ》つ地《つち》娶《と》ります　君となど裂《さ》けるどめ》
そのツズす　数ゑて中お　壺要《つぼかなめ》　この歌続き　数え物　折り合わせ目に　『けり』もあり　君
と吾とは　続きけり　邪暗娶《よこがめと》るお　逆しまに　『るどめ』に止めて　断ち切れば　忠《まめ》も操《みさほ》も
表せり　故《かれ》十九《そこ》音もツズ　数物《もの》もツズ　続き歌なり』」（第三十九紋）

神武天皇の妃の一人であった小百合姫が十九歳のとき、神武天皇の御子である手研耳《たぎしみみ》尊が、父の妃の小百合姫に横恋慕をして、小百合姫の父・久米命に「小百合姫を娶りたい」と願い出た。久米命に呼び出された小百合姫は、すぐにその意を悟って謎をかけたツヅ歌を詠んだ。

「天君はすでに私を娶り、あたかも天が地を包み込むように大切にしてくださっています。それなのに天君の御子が、どうして私を娶ることなどできましょうか」

　という意味であるが、末尾の「るどめ」は「娶る」を逆さまに詠んで「娶れない」という意味を籠めている。そうすることで、手研耳命の不心得を断ち切り、忠義と操を貫いたということである。

「そのツズす　数ゑて中お　壺要《つぼかなめ》　この歌続き」とは、天照神や大国御魂神が詠んだ「清々続歌《さつさつづうた》」は、発句の第一音と結句の最後に「さ」があり、真ん中に「つ」があって、この真ん中を「壺要」というが、そうでない小百合姫の歌も「続き歌」の一つである、という意である。

また、「数え物　折り合わせ目に　けりもあり」とは、「数え物」は後世にいう「連歌」のことであろうが、これも「続き歌」の一つで、この「数え物」の場合は、折り合わせ目に「けり」を入れることもあるとの意である。

「故十九音《かれそこ》もツズ」は、この小百合姫の歌も日本武尊の歌と同じ十九音の「続き歌」だという意であるが、通常の「五七七」の音数律をもちながら「九音・十音」に区切っている。これは「返し歌」の決まりに則った区切り方で、そうすることで手研耳命が「返し歌」を返せないようにしているわけである。

「数物《もの》もツズ　続き歌なり」は、小百合姫の歌のような短い歌も、もっと長い「数え物」も「続き歌」のバリエーションの一つだという意味である。わずか十九音の短い歌でも「続き歌」というからには、やはり平和や幸せの永続を願うという思想が、「続き歌」の基本になっているとみて間違いない。

前記のように、日本武尊のこの「秀真討ち」には、のちに『三笠文』を編纂した大鹿島命も従者の一人に加わっていた。大鹿島は旅先での種々《くさぐさ》を書き留めて持ち帰り、『秀真伝』の編者・大直根子命にも伝えたのであろう。

5　連歌の歌法

大伴武日命が説く連歌

先に引用した文の次下《つぎしも》には、大伴武日《おおともたけひ》命の次のような教えもある。この問答の場に同席していた従者の一人、撫掻脛《なつかはぎ》命が、「いま聞いたツヅ歌に、さらに続けるような歌もあるのですか」と問う。頭の中に武日命が教えた「数え物」があったのだろう。これに大伴武日命が答える場面である。

「撫掻脛《なつかはぎ》　こゝに居て問ふ　『続《つ》きありや』　武日答えて　『八十ありて　初句《はつ》は起こりと　次は承け　三句《みつ》は転《うたゝ》に　四句《よつ》合わせ　五句《ゐつ》は只言《たゞごと》　六句《むつ》は連れ　七句《なゝ》は突き詰め　八句《やつ》は繋ぎ　表《おもて》四連《よつら》ね　忠操《まめみさお》　真手に通はす　裏《うら》四連《よつ》れ　初句《はつ》は頭《かしら》の　五教手《ゐをして》え　巡らし連ね　その次は　打ち越し心　転《うたゝ》去り　元に群がる　一連《ひとつら》ね　十六句《そむ》お一折《ひとお》り」（第三十九紋）

「ツヅ歌」すなわち「続き歌」は、「五七七」の十九音が基本であるが、ここでいう「数え物」はこの十九音を一作品とする「続き歌」を繰り返し歌い連ねていく「連歌」のことである。当時は「連歌」のことを「数えもの」または「続き歌」と呼んだ。わが国が古代文字「ヲシテ」を捨てて漢字文化に身を委ねたとき、ヲシデの「つづき歌」を漢訳する際に「連歌」と書き、やがてもとの訓みが忘れられて「れんが」と呼称されるようになったのではないかと思われる。

なお文中、「はつ」に初句、「みつ」に三句、「よつ」に四句というように句の字を挿入したが、この「句」は「五七七」の音律上の各句の謂ではなく、「五七七」の十九音を一作品とする連歌を数える語である。その初句を「起こり」といい、第二句を「承《う》け」、第三句を「転《うたゝ》」、第四句を「合わせ」、第五句を「只言《たゞごと》」、第六句を「連れ」、第七句を「突き詰め」、第八句を「繋《つ》ぎ」と呼ぶ。

この八句のうち第四句までの「四連れ」を「絹布《かみ》」の表面《おもてめん》に書き連ね、裏面に残る「四連れ」を書き連ねる。「真手に通はす」は、歌意を表・裏に通わせるという意で、小百合姫が忠義と操を表したように、この表・裏計「八連れ（八句）」にその永続の願いを籠めるのだということである。

「初句《はつ》は頭《かしら》の　五教手《ゐをして》え　巡らし連ね」とは、「裏四連れ」の頭に詠む五音を、「表四連れ」の最後の「八句・繋《つ》ぎ」と、表・裏を越えて歌意が繋《つな》がるように詠むことであろう。また、「その次は打ち越し心　転《うたゝ》去り　元に群がる　一連《ひとつら》ね　十六句《そむ》お一折《ひとお》り」とは、新たに書き染める表・裏の八句について、前の歌意を受け継いで詠む意で、また表・裏計「八連れ（八句）」を二回繰り返し、合計十六句をもって「一折り」と呼ぶということである。

以下は、大伴武日命の教えの続きである。

「『すべ五折《ゐお》り　八十《やそ》句お百句《もゝ》とし　折りは二十《ふそ》句　故《かれ》折り止めの　続《つず》二十句《はたち》　折り初《はつ》の続《つず》
相要《あいかなめ》　折り詰めの続《つず》　三十九花《みそこはな》　三《み》の詰め五十九《いそこ》花　続《つず》さ詰め　四《よ》の詰め七十九《なそこ》花　続《つず》ふ詰
め　五《ゐ》の詰め九十九《こそこ》花　続九十九《つずつくも》　(中略)』　また問ふ　『八十《やそ》句お百句《もゝ》とす　数如何《かずいかん》』　答え
は『要《かなめ》　また配る　元歌お二十《ふそ》句』」(第三十九紋)

この「数え物」は「一折り」が十六句で、五折り八十句をもって百句とし、「続き歌」の「折り止め」(終わり)とする。その差二十句については、元歌の二十句をまた要《かなめ》に配るということである。が、「元歌の二十句」が何を意味するのかわからない。詠み初めの一折りだけでも十六句なのである。次下《つぎしも》以降はまた違うようである。そのまま解釈すると、「折り初の二十句を相要として、次の折り詰めの続《つず》は十九と二十で三十九花、三《み》の詰めは十九と四十で五十九花、四《よ》の詰めは十九と六十で七十九花、五の詰めは十九と八十で九十九花」と数えることになる。「十九」という音数は一句「五・七・七」＝十九音をさしていると考えるほかないが、「元歌の二十句」がここでは四十、六十、八十と増えていくことになる。

これがどういう意味なのか理解しがたい。実際に詠まれた歌を見ないと、この謎は解けないが、

第一句——起《お》こり……（起）
第二句——承《う》け……（承）
第三句——転《うたゝ》……（転）
第四句——合《あ》わせ……（結）
　　　　——表・四連れ
第五句——只言《たゞごと》
第六句——連《つ》れ
第七句——突《つ》き詰《つ》め
第八句——繋《つ》ぎ
　　　　——裏・四連れ

表・四連れ（四句）
裏・四連れ（四句）
表・四連れ（四句）
裏・四連れ（四句）
　　　　——十六句で一折り
五折り……八十句
元歌……二十句
　　　　——百句で一連歌

一つも残っていない。これ以上「元歌」を増やす必要はないはずである。このくだりは、あまりこだわらないほうがよさそうである。

歌はそのまま「政り事」だった

次の文は、先に引用した第三十九紋の大伴武日命の教えの中で、引用を省略した部分であるが、ここには当時の古代びとたちの美意識と、あくまでも国民《くにたみ》を思う深い愛情が表出されている。

「五節匂《ゐふしにほ》ひの　花は百合　元歌は君　その余り　枝姓《ゑだ》や末裔《はつこ》お　八十続き　なお深き趣旨《むね》　習
ひ受くべし」

「五節」とは五折り八十句のこと、「花は百合」は小百合姫、「元歌は君」の君は神武天皇のことである。つまり、小百合姫が忠義と操を貫き、神武天皇が大和討ちを成功させて国の秩序を斉《ととの》えたように、この世が咲き乱れる花の匂いに満たされ、すべての国民《くにたみ》が子孫末代まで末永く八十続きに栄えるよう、祈りと願いを籠めて詠むのが「続き歌」だという意と解される。それゆえに「五節（五折り）」の続き歌にそれぞれ「花」が配されたと考えられる。

次の文は、撫掻脛《なつかはぎ》命の問いに大伴武日命が答え、天照神（御祖神《みをやかみ》）の続き歌や、神武天皇（天御子《あめみこ》）が日向国にいたとき大和で流行した歌を例に挙げ、後者の歌を再引するくだりである。

「返し問ふ　『百合が始めか』　答えいふ　『神代にもあり　御祖神《みをやかみ》　続《つゞ》の歌《をして》や　天御子《あめみこ》の
日向《ひうが》に居ます　大和路の　流行歌《はやりうた》にも
《乗り下せ秀真路《ほつまぢ》　広む天《あま》も岩船》
塩槌翁《しおつゝを》　勧めて大和　討たしむる　これ折り返に　あひつあり　故《かれ》討ち取るお　良しとなす

小百合姫《ゆりひめ》も続歌《つづ》　歌も続歌《つづ》　忠《まめ》と操《みさほ》と　表わせば　続《つづ》に歌詠む　法《のり》となる　ついに秀真の　政り事　天に通れば　悉く　服ふときぞ　歌は国　力は値　賜はりし』」

流行歌《はやりうた》の折り返しに「あひつ」があるとは、どういう意味なのか。天照神や大国御魂神の「清々続歌《さつさつづうた》」には、その中に「さつさ」の三音が分散して歌い込まれていたのをご記憶であろう。そのことを思いだしながら、いまいちど大和の流行歌をよくみると、第一句の「秀真路」に「つ」があり、「壺要」にあたる第二句第一音に「広《ひろ》む」の「ひ」が、そして次の「天《あま》」に「あ」がある。これを下から上へ「折り返し（逆）」に読むと「あひつ」となる。

この「あひつ」は「天（あま）つ日嗣（ひつぎ）」のことで、神武天皇こそ「天つ日嗣」の真の継承者だということが詠み込まれている。流行歌でさえそうなのだから、「故《かれ》討ち取るお　良しとなす」、つまり饒速日命《にぎはやひ》らが従わなければ成敗していいのだ、というわけである。

「小百合姫《ゆりひめ》も続歌《つづ》　歌も続歌《つづ》　忠《まめ》と操《みさほ》と　表わせば　続《つづ》に歌詠む　法《のり》となる」についていては、すでに解説ずみである。ただ一点「歌も続歌《つづ》」についていえば、この「歌」は「大和路の流行歌」と解される。このように国と国民の平和と繁栄を願って詠むことが「続き歌」の「法《のり》」＝「歌の作法」とされてきたのだ、との意である。

先に撫搔脛命《なつかはぎ》が「続《つ》きありや」と問い、武日命が『八十《やそ》ありて……」と答える場面があったが、この「八十」は国と国民の「八十続き」の繁栄を願って八十句に詠む意であったわけである。「ついに秀真の　政り事　天に通れば　悉く　服ふときぞ」は、そうした国民に対する深い愛情と正義のあるところ、必ず天界の天御祖神の守護も得られ、不平分子も快く服するようになるということだ。「天に通る」ことが治世の要諦であり、その願いと決意をこめて歌を詠むことで「天成る道」にたがわないように心がけ、天神の加護を祈り、感謝を捧げてきたのであろう。

また「歌は国」とは、結局のところ、「続き歌」というものは国の平和と繁栄の八十続きを願うことにあるという意である。言葉を換えていえば、国の理想、国民《くにたみ》への慈《いつ》を歌うところに「続き歌」の本義があるということだろう。歴代天皇の御詠歌がこうした精神に貫かれてきたことからみれば、こんにちの皇室の「歌会始」も、口伝されてきたその伝統を受け継いでいるわけである。

そして「力は値」とは、政治力というものは所詮、国の平和と繁栄を実現してこそ評価に値することをいっている。換言すれば、国の理想、理念は歌に託し、それを政治力によって達成する意であろう。理想を高く掲げながらも、現実直視を忘れない眼差しの鋭さをみせているところである。こんにちではまったく歴史時代とは見なされていない神代においては、歌が盛んに詠まれ、歌を通して国を治めるというまことに「雅な文化」がくり広げられていたのである。

だが、ここで『秀真伝』の編者大直根子命は、豊受神や天照神の思想が次第に顧みられなくなり、乱れてきた世の中に、「続き歌」の意味を再確認することによって、ふたたび思想、理想の灯火を高く掲げようとしている。

国の乱れの原因は、政治力の衰えのみで説明がつくものではない。むしろ、天照神の「民衆愛の思想」が衰え、忘れられつつある現実にある、——この第三十九紋を通して読むと、そうした大直根子命の声が聞こえてくるような感じがする。その意味でこの『秀真伝』は、天照《あまてる》思想の衰えを感じた大直根子命が、その復活をかけた「入魂の書」であったといえるだろう。

「起承転結」は日本生まれの歌法

話を戻す。先に引用した大伴武日命の「続き歌」（連歌）に関する教えの中に、注目すべきことが記されていた。次のくだりである。

「初句《はつ》は起こりと　次は承け　三句《みつ》は転《うたゝ》に　四句《よつ》合わせ」

これがいわゆる「起《き》・承《しょう》・転《てん》・結《けつ》」と同じ歌法であることは、読者もとうにお気づきであろう。まさかとわが目を疑った方も多いと思う。「起・承・転・結」といえば、中国から伝えられた歌法だと教えられてきたし、誰もがそう信じていたはずである。

しかし、この第三十九紋の「続き歌」論を文字通り真実と受け止めるならば、当時この「起承転結」はすでにわが国で成立しており、「起こり」「承け」「転《うた》」「合わせ」という呼称で用いられていたことになる。日本武尊の秀真討ちは景行天皇即位四十年であった。〔紀〕にもとづけば、西暦紀元一一〇年にあたる。このとき従者の大伴武日命がこのことを説いているのであるから、それ以前の成立である。

漢詩において、五言絶句や七言絶句などの厳格なルールにもとづく「近体詩」の詩型が完成したのは唐代（六一八～九〇七年）以降であることを前に書いたが、わが国で「起承転結」なる句法が受容されたのは十六世紀半ばの国語辞典『運歩色葉集』が初見とされてきたが、すでに二世紀には確立していたのである。

では、中国ではいつ頃から成立したのだろうか。調べてみたが、あまり詳しい解説書はなかった。そこで漢詩研究の権威の一人である佐藤保お茶の水女子大学学長（当時）に直接手紙でおうかがいしたところ、次のようなご教授（返信）をいただいた。

「『起承転結』という言い方は、いかにも作詩の初心者向けの言葉で、詩の大衆化とともに作詩層が一般大衆にまで広がった宋代、特に南宋期（一一二七～一二七九年）に定着したものと考えられます。元代（一二七一～一三六八年）に著された詩論書には確実に見えますから、それ以前にこのような言い方が存在したことは確かです。しかし、唐代（六一八～九〇七年）に

『起承転結』という言葉が使われていた明らかな証拠はありません。

因みに、宋代では古文の創作が盛んで、多くの古文家を生み出しました。彼らの代表は、唐宋八大家などと呼ばれていますが、古文隆盛の結果、多くの文章作法・古文鑑賞の類の書物が編纂されました。例えば『古文関鍵』もその一つで、文章の作法を説くのに『起承』『開闔』『転闔』等の言葉を用いています。絶句法の『起承転結』は、このような風潮と関係があるものと思われます。

この絶句法の起源は唐代以前に遡ります。しかし、近体詩として完成したのが唐代です。宋代に入って、初心者に絶句の作り方教えるポイントとして、『起承転結』が言われ始めたのではないでしょうか」

そうすると、少なくとも『秀真伝』に記されている「起こり」「承け」「転」「合わせ」は、中国から移入された「起承転結」の和語化ではないようである。成立年代も懸隔がありすぎる。だいいち、『秀真伝』ではこの「起こり」「承け」「転」「合わせ」のあとにも、「只言」「連れ」「突き詰め」「繋ぎ」の句法があったと記されている。「続き歌」の歌法に関する記述は詳細で、理解が困難なところも多々登場する。それらをすべて中国からの伝来後に付加されたとみるのは無理があろう。

しかも、中国では「起承転結」のことを、もとは「起承転合」と呼び、両者は同じ意味だと、いろいろな漢詩研究書、辞典に記されている。この「起承転合」の「合」は、まさに『秀真伝』にある「合《あ》わせ」のことにほかなるまい。

とするならば、わが国で独自に発生した句法が中国に伝わり、それをわが国ですっかり忘れられたあとで、中国から新しい句法として移入されたことになりそうである。

そうすると、わが国は神武天皇の時代以前において、こんにち想像されているよりもっと深い歌謡思想、歌謡文化が形成され、開花していたといえる。神武時代には中国の「干支暦」や「辛酉革命」思想などが受容されている（第9章『「天つ日嗣」とは何か』で詳述）が、わが国の思想文化も中国に伝わり、受容されていたとみてまず間違いなさそうである。

第7章　死生観と神人合一の道

1　葬送にみる古代びとたちの死生観

誘諾実尊の死

われわれ生きとし生きるものには、誰にも免れない厳粛な事実として「死」がある。この「死」をどう理解し、どのように解決するかは、人類の永遠のテーマである。宗教・信仰というものの興《おこ》りもそこにあったろう。

自分が重病で死に瀕するにせよ、年老いて間近に死期を迎えるにせよ、身近な家族の臨終を目の当たりにするにしても、「死」こそわれわれ人間が、悲しみの中で「永らえ（永生）」や「蘇り（黄泉返り）」を願い、人間存在の意味を問うもっとも端的な契機である。

『古事記』や『日本書紀』、『秀真伝』などの中で、人間の「死」に関するもっとも強烈な場面は、何といっても誘諾木尊《いざなぎ》が、最愛の妻・誘諾実尊《いざなみ》の遺体を見てしまう場面であろう。繰り返しになるが、いまいちどざっと振り返ってみたい。

誘諾実尊は、磯清之男尊が起こした山火事を消そうとして焼け死んでしまった。聞切姫《きくきりひめ》（白山姫）

からの訃報を受け、誘諾木尊が駆けつけたときには、すでに誘諾実尊は有馬村に葬られたあとだった。このあと筑紫の天地木原《あわきはら》へ行っていることからすると、誘諾木尊は訃報に接したときも天地木原にいて、葬送に間に合わなかったのかもしれない。

誘諾木尊が有馬へ行こうとすると、聞切姫は「見に行ってはなりません」と引き止める。だが、誘諾木尊は「悲しむからこそ来たのだ」といって夜道を駆け、松明をかざして見てしまう。その妻の遺体は真っ黒に焼けただれ、すでに無数の蛆虫が群がっていた。誘諾木尊は深い悲しみと衝撃に打たれ、重たい足を引きずって帰るのだった。

中京大学教授（当時）の久野昭氏はその著『日本人の他界観』（吉川弘文館）において、

「葬《はぶ》ることは、本来、追放することを意味していた」

と述べている。たしかに、第九「八雲討ち琴作る紋」には、奇杵・大直結道命の次男・高彦根命に、「ステシ」と冠した文があって、この「ステシ」は高彦根命が妹・高照姫の夫で友人でもある天稚彦命の葬儀を弔問したことに由来した言葉で、先に私は「葬鹿《すてし》」と当て字した。「すて」に「葬」の字を当てたのは、死者を葬ることには「捨てる」という意があるからである（『岩波古語辞典』）。

葬ることとは、言葉を飾らずにいえば「捨てる」ことには相違ない。しかしそれは、ほかに方法のないやむを得ない行為であって、葬る行為の即物的な表現にすぎない。愛するものをあの世へ送る遺族の心情を表現したものではない。久野氏は、この違いをまったく理解していない。

「悲しむからこそ来たのだ」という誘諾木尊の言葉にせよ、夜道を駆けて妻の遺体を見に行く行為にしても、愛するがゆえである。愛があればこそ死を悲しみ、落涙し慟哭して、その「死」を忌《い》むのである。「忌む」とは、人間本来の感情とは相容れないものとして、眼前の「死」の現実を拒否することだ。そしてその裏には、もしかしたら生きているかもしれない、生きていてほしい、という切ないまでの悲願があり、蘇り（黄泉返り）を期待する心が潜んでいる。

「仮殯《かりもがり》」といい、こんにち「お通夜」というのも、本来は蘇り（黄泉返り）にかすかな希望をつなぎ、生死を確認するために設けられた期間にほかならなかった。それが遺族の心情である。その心情を汲み取ろうともせず、「葬《はぶ》ることは、本来、追放することを意味していた」などというのは、人間心理を埒外においた唯物論者の言といっても言い過ぎには当たらないだろう。

聞切姫（白山姫）が「見に行ってはいけない」といったのは、行けば誘諾実尊に恥をかかせることになるからだったとともに、遺体の腐爛がかなり進行していたためでもあったろう。そしてそれは、自分の到着を待たずに葬ったことから、誘諾木尊もおよそ察しはついていたはずである。それでも会いに行く誘諾木尊の心情を思いやるだけで、胸が熱くなり、涙が込み上げてくるのを覚えずにはいられない。

誘諾木尊は夜道をひた走り、松明をかざして、蛆が群がる誘諾実尊の遺体を見た。それは誘諾実尊の遺体が、見ようと思えば見ることができる状態に置かれていたことを物語っている。

そうだとすれば、葬られたのは自然の「洞穴」か掘った「洞穴」に相違ないだろう。現代人から見るとずいぶん粗末な感じがするが、それも時代のしからしめるものというほかない。これを古代びとの心中を推し量る物差しに用いてはなるまい。

天稚彦命の葬送

当時の葬送の様子をもう少し見てみよう。『秀真伝』において、誘諾実尊の前記事実のあとに記された葬送は、第十「鹿島立ち釣鯛の紋」に出てくる天稚彦命《あめわかひこ》の事例である。

彼の死に至る詳細は第5章と第6章で述べたが、高杵命は自分の妨げになると見た奇杵命・大直結道命を出雲の国から追放するため、秀日尊やその子・熊野楠日命、天稚彦命を差し向けるが、いずれも高杵命の奸計とわかって奇杵命の側についてしまう。天稚彦命は奇杵命の娘・高照姫と結婚し、高杵命が放った名無し雉子（密偵）を弓矢で射殺すが、ふたたび放たれた密偵の手で返り討ちにあって殺される。

「高照姫の　泣く声の　天《あめ》に聞こえて　両親《たらちね》の　早死に屍《かばね》　引き取りて　喪屋お造りて　仮《かり》
殯《もがり》　送る川雁《かわかり》　棺《き》去り持ち　鶏《にわとり》掃人《はきし》　雀飯《すゞめいゐ》　鳩《はと》は物当《ものまさ》　鷦鷯泣女《さゝきみそ》　鵄木綿《とびゆう》祭り　烏塚《からすつか》
八日八夜悼《やひやよいた》み　喪お勤む」

書き順は最後になっているが、喪屋を造って八日八夜の間、仮殯《かりもがり》を勤めて悼んだということである。とすると、誘諾実尊の場合も同じようにしたのだろうか。

この前の記述は葬送の様子を述べたもので、「川雁」に扮した者たちは送棺を担ぎ、「鶏」に扮した者は墓の周りを掃く箒《ほうき》を、「雀」役はご飯を入れた器（お椀）を持ち、「鳩」役はお悔やみに寄ってきた道端の人々に答礼を述べ、「鷦鷯《みそさざい》」役はわんわん泣いて歩き、「鵄《とび》」役は木綿《ゆう》の幟《のぼり》を掲げ持ち、そして「烏」役の者たちは「塚（墓）」を掘って亡骸《なきがら》を埋葬したということである。

送る人たちは川雁、鶏、雀、鳩、鷦鷯、鵄、烏と、みな鳥に扮している。おそらく当時も「塚（墓）」にお供え物をする慣習があり、そのお供え物を求めて鳥たちが集まった。遺族たちにとってこの鳥たちは、独りであの世へ旅立つ死者のお供のように感じられ、そこで葬列に加わった人たちは、みなそれぞれの鳥に扮して送ったのであろう。

いずれにしても、「塚」とあるからには地を掘って埋葬したわけである。「塚」というのは、救難用の水塚であれ、筆塚や経塚であれ、土を小高く盛り上げたものはみな「塚」といった。これに対して「墓」は、土を高く盛り上げて築いた埋葬用の「塚」をいい、埋葬用であれば「塚」も「墓」と呼ばれる。土を掘って穴をつくり、死者を埋めて土をかぶせれば、自ずから土は小高く盛り上がる。「塚」が「墓」と同義である由縁である。

ここでは、天稚彦命の亡骸を埋めるために「塚」を掘ったわけで、「塚（墓）」を掘って埋葬する慣習はこの頃にはできていたことになる。誘諾実尊の場合は明らかに「洞穴」であるから、そのあとで成立した風習と思われる。

気になるのはみな鳥に扮し、なかんづく「鵜鶿《みそさざい》」役はわんわん泣いて歩いたことである。わが国でも壱岐や伊豆諸島、奄美大島など嶋嶼部に戦前までこの慣習が残っていたが、朝鮮半島ではいまでも根強く、大げさと思われるほど身もだえして大声で泣く。「鵜鶿」はわが国にも棲息していたが、特に朝鮮半島に多く棲息し「朝鮮鳥」と呼ばれることからしても、朝鮮半島から伝来した風習の可能性が高い。

しかし、誘諾実尊の葬送もそうであったかは疑問である。当時すでにこの風習があったとすれば、洞穴葬ではなかったはずであるから、この風習はまだ伝わっていなかったとみるべきだろう。

五人の天君が眠る「洞」とは

誘諾実尊の実父・豊受神の場合は、自分の死期を察すると天照神に使いを送って呼び寄せ、

「昔、道奥《みちのく》を教え尽くさなかったので、そなたが来るのを待っていた。天君というものは幾世を重ねようと、常に民の親だと思って慈しめよ。それが国常立神のみ教えである」

と遺言して亡くなる。その次下にこう書かれている。

「洞《ほら》お閉ざして　隠れます　その上に建つ　朝日宮」（第六「日の神十二妃の紋」）

この「洞《ほら》お閉ざして　隠れます」は文学的修辞で、豊受神が自分で洞を閉ざして亡くなった、という意味ではない。「その上に建つ　朝日宮」とあるからには、実際は「塚（墓）」に埋葬され、その上に朝日宮が建てられたということで、「洞」は墓と同義に用いられているとみてよい。

天照神よりも早死にした御子・愛仁・愛秀耳尊は、死期を察すると二人の御子、兄・奇玉火之明尊と瓊々杵尊を招き寄せ、

「民をわが物のようにするな。民のためになってこそ君なのだ」

と遺言し、箱根でこの世をあとにする。そのあとにこう書いてある。

「ついに掘る　伊豆雄走りの　洞穴に　親《みづか》ら入りて　箱根神」（第二十四「蚕得国原見山の紋」）

これも文字通りに受け取れば、愛秀耳尊はまだ生きているうちに自分から洞穴に入り、「生きながら埋められた」かのように読めるが、実際はそうではあるまい。これもやはり文学的修辞で、ほんとうは自分が望んだ良処に墓穴を掘らせ、そこに葬られた、という意味であろう。

磯清之男尊の孫にあたる奇彦・大国主命は、出雲の国を追われたあと、天孫・瓊々杵尊に「剣臣」として仕えるが、その忠誠心をめでられ、天照神から「大国御魂神」の名と「天《あめ》の逆矛《さかほこ》」を賜る。やがて大和の山野辺に宮殿を造り、ここで余生を送るが、やはり自ら望んで洞穴に埋葬される。第二十三「御衣定め剣名の紋」に、

「奇彦は　大和山辺に　殿造り（中略）のちの守りは　豊受法《とよけのり》　魂の緒入れて　統君《すべらぎ》の
世々守らんは　天の道　三諸《みもろ》の山に　洞堀りて　天《あめ》の逆矛《さかほこ》　提《さ》げながら　入りて鎮まる　時お
待つ」

とあるが、この「洞堀りて　天《あめ》の逆矛《さかほこ》　提《さ》げながら　入りて」にしても、自分で洞を掘って入ったという意味ではない。洞は別の者に掘らせ、死後そこに葬られたということで、「洞」は、豊受神の場合と同じように、墓と同義に理解してよい。「墓」も埋葬して土をかぶせるまでは「洞」には違いない。「天の逆矛　提げながら」は、死んでのちも国を守ろうとした大国主命の強い希望で、

逆矛も一緒に納められたということであろう。

天照神の場合は、玄孫にあたる卯萱葺不合尊が瓊々杵尊から「天つ日嗣」を継承した頃まで長命を保たれた。すでに十三人の妃のうち十二人に先立たれ、正妃の瀬降津姫と二人だけになっていた。この頃になるとさすがに死期を察して、諸臣たちを集めて告げる。

「『わが寿命《いのち》　天《あめ》が知らす』と　八百神《やもかみ》お　召して『われ世お　辞《いな》まん』と　猿田《さるた》彦に穴お
掘らしむる『愛居《まなゐ》に契る　朝日宮　同じ所』と　宣《のたま》えば（中略）御幸の神輿　愛居《まなゐ》にて
天照神は　内つ宮　豊受神《とよけ》は外宮《とみや》」（第二十八「君臣遺し法の紋」）

天照神は猿田彦命に命じて、豊受神が眠る朝日宮の近くに「穴」を掘らせて埋葬された。そこに「内つ宮」を建てさせたのであるから、この「穴」は豊受神と同じ「墓」と同義と考えてよい。この頃の葬送は、天稚彦命の場合と同じようになされたのではないだろうか。

天孫・瓊々杵尊と彦火々出見尊については具体的な記述はないが、卯萱葺不合尊も「洞に入り」（第二十七「御祖神船魂の紋」）とある。合わせて五人の天君が「洞（穴）」、その実「墓」に埋葬された。が、奇玉火之明尊のときは「御墓なす」（第二十七紋）とあるので、都合六人が「墓」に埋葬されている。

ずっと下って、活目入彦《いくめいりひこ》尊・垂仁天皇の妃、檜葉清姫《ひばすひめ》（日葉酢姫）が葬られたのは「御陵《みささぎ》」だった（第三十七「鶏合せ橘の紋」）。〔紀〕では天孫・瓊々杵尊のときが「山陵《みささぎ》」の初出で、〔記〕は彦火々出見尊のときが「御陵《みはか》」の初出である。表記は違っても実質は同じと考えてよい。

かくして、やがて古墳時代を迎えるのであるが、天君ないし天皇、皇族などの墳墓が次第に立派になっていくのは、手厚く祭ることによって「神上がり」をより確かなものにしようという願いの表れとみることができよう。「黄泉返り」が叶わぬことなら、あの世において真に「神」となることへの意識の転換である。墓の貧豪で神上がりの成否が決まるわけではないが。

「黄泉返り」から「永らえ」へ

その一方において、この世に残ったものは、「永らえ（永生）」を希《こいねが》った。いつまでも元気で長生きしたいと願う心は、いつの時代でも変わらない人類永遠の悲願である。

「永らえ」という言葉は、大直根子命の「フトマニ」や、『三笠文』の「蚕得十二妃の紋」などに出てくるが、『秀真伝』の第一「東西の名と穂虫去る紋」、「第十五「御食万成り初めの紋」には「長生き」の語も見える。

それは「死」への恐れの裏返しでもある。「死」を恐れればこそ、人はみな「永らえ」を願ったのである。古代びとたちは、そのためにさまざまな方法を試みた。天照神や瓊々杵尊が、原見山（富士山）に生えていた千代見草を食べて長寿を心がけた（第十五「御食万成り初めの紋」、第二十四「蚕得国原見山の紋」）のもその一つである。

また、第一「東西《きつ》の名と穂虫去る紋」には、宮殿《みやとの》を南向きに建て、わが身に太陽の霊気を受けて、健康と長寿を願ったことが記されている。「天《あめ》の巡《めぐ》り」にわが命を帰一させることによって、宇宙大生命の清明と永遠性をわが身に体現しようとしたのであろう。

「長生き」のために長寿の薬（草）を求め、さまざまな工夫をこらしたのは、古今東西を問わなかった。人類は未来永劫にこのテーマに取り組み続けるだろう。

2　伊勢の道と鈴明の道

子孫繁栄を願う「伊勢の道」

しかしながら、いかに「永らえ」を願おうとも、生きとし生きるものには必ず「死」が訪れる。どんなに泣き悲しみ、この定めに抗おうとも、その歩みは止まることなくひたひたと迫り、やがてお迎えのときがくる。それゆえにこそ、わが古代びとたちにとっても、「いかに生きるか」が大きな課題であった。「限りある人生」が、生き方の重要性を認識させたのである。

「生きる」という言葉は「息する」意であるといわれるが、「生き切る」意でもあったろう。「切る」は物事を全うする意であり、人間としての「生」を全うしようとするとき、そこに「生き方」論が生まれる。『秀真伝』に載る「生き方」論にはさまざまあるのであるが、もっとも身近で代表的な教えは「伊勢の道」と「鈴明の道」であろう。

第十三「若彦伊勢鈴明の紋」は、その題名のとおり「伊勢の道」「鈴明の道」を説いた紋で、「若彦」とはのちに瓊々杵尊の「鏡臣」になる天児屋根命のことである。天児屋根命はまた「春日麿」

「春日神」ともいい、この若彦・春日麿が語り部となって、この紋全体が展開する。

天照神から「天つ日嗣」を継承した愛秀耳尊《おしほみみ》は、日高見で政り事をしていたが、この場には依然「大君」を僭称する高杵命のほか、「鏡臣」の香取神（悉主命）や「剣臣」の鹿島神（武御光槌命）、筑波大人《うし》や塩竈命などが居並ぶ中に、愛秀耳尊の健康を気遣ってきたのだろうか、津軽君の姿もあった。高杵命に出雲から津軽に追われた奇杵・大直結道命である。

さて、愛秀耳尊が「天照神は妹背《いもせ》の道を開かれたと聞く。私はまだ学んでいないので、春日麿から教えを受けたい」といい、御酒を賜った春日麿命が天照神の教えを説くところから始まる。

「伊勢道《いせ》お請ふ　春日麿《かすが》説くなり　『妹背《いもおせ》は　八百万氏《やもよろうぢ》の　分かちなく　みな天地《あめつち》の　法具《のりそな》ふ
君は天照る　月日なり　国頭はその　国の照り　民も月日ぞ　（中略）　女男《めをと》違えど　神一つ
良男《よをと》は日なり　良女《よめ》は月　月はもとより　光なし　日影お受けて　月の影　女男《めを》もこれなり」

愛秀耳尊は「妹背の道」、「伊勢の道」の教えを請い、春日麿命は「妹背《いもおせ》は」と説きはじめる。つまり、三種の言い方があるわけであるが、前後の文脈から考えて男女、夫婦のことであるのは明らかで、「いもおせ」が「いもせ」に、さらに「いせ」に約《つづ》まっていることがわかる。

この「いもおせ」の「いも（妹）」は女や妻のことを親しみを込めていう言葉である。また、「おせ」は男または夫のことで、「せ」は単に音数律を調えるために投入される、特に意味をもたない間投詞である。たとえば、このあとにも出てくる言葉に「往来《ゆきき》」がある。この世とあの世の「往還」を意味する言葉で、この世に生まれ来て、あの世に往くまでの人間の一生をさすこともあるが、これを別のところには「ゆきすき」とある。この「す」も音数律を調えるための間投詞であるのと同じである。

話を戻すと、「伊勢」の「伊」を「い」、「勢」を「せ」と訓むのは呉訓であり、意味を伴わない当て字である。本来は「男女」または「夫婦」のことだった。ただ、この「男女」や「夫婦」の漢字を用いて「いせ」と読ませるのは、地名や神宮名とするのはふさわしくはないし、「伊勢」は慣用語として定着しているので、「伊勢」の字を用いるが、「伊勢の道」とは本来、男女や夫婦のあり方のことであって、男女が相和し、夫婦が仲睦まじく生きてこそ、子孫も世の中も繁栄するのだと教えているわけである。

江戸時代になっても、生まれた子どもの五人のうち三人は病死するなどして、まともに成長しなかったといわれる。まして衣料も乏しく医薬もなかった上古代ともなれば、子を育てるのは容易なことではなかったろう。それだけに、現代人からみれば大した教えでもないと思える「伊勢の道」は、国や子孫の繁栄に欠かせない大切な教えであったのである。

「妹背《いもおせ》は　八《や》百《も》万《よろうぢ》氏の　分かちなく　みな天地《あめつち》の　法具《のりそな》ふ」というのは、男女や門地（家柄）などに関係なく、万人が「天地《あめつち》の法《のり》」、すなわち「神性」を内在した平等な存在であるとの教えである。「君は天照《あまて》る　月日なり　国頭《くにがみ》はその　国の照り」は、君主は天にあってこの世を照らし恵む月日のような存在でなければならず、国頭は君主に代わって国を照らし、国民を恵むのが務めだとの意である。

ところがその次下では、「民も月日ぞ」という。これは国民もただ恵まれる立場に甘んじることなく、互いに助け合い、「国の照り」になってこそ国は栄えるのだという意味にほかならない。換言すれば、国の繁栄には「政り事」への国民の参加が大切であることを説いている。国民の政治参加といえば大げさに聞こえるが、国の恵みに対する感謝が、国への報恩に昇華するように導く意と解される。

「女男《めをと》違えど　神一つ」とは、男と女の性的な違いはあっても、万人が「天地《あめつち》の法《のり》」を具え、「神性」を内在した存在であるという点では、男も女も同じだという意味である。また、「良男《よをと》は日なり　良女《よめ》は月」は前段と同じく、男も女も日月となり、自ら輝くのみならず、国を照らし恵む存在になれとの教えである。そして「月はもとより　光なし　日影お受けて　月の影　女男《めを》もこれなり」は、月が太陽の光を受けて輝いているという鋭い観察眼をみせているところで、その違いを男女の性的な違いに準《なずら》えながら、女もただ子を育て家を守るだけにとどまらず、中天に輝く月のようにこの世を照らす存在であれと教えているわけである。

当時は男女の性的な違いを認識していても、差別意識までには至らなかったのだ。この点は、「女性蔑視」「男尊女卑」を否定する教えとして注目される。わが国で「女性蔑視」「男尊女卑」の差別意識が顕著になるのは、中国から律令や身分制度、小乗仏教の「女人不成仏」、「五障」といった思想が流入してきてからのことである。

しかし、単にそれだけが「伊勢の道」ではないと、次の文はいう。

「手鍋お提ぐる　汚きも　磨けば光る　神となる　国守り民の　諭しにも　面隈《つくま》なさせる　伊勢の道」（第十三紋）

国の秩序を守って仲良く生きるようにと、目の縁に黒い面隈《つくま》（面《つら》の隈」）をつくって国民《くにたみ》を教え諭すのも、「伊勢の道」の大切な要諦だという。たとえば、手鍋を提げれば手が汚れるが、磨けば手鍋もぴかぴかに光る。その手鍋のように汚れた国民も、教え諭せば磨かれて神にもなる。それも「子末」を思うゆえの「戒め」なのだといっているわけである。

われわれは、ともすればわが子の躾《しつけ》けに集中し、周囲の子どもたちに対する気配りを怠りがちである。しかし、社会との関係を断った個人の存在はないわけで、わが子孫を大切にする心は、同時に社会をよくする心と行動が一つでなければならない。だから、「子末思ふ」ゆえの「戒め」が、「国守り民の諭し」に昇華する大切さを説いているわけである。

　この教えをごくありふれた常識だと突き放すのは簡単である。だが、その常識は必ずしも広く実行されているとはいいがたい。むしろ現今の世相・風俗はかつてないほど乱れ、親子関係は断絶し、倫理道徳の類は嫌われる世の中になってしまった。こんにちのわれわれは、遠い祖先がこのように「人の道」を説き、国民たちの繁栄と人間性の涵養に心を砕いてきたことに学び、もういちど自分自身のありようを見つめ直す必要があるようである。ともあれここでは、「生き方」論がいまいう「社会貢献」に昇華し、結局のところ「天地《あめつち》の法《のり》」に帰一している点を見逃してはなるまい。

鈴明と鈴暗の道

　次の文も先の引用文の続きであるが、ここには「伊勢の道」と密接な関係にある教えとして「鈴明《すずか》・鈴暗《すずくら》の道」が端的に説かれている。

「子末思ふに　戒めの　なければ乱る　徴《はた》れ禍《ま》の　宝集めて　末消える　これ鈴暗《すゞくら》ぞ　生きの
うち　欲《ほし》お離るゝ　これは鈴明《すゞか》ぞ」（第十三紋）

「子末思《こずえおも》ふに　戒めの　なければ乱る」は、「鈴明の道」の前提としての「伊勢の道」との不可分の関係性を示している。「子末」を思う親心は、国守り民の諭しに昇華しなければ、徴《はた》れ禍《ま》が乱れる世の中になってしまうだけでなく、そういう利己的な生き方は、ついには自分や子孫をも徴れ禍に堕としてしまう。

たとえば徴《はた》れ禍《ま》というのは、他人の宝（財物）まで奪って集めるが、結局は自分だけでなく子孫まで滅ぼしてしまうのと同じである。これが「鈴暗」で、こうした我欲を捨て、清明な心で社会に尽くしながら生きるのが「鈴明」であるとの意である。

「千々姫は　垂簾《たれ》より出でゝ　若彦に　『いま聞く鈴明《すゞか》　わが慈名《いみな》　君賜われど　訳知らず
また説き給え』　答え説く　『鈴は真榊　穂末伸び　年賑永《としにぎなが》の　六万寿《むよろほ》ぎ　欲生《ほしゐ》お去れば　鈴明《すゞか》
なり　宝欲しきは　末消える」（第十三紋）

愛秀耳尊の妃・栲機千々姫は、天照神から「鈴明」という慈名を賜っていたが、意味を知らなかったので訳を問い、若彦・春日麿が答える場面である。「鈴明」の「鈴」は真榊のことで、鈴木とも呼ばれるが、鈴木は穂末が伸びて六万年の永い繁栄（賑わい）を保つめでたい（寿）神木である。我欲に生きる生き方を捨てれば、鈴木のように末永く子孫の繁栄を得ることができる。そうした生き方をすることが「鈴明」なのだという意である。

「筑波大人《うし》『欲《ほし》お去るには　みな捨てゝ　楽しみ待つや』　春日麿《かすがまろ》『しからず止めて　足らざれば』『飢えは施し　受けんかや』　曰《いわ》く『汚し　施しお　受けば欲飯人《ほゐと》ぞ　聞かざるや　直《なお》からざれば　人ならず　世にありながら　その業《わざ》に　倦《う》める宝お　たゞ乞ひて　食らふ犬こそ　天《あ》の罪よ』　また問ふ『宝　去ることは』　春日麿《かすが》また説く『欲《ほし》去るは　捨てず集めず　業お知れ　宝集めて　倉に満つ　塵《ちり》や芥《あくた》の　ごとくなり　心清直《すなお》に　人あらば　わが子のごとく　取り立てゝ　みな養《た》すときは　欲《ほし》もなし』（第十三紋）

このくだりは説明するまでもないだろうが、人間が本然的に具《そな》えている欲望をすべて捨て、「欲飯人《ほゐと》」（乞食）になることまで求めているわけではない。要は「捨てず集めず」で、宝（財物）が必要以上に集まりすぎて倉に満ちても塵や芥のようなものだ。だから、そういう余分な宝はみんなに分け与えてこそ「欲《ほし》お去る」になるのだ、ということである。

「直《なお》からざれば　人ならず」は、末尾の「心清直《すなお》に　人あらば　わが子のごとく　取り立てゝ　みな養《た》すときは　欲《ほし》もなし」とリンクしていて、心の「清直《すなお》（素直）さ」が愛他、博愛の精神に止揚されて説かれている。その逆に、「世にありながら　その業《わざ》に　倦《う》める宝お　たゞ乞ひて　食らふ」のは犬と同じで、「天の罪」だと手厳しい。

「倦める宝」を「生める宝」とする研究書もあるが、これだと次下の「たゞ乞ひて」と矛盾してしまう。ここは「仕事に倦《う》んで（飽きて）働かず、他人の宝（食べ物や財物）を欲しがるのは犬畜生と同じだといっている。

ここまでの春日麿の教えを総括すれば、私利私欲に走らず清明な生き方をするのが「鈴明《すゞか》」で、我欲を貪り、他人を顧みない生き方をするのが「鈴暗《すゞくら》」ということになろう。

3　古代びとの輪廻転生思想

霊魂の不滅と転生

前項でも一点注目されるのは、「鈴明」「鈴暗」の道を通して、この世とあの世との「転生《てんしょう》」観が語られていることである。「生き方」論や「子孫繁栄」だけでは満足できない思いが、この世からあの世への転生《てんしょう》、すなわち「往来《ゆきき》の道」に向けられるのである。

「春日《かすが》暦説く　「昔豊受神《とよけ》の　詔《みことのり》　『われ三世《みよ》お知る　初の世は　国常立神《くにとこたち》ぞ　天《あめ》に往《ゆ》き　見る元明けの　守定《もりさだ》め　二世高見結《ふたよむすび》の　百万寿《もよろほ》ぎ　往きて魂の緒　成すお聞く　いま玉杵も　八万歳《やよろとし》　欲《ほし》に貪る　心なく　往来《ゆきき》の道も　覚ゑ知る』」

ここでいう「三世《みよ》」は、仏教でいう過去世、現世、来世のことではない。「初の世」は国常立神の時代、「二世《ふたよ》」は高見結尊の初代から四代目までの時代で、「今の世」が五代高見結尊の玉杵・豊受神が現に生きている時代のことである。わが国では「現世《げんせ》」を「うつしよ」と呼ぶ。そして「天に往き」は「来世」ということになる。

超自然神である国常立神は、ここでは人間と見られているのであるが、「天に往き　見る元明けの　守定め」は、人間・国常立神は死ぬと根源神・天御祖神（元明け）のもとに還り、ともにこの世の守護につくということである。四代目までの高見結尊も同じである。「往きて魂の緒　成す」は、神上がりして天御祖神のもとに還ると、浄化された「魂の緒」が形成され、ふたたび人間に生まれてくることができるということである。

玉杵・豊受神もまた同じ。「欲に貪る　心なく」は、すなわち「鈴明の道」を生きることによってこそ、死しては天界・天御祖神のもとに還り、ふたたび人間界に生まれることができる。そう悟ることが「往来《ゆきき》の道も　覚ゑ知る」である。

「往来の道」とは、まさしくこの世とあの世の転生・往還のことを意味している。それは取りも直さず、「霊魂の不滅」を意味するものでもある。「霊魂」が不滅であればこそ、転生・往還も可能になる。

それゆえに、この世での「生き方」が大切になる。貪欲な生き方をして他人を顧みないものは、死しては救いのない「黴れ禍」に生まれ変わり、いつまでもこの世を害し続けることになる。だから「欲に貪る　心なく」、この世を清明な心で「鈴明の道」を全うせよ、「往来の道」をよく心得よ、と豊受神は教えているわけである。
以下は『三笠文』「蚕得十二妃立つ紋」からの引用。

「昔天神《あまかみ》　根を食《は》みて　身の肉《しし》巡り　冷め全《また》く　苺お食《は》みて　潤えば　永らひ世々に　楽しみて　尽くれば還す　身は黄泉《よもつ》　心は天《あめ》に　還え生まれ　いくたび世々に　楽しめば　人の生まれは　日の出なり　罷るは入る日」

「尽くれば還す　身は黄泉《よもつ》　心は天《あめ》に　還え生まれ」とは、人間は寿命が尽きて死ぬと「肉体」と「魂」とに分離し、肉体は黄泉国、すなわち地下の世界＝下界にくだり、魂は天界、神の国にのぼることをいったものである。「黄泉国」はここでは「あの世（死後の世界）」のことではなく、「天界」に対する「下界」をさす。
「いくたび世々に　楽しめば　人の生まれは　日の出なり　罷るは入る日」は、「鈴明の道」を生きたものは何度でも人間に生まれてきて、楽しい人生を送ることができるということだ。その生死の繰り返しを「日の出」と「日の入り」に譬え、「霊魂の不滅」を教えているわけであるが、人間の転生・往還を統《す》べているのが天御祖神である。

「人生まるとき　元つ神　その妙守《たえもり》が　種降《たねくだ》し　物《もの》と魂《たましい》　結《ゆ》ひ和《やわ》す」（第十四「世嗣ぎ祈《の》る祝詞《のとこと》の紋」）

人間の誕生にかかわる「元つ神」とは天御祖神のことで、「妙守《たえもり》」とは天元神、天並神、三十二神の「言霊」のことである。天御祖神は「妙守」に命じて、「人の種」を降し、物質と魂魄を結びつけて人間を生み落とすということであるが、「妙守」といっても天御祖神にほかならない。

評論家立花隆氏の『臨死体験』（文藝春秋）という本が話題になったことがある。いったん死んだはずの人間が蘇生し、死んだ瞬間に「光の世界」を見た体験者たちの話である。このような臨死体験は世界中にあり、けっして珍しいことではない。平たくいえば、他人に迷惑をかけることなく、清明な心で生きた人たちに起こる現象で、この人たちは死ねば神界にのぼれる約束が得られたと考えてよい。「心は天に　還え生まれ」である。

だが、すべての人が神界に上がれたり、ふたたび人間に生まれることができるわけではない。「鈴暗の道」を生きたものは救われない。たとえまた生まれることがあっても人間には生まれず、結局は「獣の種」を求めることになると書いてある。

「霊汚《ちけが》れゆえに　魂の緒も　乱れて天元《もと》に　還らねば　魂魄《たましゐ》迷ひ　苦しみて　獣《けもの》の種お　相求

む」（第十五「御《み》食《け》万《よろづ》成《な》り初《そ》めの紋」）

霊《ち》（霊魂）が汚れると「魂《たま》の緒《を》」も乱れ、天元《あもと》＝天御祖神がおられる天界・清香奇社《さこくしろ》に還ることができない。このような人は「魂魄《たましゐ》迷ひ　苦しみて　獣《けもの》の種お　相求む」ことになる。

すると、「天界」と「現界（顕界）」「下界」のほかに、もう一つの世界があることになる。その世界を何と呼ぶかは特に記されていないが、ここには「魂魄《たましゐ》迷ひ」とあり、神道や霊能者の間では「迷界《めいかい》」と呼ばれている。この「迷界」に沈んだ人は、ふたたび人間に生まれることはなく、「獣」に生まれてしまう。

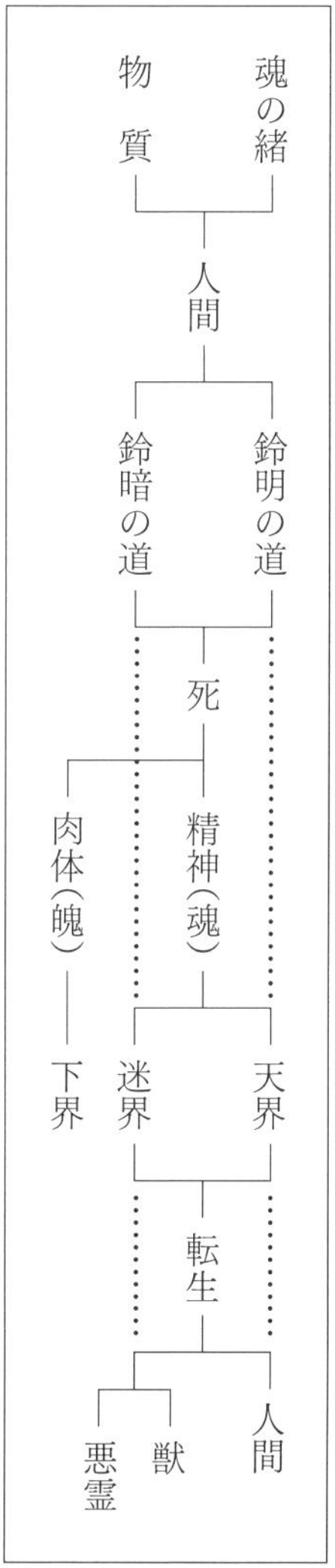

「魂返し」と「魂断ち」

だが、「鈴暗」の人間や「徴れ禍」になったものは、永遠に救われないというわけではない。天照神は次のようにも教えている。

「魂返しせば　人ならん　先に罷るも　緒お解きて　人に生まるぞ」（第八「魂返し徴れ討つ紋」）

「万者《よろもの》斬れど　魂返し　乱れ緒解けば　神となる」（同紋）

「諸狐《もろきつね》　大食御魂《うけのみたま》神お　守らせよ　もしも違わば　速やかに　魂断ちなせよ」（同紋）

「シム道も　ヰソラ・ヰヅナも　悪霊《ち》を抜きて　呪文《をして》に誓い　潮浴びて　（中略）　人なるまでは　助けおき　人清《さ》汚《が》知れば　神の種」（同紋）

前者の「魂返し」は、憑いた霊を浄化（浄霊）することによって、被憑依者を救うことを目的とする。ここには「魂返し　乱れ緒解けば　神となる」とある。とり憑いた悪霊の汚れた「魂の緒」を清め、解いてやるのである。その霊にもよるが、そうすると死んだ場合でも、ふたたび人間に生まれてくることも、神上がりすることもできる、ということである。

これに対して後者の「魂断ち」「悪霊《ち》抜き」は、その者にとり憑いた悪霊を取り除く「除霊」のことで、浄化・浄霊はしない。悪質な霊は浄霊を拒み、とり憑いた者を一層苦しめるので、助けるために引き離し、遠くへ追い払ってしまうのである。

転生から現世重視へ

若彦・春日麿命は、次のようにも説く。前項でしばしば引用した第十三「若彦伊勢鈴明の紋」の文である。

「時に塩竈《しおがま》　『子なき』とて　問えば春日《かすが》麿の　教ゑには　『天往宮《あゆき》　地来宮《わすき》の　祭り主　頼み
てもつて　魂返し　なさば苦しむ　魂の緒も　解けて宗神《むねかみ》　源え　魂魄《たましゐ》分けて　神となる　貴
き人の　子と生まる』」

子どもに恵まれないのは、親に障り（霊障）があるためである。天往宮《あゆきみや》と地来宮《わすきみや》（後述）の祭り主に頼んで「魂返し」をすれば、「貴い人の子に生まれる」という。

塩竈命は子どもがほしかったのだが、世嗣ぎ子誕生の約束ではなかった。塩竈命が死後、尊貴な人に生まれるという教えであった。これを聞いた塩竈命は、きっと寂しい思いになったことだろう。春日麿命は、その心中を察したように続ける。

「なれど往来《ゆきすき》　玉響《たまゆら》ぞ　末お思ひて　睦まじく　業《わざ》お務むる　伊勢の道かな」

ここでは「往来《ゆきすき》」は、人間が生まれ来てから死んであの世へ往くまでの「一生」「人生」の意味に使われている。春日麿命は人間の一生を、草の葉に結ばれた玉露が、風に揺らいですぐ落ちてしまうことに譬え、人生の儚《はかな》さを直視させたのである。

われわれ人間には子孫保存の本能があり、誰しも跡継ぎの誕生を求める強い願いがある。この世の儚さを思うにつけ、その思いは募るものである。たとえ死後に神界に上がれるとしても、また尊貴名人の子に生まれることができるとしても、それだけでは満足できない。やはり跡継ぎに恵まれ、子孫の幸せをこの目で確かめたいものである。

だが、春日麿命は、「自分の後半生（末）を考えて、夫婦睦まじく世のため国のために務めよ。それが伊勢の道の教えです」と説く。ここでも「伊勢の道」は社会的な貢献に昇華されているが、春日麿命が占っても塩竈命に子が授かる可能性はなかったのかもしれない。そうであればこそ、現実の生き方の大切さを力説したのであろう。

天往宮と地来宮

先に引用した第十三「若彦伊勢鈴明の紋」に、「天《あ》ゆき」「地《わ》すき」の語が出てきたので、ここで意味を明らかにしておきたい。

「ゆき」は〔紀〕の天武天皇五年九月二十一日の条に「斎忌《ゆき》」とあるのが初出である。『延喜式』には「悠紀《ゆき》」とあり、潔斎した神聖な食物の意を語源とし、「大嘗会《だいじょうえ》に供する新穀を調進する都よりも東方の国、またはその祭儀が行われる悠紀殿を中心とした祭場のこと」とされている。

また「すき」は〔記紀〕には出てこない。『続日本紀』神亀元年十一月二十三日の条には、「大嘗す。備前の国を由機《ゆき》とし、播磨の国を須機《すき》と為す」とあるが、『延喜式』には「悠紀《ゆき》」の対語として「主基《すき》」となっている。新穀を調進するのは西方の国である。濯《すす》ぐ、清々しく清まるとか、「次《つぎ》」の意とする説などがある。

『秀真伝』の場合はこれに「天・地」が加えられ、「天《あ》ゆき」「地《わ》すき」と記されるのであるが、この「ゆき・すき」が天地の往還を意味する「往来《ゆきすき》」であることはすでに明らかである。本来の語音は「ゆきき」であるが、音数律を調えるために間投詞「す」を投入して「ゆきすき」になっている。

第三十「天君都鳥の紋」には、

「天往《あゆき》・地来《わすき》の　宮造り　元明けの天地《あわ》　神祭り」

とある。「元明け」とは、根源神・天御祖神の「初《うい》の一息《ひといき》」によって天地が開闢したときのことをさす。「天往《あゆき》の宮」にはその天地開闢時の「天の神」を祭り、「地来《わすき》の宮」には開闢後に誕生した「地の神」を祭ったわけである。つまりこの祭りは、天地開闢の姿を地上に再現する祭りともいえる。そのために「天の神」と「地の神」をそれぞれの宮に招いて行なわれるわけなのである。

第二十七「御祖神船魂の紋」にも、次のように記されている。

「冬至る日に　大祭り　天神《あまかみ》と代々　統神《すべらかみ》　往来《ゆきすき》の宮　山神《やま》海神《うみ》と　臣言霊は　地埴《わに》来宮《すき》の
嘗《なめ》ヱに告げて　人草の　寿《ほ》ぎ祈るなり」

「冬至る日」は冬至のことで、中国から干支暦などとともにも伝来したのであろう。「天神《あまかみ》と世々統神《すべらかみ》　往来《ゆきすき》の宮」とは、天神と代々の統神《すべらかみ》を「往来《ゆきすき》」の各宮に祭ったということである。

ここにいう「天神《あまかみ》」は、天御祖神と天御中主神のことで、「代々《よゝ》統神《すべらかみ》」は人類の祖神として尊崇された国常立神と、この地球上を統べ治めたその他の神々のことであるが、「往来《ゆきすき》の宮」とは前者を「天往宮」に、後者を「地来宮」に祭る意である。他方、「山神・海神」はそれ以外の身近な神々のことで、「臣言霊」は天御祖神の言霊を臣の位に位置づけ（後述）、ともに「地来宮」に祭ったということである。

また、『三笠文』の「高天原成る紋」には、次のように記されている。

「草薙《くさな》ぎて　九星《こほし》お祭る　天往宮《ゆきのみや》　天常立神《あめとこたち》と　地来宮《すきみや》に　美味葦牙《うましあしがい》　彦道神《ひこぢがみ》　合わせ祭れば
名も高天原《たかま》」

これは、「天往宮に九星を祭り、地来宮に天常立神《あめとこたち》と美味葦牙彦道神《うましあしがいひこぢがみ》を合せ祭った」という意味ではない。「天往宮に九星を祭り、その神を天常立神と称した。そして地来宮には美味葦牙彦道神を祭った。まことに天往宮と地来宮は、地上の高天原というべきである」という意味である。現に次下には、

「天御中主神《みなかぬし》　及びトホカミ　ヱヒタメも　天に配りて　星となす　天常立の　神はこれ」

とある。天御中主神と「トホカミヱヒタメ」の八神（天元神）で九星になる。この天に配した九星を総称して天常立の神というのだ、との意である。天御祖神は根源神だから、ここでは論外においているものと思われるが、いずれにしても「天常立神」という神が別に存在する意ではない。

なお、「トホカミヱヒタメ」の八神（天元神）を天に配し、「天往宮」に祭るのは、先に「臣言霊を地来宮に祭った」とあったことと矛盾しているように見える。これは私が思うに、第２章「**神代の奉斎神と言霊思想**」に掲げた図表を左に再掲すると、言霊三神のうち「トホカミヱヒタメ」の八神（天元神）だけが「君」の位に位置づけられている。この点から考えると、九星に数えられた天元神は、「君」であるがゆえに「天往宮」に配し、天並神と三十二神は「臣・民」なるがゆえに「地来宮」に配されたとみることができる。

天御祖神	一の位	元	トホカミヱヒタメの八音	天元神	君	「君」
	二の位	中	アイフヘモヲスシの八音	天並神	臣	「臣」
	三の位	末	そのほかの三十二音	三十二神	民（彦）	

また、同紋の次下にこうも記されている。

「のち十一《そひ》の君　東西中南北《きつをさね》　編み養うも　天《あ》に還り　清香奇社《さこくしろ》にて　詔《みことのり》　みな星となす

この神は　臓腑《はらわた》・命《いのち》　御食《みけ》お守《も》る　美味葦牙《うましあしがい》　彦道神《ひこちがみ》　故天尊《かれあめみこと》　地《わ》の尊《みこと》　国常立《くにとこたち》神の　七代《なよ》
の神　みな清香奇社《さこくしろ》　よりの星」

「十《そ》一《ひ》の君」とは、「東西中南北《きつをさね》」と「編《あ》み養《やしな》う」の十一字（音）のことで、「美味葦牙《うましあしがい》　彦道神《ひこちがみ》」はその総称である。そして、先にあげた天御祖神や天御中主神とともに「天《あめ》の尊《みこと》」という。

また、「国常立神の　七代の神　みな清香奇社　よりの星」というのは、人類の祖神である国常立神から誘諾木尊・誘諾実尊までの「七代の神」も、みな天界高天原の清香奇社から天降りしてきた神々だから、同じ「地《わ》の尊《みこと》」として「地来宮」に祭る。そしてこの世での役目が終われば、ふたたび清香奇社に還るのだといっているわけである。この記述は、第二十七「御祖神船魂の紋」の記述と一致している。

根源神の天御祖神を除けば、「天の尊」と「地の尊」の区別なく、神の世界にも「輪廻往還」がある。天界・高天原の清香奇社からこの地上に天降りするのは、天界の視座からみれば「往く」ことを意味する。逆に死して、または役目を終えて戻るのは「還り来る」ことになる。

われわれ人間の場合、人間の視座からいえば、死んであの世へ旅立つのは「往く」で、またこの世に生まれるのは「来る」ことになる。それが「往来」の原意である。

人間形成の要諦「四魂論」

ここまで輪廻転生観をさまざまな角度から見てきたが、それは言い方を変えれば「死に方」論であると同時に「生き方」論でもある。『秀真伝』はその根っこにあたる思想として生命観、心の働きに関する教えをのせる。「荒御魂《あらみたま》」「奇御魂《くしみたま》」「幸御魂《さちみたま》」「業御魂《わざみたま》」の四魂ことである。

実をいえば、この意味合いが詳しく説かれているわけではない。単語としてあちこちに散見されるだけといってよい。しかし、字を見れば誰にでもだいたい見当がつく。生命や心の働き、作用、志向性を「魂の根っこ」のところでとらえ、四つに分けたものである。だが、その意味するところは深い。

「和御魂《にぎみたま》」という語もあるが、これは「奇御魂」「幸御魂」「業御魂」の三魂の総称といえる。「荒御魂」を渓谷を流れる激流に譬え、男性的でパワフルな生命のダイナミズムとすれば、これらの「和御魂」は静かな大海に譬え、女性的で穏やかなダイナミズムとみることができるだろう。この両方がそろって初めて、バランスのとれた人間形成が可能になる。

仏教の「四菩薩論」と対比してみるとわかりやすいかもしれない。仏教の「四菩薩論」といっても、華厳経の四菩薩、胎蔵界の四菩薩、法華経の四菩薩などがあり、それぞれ意味合いが異なる。ここで対比するのは法華経の四菩薩で、「上行菩薩《じょうぎょう》」「浄行菩薩《じょうぎょう》」「安立行菩薩《あんりゅうぎょう》」「無辺行菩薩《むへんぎょう》」のことである。

まず「荒御魂」というのは、一般には磯清之男尊のような「荒々しい魂」と理解されている。しかし本意は、いわば勇猛心であり、不撓不屈の敢闘精神であり、ひたすら前進してやまない、荒々しいまでに躍動する生命のダイナミズムのことでもある。第十六「孕み慎む帯の紋」には、

「天元《あもと》に招く　荒御魂《あらみたま》　月は和魂《にこたま》」

とある。月が静的な「和魂《にこたま》」なら、太陽は動的な「荒御魂」に比定することができよう。「天元《あもと》に招く　荒御魂」というときの「天元」は、天御祖神のお膝元の意であるが、天御祖神は「初の一息」によって天地を開闢した。この天地開闢ほど荒々しい躍動はない。しかしその荒々しいダイナ

ミズムには、この天地自然を生み、「美しい秩序と調和」をもたらす壮大な創造力が秘められている。

　われわれ人間は、その天御祖神の御魂に帰一してこそ真の幸福と平和が得られ、願いどおりの人生を楽しめるがゆえに、天照神も「天の運行《あめのめぐり》」との融和を説くのである。

　法華経にいう「上行菩薩」も、その真意はこうした精神に生き、それによって勝ちとる自在の境地をいうとされる。道暹《どうせん》の『輔正記《ふしょうき》』には、「上行は常楽我浄《じょうらくがじょう》の我《が》を表し、二死《にし》の表《ひょう》を出づるをいう」とある。「二死」とは、凡夫の死と聖者の死のことで、そうした聖俗の死の苦しみに束縛されない自由自在の境地の中で、人生を楽しんで生きることだ。ただ、「和御魂《にぎみたま》」でバランスをとらないと自分本位になりがちで、「自在の境地」は「勝手気まま」と同義になりかねない。

「奇御魂」は、狭義には神の清明な命のことである。そして広義には、われわれ人間の限りなく神に近づこうとする崇高な求道心、素直さ、純粋性をいったものである。「浄行菩薩」もまた、まさに清浄無垢な神的生命状態をさすが、「鈴明の道」はこの「奇御魂」を磨く道といえるだろう。

　また「幸御魂」は、ただ単に自分の幸福を追い求めるだけではなく、国民の幸福を願い、平和を志向する心や、人間愛、人類愛のことをいう。『秀真伝』の序「秀真伝お述ぶ」では天孫・瓊々杵尊を、第三十九「秀真討ち続歌の紋」では日本武尊を「幸御魂」と讃えているが、それもこの二尊が国や国民の平和と繁栄にひと一倍心を尽くしたためにほかなるまい。

「安立行菩薩」も、「安心立命」の境地を自他の境界を越えて確立することといえる。『輔正記』には、「安立行は楽を表し、徳円《とくまどか》なるをいう」とある。「徳円」とは、この「楽（幸福）」を求める心が決して自分本位のものではなく、「利他」に生きることによって確かな幸福境涯に至ることを教えている。

つまり、「幸御魂」も「安立行」にしても、その本義は「利他」「愛他」にある。所詮、自分本位の幸福追求は外部から破られやすい。世の中の平和と繁栄に尽くしてこそ、自分もまたそれを享受できる。前記のように、「伊勢の道」が夫婦愛、家族愛にとどまらず、「国守り民の諭し」に昇華して説かれているのもそのためほかならない。

そして「業御魂」というのは、『秀真伝』では国常立神がこの「業御魂」の象徴的な存在で、人類はこの神から智恵を授かったとされている。ひと口にいえば「智恵に生きる」ことで、それによって幸福を主体的に獲得し、かつそれを他者に、社会に及ぼすことに本義がある。

これに対応する「無辺行菩薩」は、『輔正記』には「断常《だんじょう》の際《きわ》を踰《こ》えることをいう」とある。平たくいえば、やはり「無辺の智恵に生きる」ことである。断見と常見という狭い生命観を打破し、三世にわたる因果律に則った知恵を発揮し、この世を自在に闊歩して、死しては成仏する境地といえば、まず間違いはないだろう。

「三世にわたる因果律」とは、『秀真伝』の教えでいえば、人間から神への「往来の道」、「輪廻往還」のことである。「鈴明の道」を生きることで、あの世のいかんも決まることを「覚え知る」ことである。三世の死生観に結びついているところに「業御魂」の奥深さがある。

この「四魂論」は、単に「魂」の内容を四つに分析したものでも、それぞれが独立した生命観、霊魂論でもない。人間生命の基底部を形成する「四位一体」の不可欠な要素といえる。この「四魂」がバランスのとれたものであってこそ有効にはたらく。

たとえば、どんなに純粋な心（奇御魂）を持った人でも、強い行動力（荒御魂）がなければひ弱な生き方しかできないし、逆にたとえ強い行動力があっても、純粋な心（奇御魂）がなければ荒んだ生き方になってしまうだろう。また、たとえ両方を兼ね備えていても、優れた知恵（業御魂）がなければ空回りし、失敗してしまうに違いない。

しかし、優れた知恵があっても、強い行動力（荒御魂）がないあきらめやすい悲観論者では生かされないし、人間愛（幸御魂）に裏打ちされたものでなければ、社会を害する邪知になりかねない。『秀真伝』にいう徴《はた》れ禍《ま》に堕ちるだけだ。だがまた、いかに人間愛だ、世界平和だと叫んでみたところで、純粋性（奇御魂）の裏打ちがなければ、言葉の遊びや売名の手段にしかならないだろう。

というようなわけで、何の変哲もないかのようなこの「四魂論」は、実は人間形成の要諦を衝いた思想なのである。われわれに必要なものとして、ほかにも努力だとか信念だとか、いろいろな指標を挙げることはできるだろう。しかし、よくよく考えてみると、すべてこの四魂に包摂されてしまう。

- 四魂
  - 荒御魂
    - 生命的側面……荒々しいまでの生命のダイナミズム
    - 思想的側面……前進思考。勇猛心。
  - 和御魂
    - 奇御魂
      - 生命的側面……純粋性。神性の内在。
      - 思想的側面……神に近づこうとする求道心。神ながらの道。
    - 幸御魂
      - 生命的側面……幸福追求欲。
      - 思想的側面……人間愛。利他の心。
    - 業御魂
      - 生命的側面……智恵。向上心。
      - 思想的側面……文化的志向。社会変革志向。

現代のわれわれは、優れた思想をたくさん学ぶことができる。「生き方」論はちまたに溢れている。昔と違って高いレベルの教育を受ける機会にも恵まれている。だが、そうした思想なり教えは、個々人のレベルでみたとき、どれだけ人間形成に生かされ、実践されているだろうか。

実は「思想」というものは「理屈」に過ぎない。その人が我欲に走らない清らかな心（奇御魂）と利他心（幸御魂）をもち、すぐれた智恵（業御魂）と実践力（荒御魂）を具えていなければ、どんな思想も絵に描いた餅でしかないのである。だから、さまざまな教えを残された天照神も、教えそのものは「乳《ち》なきの親《たら》」（第十七「神鏡八咫の名の紋」）、乳房はあっても乳が出ない母親のようなものだと喝破し、強く実践を促している。

いまの教育に欠けているのは、その実践力をどう養うかである。その意味で「四魂論」は、あらゆる思想を超えた、いちばん深い「根っこ」にあたる生命論であって、人間形成のもっとも基本的な指標だといっても過言ではない。

もう少し敷衍していえば、神の存在を信じると否とを超えて、この宇宙に遍満する「四魂」の生命的ダイナミズムばかりは、何人にも否定できない。その生命のダイナミズムに己れを帰一し、無上の高みを志向することに、「四魂論」の本義があると言い換えることもできる。

それを『秀真伝』では、また「秀真《ほつま》の道」という。このことを念頭において、次下《つぎしも》の章を読んでいただきたい。

4　神人合一の深義

「秀真の道」とは

『秀真伝』にみる神代、上古代の思想は、天御祖神を始原神とした思弁的、普遍的な体系をもったものであった。そしてその始原神のもとに「君・臣・民」がいるのであるが、『秀真伝』には大別して「神と人間」の関係、あり方を説いた教えと、「君・臣・民」の関係、あり方を説いた教えとがある。

前者を「伊勢の道」や「鈴明の道」、さらには「往来の道」や「秀真の道」などに代表される宗教的思想だとすれば、後者は「斉矛の教え」や「天成る道」、「三種の神宝」などに代表される政治思想、社会秩序の形成・維持のための統治思想といってよいだろう。両者は密接に関連しており、いちがいに区別して解説するのはむずかしいのであるが、ここでは「秀真の道」について『秀真伝』がどのように説いているかをみてみたい。

神社神道と教派神道の別なく、神道家たちは「神道に思想はない」と自らいってきたが、神道が目指すところの究極を今日的に表現すれば「神人合一《しんじんごういつ》」にある。

先にみた「伊勢・鈴明の道」にしても、この世とあの世との「往来の道」、輪廻往還と密接不可分に結びついていた。そしてそれは、「天の運行」に己れを帰一させることによって「神上がり」することを究極の目的にしているものであった。要するに「神になる」ことである。

神道ではよく「神ながらの道」ということがいわれ、これに「随神」「惟神」という漢字が当てられて、「神の意志のままに存在する」とか、「神の御心のままに行動する」といった意味に解されている。「ながら」は「さながら」の意で、まさに「神人合一の道」をひたすら生きることを宗《むね》とした教えだといってよいだろう。

「神さながらに生きる」ということは、広義には「神の意志のままに存在し行動する」「神のように生きる」ことには相違ないだろう。が、狭義には人間が神霊と合一し、神託によって民衆のために生きることを意味する。神ではなかった人間が神としていきるからこそ「神人合一」というのである。「秀真の道」というのも、そうした心的志向性の中に位置づけることができる。

もっともこの「秀真」は、国名《くにな》として登場することもある。たとえば、序「秀真伝お述ぶ」の大鹿島命・国撫《くになづ》の讃辞に、

「弟瓊々杵尊は　新田《にいた》なす　新治《にはり》の宮の　十八万《そやよろ》に　新民《にいたみ》増ゑて　名も高き　原見の宮に　民

お治《た》し　ついに治地上《しわかみ》　秀真なる」

とある。この「秀真なる」は、天孫・瓊々杵尊が治めた筑波・新治から原見山麓に及ぶ関東地方一帯が、「秀真といえる国になった」という意で、これが「秀真国」という語の初出である。換言すれば、この地方の人々がよく国の秩序を守り、争いのない優れて平和な国になったということであろう。

ちなみに、神武紀三十一年に「礒輪上秀真国《しわかみほつまくに》」とあるが、私は「治地上《しわかみ》」とした。瓊々杵尊が「地上《くにのえ》」をよく治《しら》した意に解したのである。「礒輪上」は意味がとれない当て字である。同じ「秀真伝お述ぶ」に、『秀真伝』を編纂した大直根子命の奉納歌が二首載っている。

「治地上《しわかみ》の　心秀真と　なるときは　花咲く御世の　春や来ぬらん」

「磯《いそ》の地《わ》の　真砂《まさご》は数《よ》みて　尽くるとも　秀真の道は　幾世尽きせじ」

二首目の「磯《いそ》の地《わ》」が「磯の輪」と誤解され、さらにそれが「しわかみ」のことと解され、「礒（磯）輪上」と当て字されるに至った原因と思われる。だが、私はそうは考えない。

第一に、「磯のわ」の「わ」は明らかに「地」であって、「輪」では意味をなさない。「輪」が湾のことだとしても、「真砂《まさご》」の形容として湾を特定する理由もないのである。

第二に、「磯」の和訓は「いそ」または「そ」で、「し」とは訓まない。漢音は「き」、呉音は「け」である。辞典では「し」とも訓むとしているが、これは神武紀の「儀輪上《しわかみ》」を前提とした〝後付け訓み〟といってよい。

第三に、先の大鹿島命・国撫の讃辞に、「ついに『しわかみ』秀真なる」というとき、この「しわかみ」は「秀真なる」の形容句にほかならない。しかるに、「磯の地《わ》の　真砂は数《よ》みて　尽くるとも」は、最後の「とも」が逆接条件を表す接続助詞であるから、次の「秀真の道は　幾世尽きせじ」の形容句ではない。「秀真の道」とは相容れない反対語、否定語として置かれている。「しわかみ」は秀真国の「枕詞」ともいわれるが、それならなおのこと、「儀（磯）輪上」であるべきではない。

さて、この二首にいう「秀真」は、「心」のありようのことであり、心が「秀《すぐ》れて真《まこと》」なる状態をさしている。第四十「熱田神世を辞む紋」にはそのことについて、次のように説かれている。

「昔曰くは　人は神　神は人なり　名も誉れ　道立つ法の　神は人　人清直《すなお》にて　秀真行く
真《まこと》　神なり」

これは景行天皇の時代、日本武尊《やまとたけ》が崩御して「熱田神」と諡《おくりな》されたときの条に記されているのであるが、「昔曰くは」とあるのでかなり古い教えと思われる。『秀真伝』では発言者がはっきりしている場合は必ず名前を明記しているので、二神以前にいた優れた人物の教えか、または豊受神や天照神の教えだったことが忘れられたかどちらかであろう。

「人は神」は神性内在のこと

このフレーズほど「神人合一」「神ながらの道」を適切かつ端的に述べたフレーズは見当たらない。そこで少々私流に敷衍してみたい。

まず「人は神」とは、いったいどういう意味なのか。「人間はもともと神だ」というのであれば、われわれは神を信仰する必要もなければ「神人合一」を目指す必要もない。しかし、自分はまだまだ未完成で悩み多い人間だし、周囲には「これが人間のすることか」と思うような振る舞いをする人も少なくない。突然「人は神だ」といわれても、おいそれと納得する人はいないだろう。

すると、「人は神」の意味を考える前に、そもそも「神」とは何か、「人間」とは何かをよく考えてみる必要がある。

いったい「神」とはいかなる概念なのか。前にも少し触れたが、大別して次の三つに集約される。

第一には、この世をおし統べる根源的・究極的実在としての超自然的な神、宇宙創成の神という概念があげられる。この概念は生命誕生の神秘さなどを通して覚知されるものである。

第二には、ひたすら世のため人のために生きてこの世をあとにし、霊的世界において神となった、いわゆる「神霊」という概念が次にくる。そして第三には、現実に生きている人間で、神霊の憑依を得た人が、その神霊の指示どおり神のように生きる場合、その人は「人神」とも「現人神《あらひとがみ》」ともいわれる。

いまこの問題で重要なのは超自然神のほうで、前記のとおり天御祖神がこれにあたる。「人は神」というときの「神」も、この世にわれわれ人間を生んだ始原神が想念されているとみてまず間違いない。

この世で生命の誕生ほど神秘な出来事はない。われわれは直接的には両親が生んでくれたわけだが、生命の誕生は両親の「手」による人工的な営為によるものではない。ごく微細な精子と卵子に人体を構成する設計図が組み込まれていて、自ずから独りでに人体のすべてのパーツができあがっていく。まさに神秘のドラマである。

その「神秘」の中に、われわれは「神」を感じ取る。別言すれば、われわれは両親の子であると同時に、「神の子」として生を享《う》ける。そのことを「人は神」といっていると解される。

ふたたび第十四「世嗣ぎ祈る祝詞の紋」を引用すれば、これらの文はすべてわれわれ人間を「神の子」と位置づけたものだということができる。

「万《よろ》の歳《よわひ》の　命彦《みことひこ》　やゝ千代保つ　民もみな　国常立神《くにとこたち》の　子末なり　そのもと悉《ふつ》く
天御祖神《あめみをや》」

「空風火《うつほかぜほと》　水埴《みずはに》の　五《ゐ》つ交わりて　人となる　天御中主《あめなかぬし》の　神はこれ　八方万地《やもよろくに》に　万子《よろこ》生み
みな配り置く　人の初　天《あめ》に還りて　天御祖神《あめみをや》」

「十六万八千《そむよろやち》の　物添ひて　人生まるとき　元つ神　その妙守《たえもり》が　種降し　物と魂《たましい》　結《ゆ》ひ和《やわ》す」

第2章で述べたように、この宇宙はそれ自体が始原神・天御祖神である。だから、われわれ人間も天御祖神の一部であり、「神の子」だといっているのである。

換言すると、これは「神性内在」の思想ということができる。つまり、ここに「人は神」というときの「人」は、生まれたときに天御祖神から「神性」を授かった「神性内在の人間」を意味している。そうであればこそ、この苦悩の多い未完成な人間も、磨けば「神」になることができるということである。

このことをいわば裏返しに述べているのが、次下の「神は人なり」である。

「神は人なり」は人神の意

つまり「神は人なり」とは、裏を返せば「神といっても、もとをただせば人間なのだ」という意味に理解できる。しかし、単なる裏返しでもない。ここにいう「神」が、宇宙の元初《がんじょ》とともにあって、天地を開闢した超自然神であるはずがない。要するに、この世を去って神界において「神霊」となったもの、または神霊の憑依を得た「人神」に限定してよい。

イエス・キリストは、「人間は神に近づくことはできても、神になることはできない」といった。しかし神道や仏教では、「人間は神（または仏）になれる」と説く。たとえば仏教で「即身成仏」「悪人成仏」というとき、人は誰でもその身そのままで仏になれる、ということにほかならない。それは「神性内在」と同じ「一切衆生《いっさいしゅじょう》・悉有仏性《しつうぶっしょう》」の思想にもとづいている。

これは、どちらが正しいかという問題ではない。キリスト教でいう神と、神道や仏教でいう神（仏）の概念がまったく異なるのである。キリスト教で「神になれない」というときの神は、文字通り「天地創造の超自然神」であるが、神道で「神になれる」というときの神、仏教で「成仏できる」というときの仏は、いわゆる「神霊」「人神」「守護神」などのことなのだ。霊的世界の問題なのである。

ともあれ、人間は死して神上がりして「神霊」になることができ、生きては「神霊」の憑依を得て「人神」になることもできる。それは天御祖神の「精霊」をわが身に体現したことを意味し、それを「真神《まことかみ》」といい、そのための道として説かれたのが「秀真の道」（秀真行く）なのだと考えてよいだろう。

「秀真行く」と「神ながらの道」

それでは具体的に、どうすることが「秀真行く」なのか。前段の「名も誉れ　道立つ法の　神は人　人清直《すなお》にて」のフレーズがその解答にあたる。

「名も誉れ」とは、もちろん「名誉」を追い求めたり、野心や我欲に生きる生き方を意味するものではない。それは「邪欲《よこほし》」「鈴暗《すずくら》」として否定されている。この世の道理を踏まえ立てて、「清直《すなお》」（後述）な心で生きた結果として、周囲の人たちからも「いい人だ」「頼もしい人だ」と尊敬され、信頼される人間に成長することであろう。

「道立つ法《のり》」とは、狭義には、この『秀真伝』が文字ですら、この宇宙に遍満する音から「あいうえお」の五音を抽出し、宇宙を構成する五要素「空・風・火・水・埴」と結びつけて作ったように、宇宙の法理に帰一した生き方をすることであった。それはそのまま「伊勢・鈴明の道」、「四魂論」に合致した生き方に帰着する。また広義には、「斉矛《とほこ》の教え」に代表される社会秩序を守り、互いに助け合う生き方をすることといってよいだろう。

「すなお」にはこんにち「素直」の漢字が当てられているが、ほんとうは「清《す》しく直《なお》し」の意で、「清直」と書くのが正しいと考えている。「清しく」とは心が清らかで、他人の悪口をいったり、嫌な思いをさせたりすることもなく、「邪欲《よこほし》」を去って「善念」「愛念」に生きることである。また「直し」とは、第一に神に対し、第二に自分の良心に対し、第三に他人に対して正直で驕りなく、心が竹のようにしなやかで拗《ねじ》けておらず、融和性、寛容性があること。それでいて竹に節があるように、己れの芯をしっかり持っていて自分を失わないことであろう。

第三十五「日槍《ひぼこ》来る角力《すまい》の紋」には、活目入彦《いくめいりひこ》尊・垂仁天皇の人柄について、

「君生まれつき　正直《ただなお》く　心秀真に　驕《おご》りなく」

とあるが、心がまっすぐで傲慢さがなく、清らかで慈悲深い心的指向性を「秀真」といっているわけである。

どちらかといえば、「名も誉れ」は社会に寄与する能動的な姿勢に力点がおかれ、「清直《すなお》にて」は自己の内面のありように向けられている。が、内面の輝きは社会に開かれていくことを当然の前提にしており、自己の社会との相互関係を重視した思想だといえる。それが「秀真行く」であり、その結果として「真の神」になれるのだという教えである。いや、「秀真行く　真神なり」というとき、「秀真の道」を行くこと自体の中に、すでに「真神」を位置づけているといってよい。

われわれは、ともすれば「結果」のみを追いたくなり、そこに至るプロセスを軽視しがちである

が、これは人間として踏むべき「道」（プロセス）を重視し、「神」を希求する行動そのものに「神の姿」を認める近代的な思想だということができるように思う。

もう少し言い方を換えるなら、「人神」になるところまではいかなくても、「神さまなら、きっとこんなふうに生きるだろう。ここではこう話し、こう行動するに違いない」と思う生き方をすること、つまり「神ながらの道」を歩む生き方も、この範疇に入れてよいと思う。「神ながらの道」は、そのまま「秀真の道」でもあったのである。

今日的な表現をすれば、己れの生命に内在する「神性」を磨き、宇宙に遍満する生命のダイナミズムに帰一して、無上の高みを志向すること、それが「神ながらの道」であり「秀真の道」といえる。「四魂論」でいえば、この四魂を最大限に発揮し、融合させた生き方の中に「秀真の道」を位置づけることができるだろう。生命に内在する「神性」というものも、よくよく目を凝らして見れば「四魂」に極まるのである。

「みやび」と「情け枝」

この「秀真の道」について考えるとき、もう一つ忘れてはならないのは、「みやび」という言葉の意味合いであろう。

中世以降、この言葉は風雅や風流、優美さ、上品さといった意味に解されてきたが、いま一つよくわからない。私は古文に親しんだ若い頃、平安時代の貴族たちがきらびやかな衣装に身を包み、殿中をしゃなりしゃなりと歩いている姿や、蹴鞠《けまり》や色恋に興じたり、自然の風物に親しみ、和歌をつくって楽しみとしている姿などを思い描いた。多少のイメージの違いはあれ、多くの人がそうだったのではないだろうか。だが、真意はそんなことではなかった。

『秀真伝』の用例には、そのときに応じて愛情や優しさ、立派な心映えなどをはじめ、さまざまな意味に用いられ、ときには「セックスの交歓」の意に使われている場合もあるが、重要なのは第十七「神鏡八咫の名の紋」の次の文である。

「われ観るに　人のみやびは　情け枝」

これは天照神が「三種の神宝」のうち「八咫の鏡」について説いた中に出てくる教えである。「八咫の鏡」については第8章で詳述するが、いまその要旨を簡潔にいえば、八民《やたみ》（すべての人々）の苦しみや悲しみ、願いなどを鏡に映したように汲み取り、遍く照らし助けることを本願とすることである。

そのことと関連して説かれた「人のみやびは　情け枝」というときの「情け」は、いまいう愛情のことには違いない。当時はそれを「情け」といった。しかし、ここでは単なる愛情をさす言葉ではない。「みやび」の本質的な意味合いは「情け枝」にある、といっているのである。

つまり、「情け」は家族や身近な仲間たちのみにかけられるものではなく、木の枝が四方八方に伸びていくように、全民衆に分け隔てなく注いでいくべきもので、そこに「みやび」という境地に至る道がある、ということである。キリスト教のいう「博愛」、仏教のいう「慈悲」と同じで、要は「愛他の念」に生きる大切さを述べているわけである。その意味では、「八咫の鏡」は「情け枝」の「物実《ものざね》」（表徴）ということもできる。

だが、「博愛」や「慈悲」と同じだというのは「情け枝」のことであって、「みやび」と同じ意味ではない。「人のみやび」とは、「情け枝」に生きた結果として獲得する、その人の精神的ないし肉体的な境地・境界をさしている。

思うに、「みやび」の本意は「身弥日」であろう。「情け枝」に生きるとき、わが身はいよいよ（弥）日の輪のように輝き、その光はひるがえってさらに民衆を照らし恵む、ということである。たしかに、他者のために生きるとき、心の内面はもちろん、顔つきや物腰まで変わっていくものだ。「愛他」の生活を長く続ければ続けるほど、それが習い性となって根付いていく。そして眼差しは慈愛に満ち、声は凛として威厳を湛え、全身に優しさと包容力が溢れ、物腰は穏やかで、かつ堂々としてくる。見ただけで尊敬の念にかられ、思わず腰を低くして仰ぎたくなってしまう、世の中にはそんな人も少なくない。みな己れのためのみに生きている人ではなく、世のため人のために生き、真心から汗を流している人たちである。

こうした外面の輝き「身弥日」は、内面の輝きの結果として表れたものにほかならないが、この「身弥日」に「雅」の字を当ててもかまわない。しかし、民衆から乖離した雲上人《うんじょうびと》、平安貴族のなよなよした姿など、決して「身弥日（雅）」とはいいがたい。

視点を換えていうなら、この「情け枝」はとりも直さず「秀真の道」にほかならない。「情け枝」に生きることは、そのまま「秀真行く」であり、その結果として「身弥日」という境地・境界に至れるといえるのではないかと思う。

第8章　三種の神器とヒューマニズム

1　斉矛の教えとは何か

「斉」は秩序を斉える意

神代から上代、中世においては、政治と宗教は渾然として分かちがたく、一体のものとして認識され、機能していた。特に神代においてはその意識が強く、統治者たる天君がときに宗教的な教えを説き、ときに政治の要諦を説いた。「政り事」の場は、また同時に「祭り事」の場でもあった。神権政治といわれる由縁である。

祭政二元論は近代の思想であって、当時は宗教と政治を異なるものとは認識していなかった。そうした時代が中世まで続く。これは周《しゅう》の武王が商《しょう》（殷《いん》）の紂王《ちゅうおう》を倒し（紀元前一〇二七年）、春秋・戦国時代（前七七〇〜前二二一年）を通して政教分離が促進されていった中国とは大いに異なるところである。政治との長い対立時代を経て、ついに政治を牛耳るようになっていったキリスト教社会とも違う。

わが国の神代の統治思想は、大別して「照前《しょうぜん》」と「照後《しょうご》」に分けることができる。天照神《あまてるかみ》の在世以前と以降で異なるということである。それは天照神が「八咫《やた》の鏡《かがみ》」に籠めた「民衆愛の思想」が、それ以前に比べてより明確に打ち立てられ、高々と掲げられたことによって区分されるといってよいだろう。

　誘諾木尊・誘諾実尊の二神までの時代は、「斉矛《とほこ》の教え」が中心であった。その要諦は「国民《くにたみ》の守護」「恵民」にあり、その意味では天照神の「民衆愛の思想」と変わりはなく、その後も「斉矛の教え」は継承されていくのであるが、面垂《おもたる》尊の時代はともすれば国家の統一、秩序の維持にあせるあまり、厳しすぎたきらいがある。天照神はその反省の上に立って、厳しさを保ちながらも、さらに国民に対する「慈《いつ》」（慈愛）を全面に押し出していくのである。

　それでは、まず「斉矛の教え」とは何なのか。第十七「神鏡八咫の名の紋」は、天照神の教えを次のように記す。

「古神《いにしかみ》　作り授くる　斉矛《とほこ》あり　斉《と》は斉《ととの》ふる　教書《をして》なり　二神承けて　親となり　民おわが子
と　育つるに　篤く教ゑて　人となす　教ゑてもなお　逆らはゞ　討ち綻《ほころ》ばせ　罪科の　糺《たゞ》し
も遠き　天《あめ》と地《つち》　届かぬことお　思ふなり　臣ら終日《ひめもす》　倦《う》まなくて　教ゑお常に　業《わざ》となせ
臣民子孫《とみたみこまご》　隔てなく　慈《ゐつ》く恵まん　思ひなり　教ゑぬ者は　臣ならず　教ゑ受けぬは　民なら
ず　常に思えよ　天法《あめのり》お　得て身を修め　耕して　稲《ぞろ》お植ゑ播《ま》き　草切りて　刈り修む身の

民は孫　工匠商人《たくみあきど》も　曾孫玄孫《ひこやさご》もの識《し》るとても　蠢《うぐめ》かで　斉《と》の導きに　入《ゐ》らざらんおや」

この「とほこ」について、〔記〕には「天《あめ》の沼矛《ぬぼこ》」、〔紀〕には「天《あま》の瓊矛《ぬほこ》」とあるが、私が「斉矛」の漢字を当てたのは、ここに「とはととのふる　教書《をして》なり」とあるからである。「沼」にも「瓊」にも、「ととのえる」意味はない。

また、「ととのえる」には一に「整える」、二に「調える」、三に「斉える」があるが、一は物事の準備を整えるような場合、二は味や洋服などを調える場合に用い、三は心を斉《ととの》える場合に用いる言葉で、「斉」の字がもっともふさわしいと判断したのである。

さて、「斉《と》は斉《ととの》ふる　教書《をして》なり」とは、要するに国の「秩序」を斉えることで、そうしてこそ国の平和と繁栄の基礎が確立する。そのためには、まず民の心を斉えるのが先決で、だから「君」は民の親となり、わが子と思って育て、「篤く教ゑて　人となす」わけで、「臣」もまた「終日《ひめもす》　倦《う》まなくて　教ゑお常に　業《わざ》となせ」と説いているわけである。

「をして」（文字）は、ここでは「斉の教えを書いた文書」の意に用いられている。冒頭に「古神《いにしかみ》」とあるので、いつ頃ともわからない古い時代に、すでにこのような教えがあったのであろう。

「教ゑお常に　業となせ　（中略）　教ゑぬ者は　臣ならず」というくだりは、「君・臣」の務めは「国民を善導することにある」という認識を示したところで、第三「一姫三男生む殿の紋」にも、

「君臣の道　斉《と》の教ゑ」

と端的に示されている。また、『三笠文』の「嘗事《なめごと》の紋」には、この「斉（⊠《と》）」の字義について次のような説明が載っている。豊受神の教えである。

「⊠《と》の嘗《なめ》は　埴水《はにみづ》潤《うる》ふ　五月中《さつきなか》（中略）　形方《かたちけた》　天の真手の居　中に立つ　国治《た》し均るゝ
神形」

タイトルの「嘗事」というのは、十二カ月を「ヱヒタメ・トホカミ」の八神（天元神）に区切り、一年に八回神饌《しんせん》を供えて行なう祭りのことで、そのうち五月半ばに行なう「⊠《と》の嘗め事」について述べたもので、ここでは「⊠《と》」の字義を説いている。

「形方《かたちけた》」とは、「⊠《と》」の母音記号「□」の形が正方形（「方」は正方形を意味する）をしていることをさしている。大地（埴）や国、ないし四方の国民を想念した形象である。

その中にある子音記号「丫」は、「天《あま》」すなわち天君《あまぎみ》が真手（両手）を高く掲げて立つ姿に見立てている。それは、天君が天御祖神のご威光を受ける姿であると同時に、四方の国民を遍く篤く恵む姿でもある。

また、「国治し均《たな》るゝ　神形《かみかたち》」とは、国民を平等・公平に均し治める意である。だから、「〓《と》」の字形はそれ自体が、天君が国民を平等・公平に均し治めることを意味する「神形」なのだといっているわけである。

第十八「自凝呂と呪ふの紋」には、天照神の次のような教えもある。

「人成る道は　〓《と》お用ひ　そのもとは〓《ろ》手　自凝呂《おのころ》の　四つは地《わ》に合ひ　国治む」

「人成る道」とは、人間としてあるべき心豊かな生き方をすることである。しかし、一人ひとりが周囲の人々と相和し、秩序正しく生きなければ世の中の平和は築けない。だから、「〓《と》（斉）の教え」を用いて、社会秩序を斉《ととの》えることが、「人成る道」の要諦だということである。

「そのもとは〓《ろ》手」の「手」は教手《をして》＝文字のことで、「〓《ろ》」の字形が「〓《と》」の字形と上下逆さまになっていることに着目した教えである。つまり、天君が秩序を正すことが「〓《と》（斉）の教え」の要諦なら、「〓《ろ》」の文字は国民《くにたみ》も自らそれに呼応し、秩序正しく生きようとすることをさす。「君・臣」と「民」が相呼応してこそ、秩序は斉《ととの》うのだといっているのである。

「自凝呂」は、誘諾木尊と誘諾実尊が国中を東奔西走して国を治め、その結果、「自ずから凝った」

（自然に治まった）ことをさしている。見た目には、二神が治めたように見えるけれども、国民もその気になってくれたからこそ治まった、という意である。「自凝呂」はそう解さないと意味がよく通じない。

また、「自凝呂の　四つは地《わ》に合ひ　国治む」は、「おのころ」の四文字が地《わ》（埴）の母音記号「□」の字形に合致していることをさしている。つまり国（地）の四方、すなわち隅々まで治めるのが政り事の要諦だという意である。

「天成る道」と「人成る道」

先に見た大濡煮尊に関する記述の中に、「諸民《もろたみ》もみな　妻定む　天成《あめな》る道の　具《そな》わりて」（第二「天七代床御酒の紋」）とあった。この「天成る道」については、次のような記述もある。

「大御神《ををんかみ》　天成《あめな》る道に　民お治《た》す」（第二十九「武仁大和討ちの紋」）

「中に蝦夷《えみし》ら　女男《めを》混ぜて　血族道《しむみち》欠けて　穴に住む　（中略）　恵み忘れて　仇おなし　（中略）　天成る道に　服《まつろ》はず」（第三十九「秀真討ち続歌の紋」）

「天《あめ》の道得て　人草の　嘆きお和《やわ》す」（第四「日の神瑞御名の紋」）

「天御子学ぶ　天の道」（同紋）

「細矛国　変えて出雲の　国はこれ　天の道もて　民安く」（第九「八雲討ち琴造る紋」）
「統君《すべらぎ》の　世々守らんは　天の道」（第二十三「御衣定め剣名の紋」）
「遠近《おちこち》も　潤《うるほ》ふ国の　君ありて　村《あれ》も乱れず　天の道」（第二十九「武仁大和討ちの紋」）
「大御神　天の道なす　世々の君　嗣ぎ承け治む　天日嗣」（第三十二「藤と淡海瑞の紋」）

これらをみると「天成る道」と「天の道」の表記上の違いはあるが、音数律を調えるための違いであって、意味は同じと考えてよい。また、この「天」に始原神・天御祖神が想念されていることは明らかで、天御祖神の心に適った生き方、天地宇宙に存在する「美しい秩序」に帰一した生き方を教え、秩序ある平和社会を築くことが「天成る道」であろう。

第十八「自凝呂と呪ふの紋」には「人成る道は　《と》（斉）お用ひ」とあり、第三「一姫三男生む殿の紋」には「君臣の道　斉の教ゑ」とあるから、いわば「天成る道」を実現するのが「斉《と》の教え」であり、その根幹は民を立派に育てあげる「人成る道」にあるということになろうか。

だが、「天成る道」といい、「人成る道」といっても、天御祖神の心、天地自然の秩序に適ってこそ実現するという考え方が基本にあることを忘れてはなるまい。第二十三「御衣定め剣名の紋」には、

「われは斉《と》の道《ち》に　治むゆえ　臣《とみ》も斉身《とみ》なり　そのゆえは　元々明けの　天御祖神《みをやかみ》　居ます裏庭　北の星　いまこの上は　三十六見目《みそむめ》の　斉《と》の神居ます　その裏が　中柱建つ　国の道　天より恵む　斉《と》の神と　宗《むね》に応えて　守るゆえ　人の中心《なかご》に　相求め　一つにいたす　斉の教え　永く治まる　宝なり　天の日嗣お　承くる日の　三つの宝の　その一つ　天成る文の　道奥《みちのく》ぞこそ」

と説かれている。「われは斉《と》の道《ち》に　治むゆえ　臣《とみ》も斉身《とみ》なり」は、天君がこの世を「斉《と》の道」に治めるがゆえに、その補佐をする「臣《とみ》」も「斉身《とみ》」、すなわち「斉《と》の道に治める身」の意なのだというわけである。

そしてその深意は、畢竟《ひっきょう》、「元々明けの　天御祖神」に帰する。「いまこの上は　三十六見目《みそむめ》の　斉《と》の神居ます」は、天御祖神と言霊神である天御中主神、天元神、天並神を四つに数え、これに三十二神を加えて三十六の見目（姿）としたもので、これを「斉《と》の神」と呼んでいる。要するに、天地宇宙に美しい秩序を形成した天御祖神が「斉の神」として見守っているという意味である。

また、「その裏が　中柱建つ　国の道　天《あめ》より恵む　斉《と》の神と　宗《むね》に応えて　守るゆえ　人の中心《なかご》に　相求め　一つにいたす　斉の教え　永く治まる　宝なり」とは、天界・高天原の下（裏）に建つ統治拠点たる「中柱」の宮殿は、「国の道」を行なうところであり、その要諦は「斉の神」

である天御祖神の教えと恵みに応え、国民たちの心を治めまとめて「一つにいたす」ことにある。それを実現するのが「斉の教え」であり、この世が永く治まる宝（秘法）なのだということである。

そして「天の日嗣お　承くる日の　三つの宝の　その一つ　天成る文の　道奥《みちのく》ぞこそ」とは、「天つ日嗣」を継承するとき先君から賜る「三種の神宝」の一つ、「天成る文」の奥義（道奥）も「天つ日嗣」の本義も、実はこの「斉の教え文」にあるのだということである。そしてそれはそのまま「弥真斉《やまと》の道」にほかならない。なぜなら「弥真斉《やまと》」とは、斉の教えが国の隅々まで行きわたり、秩序ある平和な状態、理想の姿を表す言葉だからである。

天御祖神 ― 天地自然の秩序 ― 天つ日嗣 ― 斉の教え ―┬ 天成る道 ┬― 弥真斉の道
　　　　　　　　　　　　　　　　　　　　　　　　　└ 人成る道 ┘

第十七「神鏡八咫の名の紋」では、次のようにも説く。

「青人草は　悉く　天御祖神《あめのみをや》の　賜物と　守らぬはなし　二神の　斉矛《とほこ》に治む　歳月《とし》経《ふ》れば

鈍《にぶ》・鋭《とき》・均《なれ》の　民あるも　たとえば数の　器物《うつわもの》　屑お捨てなで　鈍《にぶ》・鋭《とき》お　均し用ゐん　天の
心ぞ」

文意はわかりやすく、あらためて解説するまでもないだろう。ここには、すべての国民《くにたみ》を天御祖神の子として、平等・公平に治めようとする民衆愛、ヒューマニズムが謳《うた》いあげられている。「君・臣・民」の三位に貴賤の差別意識はなかったわけである。

罪を斬る天の逆矛

それでは、「斉矛《とほこ》」の「矛」とは何なのか。罪人の懲罰・制裁に用いられるものであることは、解説するまでもなく明らかであるが、しかしただそれだけではない。深い民衆愛の裏打ちがあっての「矛」であった。ふたたび、第二十三「御衣定め剣名の紋」の天照神の教えを引く。長いので切って紹介する。

「剣拝《つるぎおが》みて　大物主《ものぬし》が　『斬るも宝か』　ゆえお請ふ　時に天照神《あまてる》　詔《みことのり》　『剣《つるぎ》のもとは　天《あめ》の
矛《ほこ》』

ここにいう「大物主」は、奇彦・大国主命のことである。天孫・瓊々杵尊が「天つ日嗣」を継承したのち、同尊から「大国主命」の讃え名を、やがて天照神から「弥真斉大国御魂神《やまとおおくにみたまかみ》」の讃え名を賜った。このとき天照神は、二神から授かった「天の逆矛《あめさかほこ》」を大国主命に授けるのであるが、これは授かる前の問答である。

大国主命の問いは、「ひと口に『三種の神宝』というけれども、人を斬る剣を宝というのどうしてなのか」というものだった。たしかに「斉の教え」などとは違って、宝の中に加えることには違和感がともなう。懲罰の道具は「斧」から「槌」へ、「矛」から「剣」へと変遷したが、そのつど鋭利さも増してきている。

天照神はこの問いに、「剣《つるぎ》のもとは　天の矛」と答える。「天の道」に逆らった罪人《つみびと》は、自ずから天御祖神の咎めを受ける。天君はその代理人として、無辜《むこ》の民を守るために罪人を懲罰するわけで、「剣」といってもそのもとは天御祖神の制裁なのだ、ということである。

この次下には、国常立神の時代は「矛」が必要なかった話から、誘諾木尊が面垂尊から「斉と矛」を授かった話、そして「斉」の意味などが語られるのであるが、次に引くのはそのあとのくだりである。

「また矛も　宝のゆえは　斉《と》の道に　国治むれど　その中に　邪利《よこき》く者は　己が身に　合わね

ば道お　逆《さか》に行く　一人悖《もと》れば　類《とも》お増し　群れ集まりて　蟠《わだかま》り　道妨げば　罪お討つ　治むる道の　乱れ糸　切り綻《ほころ》ばす　器物《うつわもの》　天《あめ》の教ゑに　逆らえば　身に受く天の　逆矛ぞ　国乱るれば　田も荒れて　瑞穂《みず》《ほ》穫《のぼ》らず　貧しきお　罪人《つみびと》斬りて　耕せば　瑞穂の成りて　民豊か　稲《ちから》　大歳《おほとし》　捧ぐれば　八方《やも》の賑わひ　田から出る　故《かれ》に宝ぞ　逆矛も　討ち治むゆえ　宝なり」

この教えを読んで思い出すのは、「罪を憎んで人（罪人）を憎まず」という言葉である。聖書の「ヨハネ福音書８章」や『孔叢子』刑論にある。罪を憎んでも、その罪を犯した者を憎まないのは、罪人にもそれぞれ事情があるから、その情状を酌量することだと解説されている。

一見もっともらしいが、情状酌量の余地のない犯罪に対する解答はなく、これに心から納得する人はほとんどいないだろう。たいがいの人は違和感を覚えるはずである。罪を犯した者を憎まない結果として、その先に見えるのは釈放しかなくなってしまいかねない。罪というものが人によって犯される以上、罪を憎む結果として、その人を罪の軽重によって処断するほかないわけで、罪人を咎めることと憎むことはほとんど同値である。この言葉は、私には「偽善」にしかみえない。

「道妨げば　罪お討つ」というとき、一見、「罪」だけを咎める意のように見える。だがそのあとに、「切り綻《ほころ》ばす　器物《うつわもの》　天《あめ》の教ゑに　逆らえば　身に受く天の　逆矛ぞ」と説かれている。「綻《ほころ》ばす」は、「滅ぼす」に「矛」を懸けた謂で、滅ぼすのは「罪（罪状）」ではなく、罪を犯した罪人であり、罪人はその罪状に対して「天の逆矛」という「器物」を「身に受く」のである。
天照神の次の教えは、もっと厳しい。

「徴《はた》れ討ち　八民《やたみ》治むる　勢ひも　枯れは枯らして　生木《いき》お得る　たとえば林　伐《き》り拓《ひら》き　焚くに木霊《こだま》の　なきごとく　斬るべき咎《とが》人は　斬り尽くす　思い残らじ」（同紋）

「徴《はた》れ」という無法者たちを討つのは、すべて国民を守り、安寧をもたらすためである。その断固としたあり方（勢い）は、「枯れ木」（罪人）は伐り倒（枯らし）して、「枯れ木」のために生命や財産を脅かされている「生木《いき》（なまき）」（無辜の民）を助けるためにほかならない。

そのためならば、斬るべき咎《とが》人（罪人）は断固として斬り尽くしてかまわない。そうしたからといって、誰も恨みごとはいわない（思い残らじ）。たとえば林を伐り拓いて焚いても、木霊が返すことがないのと同じだ、ということである。

天照神の説く「剣」の音義

この次下では、天照神は「剣《つるぎ》」の音義について説く。

「剣《つるぎ》とは　『つ』は木の齢《よわい》　天《あ》に尽きて　枯れる天《あ》の尽《つ》ぞ　『る』は柴《しば》の　乾けば燃ゆる　霊木《るぎ》の炎《ほ》ぞ　『ぎ』は木の枯れて　思ひなし　故《かれ》に剣《つるぎ》と　名付くなり」

ここにいう「つ」は、木の天寿が尽きた意のようにも読めるが、そうではない。「剣《つるぎ》」が罪人を斬る道具という事実を前提にすると、「天《あ》に尽きて　枯れる天《あ》の尽《つ》ぞ」は、「天法《あめのり》」に逆らった結果として、天御祖神の慈《いづ》が枯れて尽きることを意味している。そう理解しないと意味が通じない。

「る」は、先の「枯れ木」を「柴」＝山野に生える小さな雑木に譬えている。しかし、「枯れ木」＝「罪人」自体をさしているわけではない。「乾けば燃ゆる　霊木《るぎ》の炎《ほ》ぞ」とは、やはり「天法《あめのり》」に逆らった結果として「乾いて燃える」こと、言い換えれば「罪人」に堕ちて命が燃え尽きることだ。「霊木《るぎ》の炎《ほ》」とは、罪人の霊魂を燃えあがる炎に譬えている。

「ぎ」は「木の枯れて　思ひなし」とあるので、罪人は「枯れ木」のように命を失い、心・思念がなくなる意である。言い換えれば、この世に災いをもたらす罪人たちの邪念・悪念も消し去る意と解されよう。

そうすると「つるぎ」とは、天法に逆らい、天御祖神の慈も尽きた罪人たちを斬り尽くし、彼らの邪念・悪念を消し去るという意味になる。そしてそれは、「八民を生かすため」という考えに貫かれている。だから天照神は、こうも説くのである。

「物部《ものゝべ》ら　しかと聴けこれ　わがまゝに　民お斬るなよ　民はみな　なおわが孫ぞ　その民お
守り治むる　国頭は　これなおわが子　国頭は　民の両親《たらちね》　その民は　国頭の子ぞ」(同紋)

「物部」の実意は「兵部《もののふべ》」で、軍事や刑罰を掌る部署のことであるが、天君から「生殺与奪の権力」を預かっている。国頭もその出先機関として同じ任を担うことがある。その物部や国頭に権力の濫用を戒め、物部は民をわが孫、国頭はわが子のように可愛がれと教えているところである。

端的にいえば、「剣」は無法者を制裁し、良民を守護する「斉矛の教え」のうちの「矛」の「物実《ものざね》」、表徴でもあったのである。

天照神の「剣」に関する端的な教えがほかにもある。

「剣は仇お　近づけず」(第二十三「御衣定め剣名の紋」)

がそれである。「仇を近づけず」とはいうまでもなく、「剣」ないし懲罰制度それ自体が犯罪の未然防止を意図し、役立っていることをさしている。

「剣」

国民を守り安寧を図る
罪人を斬り滅ぼす
犯罪を未然に防止する

社会秩序の維持・確立――「宝」

「剣」はまた邪気を祓う効用もあった。神殿に「剣」を飾るのは、単に「三種の神宝」の一つだからというだけでなく、神殿に忍び寄る邪気を祓い清め、ひいては国民に近づけないためでもあったのである。

2 「三種の神宝」と民衆愛

「八咫の鏡」の深義

先の第1項では、「三種《みくさ》の神宝《かんだから》」のうち「斉」と「矛」の二つの神宝について、天照神の教えをみてきた。「照後」（天照神以降のこと）においても、その意味内容は変わっていない。「矛」が「剣」に替わっただけである。

残るもう一つの「神宝」は「八咫《やた》の鏡」である。これは「照前」にはなかったもので、「八咫の鏡」こそ「照前」と「照後」を分ける神宝であって、天照神はこの「八咫の鏡」をもって民衆愛の思想を高々と掲げたのである。

第十七「神鏡八咫の名の紋」には、天児屋根命の質問に天照神が答えるかたちで詳細に説かれている。これも長いので少しずつ区切って引く。

「天児屋根が　謹《つゝし》みて　八咫《やた》と名付くる　ゆえお請ふ　時に天照神　詔　『八咫《やた》は八民《やたみ》の　元

の丈《たけ》　古《いにしえ》作る　間測《まばかり》は　八十万人《やそよろひと》の　均丈《なれたけ》お　集め測りて　一坪お　いまの一間《ひとま》の　物差し
ぞ　この間測《まばかり》お　八段分《やきだ》け　これに日月の　二咫《ふたた》増し　世の人体《ひとがら》の　高測《たかばかり》　咫《た》お十段切《ときだ》り　枳《き》
と名付く　民は八咫《やた》なり　高測《たかばかり》　火風水埴《ほかぜみずはに》　四つに分け　空《うつほ》の一つ　継ぎ合わせ　天の巡りの
曲り差し　これで人身《ひとみ》お　抱かんと』」

要約すれば、「八咫《やた》」は大勢の国民《くにたみ》の平均身長（均丈《なれたけ》）に合わせて鏡を作ったということである。「一坪お　いまの一間《ひとま》の　物差しぞ　この間測《まばかり》お」などとあり、あとに引用する文にも「径《わた》り咫《た》」（径りは直径のこと）とあるので、「八咫《やた》」は円周のことと解される。当時の身長は現代人より低かったようであるから、仮に平均一メートル六十センチとして換算すると、「八咫《やた》の鏡」の円周は約五尺三寸、直径約五十センチ（一尺六寸）くらいであろうか。

『釈日本記』では一咫を八寸とみて、円周は六尺四寸（一メートル九十センチ）と算出している。直径は約六十センチである。卜部兼方はこの「八咫」を円周と考え、直径を二尺一寸三分（約六十五センチ）とした。また『皇大神宮儀式帳』や『延喜式』は、直径を一尺六寸三分（四十九センチ）としている。なお、平原遺跡（弥生時代後期）から出土した「大型内行花文鏡」は直径四十六・五センチ、円周は一メートル四十六センチで、この大きさから「八咫鏡」と考えられている。

また、「火風水埴《ほかぜみずはに》　四つに分け　空《うつほ》の一つ　継ぎ合わせ　天の巡りの　曲り差し」とは、われわれ人間の生存に不可欠の環境であり、天御祖神の身体でもある「空・風・火・水・埴」の五元素をこの鏡に籠め、また「天の巡り」すなわち太陽が地球の周りを丸く回るのに合わせて円形に作ったという意味に解される。

なぜ平均身長に合わせ、五元素を取り入れたかというと、「これで人身を　抱かんと」、つまり国民を慰撫するためだということである。しかし、ただそれだけではない。その真意は、「天成る道」にもとづいて国民を分け隔てなく「平等・公平」に治めることにあって、その表徴（物実《ものざね》）として、鏡には「空《うつほ》」の母型「〇」の形を取入れて「円鏡《まるかがみ》」にし、大きさを民の平均身長に合わせたということである。

「鏡は宮の　御柱に　神お招くの　八咫鏡　いま径《わた》り咫《た》の　円鏡《まるかがみ》　当てゝ八民の　心入る　八咫の鏡の　名による名」（同紋）

ここには「鏡」の二義が示されている。第一義は「宮の　御柱に　神お招く」で、「御柱」すなわち「御神体」に神を招くこと、第二義は「八民の　心入る」で、全民衆の嘆きや願いを鏡に映すように汲み取ることである。

次下では、その意がより詳細に語られる。

「われ聞く古《いにし》　神の屋は　〓《む》の手見目《たみめ》より　室屋建つ　民に教ゑて　屋根おなす　また〓《や》の手《た》見目《みめ》　社《やしろ》成る　いま宮殿《みやとの》に　民お治《た》す　八つは館《やかた》ぞ　〓《た》の教手《をして》　三光円《みひかりまる》の　内《うち》に入《ゐ》る　足り助く法《のり》　天《あめ》と父　上下《うえした》返す　〓《ら》の教手《をして》　地《つち》と母法《はゝのり》　親が子お　孕めば乳垂《ちた》る　父母《ちゝはゝ》は　げに垂《たら》乳根《ちね》よ　咫《た》も教書《をし》も　乳《ち》なきの親《たら》よ　鑑みて　助くる民は　子のごとく　八咫《やた》は公《をゝやけ》」（同紋）

「〓《む》の手見目《たみめ》より　室屋建つ」、「また〓《や》の手見目《たみめ》　社《やしろ》成る」は、次の「いま宮殿《みやとの》に　民お治《た》す」以降を述べるための前置きといってよい。ちなみに、「手見目《たみめ》」の「手」は「教手《をして》」（文字）のこと、「見目」はその文字の姿、字形のことである。

「いま宮殿《みやとの》に　民お治《た》す　八つは館《やかた》ぞ」とは、宮殿のことを「館」ともいうが、それは八方の民（八民《やたみ》）を分け隔てなく平等・公平に治めるがゆえに「八方《やかた》」＝「館」というのだということである。「館」の名の由来を示す教えとして興味深い。が、これは「八咫《やた》」の意味は、単に鏡の寸法のことだけではなく、実は「八民《やたみ》」のことでもあるのだ、と教えているところである。

「〓《た》の教手《をして》　三光円《みひかりまる》の　内《うち》に入《ゐ》る　足り助く法《のり》」は、「〓《た》」の字は三本の光が円の中に注ぐ形をしているが、これはすべての民（〇）を助け、豊かに恵む法《のり》を示しているという意である。換言すれば、慈愛あふれる統治を意味しており、また民主主義的な統治を志向していることを物語る教えである。

また、「◯《た》の教手《をして》（中略）天《あめ》と父　上下《うえした》返す　◯《ら》の教手《をして》　地《つち》と母法《はゝのり》　親が子お　孕めば乳《ち》垂《た》る　父母《ちゝはゝ》は　げに垂乳根《たらちね》よ」というのは、「◯《た》」の字と「◯《ら》」の字がちょうど上下を逆さにした字形をしていることに着目し、「◯《た》」を天と父に、「◯《ら》」を地と母に準《なずら》え、父母を「たらちね」と呼ぶことと関連づけて、民をわが子のように慈しむように教えている。

次下《つぎしも》の「咫《た》も教書《をし》も　乳《ち》なきの親《たら》よ」は、前にも何度か引用したが、信じがたいほど鋭い洞察である。「八咫《やた》の鏡」といい「斉矛《とほこ》の教え」といっても、これがあるだけでは「乳房はあっても乳が出ない母親」と同じで、何の助けにもならない、という意味である。

価値論からいえば、真理はまぎれもなく価値の範疇に入る。真理を説いた教え（思想）も、学問と宗教思想とを問わず、その例にもれない。むろん、天照神の思想もそうであって、天照神は自らの教えまで「乳《ち》なきの親《たら》」だという。なぜか。

ひと口に価値といっても、ふた通りある。普遍的価値と相対的価値である。

普遍的価値とは、この世に本然的に存在する価値（究極的実在）のことで、端的な例を挙げれば、この宇宙に遍満する生命のダイナミズムがそれにあたる。われわれ人間は、その普遍的価値を認識すると否とにかかわらず、この生命のダイナミズムによってこの世に誕生し、生かされている。

これに対して相対的価値とは、人間が意識して対象（対象物）と関わりをもつことで、実生活の上に得られる価値のことで、こちらが関わりをもたなければ、たとえその対象（対象物）に価値があっても得られない。たとえば、おいしい餅があっても、食べるという行為が伴わなければ、絵に描いた餅に等しいのと同じである。また、一滴の水も飲まずに砂漠の中を何日も歩いていた人にとっては、コップ一杯の水でも千金の値があるが、常に水の豊富な場所に生きる人たちにとっては、それなりの価値しかない。ゆえに相対的な価値なのである。

天照神の思想にしても、なべて思想は後者と同じである。たとえ普遍的な真理、究極的実在をあるがままに説いたといっても、その教え（思想）自体は普遍的真理、究極的実在そのものではない。だから、思想自体が自ら能動的に作用することはない。その思想に感動し、価値を見いだし、それを自分の人生に生かそうと努力した者のみが、その思想的価値を獲得できるのである。

そうしなければ「乳《ち》なきの親《たら》」でしかない。だから、「（この違いを）鑑みて　助くる民は　子のごとく」、道理をわきまえない民をよく導き、わが子のように大切に育てよと、慈愛に満ちた治世の「実践」を促しているわけなのである。

「八咫の鏡」と「公」

最後の「八咫《やた》は公《をゝやけ》」は、「八咫《やた》の鏡」の「八咫《やた》」は結局のところ、「政り事は徹頭徹尾、国民《くにたみ》のためにある。それが公ということだ」という意味である。

〔紀〕の崇神天皇十二年に、「官《おほやけ》に廃れることなく」というときの「官《おほやけ》」は、政り事をする場所とか朝廷の意で、『源氏物語』（桐壺）に「おほやけも心細う思《おぼしめ》され」というときの「おほやけ」は天皇の意であるが、天照神の教えからするとどちらも違う。全民衆を篤く恵むことであり、かつ、「君・臣」による「恵民」「撫民」の実践行為の中に位置づけられる概念である。

この意味からすれば、「公」の「おお」は大、「や」は八民《やたみ》、「け」は食《け》のことと解される。「大八《おおや》食《け》」で全民衆を篤く恵む意味になる。しかし、民を恵むことだけが「八咫の鏡」の意義ではない。天照神の教えはさらに続く。やはり区切って紹介する。

「八咫の鏡に　向かわせて　磨く器は　元の守《もり》　中心《なかご》の形　鏡ぞや　人見ぬとても　盗むなよ
およその人は　知らねども　みな顕るゝ　元の守《もり》　天神《あめ》は居に知る　埴に応ふ　人は告げ知る　この三つに　告げ顕れて　公《おゝやけ》の　罪免るゝ　処なし」（同紋）

まず「八咫の鏡に　向かわせて　磨く器は　元の守《もり》　中心《なかご》の形　鏡ぞや」とは、国民を実際に鏡に向かわせる意ではない。国民の「中心《なかご》」、すなわち「心の中」に宿る清汚《さが》を、この鏡に映し出す意で、その鏡に映った国民の清汚のありよう（形）を、天御祖神の使いの神々（元の守）が磨くということである。「磨く」とは国民の清汚＝行状をよく知って正すことで、それはとりも直さず国の秩序を正し、国民《くにたみ》に平和と安寧をもたらすためである。

このあとに、行状が顕れる形態が三つ挙げられている。一に「天神《あめ》は居《い》に知る」で、天御祖神は天界に居ながらにして知ること、二に「埴《は》に応《こた》ふ」で、「埴」（国）を治める天君は「元の守《もり》」からの報せで知ること、三に「人は告げ知る」で、告げ口によって周囲の人たちに知れ渡り、それが天君の耳にも届くことである。これは国民《くにたみ》に対する戒めの教えともいえる。

最後にいう「公《おゝやけ》の罪」とは、「罪」というものの性質を鋭く指摘した言葉で、どんな些細な罪でも、他人を困らせ、迷惑をかけることはみな社会正義に反するがゆえに、「公の罪」にあたるといっていると解される。したがって、「公」は社会正義を意味している。つまり「八咫《やた》の鏡」の本義は、社会正義の実現にあるということになろう。


「常に恐れよ　日《ひ》の運行《めぐり》　昼は人影《ひとかげ》も　明らかで　夜《よ》は暗《が》と濁《にご》る　蝕《むしば》みも　天の心に　見る神は　埴《はに》と治地上《しわかみ》　この味お　人の身に治《し》る」（同紋）

「常に恐れよ　日《ひ》の運行《めぐり》」は、太陽は地球の周りを回りながら、常に人間の行ないを見ていること。換言すれば、天御祖神がわれわれの清汚《さが》を照覧しているので、それを恐れて身を慎み、常に天御祖神のお心に適う生き方を心がけよ、ということである。次下《つぎしも》は実生活に照らした教えで、明るい昼間はひと目をはばかって悪いことを控えるが、夜になると暗闇に乗じて悪事を働く人間の性向を指摘したものだ。

「君・臣」は、そうした神の心の趣き（味）を認識し、この地上と国民《くにたみ》の上（埴と治地上）に具現することが「八咫《やた》の鏡」の真意だということである。「人の身にしる」は、知る意ではない。「人の身に治《しら》す」意であって、国民《くにたみ》の「暗《が》」の蝕みを正し、「明《か》」に転換する治世の重要性を指し示している。

「この三つお　合わす鏡の　『や』は八治《やしろ》　『た』は民お治《た》す　その君の　万《よろ》の御機《みはた》の　政り事
治む八隅の　民は八民《やた》　八民《やたみ》遍く　照らさんと　八民《やた》の鏡と　名付くなり」（同紋）

「やは八治《やしろ》」とは、「八咫《やた》の鏡」の「八《や》」は、「八方《やも》」すなわち国の隅々まで「治《しめし》めす」ゆえに「八治《やしろ》」（社）というのだという意である。ここに「社」の原意がある。次の「たは民を治《た》す」は、「八咫《やた》の鏡」の「た」は、単に国民の平均身長のことだけではなく、本意は「民を治《た》す」意でもあるということである。つまり、「八咫の鏡」は「八治《やた》の鏡」でもあったわけなのだ。

いや、次下に「その君の　万《よろ》の御機《みはた》の　政り事　治む八隅の　民は八民《やた》　八民遍《やたみあまね》く　照らさんと　八民《やた》の鏡と　名付くなり」というとき、この「やた」は「八民《やた》」と「八治《やた》」の懸詞でもあるのは明らかであろう。したがって、先に説かれた「八咫の鏡」の意よりも、実は「八民《やた》」、「八治《やた》」に本義があると説いているのだと理解すべきところである。

「八咫」の意味だけでとらえようとすると、矮小化を招く。すっきり漢字化できないところに「懸詞」の妙がある（以下、慣用語になっている「八咫」を用いる）。また、「八民遍く　照らさんと」は、照らし恵む意だけではない。前出文を受けて、民の清汚《さが》を明らかにし、正す意も含まれている。

わが国の治安の良さは世界中に知れ渡っているが、このように天照神の時代から遵法精神の大切さを叩き込んできた結果、わが日本民族の「いのち」にその遵法精神が根付いたものとみても過言ではないだろう。

こうして「八咫の鏡」は「斉矛の教え」と、ひいては「天成る道」、「人成る道」と結合し、さらに「弥真斉《やまと》の道」の実現を志向する。そしてその奥底《おうてい》には、国民を平等・公平に治める「公」の思想がしっかと腰を据えている。

鏡は「清汚」を観る意

先に、「八咫の鏡」は人間の心に潜む「暗《が》」の蝕《むしば》みを、天御祖神の「元の守《もり》」が常に照覧している意でもあることを述べたが、もう一つの意味がある。以下は第十一「三種譲り御承けの紋」に記された文である。

「八咫《やた》の鏡は　左手《たて》に触れ　諸人《もろと》の清汚《さが》お　鑑みよ」

天君を支える両翼の重臣を「左《た》の臣」と「右《か》の臣」といったが、天照神が「八咫《やた》の鏡」を作り、「矛」に換えて「八重垣の剣」を作ったとき、「左の臣」に「八咫の鏡」を授けて「鏡臣」と呼び、「右の臣」に「八重垣の剣」を授けて「剣臣」と呼ぶようになった。ここにいう「左手《たて》に触れ」とは、「左《た》の臣」つまり「鏡臣」に「八咫の鏡」を授けたことをさしている。

八咫の鏡

天御祖神の御神体に象り、御神威を増進する ―「天の道」
国民の平均身長に象り、平等・公平に治める ―「公の道」
全国民を遍く照らし恵む「足り助く法」―「恵民の道」
国民の「清汚」を正し、清明な国民を育てる ―「人成る道」
世の「暗」の蝕みを正し、「明」の国を築く ―「天成る道」

八治の鏡　八民の鏡

次下の「諸人《もろと》の清汚《さが》お　鑑みよ」は、その「鏡臣」に国民の「清汚」＝「行状」をよく監視し、秩序を守る生き方を教えよ、と説いているところである。つまり「鏡」とは、「諸人《もろと》の清汚《さが》お　鑑《かんが》みる」に由来している。「鑑みる」はまた「神が観るように明察する」意でもあろうと思われる。

その意味では、「清汚」と「明暗」とは表裏の関係にある。「清汚」の目線が個々人に向けられているのに対して、「明暗」は社会全体を視野に入れているといえるだろう。実に「八咫の鏡」は、全民衆の「清汚」を明察し、国家社会の「明暗《かが》」を正して、天御祖神のお心に適った治世を行なうための表徴、物実《ものざね》であったのである。

三種の神宝と物実

説明が後回しになってしまったが、「三種の神宝」は従来、君位（皇位）の象徴として代々の天君（天皇）に伝えられてきたもので、これを所持するもののみが君位（皇位）継承の資格があると思われてきた。それは間違いとはいえないが、そこに何かしらの重要な意味が籠められているとは思いながら、わからないままになってきたというのが実情であった。

「三種の神宝」とは何をさすのか、『日本書紀』と『秀真伝』では少々違いがある。〔紀〕では天照神が天孫・瓊々杵尊に授けたものとして「八坂瓊《やさかに》の勾玉《まがたま》」（後述）、「八咫の鏡」、「草薙の剣」が挙げられているが、『秀真伝』では「斉の教え文」と「八咫の鏡」、「八重垣の剣」で、その具体的な意味はすでに明らかにしたとおりである。

しかして、「斉《と》の教え文」を除けば、実は「八咫の鏡」は民衆愛、ヒューマニズムの、「八重垣の剣」は無法者を制裁し、良民を守る「斉矛の教え」のうちの「矛の教え」の表徴、「物実」であった。当時は、ある事物ないし事象を表徴するものを「物実《ものざね》」と呼んだ。『日本書紀』の御間城入彦《みまきいりひこ》尊・崇神天皇十年九月十七日の条には「倭国《やまとくに》の物実《ものざね》」とあり、『秀真伝』では第三十四「御間城の御代任那の紋」に「国の物実《ものざね》」とあるのが初見である。

この日、越国からきた大彦命が山城の奈良坂を歩いていると、一人の少女が歌を歌っていた。

「見よ、御間城入彦尊よ。危ういぞ。お前が何も知らないと思い、腹心が君位を狙って宮殿の表戸、裏戸の前を行ったり来たりして中の様子を窺っている。入彦の君位も危ういものだ」

という内容の歌である。これを聞いた大彦命が御間城入彦尊に議《はか》ると、同席した百襲姫《ももそひめ》が、

「これは武埴安彦《はにやすひこ》命が謀反を起こす徴《しるし》（前兆）であろう。私が聞くところによると、妃の吾田姫《あたひめ》が香久山の土を領巾《ひれ》に入れて祈り、これを国の物実といっているそうです。少女の歌は、このことをさしていると思います。はやく武埴安彦命と吾田姫を成敗しなくては」

と進言した。

案の定、武埴安彦命が軍を起こし、御間城入彦尊はこれを討ち取るのだが、ここでは香久山の土を「国の物実」、つまり武埴安彦命が国を乗っ取る表徴だといっているわけである。そこからその後、

思想や原理など形のない概念を、誰にでもわかりやすい「物の形」に表して教え伝えることを「物実」というようになったのだが、「物実」そのものは面垂尊の時代以前からあった。それが「剣《つるぎ》」の前の「矛」である。

「矛」の前の「槌」、その前の「斧」も、「天つ日継」を継承した天君が所持するかぎりは「物実」である。したがって、いつの世とも知れない古い古い時代から「物実」はあったわけである。それが天照神の治世になって「三種の神宝」として確立するのである。

曲玉は斉の教えの表徴

「八咫の鏡」が民衆愛の表徴、「八重垣の剣」が無法者を制裁し、良民を守護する「斉矛の教え」のうちの「矛」の表徴、「物実」であることはすでに述べた。問題は〔紀〕にいう「八坂瓊《やさかに》の勾《まが》玉《たま》」と『秀真伝』にいう「斉の教え文」である。〔紀〕と『秀真伝』との違いはここにあるのであるが、比較してみれば同じものであることは明らかになる。

古来、「八坂瓊の勾玉（曲玉）」は「神璽《しんじ》」とも呼ばれてきた（『角川古語大辞典』）。「神璽」には天皇の御印の意味もあるが、「曲玉」は印章ではない。「璽」に「をしで」の意味があることは序章で述べたとおりで、「神璽」が「八坂瓊の曲玉」をさす言葉として用いられるときは、「神の教えを書いた文書」のほうを意味する。

三種の神宝
- 斉矛の教
  - 弥栄丹の曲玉 ―― 秩序を斉える「斉の教え」の表徴
  - 八重垣の剣 ―― 無法者を制裁し、良民を守る表徴
- 八咫の鏡 ―― 民衆愛、ヒューマニズムの表徴

しかしながら、「曲玉」が文書であるわけもない。要するに、「八坂瓊の曲玉」は「斉の教え文」の表徴、「物実《ものざね》」であったのである。「斉の教え」を末永く教え伝えるために、「物の形」にしたもの、それが「八坂瓊の曲玉」なのである。

だが、「やさかに」に「八坂瓊」の漢字を当てるのは正しくない。ほんとうは「弥栄丹」とすべきところである。順を追って説明しよう。

まず「やさか」であるが、『三笠文』の序「国撫が述ぶ」に、

「神が世の　斉矛《とほこ》の道も　弥々《やゝ》栄ふ」

と記されている。「斉矛の道」によって弥栄《いやさか》に栄える意である。この「曲玉」については、「斉《と》の

教え」による弥栄《いやさか》（「やさか」とも訓む）を表している。「八坂」としたのでは、「曲玉」を修飾する言葉として意味をなさない。

また、「瓊《に》」は「玉」のことであって、この字を用いれば「弥栄玉の曲玉」と、「玉」を二度繰り返すことになってしまい、ふさわしくない。辞典によれば「に」の訓みもあるとされるが、この「八坂瓊」を前提とした〝後付けの訓み〟と解されるものである。

正しくは色の「丹《に》」と考える。第十四「世嗣ぎ祈る祝詞の紋」に、

　「豊受神《とよけかみ》（中略）八千度《やちたび》祈る　丹真《にま》抜けて」

というときの「丹《に》」で、赤や紅《くれない》の色を意味する。後世、誠心誠意をもって尽くすことを、中国からの移入語で「赤誠」とか「赤心」というようになったが、神代においては「丹心《にごゝろ》」といった。

第二十一「新治宮法定む紋」にも、次のような文がある。

「暁《あかつき》の天地《あわ》　丹《に》の宝（中略）日の出での天地　丹《に》の祝ひ（中略）明らかの天地　丹《に》の吉《よろ》し（中略）光《か》の降るの天地《あわ》　丹御宝《にみたから》（中略）明るきの天地《あわ》　丹《に》の命」

　ここにいう「丹《に》」も、「弥栄丹《やさかに》」の「丹」と同じで、世の中が闇夜をすぎて明るい日射しに包まれていく姿を表している。古墳などから出土した「曲玉」にはさまざまな色合いのものがあるが、国立博物館所蔵の古墳時代（四〜五世紀）に作られた瑪瑙《めのう》の曲玉の中に「淡紅色」の曲玉があり、天照神が作った「曲玉」もこんな色だったのではないかと思われる。

「弥栄丹《やさかに》の曲玉」は、社会秩序が斉《ととの》って広く浸透し、「暗《が》」の世から「明《か》」の世へと転換する「斉の教え」の表徴、「物実」だったのである。

　だが、「斉の教え文」も、その物実としての「弥栄丹の曲玉」も後世に伝えられたにもかかわらず、時代がくだるにつれてその意味は忘れ去られ、「丹」の色が用いられた真意もわからなくなって、古墳時代には上辺に孔《あな》が穿《うが》たれ、さまざまな色合いの装身具になってしまうのである。

曲玉の形状が意味するもの

　それにしても、「曲玉（勾玉）」は実に奇妙な形をしている。そのため魚形起源説や腎臓模倣説、胎児模倣説、釣鉤起源説、獣牙起源説、三日月説など、さまざまな説が生まれているが、定説はない。しかし、天照神の教えは明らかである。

「弥栄丹の曲玉」が「斉《と》の教え」の表徴であって、そこには国民の「汚」と世の中の「暗」が前提され、国民の「清」と世の「明」への転換が予定されているという見方に立つと、「曲玉」が湾曲しているのは、国民の拗《ねじ》けや蝕み、世の中の歪みなどの表現で、美しく磨かれているのは、君臣の努力によって国民を清らかな心へと善導し、秩序ある平和な世の中にすることを表している、ということができる。

第十一「三種《みくさ》譲り御承けの紋」にも、天照神の次のような教えが記されている。日高見の地で政り事をしていた御子愛秀耳尊に「天つ日嗣」を譲り、「三種の神宝」を授けるとき、使者に立った天児屋根命に託された教えである。

「詔《みことのり》『汝愛仁《なんじおしひと》　わが代わり　常の任《よざ》しも　御正しぞ　千々の春秋　民お撫で　この弥栄丹の　曲り玉　天《あ》の奇《く》し日霊《ひる》と　用ゆれば　中心真直《なかごますぐ》に　保つなり』」

前半は、「天つ日嗣」を譲られた愛秀耳尊の任務（任し）は、ひとえに「御正し」と「撫民」にある、ということである。「御正し」は国民の「汚」を前提とし、「撫民」は世の中の「暗」を前提として、「汚」から「清」へ、「暗」から「明」へと変革していくのが天君の務めだと教えているわけである。

後半は、「弥栄丹の曲り玉」を授けた理由を述べたもので、「天《あ》の奇《く》し日霊《ひる》と　用ゆれば」は、始原神・天御祖神の御心に適う生き方、換言すれば「天地の運行」に帰一する生き方を国民に教えるための「物実」であることをさしている。「中心真直《なかごますぐ》に　保つなり」は、拗《ねじ》けている国民を「清直」な人間に善導し、乱れた世の中を秩序正しい平和な社会に変革することで、だから「弥栄丹の曲玉」というのだと教えているのである。

第9章　「天つ日嗣」とは何か

1　天君の「冠」と民衆愛

神と君と民をつなぐ「冠」

天照神の民衆愛がいかに深いものであったか、「斉矛の教え」や「八咫の鏡」を通してみてきたが、同じ民衆愛を表徴するものに、もう一つ天君がかぶる「冠」がある。そしてこの「冠」に関連して「天つ日嗣」の奥義が説かれている。

次の文は『三笠文』の編者・大鹿島命が『秀真伝』に寄せた讃辞の一節である。

「わが君の　世々に伝わる　冠は　天照神の　作らせて　清緒鹿《さをしか》八つの　御耳に　聞こし召さる〻　朝政り」(序「秀真伝を述ぶ」)

「清緒鹿《さをしか》」とは、天君の慈《いづ》を国民に届け、また国民の嘆きや願いを汲み取って天君に届ける役どころであるが、ここでは朝政りに集まった諸臣の意に用いられている。「八つの御耳に　聞こし召さるゝ」は、八民から集めた嘆きや願いごと、それに対する献策などを聞く意である。

二神の時代までは冠があったという記述はないが、この頃にはすでに中国からさまざまな文化・思想が伝来していたことからすると、「冠」というものも中国伝来と思われる。中国では儒教の教えにより男たちはみな冠を被ったが、皇帝の冠は「冕冠《べんかん》」と呼ばれ、孔《あな》を開けた管や玉を通した飾り紐、「簾《れん》」が二十四本下がっているのが特徴で、「冕冠」は皇帝の象徴であった。

わが国には飛鳥時代後期（七世紀後半）に律令とともに伝来したとされている。が、大鹿島命の讃辞にみるとおり、すでに天照神が作っていた。これが冠の初出で、朝政りのたびに被っていたようである。やはり君位の象徴であるのは否定できないが、深い意味が籠められていた。

第二十八「君臣遺し詔《のり》の紋」には、天照神の次のような教えが載っている。死期を察した天照神が諸臣を集めて語った遺言「世に遺す歌」で、「冠」に関して説いたくだりである。

「世に遺す歌　『常に聴く　清緒鹿八治《さをしかやた》の　わが冠《かむり》　衣臣《はとみ》・裳民《もたみ》に　緒《を》お届け　天地《あわ》お束《つか》ねて
日嗣なす　裳裾お汲めと　君民の　教ゑ遺して　天に還る　とてな悼めそ　わが御魂　人は
天《あ》の裳の　上にある　われは冠　人草は　耳近き緒ぞ　胸清く　身は垢つけど　清《さ》緒鹿《し》が見て
天に告ぐれば　清緒鹿《さをしか》の　八つの聞こえに　顕れて　祈れもがもと　御裳裾の　民お撫でつゝ
清緒鹿の　清きに神は　ありと答えき』」

「常に聴く　清緒鹿八治《さをしかやた》の　わが冠《かむり》」の「八治」は、清緒鹿が八方から集めてきた国民の声を常に聴き取り、治世に活かすのが天君の務めで、「冠」はそのためのものだということである。「衣臣《はとみ》・裳民《もたみ》に　緒《を》お届け　天地《あわ》お束《つか》ねて　日嗣なす」は、天君を「冠」に譬えたのに対して、臣を天君の「衣」に、民を天君の「裳」に譬えている。ただし、「裳」は臣の譬えとされた「衣」と同意であるから、あとに出てくる「裳裾」に譬えたと解される。

「緒《を》」は、「冠」から垂れ下がっている「簾《れん》」のことである。先に「清緒鹿八治《さをしかやた》の　わが冠《かむり》」とある意味合いから推し量って、この「簾」は「八民」に合わせて八本あったと考えられる。「緒」の意味はそれだけではない。すぐあとに「天地《あわ》お束《つか》ねて　日嗣なす」とあるので、この「緒」は天界・清香奇社《さこくしろ》の天御祖神の「魂の緒」であると同時に、地上にます天君の「魂の緒」のことでもある。だから「緒を届ける」とは、天君が天御祖神の心を体し、その慈《いづ》を「衣臣」を介して「八民」に届けることでもあるわけである。

重要な清緒鹿（臣）の役割

言葉を換えていえば、君・臣の役割は天界の天御祖神と地上の「八民」の仲立ち（天地を束ねて）となり、中天にあってこの世を照らす「日月」の役目を果たす（日月なす）ことにあるとの意である。この文意上、「日嗣」は「日月」との懸詞になっている。つまり「天つ日嗣」の奥義は、「天御祖神の心を嗣ぐ」意と解してよい。「君」のことを「天君」と呼称するのも、そのほかではない。「人は天《あ》の裳《も》の 上にある」は、「八民」は天御祖神と天君の裳裾の上にいる意が懸けてあるように読める。また、「われは冠 人草は 耳近き緒ぞ」というとき、先に「裳裾」に譬えられた国民は、天君の「冠」から垂れ下がる「緒（簾）」に譬えられている。それも「耳近き緒」である。「衣臣《はとみ》・裳民《もたみ》に 緒《を》お届け」というとき、この「緒」は天御祖神ないし天君の「魂の緒」であり、慈《いづ》のことであったが、ここで「耳近き緒」というとき、こんどは国民の「魂の緒」も意味していると解される。国民の願いを汲み取り、治世に活かすことが「天御祖神の心を嗣ぐ」ことになる。また、国民の「魂の緒」を清らかにして天御祖神のもとに届ける。そこに治世の要諦があるという意であろう。

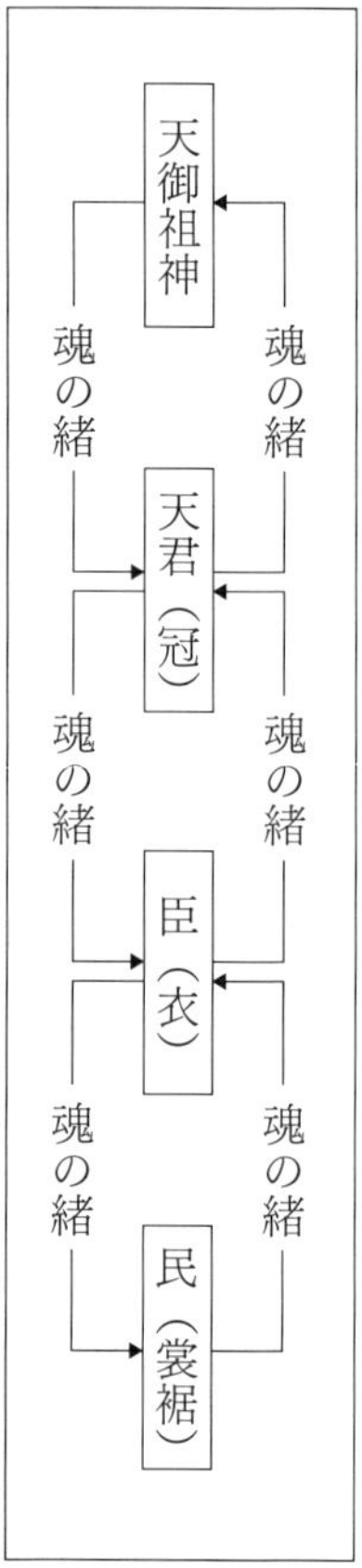

次下に「清緒《さ》鹿《し》が見て　天《あめ》に告ぐれば　清緒鹿《さをしか》の　八つの聞こえに　顕れて　祈れもがもと　御裳裾の　民お撫でつゝ　清緒鹿の　清きに神は　ありと答えき」というとき、それはより明白になる。ここでは「清緒鹿」は「臣」のことで、天御祖神と天君の遣いに擬せられている。そして「清緒鹿」たる諸臣が清明であることが、天御祖神の心に適うもっとも大切なことだと説いているのである。そうでなければ、国民の「魂の緒」を清らかに磨くことはできないからにほかなるまい。

ここにおいて、天君の「冠」は天御祖神の「魂の緒」＝慈《いづ》を国民に届け、また国民の清められた「魂の緒」を天御祖神に届ける、その思想的な表徴、「物実」として位置づけられているといえる。また「冠」から下がる八本の「緒（簾）」は、天御祖神と国民との心をつなぐ「魂の緒」の表徴と解される。

その「神」と「民」の魂の循環を助ける仲立ち役が「君」であり「臣（清緒鹿）」であった。別言すると、「冠」は「日月」に象徴される天御祖神の「魂の緒」の物実であり、かつ「日嗣」の物実であって、それがゆえに「日嗣の君」＝「天君」の頭上に冠されたといってよいであろう。

そこには天照神の民衆愛が滔々と涼やかな音を立てて流れている。中国のように民と区別し、皇帝の象徴とされた「冕冠《べんかん》」とは大いに異なる。この「冕冠」は日本から中国へ伝わったものではないかと思いたくなる。

２　「三種の神宝」と「天つ日嗣」

「神」と「君」、「君」と「民」の逆転

このように見てくると、「天《あま》つ日《ひ》嗣《つぎ》」の意味合いは、こんにちの理解とはだいぶ違う。従来は「天《あま》つ神の系統を嗣ぐ」意で、それに伴う「国家統治の大業」を兼ねさしていると考えられてきた。それはそれで間違いではないが、それ以上のことは何ひとつわかっていなかった。『古事記』には明文はないが、『日本書紀』には天照神から天孫・瓊々杵《ににきね》尊への「天つ日嗣」について、次のように記されている。

「天照大神、乃ち天津彦彦火瓊々杵尊《あまつひこひこほのににぎのみこと》に、八坂瓊《やさかに》の勾玉《まがたま》及び八《や》咫《た》鏡《かがみ》、草薙剣《くさなぎのつるぎ》、三種《みくさ》の宝物を賜ふ。（中略）因《よ》りて、皇孫に勅《みことのり》して曰《のたま》わく、『葦原の千《ち》五《い》百《ほ》秋の瑞穂の国は、是、吾が子孫《うみのこ》の王《きみ》たるべき地《くに》なり。爾皇孫《いましすめみま》、就《い》でまして治《しら》せ。行矣《さきくませ》、宝祚《あまつひつぎ》の隆《さか》えまさむこと、当《まさ》に天壌《あめつち》の窮《きはま》り無けむ』」

天照神が瓊々杵尊に「三種の宝物」を授け、「瑞穂の国は吾が子孫《うみのこ》の王《きみ》たるべき地《くに》なり」といい、「宝祚《あまつひつぎ》の隆《さか》えまさむこと、当《まさ》に天壌《あめつち》の窮《きはま》り無けむ」といったとなれば、「三種の神宝」は君位継承の象徴にほかならない。〔紀〕には天照神が説いた深い意味も、世嗣ぎに恵まれなかった面垂尊が血統の異なる二神に禅譲した事実も、何ひとつ伝わっていないので、ここからやがて「この国は万世一系の天皇家のもの」という意味合いが強まっていくのも必然の流れであったろう。

この「天壌無窮《てんじょうむきゅう》」のフレーズは、『秀真伝』では瓊々杵尊ではなく、御子愛秀耳尊と玄孫の卯萱葺不合尊に対して説かれたことになっている。

「わが子つらつら　道行かば　日嗣の栄ゑ　天地《あめつち》と　まさに窮《きわ》なし」（第十一「三種譲り御承けの紋」）

「春日神《かすがかみ》・子守神《こもりかみ》と　味知らば　天つ日嗣の　栄ゑんは　天地繰《あめつちく》れど　窮《きわ》めなきかな」（第二十七「御祖船魂の紋」）

前者は愛秀耳尊に対するもので、「道行かば」の道は「天成りの道」のことである。後者は卯萱葺不合尊に述べられたものである。春日神と子守神は天孫・瓊々杵尊と彦火々出見尊、卯萱葺不合尊の三代にわたって「鏡臣」、「剣臣」を務めた仲で、春日神は天児屋根命のこと、子守神は大国主命の御子・実穂彦命のことで、二人は両翼の臣として卯尊を支えた。ともに天照神から賜った讃え名である。

「天つ日嗣の　栄ゑんは　天地《あめつち》繰《く》れど　窮《きわ》めなきかな」の「あめつちくれど」は、〔紀〕では「天壌」（「壌」は「つちくれ」とも訓む）になっているが、この場合は活用語の已然形に付いて逆接の確定条件を表す接続助詞「ど」が宙に浮いてしまう。「ど」の前は名詞ではなく活用語でなくてはならない。したがって、「天地《あめつち》くれど」と読むべきである。

「くれど」は、「繰れど」か「暮れど」のどちらかだが、「暮れ」は終わりを意味する言葉で、「窮めなきかな」と矛盾する。私は、「天地《あわ》の巡りがどんなに繰り返されても窮まりない」という意味で「繰《く》れ」を選んだ。

しかしそれは、「春日神《かすが》・子守神《こもり》と　味知らば」が前提になっている。そしてこの「味」は、「天つ日嗣」の奥義をよく理解し、実践すればの意で、手放しで「天壌無窮」といっているわけではない。それに、ここでは春日神と子守神に限定した表記になっているが、本意は天君も含んだ三位一体の教えである。この前に記された天照神の教えが、それを示している。

「天照神《あまてるかみ》の　詔《みことのり》『（中略）われ昔　天の道得る　香久の文　御祖大神《みをやをかみ》お　授く名も

御祖天君《みをやあまきみ》　この心　万の政りお　聴くときは　神も降りて　敬えば　神の御祖ぞ　この道に
国治むれば　百司《もゝつかさ》　その道慕ふ　子のごとく　これも御親ぞ　この子末　民お恵みて　わが
子ぞと　撫づれば返る　人草の　御親の心　すべ入れて　百《もゝ》の教書《をして》の　中にあり』」（同紋）

前段は、「私は昔、豊受神に学んで『天の道』を会得し、『香久の文』と『御祖大神』の名を賜った。卯萱葺不合尊には『御祖天君』の名を授けよう」という意味で、後段ではなぜ天照神が「御祖大神」の名を授かり、卯尊に「御祖天君」の名を授けるか、その真意を説いている。

本来、天君は神の「子」であり、神は君・臣・民の「親」である。だから、君はいわば「神の僕《しもべ》」となって仕える立場にある。しかしながら、民の願いをよく聴いて治めれば、神も天界から降りてきて敬い、その実現のために、あたかも君の僕のように力添えをしてくださる。そういう意味からすれば、君は「神の子」でありながら「神の親」のようでもあるのだ、ということである。ここにおいて、「神」と「君」の関係・立場が逆転してしまう。

次のくだりも同じように読める。「この道に　国治むれば　百司《もゝつかさ》　その道慕ふ　子のごとく　これも御親ぞ」は、このように「天の道」を践《ふ》み行なえば、百司も親を慕う子のように従い、「天の道」を慕い践むようになる。それは君が「天の道」を践む結果であるから、百司も君の親ともいえるのだ、ということである。

「民お恵みて　わが子ぞと　撫づれば返る　人草の　御親の心　すべ入れて　百《もゝ》の教書《をして》の　中にあり」もまた同じだ。民をわが子のように可愛がり、篤く恵みを施せば、民もそれに応えて国のために尽くしてくれるようになる。その意味では、「人草」も「御親」といえるということで、ここでも「君」と「民」の関係は逆転する。

　手に負えない悪ガキが結婚して子どもを授かると、親として人間として立派になる姿をよく見かける。分別のない子どもをよい子に育てようと努力することで、親もまた成長するのである。その意味では、子は親の親ともいえる。それと同じことを説いているのである。

「御親の心　すべ入れて　百《もゝ》の教書《をして》の　中にあり」は、そうした神と君、君と司や民の関係、考え方は、たくさんの教えをまとめた「香久の文」の中に説かれている。その「香久の文」は卯萱葺不合尊に授けられた。だから、先の「春日《かすが》神・子守《こもり》神と　味知らば　天つ日嗣の　栄ゑんは　天地《あめつち》繰《く》れど　窮《きわ》めなきかな」は、卯尊を含めた謂であって、君と両翼の臣がこの教えの味、意味合いをよく弁えて践み治めるならば、「天つ日嗣」は永遠に続くといっているわけである。換言すれば、無条件で万世一系の「天つ日嗣」を約束したわけではなかったのである。

「君・臣・民」総意の日嗣

ここにおいて「天つ日嗣」は、ただ単に二神の血統による君位（皇位）継承の永続を願う趣旨ではない。それはあとからついてくる結果であって、本意はあくまでも「民」を中心に据えた、神と君と民の強い連関による「天成りの道」にある。先に引いた第二十八「君臣遺し詔の紋」に、

「常に聴く　清緒鹿八治《さをしかやた》の　わが冠《かむり》　衣臣《はとみ》・裳民《もたみ》に　緒《を》お届け　天地《あわ》お束《つか》ねて　日嗣なす　裳裾お汲めと　君民の　教ゑ遺して　天《あ》に還《かえ》る」

という教えがあった。ここでは「民」は「裳裾」に譬えられているが、「裳裾を汲め」とはいうまでもなく、国民の要望を汲んで治世に反映させよ、という意味にほかならない。それはとりも直さず、国民を治世に参加させることでもある。だから、この紋のタイトルは「君臣遺し詔《のり》」であるけれども、文中では「君民の教ゑ遺して」となっている。この紋に説かれた天照神の教えは、「民」をいかに国政に参加させるかにあったのである。

第十三「若彦伊勢鈴明の紋」には、次のような教えもある。前にも引いたが再引する。

「君は天照る　月日なり　国頭はその国の照り　民も月日ぞ」

ここにいう「月日」は、天地を照らし恵む天御祖神の比喩であり象徴である。その天御祖神の心

を汲んで治めるのが天君の務めであることからすれば、「君は天照る　月日なり」は「天つ日嗣」の謂といっても過言ではない。

したがって「民も月日ぞ」は、民も「天つ日嗣」の継承者のひとりなのだ、という意にとらえることができる。君・臣のみならず、民にも「天御祖神の心を継ぐ」心と行動があってこそ、真の「弥真斉国」、「秀真国」の理想社会は実現するということで、そこに「天つ日嗣」の深意があったのである。

天照神にとって「天つ日嗣」の「天壌無窮」とは、「八咫の鏡」に籠めた民衆愛の思想が国の隅々にまで広く行きわたることを究極の念願とするものであった。天照思想を総体的にみたとき、「天壌無窮」の真意はそこにしかない。

3　君位継承のかたち

神宝は君と両翼の臣に分与

ところで、『日本書紀』では「三種の神宝」はすべて天照神から瓊々杵尊に授けられたことになっているが、『秀真伝』ではそうではない。愛仁《おしひと》・愛秀耳《おしほみみ》尊のときから順にみてみよう。

先に引いた第十一「三種譲り御承けの紋」に、

「汝愛仁《なんぢおしひと》　わが代わり　常の任《よさ》しも　御正しぞ　（中略）　八咫の鏡は　左手《たて》に触れ　諸人《もろと》の
清汚《さが》お鑑みよ　また八重垣《やゑがき》剣は　剣《つ》臣に預け　荒神あらば　よく平《む》けて」

とある。ここにいう「左手《たて》に触れ」とは、「左《た》の臣」つまり「鏡臣」に「八咫の鏡」を授け任じたことをさしている。この少しあとに「悉主《ふつぬし》と　武御光槌《たけみかつち》に　侍《はんべ》りて　政り事守《も》れ」とあるので、悉主命が「鏡臣」に、武御光槌命が「八重垣剣」を授かって「剣臣」となったわけである。

天孫清仁《きよひと》・瓊々杵《ににきね》尊の場合は、第二十四「蚕得国原見山の紋」に次のように記されている。瓊々杵尊は筑波・新治宮で灌漑用水、田畑の開拓などに尽くしたあと、再三の具申によって天照神から「八州《やしま》巡れ」との許しが出て、諸国の灌漑用水、田畑の開拓のために旅立つときのことである。

「門出《かどいで》に　御機の留めの　御文お　御孫に賜ひ　御鏡お　天児屋《こやね》根に賜ひ　御剣お　子守《こもり》神に賜ひ　宣ふは『先に三種の　宝物　御子愛仁に　賜いしは　兄御孫得て　太玉と　香久山・翼の　臣《をみ》となる　天児屋《こやね》根・大物主《ものぬし》　清仁《きよひと》が　両翼《はね》の臣《をみ》なり　君と臣　心一つに　彼の鳥の形は八民　首は君　鏡《かがみ》臣は　左翼《たはね》　剣臣右翼《つるぎかは》』（中略）このゆえに　三種お分けて　授く謂《い》は　永く一つに　なる由《よし》お　紋に記して　御手《をて》づから　文お御孫に　授けます　瀬降津姫は　御鏡お　持ちて春日《かすが》神に　授けます　早開津姫《はやあきつめ》は　御剣お　持ちて子守《こもり》神に　授けます」

瓊々杵尊は天照神から「御機の留めの御文」を授かった。古来から伝わる「斉《と》の教え文」に、天照神の教えを加えたものであろう。愛秀耳尊はその表徴「曲玉」を授かっているが、このときも当然、「斉の教え文」も同時に授かったと考えられ、瓊々杵尊も同時に「曲玉」を授かったとみてよいだろう。

そして「八咫の鏡」は鏡臣の春日神・天児屋根命が賜り、「八重垣の剣」は剣臣（大物主）の実穂彦命・子守神が賜ったわけだが、授けたのは天照神ではなかった。このときから授与の方法が変わって、前者は瀬降津姫から、後者は早開津姫から授かった。

なぜ「三種の神宝」を君と両翼の臣に分けて授けたのか。その訳は、君と妃が心を一つにして国を治めるように、君と両翼の臣もまた永く心を一つにして治めるためであった。この「三宝分与」の事実は「天つ日嗣」の継承にほかならない。

兄弟尊の君位並立説は誤り

また、「先に三種の　宝物　御子愛仁に　賜いしは　兄御孫得て　太玉と　香久山・翼の　臣《をみ》となる」の文は、愛仁・愛秀耳尊が賜った「三種の神宝」を兄御子の奇玉火之明尊が承け継いだことを意味しているが、この事実もまた「天つ日嗣」の継承と解されるべき事実である。このとき太玉命と香久山命が両翼の臣になったわけである。

ところで、一つ前の第二十三「御衣定め剣名の紋」に天照神の類似した詔が記されている。

「君はまた　太玉《ふとたま》・香久《かぐ》山に　詔　『孫照彦の　翼《はね》の臣《をみ》　太玉は世々　政り執れ　また香久山は　大物主《ものぬし》よ　六十《むそ》の物部　司《つかさど》り　民お治めよ』　時にまた　天児屋根《こやね》・子守《こもり》神に　詔　『いま清仁《きよひと》の　翼の臣　天児屋根は世々の　政り執り　子守《こもり》神は世々の　大物主《ものぬし》ぞ　ともに守りて

民お治《た》せ』」

天照神は、太玉命と香久山命を奇玉火之明尊の両翼の臣に任じた。次下の文からすると、太玉命が「鏡臣」、香久山命が「大物主（剣臣）」を拝命した。また、天児屋根命と子守神が瓊々杵尊の「鏡臣」と「大物主（剣臣）」を拝命したわけである。

ただ、この文は第二十四紋の文を別のかたちで述べたもので、それぞれが二回、同時に拝命したわけではない。が、こうした記述から、兄の奇玉火之明尊と弟の瓊々杵尊とが兄弟並立して君位に就いたという説が生まれている。しかし、この説は誤りである。

兄弟二尊を並立させたのでは、「天つ日嗣」の意義はその時点で崩壊してしまう。天照神がそんな君位継承をする道理がない。したがって、両者の間にある「時にまた」は、同時的な意味ではなく、「またある時に」という意味と解すべきで、時間的な懸隔《けんかく》がある。

その後の君位継承

次の卯津杵・彦火々出見尊については、第二十六「卯萱葵桂の紋」に、

「別雷《わけいかづち》の　天君は　諸臣《もろとみ》召して　詔《みことのり》　『（中略）　齢《よはひ》も老いて　天《あ》の日嗣《ひつぎ》　いま卯津杵に

譲らん』と」

とある。詳しい記載はないのであるが、「天つ日嗣」を卯津杵・彦火々出見尊に譲った意である。

そして同紋のしばらくあとに、

「政り事　天児屋根・大物主《ものぬし》　ともに治《た》せ」

とあり、天児屋根命が鏡臣を、子守神が剣臣を拝命し、彦火々出見尊の補佐に当たったと解される。その御子、卯萱葺不合尊については、第二十七「御祖神船魂の紋」に、次のように記されている。

「天日嗣《あめひつぎ》　譲らんために　御子お召す　（中略）　天児屋根は左　実穂彦は　右に侍れば　天君は　御機の文お　御手づから　治御子《をみこ》に譲り　正妃《まきさき》は　八咫の鏡お　捧げ持ち　春日《かすが》神に授く　大助《おゝすけ》妃は　八重垣の太刀　捧げ持ち　子守《こもり》神に与ふ」

「治御子《をみこ》」は卯尊のこと、「正妃《まきさき》」は母・豊玉姫のことである。「大助妃《おおすけきさき》」の実名はわからないが、瓊々杵尊の場合と同じように、「三種の神宝」は先君と二人の妃から、後君と両翼の臣に分与された。次の武仁《たけひと》・神大和磐別彦尊《かんやまといわれひこ》（〔紀〕は「神日本磐余彦」につくる。後述）、神武天皇の場合は、すでに父・卯尊と母・玉依姫は亡くなっていたため直接分与ではなかった。次の文は代替措置を示したものである。

「いま天君の　位なる　昔は御上《みうゑ》大君　分け授く　いまは亡きゆえ　その使ひ　寄りて議《はか》れば
みな曰《いわ》く　日の神使ひ　道臣《みちをみ》と　月神《つき》の使ひは　天田根《あたね》なり　星神《ほし》の使ひは　天富《あめとみ》と　（中略）　天田根は八咫鏡《かゞみ》　天富は　八重垣《やゑがき》剣持ちて　天種子《あめたねこ》　奇御光魂《くしみかたま》に　授《さづ》くなり」（第三十「天君都鳥の紋」）

先君（御上大君）の代理が「日の神の使い」で、二人の妃の代理が「月神の使い」と「星神の使い」である。通常、「日の神」といえば天照神のことであるが、ここでは一応は先君のことをさしている。しかし、日・月・星がそろって出てくるところをみれば、再応は天界・高天原の天御祖神が想念されているとみてよいだろう。

この三者分与の方式は、御間城入彦尊（崇神天皇）の時代まで継続されたことがわかるが、具体的な記述は神渟名川耳尊《かんぬなかわみみ》（綏靖天皇）を最後に見えなくなる。ただ第三十一「直り神三輪神の紋」

に、

「神渟名川《かぬながわ》　耳尊《みゝのみこと》お　世嗣ぎ御子　鏡の臣は　宇佐麿と　天立奇根《あだつくしね》は　大物主《ものぬし》と　御子の両《もろ》翼《は》ぞ」

と記されているだけで、君と二人の妃による分与の存否は明らかではない。

根子彦・大日本太瓊尊《おおやまとふとに》（孝霊天皇）と三代のちの御間城入彦尊《みまきいりひこ》（崇神天皇）については、

「天つ日嗣お　承け嗣ぎて　大日本太瓊《やまとふとに》の　天つ君　慈名・根子彦　諸《もろ》臣議り　天の御孫の法《のり》お以て」（第三十二「藤と淡海瑞の紋」）

「天つ日嗣お　承け嗣ぎて　御間城入彦　天つ君　三種使ひも　天例《あめため》し」（第三十三「神崇め疫病治す紋」）

とあるから、「三種の神宝」の授与は「天御子法《あめみこのり》」＝「天例《あめため》し」に則って行なわれたようである。

神武天皇・神大和磐別彦尊《かんやまといわれひこ》までの例を図表にすると、次頁のとおりである。

天君	両翼の臣	神宝	授与者	出典紋
若仁・天照神	左臣 思兼命 右臣 桜内命。奇杵・大直結道命	斉と矛	誘諾木尊	十九紋
愛仁・愛秀耳尊	鏡臣 悉主命 剣臣 武御光槌命	八咫の鏡 教え文と曲玉 八重垣剣	天照神 使者・春日麿命	十一紋
照彦・奇玉火之明尊	鏡臣 太玉命 剣臣 香久山命	八咫の鏡 教え文と曲玉 八重垣剣	天照神	二十四紋
清仁・瓊々杵尊	鏡臣 春日神・天児屋根命 剣臣 子守神・実穂彦命	八咫の鏡 教え文と曲玉 八重垣剣	瀬降津姫 天照神 早開津姫	二十三、四紋
卯津杵・彦火々出見尊	鏡臣 春日神・天児屋根命 剣臣 子守神・実穂彦命	八咫の鏡 教え文と曲玉 八重垣剣	(詳細不明)	二十六紋
鴨仁・卯萱葺不合尊	鏡臣 春日神・天児屋根命 剣臣 子守神・実穂彦命	八咫の鏡 教え文と曲玉 八重垣剣	豊玉姫 彦火々出見尊 大助妃	二十七紋
武仁・神大和磐別彦尊（神武天皇）	鏡臣 天種子命 剣臣 奇御光魂命	八咫の鏡 教え文と曲玉 八重垣剣	使者・天田根命 使者・道臣命 使者・天富命	三十紋

4　神武東征と「天つ日嗣」

〔記紀〕ではわからない東征の理由

ここで、しばしば議論の的となる「神武東征」（『秀真伝』は「大和討ち」としている）について触れておきたい。「天つ日嗣」の問題のみならず、いわゆる九州王朝説と大和王朝説の論争とも深い関係があるからである。

神武天皇の諱名《いみな》は武仁尊《たけひと》といい、「東征」（大和討ち）が成功したあと「神大和磐別彦尊《かんやまといわれひこ》」と讃え名される。神武天皇という呼称は、奈良時代の後期に歴代天君の漢風諡号《しごう》を一括撰進したときに付けられたものである。この漢風諡号が神武天皇から以降に付けられたのは、この時代から事績の年月日に干支暦が使用され始め（『秀真伝』は天鈴暦）、それ以前に比べてはるかにリアリティがあったためであろう。しかし、こんにちの歴史学ではそれでも実在の人物とは認められておらず、「神武東征」も史実とは考えられていない。そう思われても仕方ない事情もある。

〔記紀〕では、母の玉依姫（子守神の孫娘）も祖母の豊玉姫（予先命の曽孫）も「海神」の娘とされ、豊玉姫は御子・卯萱葺不合尊を生んだあと、鰐の姿をして這い回っていたことになっている。それは『秀真伝』では亀船を亀、鴨船を鴨、鰐船を鰐と通称で呼び習わしていたことが、〔記紀〕（が参考にした有力家の家伝書）では船の名前であることが忘れられ、文字通り亀や鴨、鰐と誤解されたことに起因している。

また、神武天皇は四十五歳のとき「東征」に発つのであるが、このとき「天孫降臨以来、百七十九万二千四百七十余歳も経った」と述べている。『秀真伝』の第二十九紋「武仁尊大和討ちの紋」にも同じことが記されている。また、大濡煮尊の世は「百万年」（第二十三紋）、豊受神の日高見統治期間は約百二十万七千五百二十年（第四紋）もあり、天照神の寿命は百七十三万二千五百歳（第二十八紋）である。

一年を三百六十五日とする実際の年数計算を記す一方で、真榊（鈴木）の枝の伸び具合で年数を計算するという原始的な「鈴木暦」で記録した結果、こんな途方もない年数になってしまったわけである。これでは「神話」と思われても仕方がないだろう。

ともあれ、〔記紀〕では、天孫・瓊々杵尊が天界から天降りして以降、神武天皇の時代までずっと日向の国にいたことになっていて、神武天皇の「東征」がなぜ行なわれたか、その原因については何も記されていない。〔記〕では神武天皇が唐突に、

「何地《いづこ》に坐《ま》さば、平らけく天《あま》の下の政《まつりごと》を聞こしめさむ。なほ東《ひむがし》に行かむ」

といって、日向の国から大和へと「東征」に出発したことになっている。他方、〔紀〕のほうには、

「（神武天皇は）謂《かた》りて曰《のたま》はく、『塩土の老翁《をぢ》に聞きき。曰《い》ひしく、『東《ひがしのかた》に美《よ》き地《くに》有り。青山四《よ》に周《めぐ》れり。其の中に亦、天《あめ》の磐船《いわふね》にのりて飛び降る者有り』といひき。余《われおも》謂ふに、彼の地《くに》は、必ず以て大業を恢弘《ひらきの》べて、天下《あめのした》に光宅《みちを》るに足りぬべし。蓋《けだ》し六合《くに》の中心《もなか》か。厥《そ》の飛び降るといふ者は、是饒速日《これにぎはやひ》と謂ふか。何ぞ就きて都つくらざらむ』」

とあって、〔記紀〕ともに神武天皇は日本国の中心たる「中国《なかくに》」の近江のことなど知らず、生まれたときから日向の国に住んでいたかのようである。「東征」の目的も、「東の美《よ》き地《くに》」を手に入れて都をつくるため、まず大和に飛び降っていた饒速日《にぎはやひ》命を討つことにあった。日向から大和への遷都である。この国の都は、もともと日向の国にあったことになっているわけである。

卯萱葺不合尊から神武天皇への「天つ日嗣」

『秀真伝』では、大濡煮尊から大殿内尊の時代までは、政り事の中心地がどこにあったか判然とし

ないが、大濡煮尊は越国で生まれており、誘諾木尊の先祖である天鏡神はこの時代、大濡煮尊の八洲統治のもと筑紫の国を治めていた（第二紋）。面垂尊の時代からは近江が政り事の中心地だった（同紋）。

　誘諾木尊も近江に初宮・治闇宮《たがみや》を造って政り事を執り（第五、第二十三紋）、しばしば筑紫へ赴いて治めていた。天孫・瓊々杵尊も二神の治闇宮を造り変えて「瑞穂の宮」とし、ここで政り事を執ったが、高千穂の宮で最期を迎えている（第二十六紋）。その御子・彦火々出見尊も卯萱葺不合尊も近江と筑紫を往来して治めていた（第二十五、二十七紋）。政り事の中心地は古くから近江であり、筑紫は一貫して支配下にあった土地柄である。筑紫がわが国の政り事の中心地であった記録は、『秀真伝』にはない。

　神武天皇も日向の国で生まれたわけではない。父・卯萱葺不合尊は若い頃、なかなか御子に恵まれない時期があり、壮年に達してから八瀬姫との間に五瀬尊を儲け、玉依姫との間に稲飯尊、武仁尊（神武天皇）を生んだ。次男・御手入尊は玉依姫の連れ子で、武仁尊は四男である。武仁尊が五歳になったとき、父・卯萱葺不合尊は筑紫の国頭たちに請われて筑紫に御幸になるが、このとき長男・五瀬尊などに次のような詔《みことのり》を残す。

「ときに五瀬《ゐつせ》に　詔　『治闇《たが》の治君《をきみ》と　天押雲《おしくも》と　奇御光魂《くしみかたま》と　真手にあり　天種子《たねこ》は御子の

大御守《おゝんもり》　御子武仁《たけひと》は　歳五《としゐつ》つ』」（第二十七「御祖船魂の紋」）

「五瀬尊は治闇《たが》の治君《をきみ》として留守を守り、天押雲命と奇御光魂命は左右の臣として補佐せよ。武仁尊はまだ五歳ゆえ、天種子命が面倒を見よ」という意である。つまり、卯萱葺不合尊はこれまで近江の瑞穂宮（治闇宮）で政り事を執っており、武仁尊はここで生まれ育ったわけである。

卯萱葺不合尊は室津の浜から大亀船に乗って鵜戸《うど》の浜に着き、鹿児島宮に逗留する。そして三十二人の国頭に請われて筑紫を巡って治めるのであるが、それから十年目に宮崎宮で臨終を迎える。

「齢《よわひ》も老ひて　早雉子《はやきじ》の　治闇《たが》宮に告ぐれば　驚きて　御子武仁《たけひと》と　守天種子《もりたねこ》　治闇《たが》宮より出でゝ　西宮　大鰐《おゝわに》船乗りて　鵜戸《うど》の浜　宮崎宮に　至ります　御祖天君《みをやあまきみ》　詔　『武仁・天種子しかと聞け（中略）五瀬は子なし　武仁は　世の御祖《みをや》なり（中略）武仁は　歳十五《としそゐ》なれば　わが代わり　天種子が助け　治むべし　治八《しらや》の教文《をして》　武仁に　国お治《しら》する　百《もゝ》の文《ふみ》　天種子に譲る　わが心　先に八咫鏡《かがみ》は　天押雲《おしくも》に　また八重垣《やゑがき》剣は　鰐彦に　授くお姫が　預かりて　別雷宮《わけつちみや》に　納め置く　秀真なるとき　自ずから　三種の宝　集まりて　御祖《みをや》となすが　秀真ぞ』と　宮崎山の　洞に入り　天神平《あかんたいら》と　上がります」（同紋）

宮崎宮からの急報で父卯尊の危篤を知った武仁尊は、天種子命《あまのたねこ》とともに大鰐船で駆けつけた。すると卯尊は、「武仁は　世の御祖《みをや》なり（中略）武仁は、齢十五《としいいそ》なれば、わが代わり、天種子《たねこ》が助け　治むべし」と言って、武仁尊に「治八の教文《しらやのをして》」を、天種子命に「百の文」を授けた。「教え文」を分けて授かったわけである。

「先に八咫鏡《かがみ》は　天押雲《おしくも》に　また八重垣剣《やゑがき》は　鰐彦に　授くお姫が　預かりて　別雷宮《わけつちみや》に　納め置く」とは、第三十「天君都鳥の紋」に、

「御祖君《みおやきみ》　筑紫下るも　神教手《かみおして》　持ちて離さず　八咫鏡　臣天押雲《とみおしくも》に　八重垣剣《やゑかき》は　奇御光魂《くしみかたま》に　授け置き　御祖君《みをや》筑紫に　日足るとき　神の教文《をして》は　武仁に　母玉依《たまより》姫も　神となる　鏡は河合宮《かはひ》　八重垣剣《やゑかき》は　別雷宮《わけつちみや》に　預け置く」

と記されていることをさす。卯萱葺不合尊（御祖君）は五歳の武仁尊を残して筑紫へ赴くとき、このような措置をとったということである。すでに高齢に達しつつあり、いつ死ぬかわからない思いでの措置であったろう。このときは、八咫鏡は天押雲命《あめのおしくも》（天児屋根命の嗣ぎ子）に、八重垣剣は鰐彦命（奇御光魂命。子守神の曾孫《ひまご》）に授け置いた。そして臨終に際しては、それまで「持ちて離さ」なかった「治八《しらや》の教え文」は武仁尊に授け、「百《もゝ》の文」は天種子命《あめたねこ》（天押雲命の嗣ぎ子）に

と分けて授けた。また同じ紋の少しあとに、

「天田根《あたね》は八咫鏡《かゞみ》　天富《あめとみ》は　八重垣《やゑがき》剣持ちて　天種子《あめたねこ》　奇御光魂《くしみかたま》に　授くなり」

とあるから、先に天押雲命に授け置かれた八咫鏡は天種子《あめたねこ》命に、八重垣剣は従前どおり奇御光魂命に授けられ、武仁尊の両翼の臣になったわけである。

だが、これは武仁尊（神武天皇）への正式な「天つ日嗣」ではなかったことになっている。第三十「天君都鳥の紋」には、武仁尊が「大和討ち」に成功し、橿原宮《かしはらみや》に遷った翌年のことについて、

「いま天君の　位なる　昔は御上大君《みうゑ》　分け授く　いまは亡きゆえ　その使ひ　寄りて議れば
みな曰く　日の神使ひ　道臣《みちをみ》と　月神《つき》の使ひは　天田根《あたね》なり　星神《ほし》の使ひは　天富《あめとみ》と（中略）天田根は八咫鏡《かゞみ》　天富は　八重垣《やゑがき》剣持ちて　天種子　奇御光魂に　授くなり」

とある。この文は前にも引いたが、「いま天君の　位なる」は武仁尊が正式に君位を継承したことを意味している。すると、武仁尊が十五歳で「治八《しらや》の教文《をして》」を賜った事実は、君位の継承を意味するものではなく後継者としての指名、いわゆる「立太子」だったことになる。

ところで前記のように、卯萱葺不合尊は筑紫に御幸になるとき、五瀬尊を「治闇《たが》の治君《をきみ》」として留守を任せた。しかし、五瀬尊を太子には立てず、武仁尊を立てた。それは五瀬尊には嗣ぎ子がなかった（第二十七紋）せいだけではなかったろう。第三十「天君都鳥の紋」には、卯萱葺不合尊が筑紫へ御幸になって間もない頃のこととして、

「長髄彦《ながすねひこ》は　山崎に　川船拒《かわふねこば》む　大物主《ものぬし》が　討たんとすれば　五瀬御子　恐れ治闇《たが》宮より　行く筑紫」

と記されている。この事件についてはまたあとで触れるが、長髄彦命が川船の往来を拒んだので、大物主の奇御光魂命がこれを討とうとすると、五瀬尊は戦いを恐れて父のいる筑紫まで逃げてしまい、ついに治闇宮には戻らなかったのである。こうしたこともあって、卯萱葺不合尊は遠い筑紫から治闇宮の武仁尊の成長を見守り、折々に情報も得ていたのだろう。臨終に際しては躊躇することなく、武仁尊を君位の継承者に立てたのである。

だが、この君位継承に異を唱える者が現れた。大和・香久山に居を構える饒速日命の臣下・長髄彦命である。長髄彦命は、饒速日命こそ「天つ日嗣」の継承者と思い込んでいたようである。

饒速日命と長髄彦命の出自

〔記紀〕では、この饒速日命が長髄彦命の妹を娶って旨真道《うましまち》命を産んだことはわかっているが、饒速日命がいかなる人物かまではわからない。たいがいの解説書は、「天神ではあるが世系の明らかでない神」としている。『秀真伝』では、どう記されているのだろうか。

愛仁・愛秀耳尊から「天つ日嗣」を継承した照彦・奇玉火之明尊は、子どもに恵まれなかった。第二十七「御祖神船魂の」には、次のように記す。

「時に飛鳥《あすか》の　君罷《まか》る　母千々姫は　のちの世お　伊勢に侍れば　大御神　居《ゐ》お同じくす　告
げ聞きて　母の嘆きは　『嗣《つぎ》子も無や』　神の教ゑは　『原宮《はらみや》の　国照お嗣《つぎ》子　天照らす
饒速日君《にぎはやひきみ》』」

亡くなった「飛鳥の君」とは奇玉火之明尊のことで、その訃報を伊勢で聞いた母・栲機《たくはた》千《ち》々《ち》姫《ひめ》は、天照神に「飛鳥宮には世嗣ぎ子がおりません。どうしたらよいものでしょう」と相談した。生前に養子をとることはしなかったようである。そこで天照神は、「原見山の朝間宮の国照尊を世嗣ぎに迎えるがよい。名も天照らす饒速日君《にぎはやひきみ》とするがよかろう」といったということである。

国照尊は彦火々出見尊の兄、梅仁・火明尊の御子である。同紋によると、饒速日尊（国照尊）は

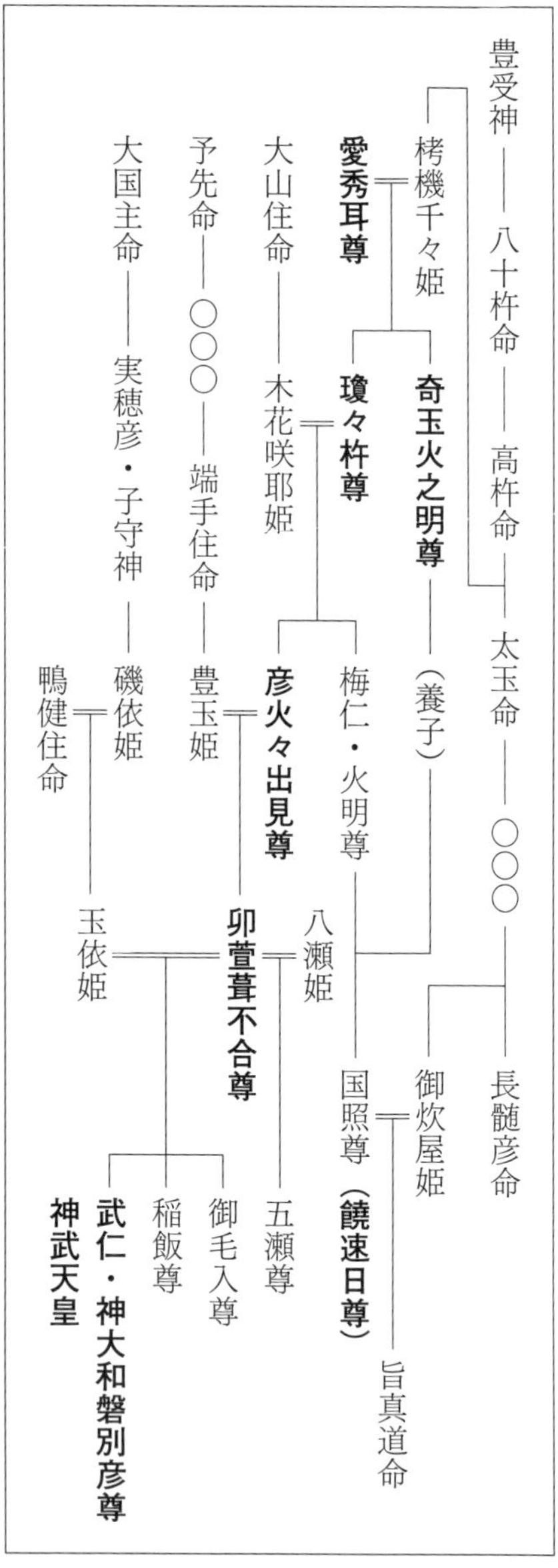

奇玉火之明尊の鏡臣を務めた太玉命の孫娘・御炊屋姫《みかしやひめ》と結婚した。その兄・長髄彦《ながすねひこ》命は饒速日尊の大物主になっている。

長髄彦命との過去の紛争

饒速日尊の大物主になった長髄彦命は、奇玉火之明尊が「天つ日嗣」を継承した話を祖父の太玉命から聞いたことがあるのか、その養子になった饒速日命こそ、その後の正当な継承者だと思い込んでいたようだ。その考えにあまり乗り気ではない饒速日命を尻目に我意を通し、いろいろと問題を起こした。

「長髄《ながすね》彦が　吾《われ》お立つれば　著騒《いちさわ》ぐ　故《かれ》に原見《はらみ》宮の　御子触れて　秀真《ほつま》国・日高見《ひたかみ》国　糧船《かてふね》お上《のぼ》さぬゆえに」（第二十八「君臣遺し詔《のり》の紋」）

「香久山の臣　長髄《ながすね》彦が　儘《まま》に振るえば　騒がしく　原《はら》見山の治君《をきみ》は　糧止《かてとゞ》む　故《かれ》に長髄《ながすね》彦船止む　大物主《おゝものぬし》が　討たんとす　治闇《たが》宮の治君《をきみ》は　驚きて　筑紫に降り　ともに治《た》す　大物主《ものぬし》ひとり　民治む」（第二十九「武仁尊大和討ちの紋」）

「長髄彦《ながすねひこ》は　山崎に　川船拒む　大物主《ものぬし》が　討たんとすれば　五瀬御子　恐れ治闇《たが》宮より　行く筑紫　奇御光魂は　天押雲《おしくも》と　長髄《ながすね》彦討てば　逃げ行くお　追ひて河内《かはち》に　留まりて」（第三十「天君都鳥の紋」）

これらの文は、卯萱葺不合尊が五瀬尊を「治闇宮《たがみや》の治君《をきみ》」とし、天押雲命と奇御光魂命を左右の臣として補佐させ、筑紫へ御幸になったあとの出来事である。

中国《なかくに》の近江から卯萱葺不合尊がいなくなると、長髄彦命は増長して振る舞い始め、あちこちで軋《あつ》轢《れき》が生じた。そこで、原見山で秀真国を治めていた梅仁・火明尊（原の治君。饒速日命の実父）は、秀真国や日高見国から上がってくる糧船を止め、大和の食糧を断った。すると長髄彦命は山崎の地で行き交う川船を止めた。山崎は京都府乙訓郡大山崎の古名で、桂川と宇治川、木津川が合流する古来の交通の要地である。後世、羽柴秀吉が本能寺の変を受け、明智光秀を討った「山崎合戦」（天王山の戦い）もこの地であった。

大物主の奇御光魂命が長髄彦命を討とうとすると、五瀬尊は怖がって筑紫の父のもとへ逃げてしまった。奇御光魂命は、やむなく天押雲命とともに長髄彦命と戦い、河内まで追ってやめた。山崎の要地を抑えたことでよしとしたのであろう。

次の文は、卯萱葺不合尊の危篤の急報を受け、奇御光魂命と天種子命が十五歳になった武仁尊の伴をして筑紫へ向かうときの話である。

「先に香久山　長髄《ながすね》彦は　御祖統君《みをやすべらぎ》　御子なきお　天押雲《おしくも》祈る　その文お　請えど授けず　罷るのち　天種子《あまのたねこ》は　この文お　三笠《みかさ》山に籠めて　君の伴《とも》　長髄彦《ながすねひこ》は　その倉お　密かに開けて
写し取る　倉人《くらど》見つけて　これお告ぐ　天種子《たねこ》驚き　君に告ぐ　清緒鹿《さをしか》遣れば　御子答え
『倉人《くらど》が業《わざ》は　われ知らず』」（第二十八「君臣遺し詔《のり》の紋」）

かつて卯萱葺不合尊（御祖統君）には、なかなか御子に恵まれないことがあり、天押雲命は子守神の「世嗣ぎ文」（第十四紋）をもって祈った（第二十七紋）。その効により、卯萱葺不合尊は御子に恵まれた。大和・香久山の長髄彦命は、これを知って「世嗣ぎ文」をほしがったが、天押雲命は授けなかった。

　長髄彦命が「世嗣ぎ文」をほしがったのは、やはり御子に恵まれなかった奇玉火之明尊のためのようにも思えるが、主君となった饒速日命のためであろう。饒速日命は長髄彦命の妹・御炊屋姫《みかしやひめ》と結婚して旨真道命《うましまち》を生むが、その前に何年か生まれない時期があって、その間に主君と妹のために「世嗣ぎ文」を得ようとしたのではないかと思われる。

　次下の「罷る」は、死ぬ意であるが、卯萱葺不合尊が危篤になったときとする説もある。だが、天種子命が君・武仁尊の伴をして筑紫へ行ったのは、卯萱葺不合尊が崩御する前のことだ。それなら「罷るのち」ではなく「罷るとき」とするはずである。この「罷る」は天押雲命が亡くなったことをさしている。そのあとを継いだ天種子命は、卯萱葺不合尊の危篤の飛報を受け、武仁尊の伴をして筑紫へ向かうにあたり、「世嗣ぎ文」を三笠山の倉に入れておいたということである。

　ところが、長髄彦命はその留守中、密かに倉を開けて写し取った。それを倉の番人が見つけて筑紫に報せると、天種子命は驚いて武仁尊に伝え、武仁尊は清緒鹿《さをしか》を派遣して糾明した。しかし、饒速日命は「倉人がいうようなことは、私は何も知らない」と答えた。長髄彦命は清緒鹿が来たのを知って、隠れて出て来なかったのであろう。

その後しばらくは不穏な空気が流れたが、このときは紛争には発展しなかった。第二十九「武仁尊大和討ちの紋」によると、武仁尊が「大和討ち」(東征)を決断するのは、それから三十年後、四十五歳のときだったことになっている(〈紀〉も同じ)。同紋には次のように記されている。

「塩槌《しおつち》の　翁《おきなすゝ》勧めて　『饒速日《にぎはやひ》　如何《いかん》ぞ行きて　平《む》けざらん』　諸臣《もろ》・御子《みこ》も　『実《げ》に　弥然《いやちこ》』

と　『先に教文《をして》の　答え辛《つら》　君速やかに　御幸《みゆき》なせ』」

武仁尊は、この塩槌命の勧めによって「大和討ち」を決断する。「先に教文《をして》の　答え辛《つら》」は、長髄彦命が「世継ぎ文」を密かに写し取った件について糾明されたとき、饒速日命の答弁が苦し紛れで答えづらそうだったことをさしている。

根拠なき長髄彦命の主張

「大和討ち」が成功するまで、どのような経緯をたどったかは、あまり重要ではない。問題は「天つ日嗣」、君位継承について、饒速日命や長髄彦命がどのような主張をし、どう決着したかである。

長髄彦命の軍勢は意外に強く、戦いは長引いたが、そのうち利あらずと見た長髄彦命が矛を収め、武仁尊に問う。そのときの問答が、同紋には次のように記されている。

「長髄彦《ながすね》が　戦ひ止《や》めて　君にいふ　『昔天照　神の御子　岩船に乗り　天降り　飛鳥《あすか》に照らす　饒速日《にぎはやひ》　妹《いと》御炊屋《みかしや》姫お　妃《きさき》とし　生む御子の名も　旨真道《うましまち》　わが君はこの　饒速日《にぎはやひ》　天照神の　神宝　十種《とくさ》お授く　あに他に　神の御孫と　偽りて　国奪はんや　これ如何《いかん》』」

岩船に乗って飛鳥に上った「天照神の御子」とは、御孫の奇玉火之明尊のことであるが、〔紀〕では饒速日命になっている。しかし饒速日命は、奇玉火之明尊の養子になった国照宮のことである。長髄彦命は、「わが君・饒速日命は天照神から十種の神宝を授かっている。どうしてほかに君がいるはずがあろう。神の御孫と偽って国を奪う魂胆ではないか。さあ、これにどう答えるのか」と問いかける。天照神から「十種の神宝」を授かったのは奇玉火之明尊であるが、饒速日命はそれを明尊から譲り受けたのであろう。

「時に統君《すべら》に　答えいふ　『汝《なんぢ》が君も　真《まこと》なら　証《しるし》あらんぞ』　長髄彦《ながすね》が　君の靫《ゆき》より　羽張矢《はゝや》教文《て》お　天君《あめ》に示せば　神教文《かんをして》　また統君《すべらき》も　徒士靫《かちゆき》の　出《いだ》す羽張矢《はゝや》の　神教文《かんをして》　長髄彦《ながすねひこ》に示さしむ　進まぬ戦《いくさ》　守り居る」

この冒頭の「すべらに」は「すべらぎ」の誤記と考えられる。武仁尊が答えるのであるから、「統君《すべら》に」である道理はない。しかし武仁尊は答えたのではなく、「そなたの君も真の君なら、その証《しるし》があるはずだ。見せてみよ」と逆に問い返した。すると長髄彦命は、饒速日命の靫《ゆき》から「羽張矢《はゝや》の神教文《かんをして》」を取り出して示したので、武仁尊も徒士靫《かちゆき》から「羽張矢《はゝや》の神教文《かんをして》」を取り出して見せしめた。

「ははや」にはいろいろな説があるが、ここでは「羽張矢」とした。羽を付けた矢の意である。「羽張矢の教文《をして》」とは、その羽張矢に紐などで付けた「神教文《かんをして》」のことと解される。君位に関わる争いだったため、「神教文」は袋に入れ、羽張矢に括り付けて戦場に持って行ったものと思われる。矢の作りや塗色、飾りなど、敵を射る矢とは異なっていたであろう。「靫」も違うはずである。

また、岩波書店版『日本書紀』の大野頭注では「徒士靫《かちゆき》」について、「徒歩で弓を射る際に使うヤナグイをいうのであろう」としている。「ヤナグイ」は矢を入れて背負う道具のことであるが、戦《いくさ》に使う矢と「神教文」を付けた羽張矢を、同じ靫に一緒に入れて持ち歩いたとは考えにくい。あり得べきことでもない。したがって「徒士靫」とは、乗り馬で行く天君に添い従う徒士《かち》が背負う靫の意と解すべきである。その中に「羽張矢の神教文」がはいっていたのだ。

さて、饒速日命と武仁尊が見せたものは、同じ「羽張矢の神教文」と表記されているが、饒速日命のは前記のとおり「天照神の十種の神宝」（に添えられた教文）をさしている。だが、これは君位継承の証《あかし》にはならない。この「十種の神宝」については、第二十「統御孫《すめみまご》十種得る紋」に次のように記されている。愛秀耳尊が日高見で政り事を執っている間、天児屋根命の父春日神、兵主命《つわものぬし》が中国《なかくに》を預かっていた。だが、年老いたため愛秀耳尊の御幸を求め、愛秀耳尊は日高見の民に請われて動けなかったため、天照神の許しを得て奇玉火之明尊を差し向けたときのことである。

「こゝに外祖《とをや》の　天《あま》つ神《かみ》　十種宝《とくさたから》お　授けます　奥《おき》つ鏡と　辺《へ》つ鏡　叢雲剣《むらくもつるぎ》　嬰《うな》る玉　魂返し玉　霊足《ちた》る玉　道明《みちあ》かし玉　大蛇領巾《おろちひれ》　蛇酸醤肉剥領巾《はゝちしむひれ》　木の端領巾《こはひれ》　この十種《とくさ》なり　『傷《いた》むこと　あらば一二三四《ひふみよ》　五六七八九《ゐむなやこ》　十《と》まで数えて　振るゑたゞ　ゆらゆら振るゑ　かくなせば　すでに罷るも　蘇る　振《ふ》るの祝詞《こと》ぞ』と　詔」

天照神に代わり、外祖父の高杵命が授けたこの「十種宝」とは、除霊・浄霊などに用いる十種類の霊術用具のことである。「領巾」は従来、肩に掛けて左右に垂らす帯状の白布とされてきたが、本来は物を入れる袋のことである（511頁参照）。

そのあとに記されている「一二三四五六七八九十《ひふみよゐむなやこと》　振るゑたゞ　ゆらゆら振るゑ」は、そのとき唱える呪文のことで、霊能者の中にはいまでも使う者がいる。「天つ日嗣」の証《あかし》として用いられる「三種の神宝」の一つ、後継の君に授けられる「教え文」とはまったく無関係である。
これに対して武仁尊が見させたものは、第二十七「御祖船魂の紋」の前出文に記されているように、十五歳のとき父・卯萱葺不合尊から直接授かった「治八《しらや》の教文《をして》」だったと考えてよい。どちらに正当性があるか明らかである。
ただ、見せ合ったあとは「進まぬ戦《いくさ》　守り居る」とあるだけで、長髄彦命がどう判断したかの記述はない。しかし〔紀〕には、

「長髄彦、其の天表《あまつしるし》を見て、益《ますます》踧踖《おそれかしこま》ることを懐《いだ》く。然れども凶器《つはもの》已《すで》に構えて、其の勢《いきほひ》、中《なかぞら》に休むこと得ず。而《しかう》して猶迷《なおまど》へる図《はかりごと》を守りて、復改《またひるが》へる意《こころ》なし」

とあって、これが真相に近いのではないかと思われる。このとき饒速日命がどう判断し、対処したかについては、同紋の次下にこう記されている。

「懇《ねんご》ろお知る　饒速日　わが長髄彦《ながすね》が　生まれつき　天地判《あめつちわか》ぬ　頑《かたく》なお　斬りて諸臣《もろひ》率き
順《まつろ》えば　君はもとより　国照の　忠義《まめ》お現《うつし》し身」（第二十九紋）

冒頭の「懇ろ《ねんご》」は、ここでは長髄彦命の生来の性質をよく知っている意である。国照・饒速日命は武仁尊に帰順するように説いたが、長髄彦命が分別を弁えず、頑なな態度を崩さなかったため斬り殺し、ほかの諸臣たちとともに帰順した。

武仁尊はこれを見て、国照・饒速日命の忠誠心を認めた。二人はこのとき初めて相見えたのであるから、「君はもとより」は前から忠誠心を知っていたということではない。長髄彦命を説得し、結局は斬って帰順した姿を見て、その忠誠心を「現し身《うつし》」に感じ取った意である。

かくして「大和討ち」は成功し、武仁尊は翌年、正式に「天つ日嗣」を継承した。このとき武仁尊は、「神大和磐別彦《かんやまといわれひこ》」と称し、「サナト」の年に天君になった（同紋）。〔紀〕は「神日本磐余彦」の字を当て、この名の由来について、

「大軍《いくさびとども》集ひて其の地《くに》に満《いは》めり。因りて改めて號《なづ》けて磐余《いはれ》とす」

としている。「いはれ」が「地《くに》に満《いは》めり」にもとづいているのなら、「磐余《いはれ》」の字を当てるのはいただけない。他方、『秀真伝』では同じ第二十九紋に、吉野山の尾根に登ったとき「磐別神《いわわけかみ》」が出迎えたとあり、同じ紋に「磐別彦《いわわれひこ》」とある。「いわれ」はこの「磐別神」に因んだもので、「別《われ》」は「わかれ」の「か」抜きと考える。「やまと」はもちろん「大和討ち」の成功に因んでいる。

天皇即位と辛酉革命の模倣

ところで、これまで見てきたように、武仁尊・神武天皇は父・卯萱葺不合尊が崩御した十五歳のとき立太子され、四十五歳のとき「君速やかに　御幸なせ」と塩槌命らに勧められて「大和討ち」を決断した（第二十九紋）ことになっている。そしてその次下に、

「天鈴《あすゞ》キミヱの　十月三日《かんなみか》　天御子《あみこ》親《みづか》ら　諸兵《もろ》率《ひき》て」

とある。「天鈴暦」の五十一年「キミヱ」の十月三日に「大和討ち」に出発したわけである。そして「大和討ち」が成就したのち「天つ日嗣」を継承したときについては、同紋の末尾に、

「神大和《かんやまと》　磐別彦《いわわれひこ》の　天君と　遍く触れて　年サナト　橿原宮《かしはらみや》の　初年《はつとし》と」

と記されている。「天鈴暦」の五十八年「サナト」の年を即位元年（初年）としたということである。つまり、日向の国を出発してから「大和討ち」を成就し、正式に君位を継承するまで七年かかったわけである（「天鈴暦」は第3章に掲げた図表「天鈴暦と干支暦の対照表」参照）。

だが、長髄彦命との紛争は武仁尊が十五歳のときであったにもかかわらず、それから三十年後、

四十五歳になってやっと「大和討ち」に出発したというのは、あまりにも時機を逸していて不自然な感を拭えない。しかも、長髄彦命の討伐に七年もかかり、君位継承は五十二歳にもなってからのことだった。

この三十七年もの間、君位を空席にしておいたというのは、とうてい理解しがたいことである。あり得ないといっても過言ではない。『秀真伝』では立太子と即位の儀式が別々に記されているが、それまでなかった立太子という制度が、にわかに取り入れられたこと自体が疑わしい。ほんとうの即位は武仁尊が十五歳のときであろう。ここには明らかに、三十年からの意図的な「年数引き延ばし」が見て取れる。その意図とは何だったのか。

第3章に掲げた「天鈴暦と干支暦の対照表」で明らかなように、神武天皇の即位年「サナト」は、干支暦でいうと「辛酉《しんゆう》（かのととり）」にあたる。〔紀〕にもそう記されているところから、中国の「辛酉《しんゆう》革命説」にもとづき、〔紀〕は編纂時に逆算して模倣したものだという説がある。

「辛酉《しんゆう》革命説」とは、辛酉の年に天命が革《あらた》まって変事が起こるという古代中国の讖緯《しんいか》家の説で、その変事を避けるために改元がなされた。わが国では平安時代の初期、三善清行の提唱によって昌《しょう》泰《たい》四年（九〇一年）に延喜《えんぎ》と改めている。神武天皇の即位もこれを模倣したものだと唱えたのは明治時代の学者・那珂通世《なかみちよ》であるが、私もこれに賛同せざるを得ない。

この改変は誰が主唱したのだろう。第3章で述べたように、思兼命のあとを継いで「日読み役」

になった天二枝命《あめふたえ》は神武天皇の時代、それまでの「鈴木暦」から「天鈴暦」に変え、干支暦に倣って年月日の記述をするようにした。おそらく、この天二枝命が「辛酉の年に即位したことにしてはどうか」と進言し、神武天皇もこれを容《い》れたのではないかと思われる。いや逆に、辛酉の年に即位したことにするため、干支暦を模倣した「天鈴暦」をつくったとみたほうが当たっているかもしれない。

前記のように、「立太子」の制度はそれまでなかった制度である。神武天皇時代に始まったこの制度も、辛酉革命説を取入れるために都合のよい仕組みとして採用されたのが始まりではないだろうか。

5　失われゆく民衆愛の思想

殉死から始まった「生き埋め」

神代の歴史や人物、思想などについての叙述を終わるにあたり、もう少し触れておきたいことがある。天君や皇族が崩御すると臣下を「生き埋め（人垣）」にする悪習が生まれ、第十一代活目入彦《いくめいりひこ》尊・垂仁《すいにん》天皇の時代まで永く続いたことである。

まず垂仁天皇の兄・大和彦尊（倭彦）が亡くなったときについて、『秀真伝』と『日本書紀』には次のような記述がある。

「面骸《おもむろ》送る　築坂《つきさか》に　侍《はべ》る人らお　生きながら　埋めば叫び　つひに枯る　犬鳥食《は》むお」（第三十七「鶏合わせ橘の紋」）

「桃花鳥坂《つきさか》に葬《はぶ》りまつる。是に、近習者《ちかくつかえまつりしひと》を集へて、悉に生けながらにして陵《みささぎ》の域《めぐり》に埋み立つ。日を経て死なずして、昼に夜に泣き吟《のどよ》ふ。遂に死《まか》りて爛《く》ち臰《くさ》りぬ。犬鳥聚《あつま》り噉《は》む」（『日本書紀』）

前文冒頭の「面骸《おもむろ》」は、大和彦尊の「面影を宿した亡骸《むくろ》」の意であるが、「生きながら　埋めば叫び」、「昼に夜に泣き吟《のどよ》ふ」とある以上、これは自ら望んだ「殉死」ではない。明らかに強制的に「生き埋め」にされたわけである。

この悪弊がいつ頃から始まったのか、〔紀〕には何も記されていないが、〔記〕の崇神天皇の条には、御子「倭日子命」の名前の下に小文字で、

「此の王の時、始めて陵に人垣を立てき」

と記されている。ここにいう「人垣」は「生き埋め」のことである。小文字で表記されているのは、「倭日子命」（大和彦尊）が亡くなったのは次代垂仁天皇の時代であるためで、結局は〔紀〕の記述に相応するのであるが、〔記〕はこのときが「生き埋め」の始まりとしている。しかし『秀真伝』によると、その発端は神武天皇の崩御のときにあった。第三十一「直り神三輪神の紋」に次のような記述がある。

「面骸《おもむろ》お　柏尾《かしお》に送り　装ひは　天平津姫《あびらつひめ》と　鰐彦と　問はず語りお　なし侍《はべ》る　君臣ともに

　洞《ほら》に入り　神となること　明日聞きて　追ひ罷《まか》る者　三十三人《みそみたり》　世に詠《うた》う歌　『天御子《あめみこ》が
　天《あめ》に還れば　三十三人《みそみ》追ふ　忠《まめ》も操《みさほ》も　通る天《あめ》かな』」

神武天皇が亡くなったのはこの年の三月十日で、遺骸は日嗣ぎ御子・神渟名川耳尊《かんぬなかわみみ》の若宮に送られたが、異母兄・手研耳尊の謀反が露見して野辺送りは延期され、埋葬は九月十二日になった。この間、天平津姫《あびらつひめ》（「天平《あびら》」は卯萱葺不合尊が亡くなった天神平《あかんたいら》に因る）と鰐彦・奇御光魂命はこの間、長く喪をつとめていたが、神武天皇の埋葬後、奇御光魂命は自ら殉死したのである。「君臣ともに　洞《ほら》に入り」は、鰐彦命が神武天皇の墓（陵）に入る道理はない。これは文学的修辞で、神武天皇のあとを追って自殉したことをいっている。その翌日、それを知った三十三人の臣下が殉死したわけである。

この鰐彦・奇御光魂命は、『秀真伝』の第二十八紋までを書き残した人物で、そのあとを引き継いで編纂した大直根子命の七世祖にあたる。その殉死が「忠《まめ》も操《みさほ》も　通る天《あめ》かな」と歌に詠まれて讃えられたのは良かったにしても、それが先例となり、やがて強制的な「生き埋め」の悪弊を生むことになろうとは思ってもいなかったであろう。

その後、三代にわたって殉死の記録はないが、五代孝昭《こうしょう》天皇の時代になってまた出てくる。

「三十三年《みそみとし》のち　八月十四日《はつきそよ》　送る御上君《みうえ》の　面骸《おもむろ》お　博多の原に　納むなり　臣女《とみめ》の亡骸《から》も
みな納む　生きる三人《みたり》も　追ひ罷る　天御子法《あめみこのり》や」（同紋）

「御上君《みうえ》」は孝昭天皇のこと。なぜ埋葬が崩御の三十三年後になったのか不明であるが、「臣女《とみめ》の亡骸《から》も　みな納む」は、この間に「臣女」が殉死したことを意味している。この前には、

「君罷る（中略）臣妃《とみきさき》　みな留まりて　喪に仕ふ」（同紋）

とあるので、「臣女」は「臣妃」のことと解されるが、もちろん「臣と妃」の意であろう。崩御のときはすぐ殉死はしなかったが、やがて殉死に及んだものと思われる。

問題は「天御子法《あめみこのり》や」との文で、これは神武天皇の崩御時に鰐彦命が殉死して以来の習わし（法）になっていたということである。であれば、記録がない二代綏靖《すいぜい》天皇、三代安寧《あんねい》天皇、四代懿徳《いとく》天皇の崩御のときも殉死が続いていたとみて差し支えないであろう。この間の殉死が、はたして自分の意志によるものだったかどうか、はなはだ疑わしい。

特に孝昭天皇の崩御の場合、臣や妃の殉死は三十三年も後のことである。この年数をそのまま信じてよいかわからないが、殉死の意志があったのなら、こんなに遅くなるはずがない。殉死が「天《あめ》

御子法《みこのり》」として繰り返されるようになれば、あとになればなるほど形式的になり、本人の意志とは関係なく「無理強い」になっていく。

「臣妃《とみきさき》　みな留まりて　喪に仕ふ」にしても、素直には受け取れない。三十三年という歳月は、喪に仕えるためにしてはあまりにも長すぎるのだ。「死ねずに留まっていた」と読むべきだろう。人間はそう簡単に死ねるものではない。死への恐怖は強く、みな長生きを願っている。だから生き埋めにされても、「日を経て死なずして、昼に夜に泣き吟《のどよ》ふ」のである。

そのあとに記された「生きる三人《みたり》も　追ひ罷る」もそう見てよいだろう。単純な殉死ではあるまい。何人かの臣と妃が三十三年後に殉死したとき、まだ死を恐れて生きていた者が、この期に及んで無理強いに屈したのか。いや、ほんとうは死に切れずにいて、「生き埋め」にされたのではなかったろうか。

ちなみに、中国の「生け贄」の風習は古い。殷墟《いんきょ》の武官村大墓からは、上層の東側に十七人の男性、西側に二十四人の女性の遺骸が、墓室の東西両側には三十四個の頭骨が埋められ、墓の外には首のない遺骸がずらりと並んでいるのが発掘されている。殷王朝は葬祭を重視して、禽獣のみならず人間を殺して生け贄に供したらしい。また戦国時代、秦の穆公《ぼくこう》が死ぬと、百七十七人の臣下が殉死を強いられた。始皇帝の時代の「兵馬俑《へいばよう》」は、その強制殉死に換えたものである。

神武天皇の時代は、年月だけでなく日にちまで干支暦を使用するようになったのみならず、辛酉革命説まで取り入れている。殉死もこの「生け贄」の風習に倣ったとみても不思議ではない。それが「天御子法」と讃えられて、殉死という名の無理強いが繰り返されたと私はみる。

第六代孝安天皇の崩御の際にも、

「面骸《おもむろ》お　玉手《たまて》丘に送り　五人《ゐたり》追ふ」（同紋）

とあるが、この五人の殉死は天皇の崩御後、約九カ月目のことだった。純粋な殉死というものが「ためらい」のないものだとすれば、彼らはこの間、死ねずに悩み苦しんでいたのだ。そこに強制の手が伸びなかったと誰がいえるだろう。

第七代孝霊天皇のときは、

「臣留む　六年《むとせ》経つまで　御饗《みあえ》なす　居ますごとくに　敬ひて　臣も世お去り」（同紋）

とあって、いかにも臣下たちは六年経つまで殉死を止められ、天皇が生きているときと同じように敬って御饗をしていたかのようである。だが、六年も止められたあとで、直接的にであれ婉曲にであれ「さあ、もう死んでもいいよ」ということになったとすると、その死を純粋な殉死といえるだろうか。

そもそも、本人たちが殉死を決意していたのに、六年間も止められていたのなら、なぜ六年目に殉死を許したのか理解に苦しむ。「臣留む」は殉死を「止める」意ではなく、決心がつかず死なずに留まっていた意で、御饗は殉死を促すためのものであったと考えるほうが自然であろう。

また、第八代孝元天皇の崩御の際は、

「六年《むとせ》のち　面骸《おもむろ》納む　剣島《つるぎじま》　九月二十四日《なつきすえよか》　女《め》ども止《や》むなり」（同紋）

とある。孝元天皇の遺骸は六年目に剣島に埋葬され、そののち女（妃か）たちが「追い死に」（止《や》む）をしたということである。同じことがこうも繰り返されると、もう善意の解釈はむずかしくなる。一人だけならまだしも、何人もの「女ども」が殉死したとすれば、そこに強制力が働いたとみるのが妥当であろう。

第九代開化天皇のときは、

「臣留め　居ますの御饗《みあえ》」（同紋）

とあるのみである。「臣の殉死を押し留め、天君が生きているかのような御饗をした」といえば聞こえはよい。が、この表現は第七代孝霊天皇のときと同じであって、やはり御饗によって殉死を促されたとみるべきだろう。

第十代崇神天皇のときも、

「神上がりとぞ　世に触れて　君と内臣《うちとみ》　喪《も》衣《は》に入り　外《と》の臣《とみ》やはり　政《まつ》り事　十月十一日《かんなそひか》に
面骸《おもむろ》お　山辺に送る」（第三十四「御間城の御代任那の紋」）

とあるだけであるが、この場合は「内臣」と「外臣」に分けて書かれている点が意味深長である。「外臣」は従前どおり（やはり）政り事を続けたが、君に近い「内臣」（近習者）は天皇の面骸を山辺に送るまで喪をつとめたあと、殉死したと読める。

このあと第十一代垂仁天皇の時代、兄・大和彦尊の崩御のときになると、近習者たちを集めて、みな生けながらにして陵の周囲に埋め、「日を経て死なずして、昼に夜に泣き吟《のどよ》ふ」ということになる。このときになって、にわかにこのような惨状を呈したのか、極めて疑わしい。垂仁天皇がこの「天御子法《あめみこのり》」を中止させた（後述）動機を強調するため、それ以前の状況は控えめに表現されたように思われる。

垂仁天皇はこの惨状を耳にして哀れに思い、

「生きお恵まで　枯らするは　痛ましいかな　古法《ふるのり》も　良からぬ道は　止《や》むべしぞ」

という（第三十七紋）。そして妃の日葉酢《ひばす》姫が亡くなったとき、「生き埋め」という「古法《ふるのり》」が廃止され、「埴輪《はにわ》」に換えられる。

「諸臣《もろとみ》召して　詔《みことのり》『先の追ひ枯れ　良からねば　この行なひは　如何《いか》にせん』野見《のみ》の宿禰《すくね》が　申さくは『生けるお埋む　先例《ためし》とは　あに良からんや　図《はか》らん』と　出雲の土師部《はしべ》百人《もゝ》召して　埴偶《はにでこ》及び　種々《くさぐさ》の　形作りて　奉る『今よりのちは　土師物《はじもの》お　生けるに代えて　御陵《みささぎ》に　植えて先例《ためし》と　なすべしや』君喜びて　詔『汝《なんじ》が図《はか》り　わが心　良し』と埴輪《はにわ》の　立て物お　のちの先例《ためし》と　定まりて　野見《のみ》の宿禰《すくね》お　篤《あつ》く褒《ほ》め　形土師所《かたしどころ》お　賜りて土師《はじ》部の司《つかさ》ぞ」（同紋）

野見の宿禰のいう「生けるお埋む先例《ためし》」は、殉死を強いたのみならず、嫌がる者たちを「生きながら埋める」行為が先例になっていて、一度や二度ではなかったことを窺わせる言葉である。「埴輪」

は秦の始皇帝のときに作られた「兵馬俑《へいばよう》」に倣《なら》ったものに相違あるまい。なぜもっと早く「兵馬俑」に倣わなかったのか、惜しまれる。

天照神の民衆愛の思想、国民をも政り事に深く関わる存在として位置づけた「天つ日嗣」の奥義は、天照神の崩御後にはあっという間に忘れ去られてしまった。そして、「生き埋め」という残忍な行為が「天御子法《あめみこのり》」として幅を利かせるに至る時代の流れは、そのまま天照《あまてる》思想が隠没《おんもつ》していく流れでもあった。

橘を求めた垂仁天皇

この「生き埋め」の悪弊を廃絶した垂仁天皇の功績は大きい。

「君生まれつき　正直《たゞなお》く　心秀真《こゝろほつま》に　驕《おご》りなく」（第三十五「日槍来る角力の紋」）

「個儻《すぐ》れて　大　度《おおきなるみこころ》います。率性《ひととなり》真に任せて、矯《なお》し飾る所無し」（『日本書紀』）

とあるところを見ると、垂仁天皇は心の優しい人柄だったようである。「生き埋め」の悪弊を廃絶したのも、その人柄によるといってよい。

しかし、天照神の思想や、残された「三種の神宝」などの「物実《ものざね》」の意味合いが、この時代まで正確に伝えられ、垂仁天皇がよく理解していたかは疑わしい。もしよく理解していたのなら、兄・大和彦尊のときの「生き埋め」を許すはずはないだろう。「生き埋」という「天例《あめため》し」のことは、聞き知っていたはずなのだ。してみれば、妃・日葉酢姫が亡くなったときに「生き埋め」を止めさせたのは、妃に仕えた者たちだったからといえないだろうか。

〔記紀〕にも出てくる話に、垂仁天皇が田道間守《たじまもり》を派遣して「香久の木」を求めさせる話がある。これなども古来の教えが伝えられているかに見えて、その実意が忘れられた事例といえる。

田道間守は十年の歳月をかけて「香久の木」を手に入れるが、帰ってきたときにはすでに垂仁天皇は半年前に崩御したあとだった。彼の労苦を嗤うつもりはない。だが、この「香久の木」とは、和歌山県以南の海に近い山地に自生する橘（ヤマトタチバナ）のことで、花も実も香しいことから、国常立神がつくったという「常世国」の象徴になった。いわば理想社会の「物実《ものざね》」である。政り事にかかわる重要な意味が、橘そのものに実態として存在するわけではない。

天照神の民衆愛の思想が間違いなく遂行され、実現されるならば、「橘」はあってもなくてもいい。その意味では「三種の神宝」をはじめ、「物実」という「物実」はみな同じである。そこに籠められた思想が現実の治世に生かされなければ、もはやみな「乳《ち》なきの親《たら》」でしかないのである。垂仁天皇はこのことをわかっていたのかな、と少々首を傾げたくなる。

だが、橘の意味はいうまでもなく、天照神が教え文だけでは心許なく、せっかく「物実」として残した「八咫の鏡」は神社のご神体になり、「曲玉」は装身具になってしまう。そして、仏教が伝来した飛鳥時代以降ともなると、国を挙げて中国文化に雪崩を打ちはじめる。しかしもうこの頃は、「をして」という古代文字も天照思想も、すでにことごとく隠没《おんもつ》していたのである。

終　章　天照思想はなぜ隠没したか

1　『秀真伝』が埋もれた理由

『秀真伝』、『三笠文』奉献の背景

『秀真伝』は景行天皇五十六年に奉献された。大直根子《おおたたねこ》命は第四十紋「熱田神世お辞む紋」の末尾と、『三笠文』に寄せた讃文の中で、その経緯を次のように述べている。

前者は蝦夷《えみし》が秀真国《ほつまくに》（関東地方）まで進出し、物をかすめ取る事件が頻発していたため、日本武《やまとたけ》尊が「秀真討ち」に向かうが、三年目に疲労の末に足を痛め、体調をくずして崩御、その死を惜しんだ景行天皇は、日本武尊の足跡を巡って帰還した。そのあとのことである。

「このときに　三輪の直根子《たゝねこ》　御代の文　編みて神代の　秀真路《ほつまぢ》と　四十紋《よそあや》なして　国撫《くになづ》に
示せば互ひ　三笠文　三輪え示して　相語り　新たに染めて　二家《ふたや》より　上げ奉る　この文は
昔大物主《ものぬし》　詔《みことのり》　請《う》けて作れり　阿波宮に　入れ置くのちの　世々の文　まちまちなれば
見ん人も　予《あらかじ》めにて　なそ知りそ　百千《もゝち》試み　遙かなる　奥の神路え　まさに入るべし」（第

四十紋）

「秀真文　著すときに　熱田神　告げて君には　香久御機《かぐみはた》　推させ賜えば　鏡臣　麓社《ふもとやしろ》の
文捧ぐ　われも上ぐれば　詔《みことのり》　『三種の道の　具《そな》わりて　幸得る今』と　宣《のたま》えば」（讃文）

三輪山の大直根子命と三笠山の国撫・大鹿島命は、互いに語り合って、それぞれ『秀真伝』と『三笠文』を景行天皇に奉献した。そのゆえは「世々の文」、つまり有力氏族の家伝書が「まちまち」に違えていたためだった。

二人がそれを知っていたのは、諸家の写本が流布していたからであろうが、その内容は〈記紀〉に記されたような間違いの多いものだったということだろう。両書の奉献は、こうした実情を背景に、それを正し、正史を後世に伝える意図によるものだったわけである。

これを知った熱田神・日本武尊が父・景行天皇に伝え、天皇も「香久御機」を編んで、「これで三種の道が具わり、いま幸いを得た（こんな嬉しいことはない）」と喜ばれたということだが、日本武尊は同四十年春に「秀真討ち」に発ち、四十三年に崩御している（第四十紋）。この間に帰還した事実はないので、日本武尊が『秀真伝』の編纂を知って景行天皇に伝えたのは、「秀真討ち」に発つ四十年春以前だったことになる。

〔記紀〕撰修以前に紛失した『秀真伝』

ところで、『日本書紀』の神代部の記述には、漢籍以外の書が十一書引用されている。それは『帝紀』や『旧辞』を写し、これに虚実を加えたものが出回っていたため、正史を編纂するのが目的だったとされ、『帝紀』や『旧辞』のほか、朝廷の書庫以外に存在した歴史書や伝聞などを集めて参考にしたとされている。

だが、「伝聞」を集めたというのは、『秀真伝』や『三笠文』が伝える事実とは違う。これは「上古の世に文字はなかった」ことを前提にした推測である。『秀真伝』等によれば、景行天皇の時代には三輪家（大三輪氏）や三笠家（中臣氏）のほかに、有力な氏族が七家あり（大鹿島命が寄せた讃文。後述）、その「ヲシテ」で書かれた七家の「伝え文」（家伝書）がすでに「まちまち」に違っていたのだが、この七家の家伝書が『帝紀』や『旧辞』に引用されたと私はみる。

しかし、『日本書紀』の神代部の記述や引用された十一書の中に、『秀真伝』や『三笠文』からの引用と特定できる記述は見当たらない。同じ時代の歴史を記している以上、『秀真伝』の内容と同じ、または類似する記述がたくさんあるのは当たり前のことだが、序章の第5項「真偽論のまとめ 論拠⑨」に詳述したとおり、『秀真伝』と〔記紀〕の違いを決定づける重要な記述が完全に抜け落ちているのである。『古事記』の場合は引用形式を採っていないが、『秀真伝』を参考にした痕跡がないのは『日本書紀』と同じである。

なぜ『秀真伝』は参考文献に加えられなかったのか。その理由には次の二点が考えられる。第一に『秀真伝』等を用いると都合が悪かったこと、第二には『秀真伝』等がこの当時、発見できなかったことである。

まず第一点についていえば、序章の第6項「真偽論のまとめ　論拠⑨」の（ニ）に述べた「天つ日嗣」の問題がある。〔紀〕では、単に「天つ神」から誘諾木尊・誘諾実尊の二神に、あたかも父から子へと万世一系の「天つ日継」を継承したかのように記されているが、『秀真伝』では先君・面垂尊《おもたる》に子どもがいなかったため、血統のまったく異なる二神に「天つ日継」を禅譲している。つまり、万世一系ではなかったことになっているのである。これが「万世一系」を主唱する朝廷にとって、「都合が悪い」と判断された可能性が考えられるわけである。しかしそれ以外の、

（イ）天地を開闢した天御祖神の神名を書くこと、
（ロ）神代の登場人物を実在の人物として書くこと、
（ハ）二神の「国生み神話」を、全国各地を巡り歩いて国造りをしたというリアルな話にすること、
（ホ）豊受神を誘諾実尊の実父で、天照神に思想を伝授した思想家として記すこと、
（ヘ）天照神を男神とし、十三人の妃がいたと記すこと、

などは、書いても何の不都合もない。それにもかかわらず書かれていないのは、『秀真伝』を用いると都合が悪いためではなかったことになる。

もっとも、これらについて書くと、不都合なことが書いてある『秀真伝』の存在がわかってしまうと恐れた、ということも考えられる。だが、〔紀〕は十一書を引用するとき、すべて「一書に曰はく」と記し、文献名を明らかにしていないので、不都合な真実が明るみに出るのを恐れたとは考えにくい。したがって、〔記紀〕編纂時においては、『秀真伝』や『三笠文』は発見されなかったと考えるのが妥当なところであろう。

ちなみに、〔紀〕の持統天皇五年八月に、

「十八の氏、大三輪・雀部・石上・藤原・石川・巨勢・膳部・春日・上毛野・大伴・紀伊・平群・羽田・阿倍・佐伯・采女・穂積・阿曇。に詔して、其の祖等《おやども》の墓記を上進《たてまつ》らしむ」

とあって、これは当時進行中の書紀編纂の資料にするため上進させたとする説が有力とされる。また、大三輪・上毛野・膳部・紀伊・大伴・石上の六氏に関しては、「独得な伝承が書紀の各所に挿入されている」と、『日本古典文学大系・日本書紀』（岩波書店）にある。

「墓記」については、『釈日本紀』には「纂記」（編纂した記の意）とあって、後者が正しいのではないかと思われる。『日本書紀』（岩波書店）が「墓記」としたのは、やはり「上古の世に文字はなかった」という説を前提にしたため、「纂記」は採れなかったのであろう。「独得な伝承が書紀の各所に挿入されている」とすると、「墓記」だった可能性は低い。

第三十一「直り神三輪神の紋」には、奇御光魂命の子・天立奇根命《あたちくしね》が「大三輪」の姓《かばね》を賜ったことが記されているが、大直根子命の子孫、大三輪氏が「独得の伝承」を記した「纂記」を上進したとすると、それは漢文に書き換えられたもので、『秀真伝』とは似ても似つかないものだったと思われる。なぜなら前述のとおり、〔書紀〕の神代部には、『秀真伝』からの引用と特定できる記述、『秀真伝』と〔記紀〕の違いを決定づける重要な記述が、完全に抜け落ちているからである。

裏を返せば、世の中が中国文化に雪崩を打つ中で、その波に呑み込まれて、大直根子命が『秀真伝』を景行天皇に奉献したとき遺した写本を読める者がいなくなって埃を被っていたか、あるいはすでに失っていたのではないだろうか。

伊雑（斎沢）宮と磯宮の違い

それにしても、景行天皇に奉献された『秀真伝』と『三笠文』はどうしたのだろう。やはり読める者も関心を持つ者もいなくなり、朝廷の書庫の奥に埃を被ったままになっていたのだろうか。いや、〔記紀〕編纂時にはよく探したはずであることを考えると、何者かが写本を作るために借りだし、そのまま返さずに失われてしまったのかもしれない。

もう一つの可能性として、中大兄皇子《なかのおおえのおうじ》（天智天皇）、中臣鎌足らが蘇我氏を滅ぼした飛鳥時代の政変「乙巳《いっし》の変」（六四五年）の際、書庫もろともに焼けてしまったとも考えられる。それ以前には朝廷の書庫が全焼するような大きな政変は記録にないからであるが、これには否定的なことが延宝七年（一六八〇年）成立の『先代旧事本紀大成経』（神道体系編纂会）に載っている。

神道家・長野采女、仏教僧・潮音道海らが著した同書は、国学界では偽書説が大勢を占めている。一貫して「仏・儒・神」の三教一体を説いたり、豊受大神を世界万物の始原神としたり、伊勢外宮（豊受大神宮）はツキヨミを祀る宮としたり、内容的には先行文献『先代旧事本紀』と同様、第一巻「神代本紀」からして『秀真伝』とはまるで違う記述で埋まっているし、たしかにまともに信じがたい書ではある。

だが、たいがいの古史料には、信用できる部分とできない部分とがある。信用できない部分をもって全体を否定するのは誤りである。受け入れがたい記述が多くあることをもって否定するなら、『古事記』や『日本書紀』をはじめ、大方の古史料を否定できるだろう。『古事記』や『日本書紀』が国史として重視されてきたのは、受け入れがたい記述がないからではない。天皇の勅命による編纂だったこともさることながら、信用できない記述がたくさんあっても、歴史的事実として認められる記述も多くあるからである。

その意味において、全面的に信用できる書ではない『大成経』にも、部分的に認容できる記述がある。いま二点だけあげると、その一つは、伊勢内宮《ないぐう》側は「皇大神宮儀式帳」にもとづき、内宮は礒宮《いそみや》（磯宮）から現在地に移ったとしているのに対して、伊雑宮《いざわみや》（斎沢宮）側や『大成経』側は現三重県志摩市磯部町にある伊勢別宮の一つ伊雑宮こそ本来の礒宮（本宮）と主張している点である。そのため内宮側と対立し、幕府に訴えられたりして、結局同書は禁書になり、長野采女や潮音道海らは流罪された。

源平の合戦の頃から戦国時代にかけ、伊勢を中心とする地域はしばしば戦乱に巻き込まれ、伊雑宮は九鬼水軍の略奪などにあい、幕府や朝廷に何度も再建願いを提出したが容れられなかった長い時期があり、伊雑宮がもともと現在地にあったかどうかは定かではない。しかし第4章「**天照神とその姉弟たち**」でも触れたように、第六「日の神十二妃の紋」には、

「君は都お　遷さんと　思兼命《おもひかね》して　造らしむ　成りて斎沢《いざわ》に　宮遷し」

とあり、『三笠文』の「春宮の紋」にも同様の記述があって、天照神が思兼命に命じて原見山から「斎沢」に宮遷しをし、ここで政り事を執ったことが明らかである。したがって「いそ宮」ではなく「いざわ宮」だったという点では、『大成経』側の主張が正しい。

「磯宮」については、第三十八「日治《ひしろ》（日代）宮の世態襲討つ紋」に、

「倭姫《やまとひめ》 内宮機殿《うちはたどの》の 磯宮《いそみや》に 開き静かに 日の神お 祀《まつ》れば永く 倦《う》まなくて」

とあって、倭姫（垂仁天皇の娘）は内宮の一角に自分の機殿（住まいを含む意であろう）があって、そこに「磯宮」を建て、「日の神」（天照神）を祀っていたことがわかる。また、第三十九「秀真討ちツヅ歌の紋」にも、

「日本武尊《やまとたけ》（中略）七日伊勢《なかいせ》の 神に祈りて 磯の宮 倭姫《やまとひめ》にも 暇乞《いとまご》ひ」

とある。「日の神」（天照神）を祀ったという点は同じでも、こちらは「伊勢の宮」（伊勢の神）と「磯宮」が別の宮として記されている。「磯宮」は倭姫の私的な宮である。このことからすれば、内宮側は詳しい記録がなく、倭姫が「磯宮」に日の神を祀ったということだけが伝わったため、「磯宮」こそが伊勢内宮の元宮だと思い込んだものと思われる。したがって、『大成経』が「伊雑宮こそ本来の礒宮」と主張している点も正しくないのだが、伊勢内宮のもとの名は「いざわ宮」だったのである。

『秀真伝』は「あわ宮」、『三笠文』は枚岡宮に秘匿された

もう一つ注目すべき点が序文にある。本書の序は二つあるが、「神代皇代大成経序」のほうである。この序も全面的に受容できるものではないけれども、推古天皇の御子「八耳王《やみみのおおきみ》」こと上宮太子（聖徳太子）に関して次のような記述がある。以下はその要約である。

太子は、「近世の史家は、あるいは秘し、あるいは偏り、私なきを得ない。真実は歳月とともに滅びようとしているのが現状である。先代の行跡を忠実に記して永久の鑑《かがみ》としなければ、神の道は廃り、聖跡は亡《ほろ》びてしまう」と推古天皇に訴える。そして許しが出ると、大臣蘇我馬子の宿禰に命じて、朝廷にある記録（内つ録）と、吾道《あち》・物部・忌部・卜部・出雲・三輪の六家の記録を集めさせた。また中臣の御食子《みけこ》に命じ、蘇我馬子とともに「著録の奉行」をさせた。三輪氏は大直根子命の、中臣氏（御食子）は大鹿島命の子孫である。

だが、太子は集まった内録や六家の記録を見て、「いまだ神代のことが明らかではない。隠された記録があるのではないか」と疑い、彼らに問い質した。朝廷や六家の記録は〔記紀〕と同様に、歴史的リアリティに欠けるものだったのであろう。またこのことは、景行天皇に奉献された『秀真伝』や『三笠文』も、三輪氏や中臣氏の手元にあったはずの写本も、すでに失われていたとみることができる。

太子の問いに対し、忌部と卜部は、「決して祖紀の一行も惜しむものではありません。ただ磐余

彦の天皇（神武天皇）の御代に、豊天富命、天種子命が土笥《はにはこ》を本祠《もとつほこら》に安置したと聞いています」

と答えた。そこで太子は大徳・小野妹子を「平岡宮」へ、大連・秦河勝を「泡輪宮」に派遣し、両名はそれぞれ「土笥」を得て持ち帰った。太子が開けると、「土笥」の中には「土簡《はにふだ》」が各五十簡収めてあり、これによって神代の事跡が明らかになり、この記録に随って「大録《みふみ》」を編纂し、のち「土簡《はにふだ》」を「土笥《はにはこ》」に収めて「本祠」に返却した。この「大録」こそ『大成経』だと序文は書いている。

さて、これらの記述で注目されるのは、「土笥」があったという「泡輪宮」と「平岡宮」である。まず前者について述べると、研究書によってはこの「泡輪宮」を、太玉主命を主神とする千葉県安房郡神戸村太神宮の「安房宮《あわみや》」とし、忌部氏と関連づけて説く説もあるが、そうではない。大直根子命は前記のとおり、『秀真伝』を景行天皇に奉献したときのことについて、第四十「熱田神世お辞む紋」に、

「この文は　昔大物主《ものぬし》　詔《みことのり》　請《う》けて作れり　あわ宮に　入れ置くのちの」

と記した。ここにいう「大物主」は大直根子命の七世の祖で、神武天皇の鏡臣を務めた鰐彦・奇御光魂命のことであるが、『秀真伝』（この文）は「あわ宮」に入れ置かれた、とある。また、第二

十八「君臣遺し詔《のり》の紋」までを編んだ奇御光魂命は、同二十八紋の末尾に、こう記している。

「父の積葉《つみは》も　神となる（中略）今年鰐彦　百《もゝ》の八歳《やつ》　妹《いもと》五十鈴《ゐすゞ》姫は　十五歳《とおゐつゝ》　ともに喪に入り　四十八日《よそや》のち　阿波《あは》の県《あがた》に納むのち　自ら記《しる》し　この文お　社《やしろ》に置くは　何処《ゐづこ》のためか」

奇御光魂命は初代大物主・大国主命の昆孫《こんそん》（六代あと）である。二十八紋はおそらく大国主命あたりから代々書き残されてきた記録（家伝書）を整理したものと考えられる。

ここには「自ら記《しる》し」とあって、自分の意思で編纂したようにも読めるが、奇御光魂命の仍孫《じょうそん》（七代あと）にあたる大直根子命は、奇御光魂命が神武天皇の詔を請けて編纂したように書いている。どちらも正しいとすれば、「自ら記《しる》し」は私が書いたというほどの意味と思われる。

実父の事代主《ことしろぬし》・積葉命は、長髄彦命が「世嗣ぎ文」を密かに写し取ったとき、武仁尊の命を受けて大和へ糾明に行った人物である。奇御光魂命はその実父の遺骸を「あはの県《あがた》」に埋葬したのだが、これは阿波国のことと解される。どのような地縁があったのか具体的なことは不明であるが、遠く温《たず》ねれば誘諾木尊の父・沫和杵《あわなぎ》尊の時代にさかのぼれるわけで、房総半島との地縁はまったくない。

県《あがた》は中国の地方行政にならった名称で、わが国では律令制以前は、国と県が地方区分の単位として用いられていた。もとは国と呼称していたのが、県の呼称も併用されたのである。「この文《ふみ》お　社《やしろ》に置くは　何処《ゐづこ》のためか」の「何処」は、場所をさす不定称であるが、ここでは「何のためか」、「いつの世のためか」といった意味である。この文の少し前に、長髄彦命が「世嗣ぎ文」を密かに写し取った事件や、その後の紛争が記されていることから考えると、盗まれないように秘匿し、長く遺し伝えて、後世の亀鑑とするためだったとみてよいだろう。

ちなみに、誘諾木尊が政り事を執った近江の宮も「天地宮《あわ》」と呼称されたことがある。だが、のちに「治闇宮《たが》」と称され、その後「瑞穂宮《みずほ》」に名を変えて長い歳月を経ている。盗まれないように秘匿するという意図と、実父・積葉命の遺骸を葬祭する序《ついで》があったことからすると、阿波国のほうが適している。『神字日文伝《かんなひふみのつたえ》』を著した平田篤胤《あつたね》も、同書に「秀真文字（ヲシテ）」を載せ、

「右ハ大多駄根子（大直根子命）ノ伝ナリ。阿波国阿波社」

と添え書きしている。「阿波国阿波社」とした根拠は明らかではないが、秘匿した場所は「阿波宮（社）」とみるのが妥当であろう。

ただ、平安時代中期に成る『延喜式神名帳』によると、当時の阿波国には大社三座三社、小社四十七座四十三社の計五十座四十六社が録されているが、いずれも諸説紛々して定かではない。だか

らいうわけではないが、積葉命の墓の上に建てた私有の小さな社（宮）だったと思われる。いずれにしても、「泡輪宮」は「阿波宮」で、そこに納めてあったのは神武天皇の治世までを記した『秀真伝』（の二十八紋まで）だったのである。

　また、小野妹子が行ったという「平岡宮」は、春日神・天児屋根命の墓の上に建てた社である。天児屋根命は『三笠文』の前半を編纂した人物であるが、第二十八「君臣遺し詔の紋」には、死後その子・天押雲命が亡骸をいったん三笠山の春日社に仮納めしたのち、生駒山の西麓にあたる枚岡《ひらおか》宮に本葬したとある。枚岡市出雲井の枚岡神社がそれである。

『大成経』序文の記述からすると、土笥《はにはこ》を本祠（枚岡宮）に安置したのは天種子命と読めるが、天種子命は天児屋根命の孫にあたる。祖父が亡くなったときは、卯萱葺不合尊のお供をして筑紫にいたが、訃報を聞いて駆けつけ、喪に服している（第三十紋）。

　のちに武仁尊・神武天皇即位のとき、天種子命は奇御光魂命とともに鏡臣、剣臣を務めた仲で、前述のように奇御光魂命は長髄彦命が「世嗣ぎ文」を密かに写し取ったのを知って、『秀真伝』を後世の亀鑑とすべく「阿波宮」に秘匿した。そして他方、「世嗣ぎ文」を三笠山に秘匿しながら、長髄彦命に写し取られたのは、ほかならぬ天種子命なのである。

　こうした経緯を鑑みれば、祖父・天児屋根命が編纂した『三笠文』を、天種子命が「枚岡宮」に秘匿したとしても不思議ではない。奇御光魂命が実父の墓の上に建てた「阿波宮」に秘匿したように、天種子命もまた祖父の墓の上に建てた「枚岡宮」に秘匿したと考えられるわけである。

序文では上宮太子の詰問に対し、忌部と卜部の両氏が「土笥」の所在として「阿波宮」と「枚岡宮」をあげたことになっている。また序文の記述では、土笥を本祠（枚岡宮）に安置したとされる人物は豊天富命とみられるが、彼は太玉命の孫であり、「神武東征」のとき主君・饒速日命に殺された長髄彦命とは兄弟で、卯萱葺不合尊と神武天皇によく仕えて忌部の姓《かばね》を賜った人物である（第三十紋）。

だが、忌部と卜部は『秀真伝』や『三笠文』とは何の関連もない。彼らが知っていたとは到底考えにくい。実際に答えたのは、太子に呼ばれた三輪氏と編纂を命じられた中臣の御食子であろう。

なお、「土笥」と「土簡」は中国の木簡・竹簡を模倣し、粘土で作ったものであろうか。はたして本当か疑わしいが、神武天皇の崩御から数えるとおよそ千年近く経過している。それでも朽ちないでいたとすると、絹布などより信用性があるかもしれない。

聖徳太子の『国記』編纂に用いられる

それはともあれ、「土簡《はにふだ》」が「阿波宮」と「枚岡宮」から見つかったのであれば、前者の土簡は『秀真伝』、後者は『三笠文』にほかならない。『大成経』の序文は、上宮太子（聖徳太子）がこれをもとに「大録」を編纂したとし、その「大録」こそ『先代旧事本紀大成経』だと主張している。

だが、これは到底信じられるものではない。なぜなら、『大成経』の中身は基本的に『日本書紀』のカーボンコピーで、独自に集めた記事をその間に混ぜ込み、神託や予言、神がかり的な現象で粉飾しており、『秀真伝』や『三笠文』とは似ても似つかないものだからである。

〔紀〕の推古天皇二十八年（六一五年）十二月の条に、

「皇太子、嶋大臣共に議《はか》りて、天皇記《すめらみことのふみ》及び国記《くにつふみ》、臣連伴造国造百八十部併せて公民等の本記《もとつふみ》を録《しる》す」

とあって、聖徳太子が編んだのは「天皇記」と「国記」である。

ただ、「天皇記」は残念なことに、「乙巳《いっし》の変」のときに朝廷の書庫もろとも焼けてしまった。前にも触れたが、「乙巳の変」は中大兄皇子《なかのおおえのおうじ》（天智天皇）、中臣鎌足（御食子の子）らが蘇我氏を滅ぼした飛鳥時代の政変で、〔紀〕の皇極天皇四年（六四五年）六月に、

「蘇我蝦夷等、誅《ころ》されむとして悉に天皇記・国記・珍宝を焼く。船史恵尺《ふねのふびとえさか》即ち疾《と》く、焼かるる国記を取りて、大兄皇子に奉献る」

と記されている。幸い「国記」は船史恵尺によって助け出され、中大兄皇子に奉献されたわけであるが、その後日本古代最大の内乱戦争といわれる「壬申の乱《じんしん》」（六七二年）が起こる。都を近江宮に遷した天智天皇の皇太子・大友皇子《おおとものおうじ》に対し、異母弟の大海人皇子《おおあまのおうじ》（のちの天武天皇）が反旗をひるがえし、近江朝廷軍を破った戦争である。奈良時代の天平勝宝三年（七五一年）になる日本漢詩集『懐風藻《かいふうそう》』序によれば、このとき近江の史料は「悉く煨燼《わいじん》に従ふ」とあって、「国記」も焼けてしまったようである。

したがって、『秀真伝』や『三笠文』が「天皇記」や「国記」に用いられたかは確認できない。だが、偽りに満ちた『大成経』序文の中に、真実の断片が顔を覗かせている。それが「泡輪（阿波）宮」と「枚岡宮」であり、この二つの宮から出た「土簡《はにふだ》」は、『秀真伝』と『三笠文』に相違ないのである。

開放的だった天児屋根命と大直根子命

ところで、『三笠文』の「東西南北《きつさね》の紋」には、

「三笠社《みかさや》に　天児屋根の　説く文は　（中略）『もしや道聴く　志《こころざし》　あらば戸開けて　授くべし』（中略）『心あり　訪ね来たらば　われ会ひて　その道奥《みちのく》お　語るべし』」

と記されており、天児屋根命は他者に対して開放的だったことがわかる。また、大直根子命も第四十「熱田神世お辞む紋」の末尾に、

「世々の文　まちまちなれば　見ん人も　予《あらかじ》めにて　なそ知りそ　百千《もゝち》試み　遙かなる　奥の神路《かみぢ》え　まさに入るべし」

と記して編纂を終えた。「他家の家伝書はまちまちに違えてしまっているが、どこがどう間違っているか、『秀真伝』とどこが違うのかを前もって知ることはできない。読み比べてよく思案し、『秀真伝』こそ真実を伝えていることを理解して、真の神路にはいりなさい」と訴えているわけで、後世の人たちが『秀真伝』を自由に学べるようにしたことが窺える。

そうであるならば、大直根子命は寛容な心をもって、求める者には写本を作ることも許したろうと推察される。ともに語り合った大鹿島命もそうであったろう。『秀真伝』と『三笠文』が平安時代に比叡山や高野山に現れ、江戸時代や明治時代に再び姿を見せ、戦後になって古書店に四たび現れた背景には、そうした配慮があってこそといってよいだろう。

2 「天照思想」隠没の責めは佞臣だけが負うのか

「言葉違えば」と「テニオハ」

他家の「伝え文」(家伝書)は、なぜまちまちに間違えてしまったのか。この問いは今日的には、なぜ『秀真伝』と〈記紀〉では内容(特に神代)が大幅に異なってしまったのかということでもある。このことは、『秀真伝』が長く姿を隠してしまった理由よりも重要な問題であるが、大鹿島命・国撫は『三笠文』の序「国撫が述ぶ」と『秀真伝』に寄せた讃文において、その理由を述べている。

まず『三笠文』の序「国撫が述ぶ」には、次のように記す。

「神が代の　斉矛《とほこ》の道も　弥々《やゝ》栄ふ　(中略)　しかれど神代　今の世と　言葉違えば　道下がる　これ諸家《もろいゑ》の　伝え文　今のテニハに　準《なづら》えて　形と技と　その味お　篤《とく》と得ざれば　道奥《みちのく》の　行き違《たが》うかと　畏るのみなり」

「しかれど神代　今の世と　言葉違えば」には、二意がある。神代から今の世へと時代が下るにつれて「言葉遣い」、「ものの言い方」が違ってきてしまったという意と、諸家の「伝え文」（家伝書）の記述が違ってきてしまったという二意である。

時代の変遷による「言葉遣い」、「ものの言い方」の変化は、標準語と方言の違いのようなもので、言葉の意味が変わるわけではない。次下に「道下がる」とあるからには、諸家の家伝書の場合は、記述の違いによって意味内容が変わってしまい、真実を伝えていないことをいっている。

「今のテニハ」は、五七調に音数律を調えるために「テニオ（ヲ）ハ」を約《つづ》めたものである。いまいう「テニヲハ」が「テニオハ」になっているのは、格助詞または接続助詞の「を」を、神代では「深き心お　添ゑ入れて」のように「お」と表記したことによる。大鹿島命はこの「テニオハ」について、『秀真伝』に寄せた讃文で次のように説いている。

「世に著せる　その文は　秀真伝に　優る無し　いま世に残る　家々の　文もそれぞれ　変わりある　たれお真《まこと》と　なし難し　故《かれ》に一つお　挙げ記す　二十六《ふそむ》の紋《あや》に　『鴨《かも》船割れて　豊玉姫も　渚にて　健《たけ》き心に　泳がせば　竜《たつ》や蛟《みづち》の　力得で　恙《つゝが》も波の　磯に着く』　これお他家《よそ》にて　『鴨《かも》船割れて　竜と蛟の　力得て』　これ誤れる　テニオハぞ　すべて七家《なゝや》の　記し文　異なりがちは　これに知れ　わが神の推《お》す　三笠文　秀真伝と　割り瓜《うるり》　合わすごとくの　心

なり　世々の掟と　なる文は　秀真伝と　思ふゆえ　深き心お添ゑ入れて　上げ奉る　末代《すえ》に推《お》してぞ」

この文によると、当時、三輪家（大三輪氏）と三笠家（中臣氏）のほかに、有力家が「七家」あったわけである。いずれも天君（天皇）の血統に近い氏族と考えてよいが、みなそれぞれに、それまでの国の歴史をまとめた記し文（家伝書）を持っていた。しかし、それらの家伝書はみな異曲を生じていた（変わりある）ことを、大鹿島命は「テニオハ」の違いで示している。

この助詞「テニオ（ヲ）ハ」は今日、漢文を訓読するときの読み方を示す方法だったとか、中世以降における和歌の作法の秘伝だったとかいわれている。が、すでに和歌＝若《わか》歌が生まれた神代において、詠み手が思い描く世界を省略に省略を重ねて詠む際、「テニオハ」の違いで意味が大きく異なってしまうことを発見したもので、いわば歌法の〝要訣〟でもある。

では、「テニオハ」の違いでどう違ってしまうのか。大鹿島命はそれを第二十六「卯萱葵桂の紋」の記述を例にあげて説いている。

天孫・瓊々杵尊が老齢に達し、卯津杵・彦火々出見尊に「天つ日嗣」を譲ることになり、筑紫にいた彦火々出見尊は船足の速い大鰐船に乗って先に近江へ向かい、臨月を迎えていた妃の豊玉姫は船足の遅い鴨船であとを追った。ところが、豊玉姫が乗った鴨船は時化《しけ》にあって難破してしまうの

だが、豊玉姫は健気に泳ぎ切って助かった。そのことが第二十六紋では、

「鴨船《かも》割れて　豊玉姫も　渚にて　健《たけ》き心に　泳がせば　竜《たつ》や蛟《みづち》の　力得で　恙《つゝが》も波の　磯に着く」

と記されているが、他家の家伝書では、

「鴨船《かも》割れて　竜と蛟の　力得て」

と記している。どこが違うかというと、「力得で」と「力得て」の違いがある。「で」も「て」もともに接続助詞であるが、「で」は「……ずして」という打ち消しの意を表す。したがって、「竜《たつ》や蛟《みづち》の助け（力）を得ないで助かった」という意味になる。言い換えれば、あたかも竜《たつ》や蛟《みづち》の助け（力）を得たかのように、自分の内奥からかつて発揮したこともない不思議な力が湧き出てきて、本当なら溺れ死んでしまうところを、一人で健気に荒波を泳ぎ切って助かったということである。

他方、「て」は、ここでは順接の原因・理由を示す助詞である。だからこの場合は、「竜や蛟の助けを得て助かった」という意味になる。竜も蛟も中国神話に登場する空想上の獣である。実在しない以上、助けを得られる道理はないのだが、竜や蛟が助けてくれたことになっているわけである。

当時すでに、竜や蛟の神話が伝わっていたようで、いくつもの紋に出てくる。竜は呉訓でリュウ、漢訓でリョウ、慣用訓でロウまたはロンと訓むが、天に立ち昇ると聞いて「たつ」と和語化したのだろう。また蛟は竜の一種で、呉訓でキョウ、漢訓でコウと訓むが、水を好み、大水をおこすと聞いて「水霊《みづち》」の意で和語化したものと推察される。

この第二十六紋の文は、奇御光魂命が自ら書いたものではあるまい。四十紋までを編んだ大直根子命が他家の家伝書に「竜と蛟の　力得て」と書いてあるのを知って、それを否定し、他家の家伝書との違いを明確にするために書き加えたものであろう。そのため、本来なら「竜や蛟の　力得で」などと書く必要はないのだが、あえて他家の家伝書に寄り添って書いたと考えられる。

もっとも〔記紀〕の場合、神武天皇の母・玉依姫や祖母の豊玉姫が「海神」の娘で、豊玉姫は御子・卯萱葺不合尊を生んだあと、鰐（鮫）の姿をして這い回っていたことになっている。それが本書にいう七家の家伝書の引用なら、竜や蛟の助けはいらないわけで、「竜と蛟の　力得て」と書いてあったとは思えないが、どこかの家伝書に記されていたのだろう。

しかしこれは、他家の家伝書との違いを示す一例にすぎない。『秀真伝』と〔記紀〕を比較してみると、こうした間違いは無数にある。大鹿島命はそれを簡潔に「言葉違えば」といい、その結果、「今の世」が「道下がる」状態になってしまったのだといっているわけなのである。

「司違えば」と「君」の責任

また、大鹿島命が他家の誤りの原因を「言葉違えば」と表現したのに対して、大直根子命は『三笠文』に寄せた讃文で、「司違えば」と書いている。

「しかれど道も　諸家《もろいゑ》に　司違《つかさたが》えば　秀真文　著すときに　熱田神　告げて君には　香久御機
推させ賜えば　鏡臣　麓社《ふもとやしろ》の　文捧ぐ　われも上ぐれば　詔《みことのり》　『三種の道の　具《そな》わりて
幸得る今』と　宣《のたま》えば」

前にも触れたので解説は省略するが、「しかれど道も　諸家に」は、七家の家伝書には「道」、すなわち豊受神、天照神の教え（思想）が記されていないことをさしている。それを大鹿島命は「道下がる」といったのだ。自序「国撫が述ぶ」では、その思想を古くからあった「斉矛《とほこ》の道」に代表させている。

景行天皇が編んだ「香久御機」については、第二十七「御祖船魂の紋」にも天照神の語りとして、

「われ昔　天《あめ》の道得る　香久《かぐ》の文《ふみ》」

とある。同じ意味に解してよいであろう。

このことから推し量れば、「香久御機」は国の歴史的叙述ではなく、天照神の思想など「古来の教え」に関するものであったろう。天君の教えは天君の教えであるがゆえに、古来「香《かぐわ》しい文（御機）」と尊称されてきたものと思われる。この点で、歴史的叙述と思想的叙述の双方を具えている『秀

真伝』や『三笠文』とは内容を異にしていたと考えられる。
「司違えば」の「司」には、大別して国司と家司がある。ここでは「諸家《もろいゑ》に」を前提にしているので、諸家の史司《ふみつかさ》をさしているが、天君に近侍していなければ、天照神の思想はよく伝わらない。豊受神や天照神が書き遺した「教え文」も、読む機会に恵まれなかったろう。天君（天皇）との血縁はあっても、代々「鏡臣」、「剣臣」として天君に近侍していた家柄と、そうでない家との違いが出たともいえる。

家伝書というものは自家の由緒などを記すのが主な目的だとするならば、諸家（七家）の家伝書に天照思想が記されていなくても、さほどおかしなことではない。だが諸家の場合、国の歴史的叙述や人物の事績などについても間違いが多数あったわけなのだ。

しかしながら、いちばんの問題は、諸家の史司よりも阿諛追従《あゆついしょう》の佞臣《ねいしん》と天君（天皇）にある。神武天皇以降になると、そのために天照神の民衆愛の思想は次第に蔑《ないがし》ろにされるようになっていったのだ。天皇や皇族が崩御すると近親者を「生き埋め」する悪弊が長く続いたことなどは、その端的な事例であるが、垂仁天皇のひと声で止まったことからしても、その責任の多くはこの間の佞臣と天皇にあるといわざるを得ない。大直根子命と大鹿島命が、思想的叙述に力を注いでいるのも、そのためであったろう。

天皇・皇子を直諫した二代の大物主

まだ奇玉火之明尊が「天つ日嗣」を承ける前、わがままな振る舞いを続ける同尊を大物主の奇彦・大国主命が諫言した逸話がある。第二十「統御孫十種得る紋」によると、およそ次のようなことである。

父・愛秀耳尊が日高見で政りを執るようになると、中国《なかくに》の政り事は天児屋根命の父・春日殿（兵主命《つわものぬし》）に任されたが、やがて年老いたため愛秀耳尊に来てほしいと要望した。だが、日高見の民から留まってほしいと懇願され、天照神の許しを得て奇玉火之明尊を差し向けた。明尊は総勢八百六十四人もの従者を従え、乗り馬で日高見を発った。さながら天君の宮遷しを思わせる大移動だった。

当然ながら、道々の国民たちは宿舎や食事を用意しなければならず、多大の迷惑がかかったが、明尊はまったく頓着しない。苦情を耳にした天照神から注意を受け、鹿島から船に乗り換えたが、大和に着くとさっそく斑鳩《いかるが》に宮を造営する。ところが、新宮に移った翌日には、もう飛鳥《あすか》への宮遷しを決めるという具合だった。

天児屋根命と大国主命は、「きのう斑鳩の宮に移ったばかりなのに、今日また飛鳥に宮遷しとはあまりにも早い」といって止めたが、太玉命と香久山命の両翼の臣が明尊に阿《おもね》ってかばった。これに腹を立てた大国主命は、

「君が翼臣《はねをみ》の擁護に肖《あやか》って改めないならば、私はここを去る。たとえ罪に問われても穢《けが》れは受けない」

と諌言したが受け入れられず、その場から立ち去ってしまったのである。このような明尊に、なぜ君位を継承させたのか不可解であるが、おそらく明尊は中国《なかくに》を任されたことや生来のわがままな性格から、すでに君位を継承したかのように思い上がっていて、継承させないと承知しなかったのだろう。在位は短かったと思われる。

第三十二「藤と淡海瑞の紋」は、もう一つの事件を記す。稚日本根子彦《わかやまとねこひこ》・開化天皇は父・孝元天皇が崩御すると、父の妃の一人だった良香色姫《いかしこひめ》を妻にして内宮（皇后）に立てた。これを知った大直根子命の祖父・大御気主命《おおみけぬし》は、良香色姫の叔父で食国臣《けくにとみ》の現色雄命《うつしこお》と開化天皇を諌言した。

「(大御気主は)　嘆きて曰く　『大御神　天の道なす　代々の君　嗣ぎ承け治む　天日嗣　汝が政り　諌めずて　阿《おもね》り君お　天無《あな》にする　心汚し　君如何　わが御祖神《みをやかみ》　離れんや　穢《けが》れ食《は》まず』と　いゝ終わり　帰れど君は　これ聞かず　大御気主《みけぬし》親子　噤みおる」

大御気主命は天照神から代々継承されてきた「天成る道」、「天つ日嗣」から説き起こし、「君の誤りを諌めずに阿《おもね》るのは、君の『天の道』を台無しにすることだ。その心はまことに汚い」といって、現色雄命《うつしこお》をなじり、開化天皇に対しても「君はいかがか。そんなことでは天照神（御祖神）も離れてしまうだろう」と直諫した。しかし聞き入れられなかったので、「穢《けが》れ食《は》まず」といって職を辞し、自ら蟄居してしまったということである。

この話は〔記紀〕には出てこないが、義母を妻に迎え入れた開化天皇と、これを諫めず阿諛追《あゆつい》従《しょう》する現色雄命《うつしこお》の姿の中に、大御気主命は天照思想が蔑《ないがし》ろになっていくのを端的に見て取ったのだ。大直根子命が「司違えば」というとき、この一件も念頭においていたに違いない。

天照神は「天つ日嗣」の表徴である「三種の神宝」の一つ、「教え文」を後継の君に授け、強く実践を促した。君の最大の任務が「民衆愛の思想」の継承と実践にあったためにほかならない。

臣もその一翼を担っているわけであるが、特に鏡臣と剣臣の責務は重い。だからこそ「八咫の鏡」と「八重垣剣」を授けられるのだ。だが、阿諛追従《あゆついしょう》の佞臣《ねいしん》に成り下がってしまったのである。大国主命や大御気主命のように、両翼の臣が天君を諫めていたら、情況はまた変わっていただろう。

とはいえ、道を外れた君は佞臣を好む。開化天皇がそうであった。「天つ日嗣」が正しく継承されず、実践されなくなってしまったとすると、その責任の大半は君にあるといわざるを得まい。

特に大濡煮《うひぢに》尊の時代に成立した「妻定め」は、国の秩序を正し維持する基幹となる「天法《あめのり》」である。なればこそ天照神も「伊勢の道」を説いたのだ。だから大御気主命は、この教えを守ろうとしない開化天皇に対して、

「君如何　わが御祖神　離れんや　穢れ食まず！」

と直諫したわけである。この直諫が受け入れられなかったとわかったとき、もともと存在した君の絶対的権威は、臣民の間にさらに根づいていったに相違ない。

君主の絶対化をわかりやすくいえば、たとえば天照神の思想を百とすると、その継承度が五でもゼロでも百と同じになってしまうということだ。時の君主の知識や能力、器量の枠内に、天照思想の全体が閉じ込められてしまうのである。

大濡煮尊《うひぢに》以来の歴史を『秀真伝』でみるかぎり、君主の世襲制はわが国の場合、欲得よりも政争の防止に主眼があったように思う。古くから伝わる「天成る道」や「天つ日嗣」などの奥義の中に、その証《あかし》を見て取ることができる。しかし、それは君主が常に立派な人物であってはじめて担保されるわけで、そうでない場合は山坂を転げ落ちるばかりで、これを防ぐ手立てはない。

天照神は、「君臣民」の三位について語る中で「君」の重要性を繰り返し説き、「教えを正しく継承し、実践しなければ『乳《ち》なきの親《たら》』でしかない」と教えている。しかし、この教えが後継の君によって守られ、実践されたとはとても言い難い。

また、近侍する臣下が天皇に阿《おもね》らずに諫言したとしても、大御気主命の諫言で明らかなとおり、それを天皇が受け入れるかどうかは別問題なのである。所詮は、天皇の一存によって決する。そこに君主世襲の隘路がある。天照思想は文字通り「乳《ち》なきの親《たら》」になってしまったばかりか、その「教え文」は書庫に収められたまま顧みられなくなり、やがて隠没する道を辿っていった。

有り体にいえば、わが国は君主の世襲制によって、かえって無思想国家、無思想民族の「根なし草」に成り下がっていったといえなくもない。これを中国文化の大量流入に帰すことはできない。なぜなら、それは天照思想が蔑ろにされ、「無思想国家」になった結果が招来したものに過ぎないからである。

これは私の主張であるかに見えて、そうではない。大物主の君主直諫話の行間から、編者がそう言う声なき声が聞こえてくるのである。

もし天照思想を失わず継承されていたら、わが国はもっと違った歴史を辿っていたに違いない。

おわり

あとがき

いまから十四年前の二〇〇一年に、『実在した人間天照大神』(たま出版)を花方隆一郎のペンネームで上梓した。改めて読み返してみると誤りも少なからずあり、もっと掘り下げて書きたいことや新しい発見もあったので、全面的に書き直して上梓したのが本書である。

特に序章では、『秀真伝』の偽書説を徹底的に論破したつもりである。これほど明確な論拠をあげて論証した研究書はほかにないと自負している。史学、国語学、言語学等の学者から出ている偽書説が、いかに根拠のない非学術的なものであるかわかっていただけるはずである。

第1章から第5章は、〔記紀〕ではまさに「神話」になってしまっている「神代」の歴史を、新しい発見を加え、〔記紀〕と比較しながらリアルな歴史に蘇らせた。また第6章以降は、わが国に思想はなかったと思われていたこの時代に、天照神の民衆愛の思想や豊受神の神思想、深い宇宙観があったことなどを明らかにした。サブタイトルに「古事記・日本書紀ではわからない歴史と思想」とした所以である。

終章では、あったはずの天照神の思想がなぜ失われてしまったのか、その経緯を考察した。〔記紀〕が編纂される以前、すでに朝廷において蔑ろにされ、書庫の中で埃を被り、やがて紛失してしまうのだ。〔記紀〕に思想的な記述がみえない所以である。

梅原猛氏は神の研究に熱中した理由として、「仏教だけで日本の思想は理解できず、神の道を研究しないかぎり、日本の思想は正確につかみがたい」（『梅原猛著作集』⑱「日本人の世界観と神の道」）と述べている。まさしく慧眼であるが、思想的な記述のない〔記紀〕から日本古来の思想を探り出すのは、きわめて困難である。不可能といっても過言ではない。事実、氏はついに今に至るまで、「日本の思想」を明らかにしていない。

ここに取り上げた『秀真伝』は、「歴史時代ではない」とされていた「神代」をリアルな歴史時代として活写しているのみならず、梅原氏が探し求めた「神の道」すなわち日本古来の思想、精神文化の実体を明らかにした希有の書である。先入主を捨てて冷静に読むならば、見るもの聞くものすべてに意味論を展開し、敷衍していることに驚かされるだろう。中国の思想文化を受容しながらも、古来の土着思想と融合させ、独自の展開をしていること、それのみか逆に和歌の歌法など、日本の思想を中国に伝えている事実にも納得していただけるはずである。

本書は宗教の解説書ではない。「神代」として日本の歴史から追放された上古代史の研究書である。それゆえに御用学的なスタンスは一切廃し、天照神にも失礼なことを書き、古代天皇の世襲についても疑問を呈した。豊受神の深遠な宇宙観や天照神の民衆愛の思想を失わしめたのは、突き詰めると天皇の世襲制そのものに帰着すると考えざるを得なかったからである。

むろん、当時としては世襲の道が最善だったかもしれないことを踏まえてのことなのだが、「もし天照思想を失わず継承されていたら、わが国はもっと違った歴史を辿っていたに違いない」と本書の最後を締めくくったのも、中国文化の借り物ではない、『秀真伝』にみる独自の思想を惜しむあまりとご理解いただきたい。そして読者には、わが国はけっして「無思想民族」ではなかったことに誇りをもつと同時に、現実は天照思想を失ったことによって「無思想民族」に成り下がった事実も、冷静に受け止めてほしいのである。そして、それがなぜかを考えてほしい。

『秀真伝』の本格的な研究は戦後にはじまり、まだ緒に就いたばかりといってもよいのであるが、一般人の間で正しい評価が広がりつつある。だが、わが国の学術界は他国とは異なり、他者の研究に対してあまり寛容ではなく、客観的学術的な評価が疎んじられる傾向がある。学術の世界に身を置きながら、いざ他者の研究を評価する段になると学術的評価法をとらない。

特に自分の研究と相容れない研究に対して拒絶反応を起こし、排他的になる。自分の主張に対する思い入れが強く、自分の研究成果と前半生を否定されたような気持ちになるためだろうか。そこに私は、学者の狭量と偏狭、学問の放棄をみざるを得ない。

学問、学術とは何か。端的にいえば、蓄積された先達の識見に学びながらも、決してそれに囚われることなく、狭量や偏狭、先入主を廃して研究対象と対峙し、まっさらな心で真実に肉薄することである。その姿勢のない者は、何ら学者の名に値しない。

先に『実在した人間天照大神』を上梓したとき、著書の引用をご承諾くださった学者にお礼の手紙に添えて贈呈したところ、案の定、評価と批判の反応があった。評価の多くは和歌と思想に関するものであったが、批判は『秀真伝』そのものに対して偽書説に立ったものだった。

後者は当然予期されたことではあったが、著者の後を継いで学者になった息子が批判してきたので、何回か手紙をやりとりしてみると、贈呈本を読まずに批判していた。それのみか、〔記紀〕すらろくに読んでいなかった。たとえば、「秀真」という言葉は〔記紀〕には出てこないので信用できない、というのである。

そこで私が、〔紀〕の神武天皇三十一年に「秀真国」と記されていることを伝えると、以後手紙は来なくなってしまった。自ら論戦を挑んできながら、自分の誤りを認めることもなく、である。わが国のいまの学者は、だいたいにおいてそんなものである。

高名な学者に期待できない現実は、そのままわが国の史学会等の不健全さを映している。もしそうだとすると、若手の研究者たちに期待するほかないのであるが、先の話はそれすら危うい状況を示している。しかし、若手の中には予断なく向き合ってくれる真の学者がいると信じたい。一般人の間に理解者が増えている事実も心強い。大きな変革は民衆の熱い支持があって成し遂げられた世界史を思えば、結局、『秀真伝』が広く認知されるか否かも、読者の共感が強い支えになるのかもしれない。

《著者略歴》

加固　義也（かこ　よしや）

1941年、茨城県生まれ。土浦一高卒。出版社勤務を経てフリーライターに。人間国宝や伝統工芸のルポルタージュ共著多数。主著に小説『四条金吾』、ヒューマンドキュメンタリー『愛の詩高らかに』、論文『リンチ事件の研究──宮本顕治の犯罪』、古代史研究『実在した人間天照大神』など。

秀真伝《ほつまつたゑ》にみる神代の真実

古事記・日本書紀ではわからない歴史と思想

2015年10月８日　初版第１刷発行

著　　者　加固 義也
発 行 者　韮澤 潤一郎
発 行 所　株式会社 たま出版
〒160-0004　東京都新宿区四谷4-28-20
☎ 03-5369-3051（代表）
http://tamabook.com
振替　00130-5-94804
組　　版　一企画
印 刷 所　株式会社エーヴィスシステムズ

ISBN978-4-8127-0384-7　C0011